21世纪应用心理学书系编委会

主　编　梁宝勇

编　委（以姓氏笔画为序）

　　　　王　栋　　乐国安　　孙绍强　　吉　峰

　　　　汪新建　　李　强　　李　磊　　洪　炜

　　　　姚树桥　　唐卫海　　梁宝勇　　潘　芳

教育部人文社会科学重点研究基地成果
21世纪应用心理学书系　梁宝勇 主编

教育心理学

唐卫海　刘希平　著

南开大学出版社
天津

图书在版编目(CIP)数据

教育心理学/唐卫海,刘希平著.—天津:南开大学出版社,2005.12(2019.6重印)
(21世纪应用心理学书系/梁宝勇主编)
ISBN 978-7-310-02388-2

Ⅰ.教… Ⅱ.①唐…②刘… Ⅲ.教育心理学 Ⅳ.G44

中国版本图书馆 CIP 数据核字(2005)第 100572 号

版权所有　侵权必究

南开大学出版社出版发行
出版人:刘运峰
地址:天津市南开区卫津路 94 号　　邮政编码:300071
营销部电话:(022)23508339　23500755
营销部传真:(022)23508542　邮购部电话:(022)23502200
*
三河市同力彩印有限公司印刷
全国各地新华书店经销
*
2005 年 12 月第 1 版　　2019 年 6 月第 6 次印刷
880×1230 毫米　32 开本　14.375 印张　407 千字
定价:36.00 元

如遇图书印装质量问题,请与本社营销部联系调换,电话:(022)23507125

总　序

在人类的发展进程中，21世纪是一个以知识经济为特色的发展时代。在这个时代中，创造新知识和应用知识的能力是影响一个民族、一个国家前途和命运的重要的决定因素。一个没有创新能力、不能有效地应用科学技术为人类造福的民族，难以屹立于世界先进民族之林。

自实行改革开放的基本方针以来，随着我国社会和经济的飞速发展，包括心理科学在内的我国科学事业也获得了长足的进步。作为一门科学的学科体系，心理学横跨自然科学、人文和社会科学，同人的各项活动息息相关。

心理科学是一门庞大的知识体系，包含数十个分支学科。如果采用两分法对心理科学分门别类，则可以将整个心理科学分为基础心理学和应用心理学。基础心理学担负着创造新的心理学知识的使命，包括发现新的心理学规律、探索新的方法和技术等。应用心理学则不同，它主要涉及对心理学理论、知识和技术的应用，即将基础心理学的研究成果应用到人类活动的各个领域，以便根据人心理活动的规律安排各种工作、学习和生活，从而最大程度地发挥人的功能作用，与此同时保证和提高人的生活质量和健康水平。目前，可以毫不夸张地说，应用心理学的影响已经遍及人类生活的各个领域。仅仅在高技术领域，心理学的理论、知识与方法便已经成为人工智能、模式识别和虚拟现实等的重要基础。在我国，心理学理论和知识已经被广泛应用到教育、医学、工商业、军事、司法和航空航天等领域，并正在发挥其独特的作用。

中国心理学在最近20多年来获得了较快的发展，心理科学在我国社会转型时期正在发挥越来越大的作用。但从整体上来看，同西方发达国家比较，中国心理科学尚不够发达，无论基础心理学科还是应用心理学科，都存在较大的差距。面对知识经济时代所带来的发展机遇和挑战，中国心理学必须制订符合国情的发展策略迎头赶超。我们认为，目前阶段中国心理学界应当在适当加强基础心理学研究的同时，加大心理学的应用研究和实践活动的力度。目前我国从事应用心理学研究和实践的心理学工作者太少，远不能适应我国社会经济发展的要求。因此，我们应当保留少数精干力量从事基础研究，而将大多数人力和物力投入到应用领域，为我国社会和经济的发展贡献我们的力量。我们选择编写一套应用心理学书籍，其初衷也正在此，即为促进我国应用心理学科的发展做点实际的工作。

最近几十年间，科学的发展和技术的进步已经在世界范围内极大地改善了人们的生活和工作条件。世界上大多数人已经逐渐从繁重的体力劳动、饥饿和由许多疾病所造成的困苦中解脱出来，人们的预期寿命正在不断地延长。然而科学技术的进步、生活和工作条件的改善，并不一定会带来幸福生活和健康。一些调查表明，伴随着现代社会的迅速发展和物质生活条件的优裕，人们对于生活的满意程度不仅没有提高，反而有所下降。另一些调查发现，严重威胁人类健康、造成成千上万人死亡的疾病种类已经发生变化，同不良生活方式和心理因素密切有关的心身疾病（psychosomatic disease）或称作心理生理疾病（psychophysiological disease），例如动脉硬化性心脏病、脑血管病和恶性肿瘤等，在人类疾病谱和死亡原因排位中都居于前列。另一方面，大量调查证实，近年来精神疾病的患病率明显升高，正在成为当今最为突出的一个健康问题，造成大量的公共卫生资源的消耗和劳动力的损失。上述这些情况似乎令人不可思议。然而，只要我们看一看当今社会发生的诸种变化，我们就不难理解，为什么科学技术的进步和物质生活条件的巨大改善却没有成比例地给人们带来高质量的生活。

著名的诺贝尔奖获得者 DuBois 对于人们当今的生活境况有非常贴切的描述。他写到："现代人已经……不太需要去对抗饥寒交迫的窘境和其他有伤身体的危险，但是他们必须对付排得满满的日程表、（繁忙的）交通、噪声、拥挤、竞争和其他人为的紧张情境。"正是这些体现当代社会特点的变化，不断造成人们心理压力的增大以及适应和应对的困难。一个人适应生活、应对挑战的能力总是有限度的。当外界环境的变化太大或过于急剧以至超过一个人的适应和应对能力的时候，他的身心健康就难以保持。

目前，我国已经进入一个十分重要的发展阶段。社会转型时期所发生的许多变化，一方面改善了我们的生活，为我们提供了更多的发展机遇和选择，使我们对未来充满信心和希望；但另一方面，新旧观念的剧烈对抗、激烈的竞争、价值取向的多元化以及社会上发生的许多负性事件，也会剧烈地冲击人们的精神世界，造成心理矛盾、冲突、挫折和应激，心理问题和情绪困扰乃至心理障碍或精神疾病也随之增多，现代社会的所谓"文明病"（例如高血压、冠心病和糖尿病）正在困扰着许多人。另一方面，人民生活水平的提高导致心理保健意识的增强，人们不再满足于身体无病，还要求心情舒畅地生活、学习和工作，以实现自己的潜能，为国家为人民做出自己的一份贡献。

这些情况给我们提出了新的问题，任何有责任心的应用心理学家都不可能无所作为。应用心理学包含十分广泛的领域，我们必须根据目前中国社会的急迫需要来确定我们的选题范围。正是基于这个考虑，我们决定不仅要编写一套应用心理学书籍，而且要特别围绕着健康和疾病问题来确定书目。

《21世纪应用心理学书系》由12部专著组成，它们是医学心理学、临床心理学、健康心理学、心理评估、咨询心理学、心理卫生学、变态心理学、犯罪心理学、学校心理学、运动心理学、教育心理学和管理心理学。

在本书系的编写过程中，作者们始终坚持科学性和实用性、理论和实践相统一的原则，充分体现本书系的应用性质；在内容组织上，不仅介绍本学科领域经典的理论观点和方法，而且要涵盖本领域最新、最具权威性的资料，力求反映国内外研究的新成果、新见解、新经验和新方法；在撰写体例上，力图按照心理学著作国内外通用的规范，做到概念准确、简明，条理分明，理论观点明确，论据充分；坚持百家争鸣、百花齐放的方针,对于某些有争议的观点和看法,要适当地做出评介,而不是以一家之言作为结论。本书系中,有一些书所代表的学科之间在内容上是有交叉或重叠的。为了适当地照顾各门学科体系的完整性,我们在这些书中保留了这些部分交叉或重叠的内容,但每一本书都有自己的、不同于其他书的侧重点,正是这些侧重点体现了各书所代表的不同学科的特色。

本书系的作者绝大多数是目前正活跃在应用心理学教学、科研和实践工作第一线的中青年专家,他们来自于北京大学、南开大学、中南大学、山东大学和吉林大学等十余所高等院校。他们大多数是心理学博士和教授,具有丰富的科学研究、教学和临床工作经验。本书系汇集了集体的智慧,是大家精诚合作的结果。虽然大家已经尽心尽力、力求完善,但由于时间和学识水平有限,书中难免缺陷乃至错误之处,我们欢迎读者批评指正。

本书系的编写得到了教育部社会科学委员、国务院学位委员会心理学科评议组成员和召集人沈德立教授的关心和指导,并被作为教育部人文社会科学重点研究基地成果出版。在此,我们向沈德立教授表达我们由衷的感谢和敬意。在本书系的编写过程中,我们参考和引用了国内外大量的研究资料,不能一一提及,谨表达我们的谢意。此刻,我们也要感谢南开大学出版社的领导和本书系的策划编辑莫建来博士及诸位责任编辑,没有他们的远见卓识和精心的工作,就没有本书系的顺利出版。

梁宝勇　　谨识

二零零五年元月十五日于天津

目 录

第一章　绪论 ··· 1
第一节　教育心理学的性质、对象和内容 ············· 1
第二节　教育心理学的研究方法 ·······················7
第三节　教育心理学的发展简史及发展趋势 ········· 17

第二章　心理发展理论 ································· 26
第一节　心理发展的概述 ······························· 26
第二节　皮亚杰的认知发展理论 ······················· 31
第三节　维果斯基的认知发展理论 ···················· 43
第四节　埃里克森的心理社会性发展理论 ············ 51

第三章　学习理论 ····································· 61
第一节　学习的联结理论 ······························· 61
第二节　学习的认知理论 ······························· 82
第三节　学习的人本观 ································ 109

第四章　学习动机 ···································· 112
第一节　动机的概述 ··································· 112
第二节　学习动机的理论 ······························ 120
第三节　学习动机的形成与变化规律 ················ 136
第四节　学习动机的培养 ······························ 140

第五章　陈述性知识的学习 ·························· 151
第一节　广义知识的概述 ······························ 151

第二节　陈述性知识的表征……………………………156
　　第三节　陈述性知识学习的类型、过程与条件…………161

第六章　程序性知识的学习……………………………………173
　　第一节　程序性知识的表征与分类……………………173
　　第二节　智慧技能的学习………………………………177
　　第三节　动作技能的学习………………………………190
　　第四节　学习策略的学习………………………………198

第七章　问题解决与创造思维…………………………………242
　　第一节　问题解决………………………………………242
　　第二节　创造思维………………………………………257
　　第三节　创造思维的培养………………………………266

第八章　学习迁移………………………………………………276
　　第一节　学习迁移的概述………………………………276
　　第二节　传统的学习迁移理论…………………………282
　　第三节　现代的学习迁移理论…………………………291

第九章　品德心理………………………………………………303
　　第一节　品德的概述……………………………………303
　　第二节　品德发展和形成的理论………………………309
　　第三节　品德的形成和品德不良的转化………………320

第十章　教师心理………………………………………………336
　　第一节　教师的角色……………………………………336
　　第二节　教师的人际关系………………………………341
　　第三节　教师的基本素质………………………………349
　　第四节　教师的专业成长………………………………359

第十一章　教学设计的心理学问题……371
第一节　教学设计概述……371
第二节　教学目标设计的心理学问题……383
第三节　教学过程与评价设计的心理学问题……392

第十二章　学习的测量与评价……406
第一节　学习的测量与评价的概述……406
第二节　学习测验的类型……412
第三节　测验的质量分析……419
第四节　学习评价的类型及其发展趋势……426

参考文献……435

第一章 绪 论

从 1903 年桑代克（Thorndike，E. L.）出版第一本自成体系的教育心理学至今，教育心理学不过只有百余年的历史。在这一百多年中，与心理学的其他学科一样，教育心理学也取得了长足的进步，它逐渐成为引领学校学与教的纲领性学科。本章主要介绍：教育心理学的性质、对象和内容，教育心理学的研究方法，教育心理学的发展简史以及发展趋势。

第一节 教育心理学的性质、对象和内容

一、教育心理学的性质

（一）什么是教育心理学

什么是教育心理学？教育心理学是研究什么的？学习教育心理学有什么用？这是许多初学者非常关心的问题，国内外学者对这些问题的看法是不同的。

我国教育心理学家对什么是教育心理学的看法主要有以下几种：

1. 教育心理学是研究整个教育过程中的种种心理现象变化和发展的规律的科学。持这种观点的代表著作主要有潘菽主编的《教育心理学》（人民教育出版社 1980 年版）、《中国大百科全书·教育卷》（中

国大百科全书出版社 1985 年版），韩进之主编的《教育心理学纲要》（人民教育出版社 1989 年版）。

2．教育心理学是研究学校情境中学与教的基本心理规律的科学。代表著作主要有邵瑞珍主编的《教育心理学》（上海教育出版社 1988 年初版、1997 年再版），杨孟萍主编的《教育心理学》（天津社科院出版社 1995 年版）。

3．教育心理学是促成教育目的之实现的科学。代表著作是我国台湾心理学家张春兴著的《教育心理学》（浙江教育出版社 1998 年版）。

国外教育心理学家对什么是教育心理学的看法主要有以下几种：

1．教育心理学是研究教育过程的行为的科学。代表著作是美国 1970 年出版的《教育百科全书》。

2．教育心理学是研究教与学的心理学问题的科学。代表著作是美国 1973 年出版的 R.C.安德森（Anderson, R.C.）和福斯特（Faust, G.W.）所著的《教育心理学》，1976 年美国林格伦（Lindgren, H.G.）的《课堂教育心理学》。

3．教育心理学是研究教育和教学的心理规律的科学。代表著作是前苏联彼德罗夫斯基 1972 年主编的《年龄与教育心理学》，前苏联加梅佐等 1984 年主编的《年龄与教育心理学》。

综合国内外学者的看法，对什么是教育心理学有两点共识：①教育心理学的研究对象范畴是学校教育教学过程中的心理现象；②教育心理学研究的目的是揭示学校教育教学活动中人的心理活动规律。因此，笔者认为我国学者邵瑞珍女士对教育心理学的研究对象做了较好的概括：教育心理学是研究学校情境中学与教的基本心理规律的科学。这样界定教育心理学有两点好处：第一，它反映了教育心理学研究对象的特殊性。因为教育中包括师生双方的活动，不仅有学生的学还有教师的教。教育心理学既要研究学生如何有效地学习，同时又要研究教师如何有效地指导学生学习。第二，这里所提研究学与教的基本心理规律，是便于使教育心理学与学科心理学有明确的领域划分。具体地说，教育心理学既要研究学生学习的心理规律，又要研究学习的分类，探索不同类型的学习过程和有效学习的条件；教育心理学还要研究教师的教学行为，包括课堂教学设计、教材呈现的方法、课堂管理以及教学结果的测量、评价等，使教师的教学行为建立在现代科学心理学的基础之上。但所有心理规律的探讨都局限于最一般的规律，关注超脱具体学科的学与教的规律，有别于学科心理学的研究。因此，研究"学与教"，研究"基本心理规律"就成为教育心理学的独特的研究对象。

但同时我们应看到学习方式变革会进一步引起教育心理学研究对象的变化。几年前翻译出版的戴尼提著的《学习的革命》一书在我国销售了800万册。该书详细介绍了随着微电脑和网络技术的发展和普及会给人们的学习方式带来的变化。今天学生们上网浏览、学习的时间越来越多，各种网校也应运而生。上网这种个别化学习与在班集体中的集体学习有很大差别。许多教育心理学工作者也在开始研究网络学习。如果将来学生们以网络课堂学习为主，教育心理学的研究对象就要发生变化。

（二）教育心理学的性质

教育心理学是心理学与教育学相结合的一门科学。如果按照自然科学和社会科学分类，教育心理学属于社会科学。如前所述，教育心理学主要研究学校情境中学与教的基本心理规律。它综合使用自然科学和社会科学的方法研究和帮助解决有关教育的问题。学校的教育、教学属于人际交往、互动活动，教师在按照教育方针、政策和原则影响学生的同时，也被学生影响着。研究人与人之间的相互影响和社会交往显然属于社会科学。尽管教育心理学有时在研究方法上也采用实验法，在数据处理上也用计算机，但这并不能改变其社会科学的学科性质。

如果按照基础科学和应用科学分类，教育心理学属于哪一类呢？关于这个问题目前国内有两种提法：一种提法认为教育心理学是一门基础与应用并重的科学。如张大均教授认为"它既是一门理论性学科

（具有基础性），又是一门应用性学科（具有实践指导性）"。① 另一种提法认为教育心理学是一门应用科学。邵瑞珍女士认为"教育心理学是一门应用科学。……教育心理学作为一门应用科学，不是心理学的一般原理在教育实践中的直接应用，不是普通心理学、儿童心理学、人格心理学等邻近学科内容的剪裁与汇编，也不是教育体制和教学方法的心理学注释，而是具有明确的研究对象与特点，具有独立的理论体系与方法论的一门科学"。② 我们认为这两种提法本质上是相同的。即教育心理学既有基础性的一面，又有应用性的一面。

因此，我们认为，教育心理学是一门基础应用科学。首先教育心理学有基础学科的特点。教育心理学主要研究学校中学生的学与教师的教中遇到的问题，这些问题在心理学的其他分支学科（如普通心理学、儿童心理学、认知心理学、社会心理学、人格心理学等）中并无现成答案，需要教育心理学工作者去研究、探索。这些工作是基础性工作。如美国学者加涅（Gagné, R.M.）在第二次世界大战期间应征入伍，在美国空军任军内心理学家，从事飞行心理学方面的研究。在这期间，心理学家把早期学习心理研究得出的结论应用于军事人员的训练，几乎都以失败告终。由此，加涅等心理学家认识到，学习有不同类型，不同类型的学习有不同的学习过程和条件。从此加涅几乎终身从事学习分类的研究工作。他的"学习结果分类"（详见第三章第二节第四个问题）对我国的教育工作产生了深刻的影响。加涅所做的学习分类工作就是基础性工作。再如学习理论、动机理论、迁移理论、测量与评价理论等都属于基础理论，对学校中的学与教有广泛的指导作用。

其次，教育心理学也有应用学科的特点。教育心理学研究学与教中遇到的问题，形成结论反过来指导学与教的实践。这实际上也是基础应用研究的归宿。比如罗森塔尔效应说明教师对低年级学生有良好期望会使学生在学习上取得更大进步。这就提示教师即使对学困生也

---

① 张大均主编. 教育心理学. 第二版. 北京：人民教育出版社，2004.11.
② 邵瑞珍主编. 教育心理学. 上海：上海教育出版社，1988. 前言 1.

要有发自内心的良好期望,并让学生明确感受到教师对他的期望,这是促使学生取得进步的动力之一。

二、教育心理学的对象和内容

一般地说,教育心理学研究学校情境中学与教的基本心理规律。具体来看教育心理学研究哪些内容呢?邵瑞珍女士等曾查阅了国内外出版的30多种教育心理学教材,发现因作者对教育心理学学科性质理解不同,教材的使用对象不同,在体系与内容的选择方面有很大的差异。但所有的教材,不论其体系如何安排,内容多少以及使用的对象如何,总是可以分为三大部分内容:一是学习者的心理,其中包括发展心理和差异心理;二是学习心理及其应用,其中包括联结观、认知观和人本观;三是教学与课堂管理。此外,大多数著作以绪论章开头,而以教学结果的测量评价殿后。表1-1是邵瑞珍教授等统计的自1987至1994年间14项有代表性的教育心理学教科书的有关内容,其中国内出版的5种,国外出版的9种①。具体情况请见表1-1。

表1-1　1987年~1994年14种教育心理学教科书内容概况

研究课题	涉及章数	涉及教科书种数
绪论	15	14
发展心理	28.5	13
个别差异与特殊儿童	18.5	12
学习原理及其应用	56.5	14
学习动机	13.5	12
课堂教学与管理心理	48	14
影响学习的个人因素	5	4
影响学习的社会因素	4	4
教师心理	5	5
学生特征与学习的测量评价	22	12
学科学习与教学心理	7	2
心理卫生	1	1

① 邵瑞珍主编.教育心理学.第二版.上海:上海教育出版社,1997.14.

由表 1-1 的数据可见，教育心理学论述的课题相对集中于发展心理学（平均每项约 2 章）、差异心理学（平均每项约 1.3 章）、学习原理及其应用（平均每项 4 章）、课堂教学与管理心理（平均每项 4.4 章）等部分。国外和国内教育心理学教科书内容的主要差别表现在绪论和教师心理这两部分。国外 9 项教材无一单独设教师心理一章。国内 5 项教材无一例外都设教师心理一章。在绪论中，国外教材一般论述"教师为什么要学习教育心理学"，顺便提教师心理；国内教材一般论述"教育心理学的性质、发展史和研究方法"。

为了与国内外的教育心理学主要内容相衔接，本书将教育心理学分为五部分。

第一部分，绪论。重点探讨教育心理学的研究对象、学科性质、研究方法以及教育心理学百余年的发展历程和发展的趋势。

第二部分，基本理论。重点关注学生的心理发展理论和学习理论。

第三部分，学习心理。把学生的学习动机作为切入点，重点介绍学生陈述性知识的学习、程序性知识的学习以及问题解决与创造思维的培养中的规律，同时就学生的学习迁移问题进行探讨，并且关注学生品德心理的形成规律。

第四部分，教学心理。先对教师教学的心理问题进行讨论，然后从教师教学的角度介绍教学设计的心理学问题。

第五部分，学与教的效果的测量与评价。以学生学习的效果作为评价的目标，探讨学与教的效果的测量和评价。

第二节 教育心理学的研究方法

一、教育心理学研究应遵循的原则

（一）客观性原则

客观性原则实际上就是实事求是的原则。具体指在研究过程中，研究人员必须实事求是地反映客观事物的真实面貌，以达到对其真理性的认识。怎样在教育心理学研究中遵循客观性原则呢？具体研究中要做到以下几点：

第一，以坚持实事求是地揭示教育心理学的规律为研究目的。

要达到此目的，首先必须在整个研究过程中做到实事求是。从研究设计、研究对象的选择、研究材料的选取、实验仪器的使用、结果的记录、数据的统计分析，到结论的得出，都要实事求是。上述任何一个环节出现失误，都不符合客观性原则。同时还要注意下列问题：（1）教育心理学的研究绝不是为了去论证或说明某一决策，去附和某种预见，而是为决策提供科学的依据，起先行作用。（2）教育心理学的研究不允许从"期待"出发，而必须从实际出发。那种符合自己"期待"的研究结果就采用，不符合自己"期待"的结果则舍去的做法，是与科学家的职业道德不相容的。（3）对教育心理学研究成果的评论要客观，即应持同等的评价标准对自己和他人的研究成果进行评价。

第二，在研究过程中要确立客观的指标。

（1）所研究的心理或行为应是可以观察的。这是指所研究的心理或行为应是有目共睹的。其他人在相同的条件下也可以得到相同的结果，即所研究的心理或行为是应该可以得到重复验证的。

（2）所研究的心理或行为应该是可以测量的。即可以用外显的方式对所测量的心理和行为进行科学的观察和记录。

（二）系统性原则

任何事物或现象都是由若干部分或若干因素依照其内在关系构成的一种系统，大系统中包含着小系统。要想深入了解事物的内在联系，就要通过分析将事物分解为个别或简单的组成部分加以研究，而后通过综合将研究的结果结合成为统一的整体。这种运用分析与综合的方法看待事物内部联系的观点称之为系统论观点或系统性原则，它是各种学科认识各自对象的有力手段。在教育心理学研究中贯彻这个原则，至少包含以下两层意思：第一，心理、意识虽然是很复杂的现象，但可以通过剖析将其分解为各种形式进行专门的考察研究，而后通过综合将其看成为互相联系的有机整体加以理解；第二，在研究某种心理形式及行为表现与现实各种条件的依存关系时，也可以分别地考察某一条件在其中所起的作用，而后将各种条件与心理、行为的关联或因果联系综合地加以把握与运用。所以系统性原则也叫做分析与综合的原则。

（三）教育性原则

所谓教育性原则是指教育心理学研究要符合教育的要求，要有利于学生身心的正常发展。在开展教育心理学的研究时，一定要牢记，学生是人，他们和物体不同。因此，在选择方法和安排程序时，不能只考虑对所需要研究的问题是否有利，还要考虑所用的方法对学生的身心发展是否会产生不良影响，是否侵犯了学生个人权利或人格。在研究中要想方设法控制一些意外事件对学生心理的不良影响。一旦出现，必须消除它。

（四）理论联系实际原则

所谓理论联系实际原则是指教育心理学研究的问题来源于教育实践，研究成果也将服务于教育实践。因此教育心理学的研究工作必须和教育实际密切结合，以充分保证其实际效用。

具体来说，坚持理论联系实际原则，就是要：（1）研究的课题应是我国当前基础教育中学生的学、教师的教以及教、学互动等领域中所提出的问题。（2）在研究设计和进行过程中，既要紧密联系当前学生的实际，又要有理论指导。这里所说的理论，既包含唯物辩证法思想的正确指导，又包含依据正确的教育心理学理论。

为什么要坚持理论联系实际的原则呢？

第一，检验理论的准确性和应用性水平。教育心理学的理论是由实验或观察所获得的经验事实，通过科学抽象而概括出来的理性认识。它只有应用于学与教的实践中，才能检验其是否符合实际，说明其准确性和应用性水平如何。

第二，克服实验室研究过程中的精确性、严密性与自然性、应用性之间的矛盾。实验室研究是在特别设置的环境下进行的，对实验条件进行了严格的控制，所得到的因果性的结论可靠，但外部效度有限。因此，研究的结果是否可以用到学校情境之中，还需在实践中进行检验。

第三，让教育心理学直接为社会发展服务。任何一门学科，只有与社会发展和人民群众的需要相联系时，才有发展的前途和动力，才具有强大的生命力，特别是应用性学科更是如此。

二、教育心理学的研究方法

在教育心理学研究中经常使用的方法有观察法、实验法、调查法和测验法。

（一）观察法

1. 什么是观察法

观察法是指有目的、有计划地感知学生在日常生活条件下某种心理活动的客观行为表现，然后根据感知的结果来推断学生心理特点和规律的方法。观察法是教育心理学研究中经常使用的方法。在学生的日常活动中，通过观察可以随时了解学生的表现，如学习中存在的问题、学生的进步等，教师可以及时地调整自己的教学方法和教学内容，家长可以给学生提供一定的帮助，使他们的心理不断发展。

观察法的优点是：简便易行、资料可靠性较高。它最吸引人的地方在于研究者能够从现场获得鲜活的第一手资料，了解现实情景中事物的发展进程。观察法的不足：一是具有一定的局限性。例如，观察受到时间和空间的约束和限制，同时观察的样本数小（样本容量小），观察的结果带有表面性的特点等。所以，受局限性影响难免带有片面性和偶然性。二是观察法通常比较被动。在多数情况下，学校情境中的观察，都需要观察者被动等待所要观察行为的发生。

2．观察法的种类

（1）参与性观察与非参与性观察

参与性观察是参与到被观察者的活动中去，在活动中观察；非参与性观察是不介入被观察者的活动，处于旁观状态。参与性观察的优点是，观察者可以不暴露自己的研究者身份，使观察处于秘密的状态；由于参与进去，对观察对象的活动就有了比较深入的体验和理解，有助于理解观察对象背后的心理活动和动机，使观察比较深入。非参与性观察比较冷静客观，但不易深入。教师可以结合自己所要探索的问题来灵活选择参与性观察或非参与性观察。

（2）结构式观察和非结构式观察

结构式观察对于观察的内容、程序、记录方法都进行了比较细致的设计和考虑，观察时基本上按照设计的步骤进行，对观察记录的结果也适于进行定量化的处理。非结构式观察在事先没有严格的设计，比较灵活、机动，能够抓住观察过程中发现的现象而不必受设计的框框的限制，但是难以进行定量化处理。一般在研究的初期，主要是非结构式观察，以便发现研究的现象，帮助确定主题和观察方法与项目；而在研究的后期，为了深入对某些项目进行观察分析，设计一些结构式观察。

在自然场所中非结构式观察大多数是参与性的，而自然场所中的结构式观察一般是非参与性的。这是因为结构式观察一般以记录表的方式来记录行为，这些行为必须立即记录下来，若在参与性观察中做记录而又不引起观察对象的怀疑是相当困难的。而非结构式观察则可设法把需要观察的行为记住，事件发生之后再补记。

（3）全面观察与抽样观察

全面观察是对一定场景中发生和出现的各种现象进行观察和记录。它涉及的范围广泛，比较容易把握现象之间的联系，但是由于观察的视野有限，往往对观察者要求很高。抽样观察是对观察现象的场景、时间、人、活动等因素进行取样，再对样本进行观察。它涉及的范围比较小，容易使观察深入细致，操作比较容易。它对观察者的要求主要体现在取样上，要求取样有代表性。

（4）定期观察与追踪观察

定期观察是非连续性的、按一定时间间隔进行的观察。比如对某个学生的行为观察，规定每周一观察一次，这就是定期观察。追踪观察是对某个对象或者某种现象进行比较长时期的观察，从而获得发展性的资料。

3．使用观察法要注意的问题

为了保证观察结果的可靠和有意义，要做到以下几点：

（1）观察的目的要明确。

（2）要有具体而详细的观察计划。

（3）最好在观察前编制出观察记录表格。

（4）保证观察情境的通常性。

（5）观察者应当受过专门训练。因为接受过专门培训能够增加观察的可靠性并能减少观察的误差。

（6）观察者每次只应观察一种特殊的行为，而不应同时观察多个行为。

（7）观察时要做精确而客观的记录，并对观察的材料尽可能地进行定量分析。为此，在观察时要注意记录行为持续的时间、行为出现的次数等。

（8）为了保证观察结果的客观性，最好是几个人同时进行观察，然后核对各自的观察结果是否一致。

（9）观察时注意凭借一些现代化的记录仪器，如录音机、录像机等来补充现场观察的遗漏。

（10）要注意观察同一被试在不同情景下的行为表现。

要寻找因果关系必须进行多次观察。一次或几次观察带有偶然性，得到的结果可能是许多原因导致的共同结果，即"众因公果"。多次进行观察就能抵消偶然因素的影响，找到特定原因引起的特定结果，即"定因定果"。

（二）实验法

1. 什么是实验法

实验法是指在严格控制无关变量的条件下，有计划、有组织地操作自变量，根据观察、测定、记录与此相伴随的现象或行为（因变量），以确定实验条件与现象或行为的关系（因果关系）。简言之，实验法就是操作自变量、控制无关变量、记录因变量以寻找因果关系。也可以说实验法就是在严格控制条件下的观察法。

实验法的优点是：第一，可以发现"新"的现象，这些现象是在自然状态下观察不到的。例如 1960 年 Sperling 通过实验揭示了瞬时记忆的存在；第二，可以发现事物之间的因果关系。

2. 实验法的种类

（1）自然实验法和实验室实验法

根据对无关变量的控制情况不同，可将实验法分为自然实验法和实验室实验法。

自然实验法是指在学生日常生活、游戏、学习和劳动等自然情境下，引起或改变一种或几种影响学生心理变化的条件，从而观察学生行为变化的方法。

这种实验法的优点是把实验寓于学生真实的生活、学习情境中，使学生不知道自己在参与实验，所以研究所得到的结果更符合学生实际，研究结果易于推广。缺点是实验过程中的因变量受突发事件的影响无法进行控制，因而影响所得结果的效度和信度。目前教育心理学研究中常采用这种实验。

实验室实验法是指根据研究目的，在实验室人工设计的情境下，引起或改变一种或几种影响学生心理变化的条件，从而观察学生行为变化的方法。此种方法一般是借助于一定仪器、设备来实现的。

这种方法的优点是对实验条件进行了严格控制，有利于研究者明确特设条件与学生心理、行为反应之间的关系，实验结果可以重复且精确性高。缺点是由于实验室条件同学生正常的生活条件相差较大，所以在推广研究结果时受到一定的限制。

（2）探索性实验和验证性实验

根据实验研究的创新程度，可分为探索性实验和验证性实验。

探索性实验是指在对研究的问题了解有限的条件下所进行的实验。研究只能提出非正式的试探性假设，目的在于寻求足以影响因变量变化的各种自变量。

这种方法的优点是可能得到创造性的结果。缺点是研究可能一无所获且带有一定的风险。

验证性实验是指有明确的假设，在一定的理论或事实根据的基础上，预测因操纵自变量可能引起的结果，并考验所得结果是否符合假设。研究的目的在于验证自变量是否因变量变化的原因。

这种方法的优点是能够验证一些假设是否正确，研究也易获得成果，风险比较小。缺点是创造性较差。

（3）单因素实验和多因素实验

根据实验研究中自变量的多少，可分为单因素实验和多因素实验。

单因素实验是指研究的自变量只有一个的实验方法。这种方法的优点是实验简单，易操作，对所得数据的统计分析也比较简单。缺点是因变量可能受自变量之外的多种因素的制约，只探讨一个自变量对因变量的影响，对其他因素的制约作用就无从考察。因此难以弄清引起因变量变化的确切原因。

多因素实验是指研究的自变量等于或多于两个因素的实验方法。这种方法的优点是通过实验可以明确影响因变量变化的各种因素及其相互之间的关系，研究结果更符合生活实际。缺点是实验设计比较复杂，实验所得数据的统计分析手段要求较高，需要借助于计算机来完成。

3．实验法实施的要求

（1）理论准备，实验的全过程都需要有一定的理论作指导。

（2）制定实验方案和实验设计，包括说明实验目的、被试的选择、变量的操作（即要给出自变量的操作性定义，要使研究的自变量可以进行操作）、变量的测定方式以及实验的步骤等。要注意实验设计是否合理和保证实验条件控制水平一致。

（3）实验器材的准备和调试，检查实验仪器是否可靠，性能是否正常。

（4）对被试进行训练，让被试熟悉实验环境，理解实验的指导语以及进入实验状态。

（5）对实验所得到的数据进行整理，然后进行统计分析，并对结果加以解释与评价。

（三）调查法

1．什么是调查法

调查法是就某一些问题要求被调查者回答他自己的想法或做法，以此来分析、推测群体的心理趋向的研究方法。调查法与观察法不同，观察法主要收集观察对象的客观的、外显的行为资料，调查法则可以收集到被试进行某种心理活动时的内部过程和内隐行为。

2．调查法的种类

根据调查方式的不同，可分为访谈法和问卷法两种。

（1）访谈法

访谈法是研究者通过与研究对象的交谈来收集有关对方心理特征与行为的数据资料的研究方法。它是心理学研究中运用比较广泛的研究方法之一，特别是在心理学应用研究中，我们常常用访谈法了解人们的态度、看法、感受和意见，从而对他们的各种心理特征和活动进行分析。

按照提问和反应的结构方式，还可以把访谈分为结构式访谈和非结构式访谈。结构式访谈是一种有指导性的、正式的、事先决定了问题项目和反应可能性的访谈形式；非结构式访谈则是一种非指导性的、非正式的、自由提问和作出回答的访谈形式。

访谈法实施的要求：

①在访谈时，要让被访谈者对访谈人员产生信任感。②访谈的环境要和谐，即让被访谈者不感到有压力存在。③在访谈前，先确定所要访谈的主要问题。④在访谈过程中，要根据被访谈者的回答，对不清楚的地方及时追问。⑤要认真记录被访谈者的回答内容以及有关的行为表现。

（2）问卷法

问卷法是指用统一的、严格设计的问卷，来收集被调查者心理活动的数据资料的方法。问卷法也是心理学研究中比较常用的方法之一。问卷法适用的研究问题很广泛，采用问卷法，可以系统地了解人们的满意感、基本需要、学习和工作动机、工作紧张、工作负荷、工作疲劳、群体气氛、领导作风、价值观和态度等等。

按问卷设计的形式，问卷可分为开放式问卷和封闭式问卷。开放式问卷是指问卷设计人员对答卷人的回答没有限制，可让答卷人根据自己的情况做出回答，答案可多可少。封闭式问卷是指问卷设计人员明确规定了回答每个问题的几种可能性答案，答卷人只能从所给出的几种答案中选择适合自己情况的某种或某几种答案。

为了保证问卷法的使用效果，在具体研究过程中要注意如下问题：①问卷中的题目数量不应过多。②问卷中题目的叙述要简明并易理解，没有歧义。③问卷所设计的内容应该是被调查者所熟悉的。④回答问卷的方式简便。⑤对于低年龄的学生，问卷主要采用封闭式形式；对于高年龄的学生，问卷既可采用封闭式，也可采用开放式。⑥对问卷结果进行统计分析前，要先判断问卷的回答是否有效。

（四）测验法

1．什么是测验法

测验法是指通过标准化测验来研究学生心理或行为差异的方法。标准化测验是指那些经过标准化过程的用来测量个体差异的工具。

2．测验法的种类

（1）个别测验和团体测验

根据测验对象的多少不同，可分为个别测验和团体测验。

个别测验是指由一名施测者在一定时间内测量一名被测者。其优点是便于对被测者的行为进行控制和观察。缺点是时间上不经济。例如韦克斯勒儿童智力量表就是个别测验。

团体测验是指由一名施测者在一定时间内同时对多名被测者进行测量。其优点是可以在短时间内收集大量的数据；缺点是条件不易控制，易产生误差。例如瑞文推理测验就可以用作团体测验。

（2）成就测验、性向测验、智力测验、人格测验

根据测验目的不同，可分为成就测验、性向测验、智力测验、人格测验。

成就测验也称形成性测验。它试图测量个体经过学习和训练所获得的知识、经验、技能等，以便认定学习和训练的成效。成就测验不仅可以帮助教师明确教学目标并使教学目标落到实处，而且可以为教师提供反馈信息。成就测验还可以激励学生的学习动机。

性向测验也称能力倾向测验。它试图预测个体在某项特定活动中可能达到的成就水平。也就是说，性向测验是测量个体的潜在能力，即个体通过一定的培训之后所能达到的水平。

智力测验是测量个体智力水平高低的一种测验。智力测验的答案有正确、错误之分，在施测时有严格的时间限制。常见的智力测验有比内测验、韦克斯勒智力量表和瑞文推理测验。

人格测验是测量和诊断个体人格特点的一种测验。人格测验的答案没有正确、错误之分，它要求被测者根据自己的实际情况来回答，回答时没有严格的时间限制。常见的人格测验有卡特尔16种人格因素测验、明尼苏达多项人格调查表、艾森克人格问卷等。

3．测验法实施的要求

（1）熟悉测验手册。（2）准确无误地背诵测验指导语。（3）测验的环境应符合标准化要求。（4）整个测验的实施要严格按照测验程序进行。（5）在测验过程中要控制好测验的纪律。（6）测验结果的评分要严格按照标准进行。（7）测验结果的解释要参照常模进行。

教育心理学的研究方法多种多样，但它们之间相互关联，各有优劣。在教育心理学的研究中，更强调研究方法的整合，这种综合化的趋势，主要表现在如下几个方面：(1)注意采用多种方法研究和探讨课题。(2)强调并大量采用多变量设计。(3)注意将定性分析和定量分析方法相结合。

第三节 教育心理学的发展简史及发展趋势

教育心理学是因教育的需要而产生的。这可以用桑代克(Thorndike, E.L.)在其1913年出版的《教育心理学》中的一段话做证明："为了追求幸福美好的生活，人类发明了科学与艺术，用以改造他生活的世界和他自己。为了达成改造自己的目的，人类乃结合科学与艺术中的相关部分创设了教育；希望藉由教育的历程，以发扬人性并改变人性。在此一教育目的之下，又为了对人性本质地了解及人性改变可能性地研究，因而产生了教育心理学。"[①] 教育心理学正式成为一门学科的时间虽然很短，但教育心理学的思想，早已孕育于历经千年的教育哲学思想之中。

早在二千多年前，我国教育家和思想家，如孔子、孟子、荀子等在论述教育问题时，就具有一定的教育心理学思想。集儒家思想之大成的《学记》提出的许多教学原理，如"道而弗牵、强而弗抑、开而弗达"，"教学相长"等都闪耀着光辉的教育心理学思想。

孔子是我国古代一位伟大的教育家。他在长期教育、教学实践中，形成了对教育、教学过程中的认识、情感、意志和个性等方面丰富的教育心理学思想。例如，在认知方面，他重视对思维的启发，他在《论语·述而》中指出"不愤不启、不悱不发，举一隅不以三隅反则不复也"；在情感方面，孔子提倡好学、乐学的情境，他强调"知之者不如好之者，好之者不如乐之者"；在意志方面，他还强调立志，教导学生

---

① 张春兴. 教育心理学. 杭州：浙江教育出版社, 1998.18.

说："三军可夺帅也，匹夫不可夺志"；他对学生的性格、才能、志趣都有深刻的了解。他的学生颜回说他"夫子循循然善诱人"。孔子针对不同学生的性格特点，采用不同的教育方法，如他在《论语·先进》中所说的"求也退，故进之；由也兼人，故退之"，这些思想在今天仍有较大的启发意义。

就西方古代教育哲学思想而言，柏拉图所主张的教学方法就已十分重视个别差异及教育目标，即谋求身心的均衡发展，亚里士多德所主张的顺应本性、培养习惯、启发心智等教育原则，是现代教育心理学相关的重要观念的渊源。

18世纪后期到19世纪末期心理科学诞生之前，近代资产阶级教育思想家，如捷克的夸美纽斯（Cemenius, J.）、瑞士的裴斯泰洛奇（Pestalozzi, J.）、德国的赫尔巴特（Herbert, J.H.）等，都非常重视在教育中运用心理学，并把心理学作为教育理论原基础。夸美纽斯指出"只有通过教育才能成为人"，他第一次明确提出教育必须遵循自然的思想。裴斯泰洛齐从教育实践中探讨和研究儿童心理特点和规律，并和教育工作具体改革结合起来，提倡因能力施教。赫尔巴特是近代第一个提出把教学理论的研究建立在科学基础上的人，而他认为，这个科学基础就是心理学；他把教学过程分为明了、联想、系统、方法四阶段，这便是以后五段教学法的基础。实际上，这时候赫尔巴特已把教育学和心理学结合成为一个不可分割的统一体了。

教育心理学成为一门有完整体系的独立学科是最近的事情。教育心理学的发展经历了初创、发展、初步建立系统理论和完善等四个阶段。

一、发展简史

（一）初创时期（20世纪20年代以前）

对于教育心理学的创建作出突出贡献的是桑代克（Thorndike, E.L.）。他立志用准确、精密的数量化的方法研究和解决有关学习的问题。1903年，他完成了历史上第一部以"教育心理学"命名的初具体系的教育心理学著作，尔后又发展成三卷本的《教育心理学》，于1913年～1914年出版。西方教育心理学的名称和体系由此开始确立。桑代克建立自己的教育心理学体系的基本立场是，把人看成一个生物的存在。他的三卷本教育心理学分别为：《教育心理学：第一卷，人的本性》（Educational psychology: Vol. 1, The original nature of man, 1913），《教育心理学：第二卷，学习心理》（Educational psychology: Vol. 2, The psychology of learning, 1913），《教育心理学：第三卷，心智运作、疲劳、个体差异及其原因》（Educational psychology: Vol. 3, Mental work and fatigue, and individual differences and their causes, 1914），第一部分讲人类的本性；第二部分讲学习心理；第三部分讲个别差异及其原因。

在桑代克看来，人类的本性是先天形成的情境与反应之间的联结。这些先天的联结就是一切教育和人类其他控制作用的起点。教育的目的在于将其中的某些联结加以保持，将某些联结加以清除，并将某些联结加以改变或引导。

桑代克根据动物学习实验的结果，提出了许多学习定律，包括准备律、练习律和效果律等，并强调人类的学习尽管较动物的学习复杂，但由动物的学习所揭示的简单规律，也是人类学习的基本原则，可用来指导和改进教学。桑代克在测量的标准化和制定常模等方面作过大量工作，曾编制阅读、作文、写字等多种量表，以测定儿童的学习成绩。他借助测量工具，促进了对个别差异的研究，包括对双生子、同胞子女及无血缘关系的个体间的比较研究，从而论证了影响个别差异的因素有家族、成熟和环境等。他认为遗传是智力差异的重要因素，也提出个人品质、勤奋、责任心等非遗传因素与智力有正相关。他主张学校工作应尊重儿童的人格，学习中要了解个别差异，并针对个别差异作出有效指导。他反对自然主义教育，反对机械的形式训练。

桑代克的这些观点支配西方教育心理学理论和实验研究长达50年之久。

初创时期前苏联的教育心理学没有形成现代教育心理学的雏形。1868年，俄国教育家К.Д.乌申斯基出版了《人是教育的对象》，对当时的心理学发展成果进行总结。乌申斯基因此被前苏联心理学界誉为"俄罗斯教育心理学的奠基人"。俄国最早正式以教育心理学命名的著作是 Ф.Л.卡普杰列夫 1877 年出版的《教育心理学》。1906 年~1916 年间俄国召开过五次教育心理学代表大会,会议讨论了用实验心理学解决学校的一切教育、教学问题,决定了以实用的心理学代替教育学;讨论了实验在心理学研究中的形式和地位;研究了教育学与心理学的相互关系,教育心理学的任务和方法;强调了对个别差异的研究。但直到 20 世纪 30 年代,俄国的教育心理学也大多是以普通心理学的研究资料来解决教育教学中遇到的问题,没有形成自己的教育心理学体系。

我国出现的第一本有关教育心理学的著作是 1908 年由房东岳翻译日本小原又一著的《教育实用心理学》。

(二)发展时期(从 20 世纪 20 年代以后到 50 年代末)

20 世纪 20 年代以后西方教育心理学吸取了儿童心理学和心理测验方面的研究成果,大大丰富了自己的内容。30 年代学科心理学以自己的发展特色构成了教育心理学的主要内容。40 年代,弗洛伊德的精神分析学派理论的提出,促使教育心理学开始重视潜意识和意识问题的研究,重视情感在教育和教学过程中的作用,使得儿童的个人与社会适应,以及心理卫生问题进入教育心理学领域。50 年代,程序教学和机器教学开始兴起,同时信息论的思想为许多心理学家所接受,这些成果也都影响和改变了教育心理学的研究。在理论上,此时教育心理学主要受行为主义心理学的统治,开展学习问题的研究,而且研究的对象主要是动物。教育心理学家将对动物心理研究的成果推广到人类的学习中,导致教育心理学对课堂中复杂的教学指导作用不大。

前苏联心理学界在十月革命后,以马克思列宁主义哲学理论为指导,试图建立教育心理学体系。由于种种原因,教育心理学进展迟缓,限于以现成的心理学知识去论证各种教育原理,并编制测验量表进行诊断。20 世纪 30 年代,前苏联教育心理学的发展,主要是在维果斯基(Vygotsky, L.S.)的带领下展开的。维果斯基主张要把教育心理学作为一门独立的学科来加以研究,并提出了教育、教学在儿童心理发展中起主导作用的观点。之后,前苏联的一大批心理学家开展了教育心理学与课堂教学实践相联系的研究,他们反对西方心理学界将动物心理的研究成果用于解释人类复杂的学习活动。

1936年儿童心理学和测验学受到批判,全盘否定了对儿童心理学、年龄心理特征等问题的研究。1937～1945年,这是苏联教育心理学在严重困难中奋力前进的时期。对儿童心理学的批判所遗留的副作用削弱了一些教育心理学家的积极性。德国法西斯的侵略也给教育心理学的教学与科研工作增加了极大的困难。1946年以后是苏联教育心理学蓬勃发展并逐渐形成自己特点的时期。巴甫洛夫高级神经活动学说对苏联教育心理学的发展产生了深远的影响。包若维奇的关于个人心理发展的"外部影响通过内部条件折射而起作用"的理论,П.Я.加里培林的"智力动作按阶段形成"的理论,梅钦斯卡娅的"教学过程中从内化过渡到外化"的理论,Д.B.埃利康宁的"除按从个别到一般的方式外,还可以按从一般到个别的方式来组织教学"的理论相继产生。此外,注重自然实验和教师经验总结;广泛地研究了教学过程中学生的认识活动,以及学生意志、性格的培养;学科心理也比较蓬勃地发展起来。

我国第一本自编的教育心理学教科书是廖世承1924年出版的《教育心理学》。以后肖孝嵘(1930年)、潘菽(1935年)、陈选善(1938年)等人还陆续编写过一些教科书。与此同时,在学科心理、教育与心理测量等方面也取得了一定的成绩。

解放以后一部分心理学工作者与教育工作者协作,进行了6岁儿童入学的实验研究和在小学五年级讲授代数基本知识的实验研究。1958年在部分高等师范院校出现了"心理学批判"运动,过分强调了人类心理活动的阶级性,抹杀了共同性,曾给心理学界造成了思想混乱,阻碍了教育心理学的正常发展。

(三)初步建立系统理论(从20世纪60年代到70年代末)

20世纪60年代初,西方由于人本主义心理学和认知心理学逐步兴起的影响，许多心理学家重新开始重视人性，关注人类的课堂学习的研究。由布鲁纳（J.S.Bruner）发起的课程改革运动将面向教育实际的研究推向高潮。尽管由于教材难度大，教师适应与训练不易及社会性支持不够等原因而未获得预期效果，但这个运动仍有其一定的启发性和吸引力。60年代初到70年代末，奥苏贝尔在批判行为主义将人类的学习简单化的倾向之后，以认知心理学的观点系统阐述了有意义学习的条件、意义的获得与保持的进程；与此同时加涅则系统总结了已有的学习研究成果，对人类的学习进行系统分类，并阐明了不同类型学习的内部与外部条件，这两个系统的学习理论的诞生标志着教育心理学进入了初步建立系统理论期。

前苏联教育心理学在60年代以后的发展有以下特点：第一，密切联系学校教学探讨教育心理学问题，促进了前苏联教育的改革，最具有代表性的是赞可夫的"教学与发展"的实验研究，这一研究持续了15年之久，其成果直接推动了本国的学制和课程改革，并且还编写了几本《年龄与教育心理学》；第二，在理论思想上也较先前活跃，对于学习活动的结构、学习的类型、学习动机、迁移和智力活动等理论问题探讨较多，代表性的有列昂节夫、加里培林等的研究；第三，对西方尤其是美国教育心理学的态度也有明显的变化，对智力测验和心理诊断学的意义作了重新估价，并把儿童心理学和教育心理学两门学科结合了起来。

我国于1962年成立中国心理学会教育心理学专业委员会，专业委员会由我国著名心理学家潘菽等26人组成，具体领导教育心理学的研究工作，大大推动了我国教育心理学的研究向纵深发展。主要成绩有：1963年出版了由潘菽主编的《教育心理学》（讨论稿）；全国各师范院校陆续开设了《教育心理学》课程；全国范围内对语文、数学学科的教学进行了实验研究，其中以识字教学成绩最为突出；开展了程序教学的研究，在实验中采用了直线式和分枝式程序，编写了程序教学的教材，制造了一些简易的教学机器。不幸的是，"文化大革命"期间，我国的心理学研究工作几乎完全停顿，直到1976年粉碎"四人帮"后才得以恢复和发展。

（四）完善时期（20世纪80年代以后）

进入 80 年代以来，教育心理学家越来越重视理论与实践的结合。教育心理学理论派别的分歧越来越小。主要表现是：一方面东西方教育心理学相互取长补短，在西方教育心理学书中注意反映东方教育心理学的理论，例如，维果斯基的观点大量出现于西方的教育心理学教材中；另一方面行为主义的学习理论与认知学派的学习理论都在相互吸收各自合理的内容，并希望消除理论与实践上存在的鸿沟。

二、教育心理学的发展趋势

（一）内容趋于集中

60 年代后，尽管每年出版的教科书仍旧多种多样，但其内容日趋集中，主要围绕有效的学和有效的教来组织，对两个方面各有侧重，有的以教为主线，有的以学为主线，也有两者并重的。但有几个方面的问题似乎是大家公认必须加以研究的，如教育与心理发展的关系，教与学的心理，包括学习理论、学习动机、个别差异、智力测验、成绩评定、课堂管理与纪律、教育中的社会因素、教师心理等几个方面的问题。从这些问题来看，教育心理学中与教和学直接有关的内容更为丰富，而关系不大的内容则逐渐被淘汰，教育心理学越来越有自己独立、系统的学科体系。

（二）各派的分歧日趋缩小

教育心理学的理论和派别，基本上可以分为行为派、认知派和人本主义学派。随着研究的逐步加深，越来越多的研究者认识到，多种理论和假说的并存是一门科学发展的必然。由于不同研究者处于不同的地域、时代，有不同的文化传统、理论修养，采用不同研究方法，他们会从不同的角度观察，从不同层次剖析极其复杂的心理现象，这必然会造成认识上的差异，形成不同的理论和假说。以教育心理学中认知派与行为派的理论为例，尽管两种学习理论从表面看分歧很大，然而如果以学习的简繁等级的观点来衡量，两派的理论并非是对立的，而是阶梯的两端：行为派的联结主义是学习阶梯的低级一端，而认知发展说则是学习阶梯的高级一端。目前，双方都在互相吸取对方合理的东西，持绝对的行为派观点的学者或持绝对的认知派观点的学者已经很少见了。研究者常常既关注学生高级的认知活动又不排斥客观的研究方法。而在探讨学生信息加工过程规律的同时，把学生作为一个活生生的个体，作为带有积极主动性的人来看待，则使人本主义的心理学理念在教育心理学的研究中占有其独特的地位，同时也成为教育心理学统合的重要内容之一。

（三）注重学校教育实践

60年代以后，教育心理学的发展趋势是越来越注重为学校教育实践服务。教育心理学家们越来越多地研究环境、社会阶级、文化背景、师生关系、集体等因素对学生学习的影响，并力图把研究同教育、教学的实际问题联系起来。例如，布鲁纳的"发现教学法"、赞可夫的"教学论三原则"，乃至各种现代化教学技术运用中心理学问题的研究都在教育实践中产生了很大的影响。

近20年来，教育心理学大量研究课题从传统的纯理论研究向综合性的应用项目发展，研究重点日益转移到教学实际中的各种问题，特别是为教学方案设计和计算机辅助教学的程序设计提供心理学原则和依据。此外，有关认知策略、元认知和知识最优化等基础研究课题，也与学生阅读理解、学科心理、技能培养、教学设计、教育评价等应用性研究课题结合起来，在应用研究上呈现异常广阔的前景。

（四）电子学习规律的探讨

随着电子技术的普及和发展，电子学习（e-learning）将逐渐成为学生主要的学习方式之一。目前，国际上对电子学习的探讨越来越多，积累的数据越来越丰富。这要求教育心理学要把电子学习中的规律作为探讨的内容之一。诸如，电子学习中的个别差异、电子学习过程的规律、电子学习效率的提高等等，将成为今后研究的重要内容。

（五）教师发展和教学理论的探讨

传统的教育心理学关注学生的学习和教师的教学，主张充分尊重学习的积极性和主动性。但教师在教学过程中的发展和提高，则没有得到特别的关注。教师作为教学双边活动的重要组成部分，应该受到更多的关注。与此相应，传统的教育心理学，在其基本理论探讨上，更关注学习理论的探讨，对教学理论探讨还不够充分，因此，教学基本理论的讨论必将成为今后教育心理学研究的又一热点问题。

第二章 心理发展理论

学生心理的发展既是学校教育教学的出发点又是学校教育教学的归宿。宏观上讲，所有学与教的规律，都应该充分考虑学生心理的发展，考虑其心理发展的规律和年龄特征，考虑制约发展的因素。本章围绕学生心理的发展，重点介绍国际著名的认知发展理论——皮亚杰的认知发展理论和维果斯基的认知发展理论，以及揭示个体个性社会性成长的理论——埃里克森的心理社会性发展理论。

第一节 心理发展的概述

一、什么是心理发展

心理发展包含三大方面。"第一方面是动物种系演进过程中心理的发展。第二方面是人类历史发展过程中心理的发展，或者说人类心理的历史发展。第三方面是人的个体从出生到衰亡的整个过程中的心理发展。"[①] 由于教育心理学更加关注儿童青少年的心理发展，因此我们将心理发展界定为：个体在遗传与环境影响下由低级心理机能向高级心理机能转化的过程。

首先，心理发展是心理机能由低级向高级的转化过程。怎样理解

---

① 刘范主编. 发展心理学. 北京：结出版社，1998. 1-3.

低级心理机能和高级心理机能？诸如无意注意、无意识记、动作思维是低级的，而有意注意、有意识记、抽象思维则是高级的。如果个体的活动总是以无意活动为主则说明其心理发展水平较低。许多人都看见过这样的情况：一个玩耍着的幼儿忽然被电视中的广告吸引，于是停下来不玩了，盯着电视看。广告演了1分钟，他看了60秒。广告过后演故事片了，他不看了，继续玩上了。幼儿的这种表现是典型的以无意注意为主的表现。广告的画面、色彩、声音、节奏都非常符合吸引人注意的条件，因此幼儿的注意被广告吸引住了。这说明幼儿的心理水平较低。随着其年龄增长，在其活动中有意注意所起的作用越来越大，这一转化过程就是心理发展。

其次，影响心理发展的因素包括遗传和环境或者说成熟与学习两方面。个体心理的发展是这两方面交互作用的结果。

心理发展的内容主要包括认知发展与个性和社会性发展。

二、心理发展的特点

（一）心理发展的连续性与阶段性

心理发展究竟是连续性的还是阶段性的？究竟是渐进的——从小到大仅仅表现为量的逐渐增加；还是突变的——从出生到成熟以阶段性的模式增长，在某些年龄时表现为急骤的增加，在其他年龄时却没有变化？

关于心理发展是连续性的还是阶段性的问题，有三种观点。

第一种观点认为心理发展是连续性的。随着技能的发展以及在与父母和环境互动中获得各种经验，儿童的心理以平稳推进的方式发展着。这种观点叫连续论。连续论认为人的思维在一种年龄或发展水平上与另一种年龄或发展水平上并没有本质区别。心理发展的基本原因是社会经验因素的积累。人的心理发展过程就好像人沿着平缓的山坡向山顶爬行的过程一样，是渐进的、累积的。

第二种观点认为心理发展是阶段性的。这种观点认为儿童的发展要经过一系列不可变更的阶段。当一个新的阶段到来时，变化是突然发生的。这种观点叫阶段论。阶段论认为，有生物学依据的普遍因素在发展中起着突出作用，比较一致的结构性变化发生在几乎所有的儿童心理过程中，并引起表现于外的行为上的不连续变化。人的心理发展就好像爬楼梯，在不同的阶梯上人的心理有本质的不同。

以上两种观点各有偏颇，我们赞成第三种观点。

第三种观点认为心理发展是连续性与阶段性的统一。这种观点叫统一论。统一论认为儿童心理的发展是一个从量变到质变的过程。当某些代表新质要素的量积累到一定程度时就取代了旧质要素而成为优势的主导地位，这时量变的过程就发生了质的飞跃，表现为阶段性。这样一个从量变到质变的发展过程说明心理的发展进程是既有连续性又有阶段性。连续性是指后一阶段的发展总是在前一阶段的基础上发生的，而且后一阶段既包含前一阶段的因素，又萌发着下一阶段的新质。但作为本阶段特征的是那些占优势地位的主要因素，它体现着本阶段的本质特性。同时在阶段内部，儿童的心理水平也不是完全相同的，它们有一定的渐进的发展变化的痕迹，虽然变化的幅度没有阶段之间大，但变化时时刻刻在发生着。

（二）心理发展的领域一般性与领域特殊性

心理发展到底是领域一般性的还是领域特殊性的？不同的发展心理学家对这个问题的回答也是有争论的。领域一般性发展是指心理发展几乎以相同的速度同时在多个领域中发生，领域特殊性发展是指心理发展以不同的速度发生在不同领域上。例如，就语文能力、算术能力的发展来说，按领域一般性观点，是同步的；按领域特殊性观点，则是各自独立的。再如，学习打篮球，像传球、接球、运球、三步上篮、急停跳投等技术，按领域一般性观点，是以相同的速度学会的；按领域特殊性观点，则是以不同的速度学会的。

心理发展究竟是领域一般性的还是特殊性的，抑或是一般性与特殊性的结合？这种探讨对教学是非常有意义的。比如，数学能力、物理能力和化学能力之间是领域一般性的还是特殊性的？我们能预期一个学生数学、物理和化学学得都很好吗？如果有的学得好，有的学不好，学不好的原因是缺乏努力还是该方面的能力发展较慢？或者是两者的结合？我们必须弄清原因，才能向学生提出进一步的要求，以利学生的发展。目前相关的研究正在进行中，但已有的研究结果更多地倾向于认为，儿童心理品质的发展具有领域特殊性。

（三）心理发展具有一定的方向性和顺序性

从出生到成熟到衰退，心理发展具有一定的方向性和顺序性，而且是不可逆、也是不可逾越的，并且在不同的文化背景下和不同的个体身上都表现出较高的一致性。在总体上心理发展的方向性和顺序性表现为由低级到高级、由简单到复杂、由具体到抽象的变化过程。如思维的发展表现出如下年龄特征：出生～3 岁，主要是直观行动思维；3～6、7 岁（学前期），主要是具体形象思维；6、7～11、12 岁（学龄初期），主要是借助于形象进行的逻辑思维；11、12～14、15 岁（少年期），主要是以经验型为主的抽象逻辑思维；14、15～17、18 岁（青年初期），主要是以理论型为主的抽象逻辑思维。各种年龄特征不能颠倒、跳跃。在各种心理成分中心理发展的方向性和顺序性表现为，感知觉的发展最早，然后是情绪、动机和社会交往能力的发展，而抽象思维的出现和发展最迟。

（四）心理发展存在个别差异性

尽管个体的心理发展遵循着颇为一致的规律，表现出与他人一致的共同性，但其发展又表现出相对特殊性，即个别差异性。由于遗传素质、教育条件以及社会环境的不同，儿童的心理发展也各不相同。各种心理机能开始出现和发展的具体年龄、发展的内容、发展的速度、发展的水平以及各种心理成分在某一个体身上的结合模式都会有所不同。例如，有的个体言语能力强，有的个体操作能力强。可以说，每一个个体具体的心理发展曲线都是有所差异的。

三、影响心理发展的因素

在解释什么是发展时,我们谈到影响心理发展的因素包括遗传和环境或者说成熟与学习两方面。这两方面究竟哪一方面起主导作用呢?有人认为遗传或成熟起主要作用。如格塞尔(A. Gesell,1880~1961)提出了成熟优势说。他主张:(1)支配心理发展的因素有两个:成熟和学习。其中成熟更为重要。(2)心理发展是一个按顺序出现的过程,这个顺序与成熟的关系较大,与学习的关系较少。(3)心理发展主要由成熟决定。当发育没有达到成熟水平时,学习或训练不起任何作用。格塞尔著名的同卵双生子爬梯实验是其学说的证据。

也有人认为环境或学习起主要作用。如华生(Watson,J.B.,1878~1958)提出了环境决定论。

这两种观点都各有偏颇。事实上,遗传只提供个体心理发展的可能性,不决定心理发展的现实性。而环境和教育则决定个体心理发展的现实性,教育对心理发展起主导作用。有研究揭示出,简单的身体活动和相对低级的认知活动受遗传的影响更大,复杂的认知加工能力和个性的成长则受环境和教育的影响更大。

讨论这个问题对教学的意义是,弄清哪些能力的发展受学习影响比较小,哪些能力的发展受学习影响比较大,以便更有准备地对待。比如感觉能力、知觉能力、机械记忆能力受学习影响比较小。即使在不同的环境下成长,儿童的这些能力都能得到发展。又如创造思维能力、人际交往能力等受学习影响较大。儿童的创造思维能力如果能从小得到经常性锻炼(经常提供研究性学习情境或参加兴趣小组活动)并受到父母、教师的关注、鼓励,它发展得就更顺利,创造思维方法就会积累得更多。这就使儿童在面对问题时,不仅有积极性而且有办法解决问题。由于有了支持性环境,他们的创造思维能力就会发展得更好。人际交往能力也是如此,儿童从小在与父母、同伴的互动中学习怎样与成人、同伴交往,有时需要得到成人的指导、同伴的建议,才能学会如何恰当地与人交往。

第二节 皮亚杰的认知发展理论

皮亚杰（Jean Piaget, 1896～1980）是瑞士著名的儿童心理学家。皮亚杰兴趣广泛，他早年曾学习生物学，继而对认识论和逻辑学产生浓厚兴趣，以后又长期从事儿童心理学研究。他开创了临床法的先河。由于皮亚杰曾学习精神分析学说、病理心理学，做过西蒙（T. Simon）的助手，也在比内（A. Binet）实验室进行过测验研究，又受到格式塔心理学的影响，他综合了观察法、询问法、测验法和实验法而创造出临床法，或称之为临床描述技术。这个方法有它的独到之处。它的出发点是皮亚杰的结构整体理论，即从整体来观察儿童，强调实验的自然性质。他认为用单纯观察、单纯测验等单一方法不能全面地了解儿童。在他的研究中，主试细致地观察儿童活动，引导儿童活动，让儿童自由谈话，自由叙述，同时因势利导，进行分析。对于年龄较大儿童则采用作业法与谈话法相结合的方式，并在实验过程中适当穿插提问。总的说来，这个方法的特点是：从整体的观点研究儿童，比较全面和细致；比较灵活，不拘一格；不仅观察儿童认识什么，也探讨他如何认识，从而了解儿童的认识发展过程。皮亚杰研究了儿童认识的发生和在各个年龄阶段上的发展变化，从认识的起源一直追踪到科学思维的发展。在国际心理学界是皮亚杰首次全面提出了儿童认知发展理论。

一、发生认识论

发生认识论要探讨儿童的认识是如何产生的？儿童的认识又是如何发展的？即探讨儿童的认识产生、发展的机制问题。皮亚杰将儿童认识的发生与发展归纳为相互联系的两个主要方面：（1）知识形成的心理结构（即认知结构）；（2）认识发展过程中新知识形成的机制。

关于人类认知的起源问题在哲学上历来有两派观点。一派为先验论或预成论，认为人的认识是天生的。另一派为经验论，认为人的认识是后天产生的。在哲学观上皮亚杰既反对先验论又反对经验论，认为人的认识既不是先天的也不是纯后天的，而是在主体（人）与客体（环境）相互作用中产生的。主、客体相互作用的最早方式是动作。如母亲的奶头放到新生儿唇边，新生儿就会吸吮，这是吸吮动作。新生儿睁开眼后，触摸新生儿的眼睫毛，他就会眨眼，这是眨眼动作。再如抓握动作、触摸动作等等。主体为了认识客体必须对客体施加动作。动作内化为认识。通过同化和顺应两种机能活动，儿童的认识不断地由低级向高级发展。

（一）认知结构与图式

皮亚杰认为，婴儿出生不久，即开始主动运用他与生俱来的一些基本行为模式来对环境中的事物做出反应，从而获取知识。这种以身体感官为基础的基本行为模式，可以看作个体用以了解周围世界的认知结构。每当他遇到某事物时，他就用他的认知结构去核对，去处理。皮亚杰将这种认知结构叫做图式。个体最原始性的图式多属感觉动作式的，即凭其感觉与动作了解周围的世界。如婴儿凭口唇的感觉而有吸吮图式，凭手的触觉而有抓握图式。年龄稍大后，图式将因经验增多而渐趋复杂，变为心理性的行为模式。儿童学习语言文字时，之所以对熟悉的单字能辨别其字形、字音、字义，就是因为在他的记忆中已存有这种单字的图式。同理，学生在解答数理问题时，之所以能适当运用数学符号或物理、化学公式，也是由于他早已具备这种符号与公式的图式。因此，图式一词有时也称认知图式。皮亚杰将图式看作人类吸收知识的基本框架，因而将认识发展或智力发展，解释为个体的图式随年龄增长而发生的改变。

（二）同化与顺应

皮亚杰采取生物学立场，认为认识发展或智力发展的本质是人对环境的适应。适应是指个体的认知结构或图式因环境限制而主动改变的心理过程。适应有同化和顺应两种机能。同化，指个体将客体纳入到原有的图式中去，引起原有图式量的变化。同化更多反映的是主体对客体的作用。例如，儿童根据家中的黄狗照片学到狗的图式，以后如遇到黑狗也会喊它为狗，这就是同化。顺应是主体的图式不能同化客体时，就会引起图式的质的变化，促使主体调整原有的图式或创立新的图式。例如幼儿习惯了用单手抓取物体，若遇较重物体单手无法抓取时，他将自行改变动作方式，用双手搬动该物体。由单手改变为双手的动作，是他为达到目的而主动做出的调整。

（三）平衡

平衡是指同化作用和顺应作用两种机能的平衡。每当儿童遇到新事物，总是试图用原有的图式去同化它，如获得成功，认识上便暂时获得平衡；如不成功，儿童便做出顺应，调整原有的图式或创立新的图式去同化新事物，直到达到认识上的新的平衡。这种新的暂时的平衡不是绝对静止或终结，而是某一水平的平衡，它成为另一较高水平的平衡运动的开始。这种不断发展的平衡就是皮亚杰所谓认知结构的形成和发展的基本过程。

我们举一个例子，将图式、同化、顺应和平衡串联起来说明人的认识的发展。比如一个孩子已认识狗，即已经建立了"狗"的图式，以后遇到与狗相似的动物，他都会称之为"狗"（同化），他甚至会把羊也称之为狗，因为羊和狗有一定的相似之处，它们都是四条腿的动物。但这时大人会告诉他："你错了，羊有两只角，狗没有；羊叫的声音也和狗不相同，羊是'咩咩'地叫，而狗是'汪汪'地叫……"，通过比较，儿童的头脑中产生了认识上的冲突，这时儿童就会调整头脑中的图式，创立"羊"的图式（顺应），把眼前见到的新动物称为羊，从而达到认识上的平衡。但认识是不是到此就停止了呢？并没有。因为儿童在适应环境的过程中会不断地接触到各种新的事物，如他会遇到各种各样的羊——山羊、绵羊、公羊、母羊等等，他都会把它们称之为羊，通过同化，他头脑中有关羊的图式在数量上会不断地丰富和扩大，认识上也不断取得暂时的平衡。但当他遇到一头牛的时候，这是一种他过去没见过的新动物，他会问自己，这是狗吗？这是羊吗？

他力图用头脑中已有的动物图式去同化它。他可能认定这新动物是羊，因为它头上长着角，叫声和羊有点相似。但后来通过大人的指点，他头脑中的图式产生了质的变化，创立了牛的图式，以适应新的现实，从而达到认识上新的平衡。……这样看来，儿童认识上的每一次平衡都是暂时的，是另一较高水平的平衡运动的开始。这种不断发展的平衡，就是皮亚杰所谓认知结构的形成和发展的基本过程，正是通过这种循环往复、不断向上的平衡运动，使人能不断地建构新知识，形成新的认知结构，从而不断适应环境，适应现实。

二、皮亚杰的认知发展阶段论

作为"发生认识论"的组成部分，皮亚杰根据自己多年的实验研究的结果提出了认知发展的阶段理论。他认为，从根本上讲，儿童的心理发展表现为四大连续的阶段。各阶段之间不是跳跃式的改变，而是连续中呈现阶段现象。每一阶段是前一阶段的延伸，是在新的水平上对前一阶段进行改组，并以不断增长的程度超越前一阶段。在认知成长的过程中，每一个儿童都毫无例外地按照固定的顺序从前一阶段过渡到后一阶段。他们不能跳跃过某一阶段，也不会倒退。个体差异表现为儿童通过每一阶段的速率有所不同。

（一）感觉运动阶段（0～2岁）

在感觉运动阶段，婴儿吸收外界知识的图式，主要是视觉、听觉、触觉等感觉与手的动作。这些感觉与动作，最初只是简单的反射，而后逐渐从学习中变得复杂，由身体的动作发展到心理的活动。到6个月以后，婴儿能够坐起与爬行，并随之出现目的性的动作，即有目的地运用身体的动作（如口尝、手抓）去达到目的。例如：在尚不能移动身体的婴儿身旁，将一个玩具放在毯子上，他会伸手去抓取玩具。如因距离较远抓取不到，几次尝试之后，他就会放弃。但对较大的婴儿来说，他就会用手拉动毯子，从而取到玩具，这显示婴儿开始运用思维方式去解决问题。

感觉运动阶段的末期,婴儿的图式将发展到客体永久性的地步。在婴儿早期,如用幕布将其面前的玩具遮挡住,他不会寻找;原因是他的图式还不能对具体实物形成表征。对几个月的婴儿来说,看不见的东西是不存在的。稍长至1岁左右的婴儿,对滚入床下而看不见的皮球,他会继续寻找。这表示皮球虽在眼前消失,而留在他心中的映像却仍然存在。显然,物体的形象之所以能够永存在婴儿的图式之中,这表示婴儿末期已开始从具体实物中学到抽象的概念。接近两岁的婴儿,他不仅能当场模仿人或动物的动作,而且还能在事后凭记忆去模仿这些动作,即延迟性模仿(deferred imitation)。

(二)前运算阶段(2~6、7岁)

这一阶段正值儿童入小学之前与入小学之初,在教育上特别重要。因而无论是皮亚杰本人或其后的学者,对这一阶段儿童认知发展所从事的研究最多。

该阶段是在感觉运动阶段的基础上,心理发展出现的一次质的飞跃。因为感觉运动阶段的儿童只能对当前知觉到的事物,通过动作来进行思维,而前运算阶段的儿童由于信号或象征功能的出现,开始从具体的动作中摆脱出来,凭借象征性在头脑中进行表象性思维。皮亚杰之所以称这一阶段为"前运算阶段",原因是该阶段的儿童遇到问题时虽然会运用思维,但他在运用思维时常常是不符合逻辑的。"前运算阶段"的意思即指儿童思维方式达到完全合理地步之前的一段时期。该阶段儿童的思维图式具有以下特点。

1. 知觉的局限性

知觉的局限性(perceptual centration)是指前运算阶段的儿童在面对问题情境时,只凭知觉所及,把注意集中于事物的某一方面,忽略其他方面,从而导致对问题的错误解释。例如,让前运算阶段儿童看两个相同的较低、较粗的玻璃杯,里面装有等量的牛奶。研究者将一杯牛奶倒入一个较高、较细的杯子中,问儿童哪个杯子里的牛奶多,儿童一看细杯子中的牛奶液面高了,就认为细杯子中的牛奶多。可以看出,前运算阶段的儿童只注意了液面的高低而忽略了杯子的粗细,只注意了倒的结果,而忽略了倒的过程。这样顾此失彼的认知导致对问题的错误解释。再如,在前运算阶段儿童面前呈现两排数量相等的扣子,每排 5 个。如果两排扣子一一对应,问他们两排扣子是否相等,他们回答"相等"。但如果将其中一排扣子的间距变大,再问儿童两排扣子是否相等,他们会说"不相等",并指出间距变大的那一排扣子多。

2. 不可逆性

不可逆性与可逆性相对。可逆性是指思维时可以从正面去想,也可以从反面去想;可以从原因去看结果,也可以从结果去分析原因,即顺向与逆向兼顾的思维过程。可逆性包括两大类:逆向性和互反性。逆向性,如 m 加上 A 为 n,n 减去 A 回到 m,减是增的逆向。2 个苹果加上 3 个苹果是 5 个苹果,5 个苹果减去 3 个苹果又回到了原来的 2 个苹果,即通过逆向运算,思维操作又回到了原来的起点。互反性(reciprocity),如 A>B,它的互反为 B<A。小东的个子高于小龙即意味着小龙的个子比小东矮,这是指互反的相对性。咱们俩面对面站着,你的右边和我的右边方向恰好相反。这是方向的互反等等。

不可逆性指思维的单向性。例如,问一个 4 岁的男孩:"你有哥哥吗?"他回答"有",再问"他叫什么名字?"答"云龙"。又问"云龙有弟弟吗?"答"没有"。前运算阶段儿童在思维时他的图式功能所表现的不可逆性,是阻碍其合理思维的原因之一。

3. 自我中心主义

自我中心主义(egocentrism)是指儿童只能从自己的角度而不能从别人的角度观察和考虑问题。即前运算阶段儿童能主观地看世界,不能客观地予以分析。儿童思维的这一特点不能说是儿童自私的表现,而是说明了儿童思维发展过程中的一个过渡性特点。图 2-1 是皮亚杰的三座山实验的情境。该实验的设计是,在桌子上放置三座山的模型,在高低、大小、位置上,三座山之间有明显的差异。实验时,先让一个 3 岁的幼儿坐在一边(如左图 A 边)然后将一个布娃娃放置在对面(左图 C 边)。此时实验者要儿童回答两个问题。第一个问题是:"你看到的三座山是什么样子?"第二个问题是:"娃娃看见的三座山是什么样子?"结果发现,该幼儿以同样的方式回答两个问题;只会从自身所处的角度看三座山的关系（如两座小山在大山的背后），不会设身处地从对面娃娃的立场（即右图 C 边）来看问题。皮亚杰以 7 岁以下各年龄阶段儿童为对象进行实验，结果发现 7 岁以下儿童的思维方式都有自我中心的倾向。

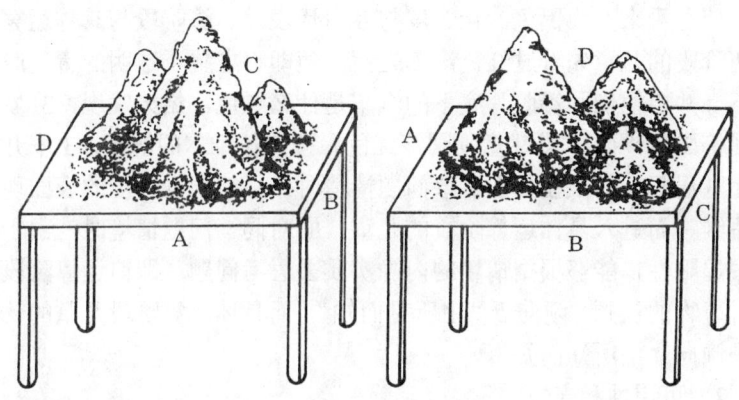

图 2-1　皮亚杰的三座山实验

4．直观形象性

直观形象性即儿童能凭借表象进行思维。依靠这种思维，他们可以进行各种象征性活动或游戏（如儿童用小车当做飞机，用积木搭成房子，椅子可以当火车开），延迟性模仿（模仿自己想起来的过去的事情）以及绘画活动。

（三）具体运算阶段（6、7 岁～11、12 岁）

该阶段儿童形成了初步的运算结构，出现了逻辑思维。但这种思维能力只限于可见的具体情境或熟悉的经验。所谓运算，是指一种内化了的可逆动作，借助于逻辑推理将事物由一种状态转化为另一种状态。该阶段儿童思维发展有以下几个特点。

1．去局限性

在具体运算阶段，前运算阶段的知觉的局限性已被去局限性（decentration）所取代。去局限性的思维特征，是具体运算阶段儿童思维成熟的最大特征。著名认知心理学家弗拉维尔（Flavell，1986），曾以前运算阶段儿童与具体运算阶段儿童为对象，采用以下的实验情境，观察两阶段儿童的去局限性思维方式的差异。

实验的设计是，将一个红色的玩具汽车置于青色的透明胶片之下，使之看来变为黑色。让3岁与8岁代表前运算阶段与具体运算阶段两阶段的儿童先看过红色汽车之后，随即将之置于透明的青色胶片之下，并要他们回答胶片底下的汽车是什么颜色。结果发现，3岁儿童回答黑色，而8岁儿童则回答红色。按弗拉维尔的解释，3岁儿童受知觉局限性的限制，面对该问题情境时，只能根据情境的表面现象去思维。而进入具体运算阶段的儿童，面对同一问题情境时，由于有了去局限性，能够根据情境的内隐实质去思考问题。即前运算阶段儿童对事物的认知，倾向于"由所见而知"，而具体运算阶段儿童的认知则是倾向"由所知而知"。

2．可逆性和守恒

具体运算阶段的思惟具有可逆性。可逆性思惟的发展是这个阶段的主要标志之一，具体表现为对守恒概念的掌握。所谓守恒是指对物体的某一特征（如长度、数目、重量等），不因为其他非本质特征的改变（如改变其形状、方向、位置等）而改变，也可以认为，儿童的认知达到守恒表明他的认知能力达到透过现象看清本质，对本质不变性的把握。

从不守恒到守恒，要经过一个困惑、动摇的过渡阶段，这是由于儿童在思惟上发生直观感知与推理之间的矛盾。真正可逆性运算需要通过关系的协调，然后才导致守恒的实现，如在重量守恒实验中，8岁儿童在把两个相同的泥球变成扁而大的饼和厚而小的饼时，认为不一样重，但他们认为把它们变回到泥球状时就一样重。由此可以认为过渡阶段是一个相关关系协调的过程。

3．分类

所谓分类是指根据事物的性质或关系对事物进行不同的组合。皮亚杰研究发现，具体运算阶段和前运算阶段的儿童在分类上的差异，主要表现为前运算阶段的儿童只能按明确的、具体的标准进行分类，例如，颜色、形状、体积和用途等，而不能按复杂的、抽象的标准分类，但具体运算阶段的儿童则能够按复杂的、抽象的标准进行分类。

皮亚杰曾以学前（前运算阶段）儿童为对象，在面对很多不同颜色花朵时，先问："你说红花多还是白花多？"等他回答之后再问："你说红花多还是花多？"结果发现，学前儿童一般都能正确回答第一个问题，但却不能回答第二个问题。皮亚杰认为，这是由于学前儿童在认知发展上还未具备类包含的能力。所谓类包含（class inclusion），是指分类思维时能区别主类（大类）与次类（主类中所包含的各次类）之间关系的能力。按上述问题，红花与白花都是花类（主类）之下的次类，彼此间的特征具体明显，容易比较。而主类与次类比较时，因缺少同一的与明确的标准可以依据，故而认知困难。当然，前运算阶段儿童之所以缺少类包含能力，与前文所指的知觉的局限性也有密切关系。等到儿童认知发展达到具体运算阶段的地步，就具备了类包含的能力；因此一般小学中年级的儿童，都能轻易地回答"白色汽车多还是汽车多"的问题。

4. 序列

所谓序列是指根据大小、多少、轻重和长短等关系对事物的次序作出安排的能力。给儿童呈现铅笔 A 和铅笔 B，A 比 B 短，即 A<B，再用铅笔 B 同铅笔 C 比较，B<C。然后将铅笔收起，问儿童 A 与 C 谁短。前运算阶段的儿童对此问题不能作出回答，即他们没有序列能力。但具体运算阶段的儿童则能够正确回答此问题。

5. 群集结构

具体运算包括分类、序列、对应（一对一或一个对几个）、矩阵（或称二因素分类表）等等这些结构，这些结构的核心称为"群集"。群集结构是在获得可逆性和守恒之后进行的逻辑运算。其本质特征可归纳为五个方面：（1）组合性，如 $A + A' = B$。二个元素可以组合为一个新元素，或 $A > B$，$B > C$，则 $A > C$，从二种关系中可以连接为一种新关系。（2）可逆性，如 $A + A' = B$，则 $B - A = A'$，$B - A' = A$，指合并的二个类或二种关系可以分开。分开是对合并操作的反操作。（3）结合性，如 $A + B + C = (A + B) + C$，指达到同一运算结果可以通过不同运算方法。(4)同一性,如 A+B-B=A,指同时进行相反的两个操作,结果相互抵消。(5)重复性,如男孩 + 男孩 = 男孩,指质的重复。其中可逆性是群集结构的核心,是其余四个特征的基础。

6. 思维有很大的具体性,但抽象性在不断地提高

具体运算阶段是从动作结构向一般的逻辑结构过渡的阶段。它的运算活动是在同具体事物直接联系的条件下进行的逻辑运算,但不能使其逻辑抽象化或语言化。

(四)形式运算阶段(11、12～14、15岁)

皮亚杰认为,思维发展到形式运算阶段,就代表个体的思维能力已经发展到了成熟水平。以后随着个体年龄的增长,只增加其知识经验,思维方式不会发生变化了。该阶段的青少年,在思维方式上具有以下三个特征。

1. 假设演绎推理

假设演绎推理是逻辑思维的基本形式之一。这种推理思维的特点是,先对所面对的问题情境提出一系列的假设,然后根据假设进行验证,从而得到答案。皮亚杰曾以物理学中的单摆实验,要求被试解答在摆绳长短、摆锤重量、推动力量(或抬举高度)三种因素中,哪一个是影响单摆运动周期的因素。实验结果发现,只有认知发展达到形式运算阶段水平的被试,才会按照类似以下假设演绎推理方式探索答案:先假设影响单摆运动周期的因素是摆锤重量,然后保持另外两因素不变,只改变摆锤的重量加以验证。也可先假设摆绳长短为影响因素,然后保持另外两因素不变,只改变摆绳长短加以验证。如此系统进行,最终可以找到正确答案。

2. 命题推理

所谓命题推理是在推理思维时,不必一定按现实的或具体的资料做依据,只凭一个说明或一个命题,即可进行推理。命题推理的思维特点是超越现实。例如分别问小学生和中学生一个这样问题:"要是你当市长,你如何解决市内交通拥挤问题?"小学生也许会回答:"我不是市长,我不知道。"但是思维水平达到形式运算阶段的中学生,则会

根据自己的想法说出一番道理。

3. 组合推理

组合推理是在面对由多项因素形成的复杂问题情境时，可以根据问题的条件提出假设，然后一方面孤立某些因素，另一方面组合其他因素，从而在系统验证中获得正确答案。例如：设有一个问题，已知结果 C，可能与 A、B 两因素有关，对此问题的组合推理思维方式不外以下各种可能：(1) A 或 B 均可各自产生 C；(2) A+B 产生 C；(3) C 的原因既非 A 也非 B；(4) A 可能是原因但非 B；(5) B 可能是原因但非 A。

三、皮亚杰认知发展理论的贡献与局限

皮亚杰的认知发展论确信，儿童是有着丰富的知识结构的积极的学习者。他的理论促进了强调发现学习和直接与环境相联系的教育观念和教育方法的发展。

尽管皮亚杰认知发展论对儿童发展和教育作出了极大贡献，但近年来也受到挑战。研究表明皮亚杰低估了儿童的认知能力，而高估了青少年的认知能力。当儿童遇上困难的任务时，他们的认知表现与年长的儿童之间的接近程度比皮亚杰估计的要高。另外，皮亚杰认为，儿童自行的对环境的探索是最有效的学习方式。但有研究发现，儿童在皮亚杰所提出的问题中的表现可以通过训练得以改变。这个发现对皮亚杰的假设提出了质疑。

四、新皮亚杰学派的观点

（一）最佳绩效水平与典型绩效水平

Fischer 和 Pipp 区分了完成作业的最佳绩效水平和典型绩效水平。最佳绩效水平是指个体完成一项任务所能达到的最好成绩水平。典型绩效水平是指个体完成一项任务的经常成绩水平。皮亚杰研究的是最

佳绩效水平，而人们平时是以典型绩效水平活动的。Fischer 的理论是在皮亚杰理论的基础上提出的，他认为人们有能力在某种最佳的水平上（比如皮亚杰的形式运算阶段）做出反应，并不意味着在日常生活中他们总是如此行事。

（二）后形式思维

新皮亚杰主义者在皮亚杰原来提出的四阶段之外又提出了一个或更多的阶段。支持这些阶段的理论家基本上都认为可能存在后形式思维（postformal thinking），也就是以超越形式运算的方式进行的思维。后形式思维理论认为，认知发展并不在形式运算阶段停止。许多认知发展都是在青少年或成人期进行的。

（三）问题发现

Patricia Arlin 认为认知发展的第五个阶段是问题发现（problem finding），指的是个体不仅能解决问题，还能发现有待解决的重要问题。按照这种观点，当青少年步入成年时，他们的发展就不再是看他们解决问题的成绩有多好，而是看他们发现值得解决的问题的水平有多高。

（四）辩证思维

Klaus Riegel、Gisela Labouve-Vief、Juan Pascual-Leone、Robert Steinberg 以及其他一些人提出，在形式运算阶段之外还有一个阶段，称为辩证思维（dialectical thinking）。这些研究者认为，当我们逐渐成熟从青少年期步入成人早期，我们认识到，大多数现实生活中的问题并非只有唯一的完全正确的答案。我们对问题的思考是逐渐发展的，因此我们首先是对问题提出某种论点（thesis）作为答案。我们或者别人，迟早又会提出一个与它相反的论点（antithesis）。最后，有人会提出一个综合性的论点（synthesis），即对前面两种相反的甚至是矛盾的论点进行整合。确实，任何领域的专家型思维也要求具有辩证性。

例如，我们来考虑一下课堂中按照能力分组的问题。在 20 世纪五六十年代，这种分组是广泛存在的，而且很少受到质疑。接下来的一段时期,许多人指责分组是错误的,对所有的儿童都不公平。到现在仍然有人这样指责。不过,如今许多教育者认可分组,比如说将阅读成绩好的人分到一组,将阅读成绩差的人分到一组,但这种分组的方法应该有选择地、有限制地、灵活地加以运用。这就是综合性论点。

第三节 维果斯基的认知发展理论

维果斯基(Vygotsky,L.S.,1896~1934)是前苏联杰出的心理学家,文化—历史学派(维列鲁学派)的创始人。在国际上与皮亚杰齐名。他在短暂而辉煌的一生中,对普通心理学、儿童心理学和教育心理学都作出了贡献,并留下了186种200多万字的文献著作。

一、文化—历史发展理论

这一理论把人的心理机能分为两大类,一类是低级心理机能:如感知觉、不随意注意、机械记忆、没有词参加的形象思维、情绪、冲动性意志等。这是动物和人共有的,它们起源于自然,伴随着有机体的自身结构,特别是神经系统的发育而发展;另一类是高级心理机能,如随意注意、词的逻辑记忆、抽象思维、高级情感、创造想象和意志等。它们具有一系列不同于低级心理机能的特点,如它们是随意的、主动的,并有自觉的目的,它们有思维地参与,反映的水平是抽象、概括的;它们以符号或词作为中介结构等等。总之,它们是人类特有的。

为什么人类具有与动物存在着质的区别的心理机能呢?维果斯基提出人的高级心理机能是受人类社会文化历史所制约的,认为人的高级心理机能是在人的活动中、在人与社会的交互作用中形成和发展起来的,是借助语言实现的,是各种活动、社会性交互作用不断内化的结果。

为了说明人的高级心理机能的社会起源,维果斯基提出了高级心理机能两次登台的理论:"在儿童的发展中,所有的高级心理机能都两次登台:第一次是作为集体活动、社会活动,即作为心理间的机能,第二次是作为个体活动,作为儿童的内部思维方式,作为内部心理机能。"[1] 也就是说,一切高级心理机能在发展的过程中最初必然经历过外部的阶段,即它是一种社会机能,然后才内化为个人内部的心理机能。言语发展也许是这一原理的最好的例子。言语最初是作为儿童与周围人之间进行交往的手段而产生的,只是到了后来,它才转化为内部言语而成为儿童自身的思维的基本方式,成为他内在的心理机能。思考是另一例子。人们在思考问题时也就是自己跟自己在讨论,好像听到两种或多种不同的意见在头脑中争论,最后哪种意见占上风就做出哪种决定。但思考则起源于同伴间的争论。儿童与同伴交往中难免有矛盾、有冲突,在集体中经常有争执,与此同时便产生要证明自己思想观点正确性的需要,儿童必须学会了解和检验自己的思想的依据。这样,争论这种个体间的两个人或两个人以上的活动变成了个人内部的思考活动。人特有的意志活动跟内部言语和思考一样是从儿童与其周围人的相互作用的关系中产生的。在维果斯基看来,高级心理机能不是生物学上形成的,乃是内化了的社会关系,甚至在内化为心理过程时,其实质仍是准社会的。人面对着自己仍保留着交往的机能。如人在思考问题时就是一种自我交往。

马克思曾有一句名言:人的本质是社会关系的总和。维果斯基创造性地用这一名言来解释人的心理实质,指出"人的心理实质乃是移置在内部并成为个性的机能及其结构形式的社会关系的总和"。用这一观点观察儿童的个体心理发展,人们不能不承认环境、教育在发展中起着决定的作用。儿童生活于其中的环境的质量、儿童活动的质量、社会交往的质量也就决定着儿童成长的质量。

二、心理发展的含义

---

[1] 余震球选译.维果茨基教育论著选.北京:人民教育出版社,1994.403.

维果斯基提出，心理发展是指一个人的心理（从出生到成年），在环境与教育影响下，在低级心理机能的基础上，逐渐向高级心理机能的转化过程。

维果斯基提出个体心理机能由低级向高级发展的标志有四点：

第一，心理活动的随意机能。即指心理活动是随意的、主动的，是由主体按照预定目的而自觉引起的。

第二，心理活动的抽象—概括机能。即指心理活动的反映水平是概括的、抽象的，也就是各种机能由于有思维的参与而高级化。

第三，各种心理机能之间的关系不断变化、组合，形成间接的、以符号或语词为中介的心理结构。

第四，心理活动的个性化。个体意识的发展，不仅是个别机能由某一年龄向另一年龄过渡时的增长和发展，而主要是其个性的增长和发展，是整个意识的增长与发展。

这四化（心理活动的随意化、抽象—概括化、整合化与个性化）作为心理发展的质的指标是互相联系、相互促进的。

三、心理发展的原因

维果斯基提出个体心理机能从低级向高级发展的原因有三点：

第一，是起源于社会文化历史发展的产物，是受社会规律制约的。

第二，从个体发展来看，儿童在与成人交往过程中，通过掌握高级心理机能的工具——语词、符号，使其在低级心理机能基础上形成了各种新质的心理机能。

第三，是高级心理机能不断内化的结果。

四、教学与发展的关系

依据高级心理机能社会起源的理论，儿童个体的心理发展是在社会交往中，特别是在同比自己年长或同辈中更有知识经验的社会成员的交往中实现的。也就是说，儿童心理发展离不开成人的帮助和指导。而这种帮助和指导的最重要形式就是教学。维果斯基明确宣称，"作为交往和它的最系统的形式便是教学"，"教学可以定义为人为的发展"。这样，他就精辟地指明了教学的交往本质，以及教学对发展的促进作用。

维果斯基所称的教学不仅是狭义的课堂上的教学，他指出，教学不是儿童在学龄期才初次相遇的。实际上，从儿童出生的第一天，他就开始了与成人的社会交往，从广义上说，也就是在成人的"教学"下成长。用维果斯基的话来说就是"对儿童的教学是在学校教学之前早就开始了的"，"儿童在学校中所碰到的任何教学，总有其自身的前史"。例如，孩子在小学里开始学习算术，但在入学前，他已经具有若干数的知识，如他曾分过东西，比较过物体的大小，懂得实物的简单加减等等。

但教学如何才能促进发展？教学与发展究竟是一种什么样的关系呢？维果斯基提出了"最近发展区"的概念，强调指出教学不能仅依据于儿童过去已完成的发展过程，而应依据于现在仍处于形成状态，刚刚在成熟、刚刚在发展的过程。简言之，教学要在发展的前面引导发展。

教学要取得成效，必须与儿童的发展水平相一致，这是每一个教师都认识到的基本原理，如只有从一定的年龄起，才能教儿童识字；只有从一定的年龄开始，才能教儿童学代数等等。因此，要确定教学的可能性，必须了解儿童的现有发展水平。

了解儿童智力发展水平的通行方法是进行智力测验。假设两个儿童在进行智力测验时都完成了7岁组所有的测验题目，那么这两个儿童的智龄都是7岁。从表面看这两个儿童的智力发展水平相当。但当成人给他们提供帮助，试图让他们在解答测验题上往前推进一步时，结果两人之间表现出很大的差别。其中一个儿童借助于启发性的问题、例题、示范，很容易解答出9岁组的题目，即智龄达到9岁；而另一个儿童,虽然也对他提供同样的帮助,但他只能解答 7 岁半组的题目,智龄只达到 7 岁半。这两者的差别,表明这两个儿童最近发展的可能性是不同的,也就是给我们指出了这两个儿童不同的最近发展区。

维果斯基指出,当我们要确定儿童的发展水平与教学的可能性的实际关系时,无论如何不能只限于单一地确定一种发展水平,而至少应当确定两种发展水平:一种是儿童在独立活动中所达到的解决问题的水平,另一种是在有指导的情况下借助成人的帮助所达到的解决问题的水平。这两种水平之间的差异,就是儿童的最近发展区。

最近发展区的概念给教学与儿童发展过程之间的关系的整个学说带来了一场大的变革。按照传统的教育诊断学的观点,仅依靠测验便确定儿童的智力发展水平,而教学应当考虑这个水平而不应当超过这个水平。这种提法本身包含着这样一种思想,即教学应当面向儿童发展的昨天,面向已完成了的发展阶段;而最近发展区的概念则能帮助教师判明儿童的明天,判明儿童发展的动力状态,从而不仅注意到发展中已经达到的水平,而且也注意到正在成熟过程中的东西。儿童今天能在成人的帮助下完成的事情,明天他就会独立地去完成。

维果斯基指出,如果按传统的诊断学的观点,即教学如果是以儿童已经完成的发展系统为目标,这种教学是没有积极作用的,这不会引起发展过程而只是充当发展的尾巴。而最近发展区的学说则提出了一个与旧的观点相对立的准则:只有走在发展前面的教学才是良好的教学。教学只有不断地创造最近发展区,才能促进发展,成为发展的源泉。

与"最近发展区"的学说有关,维果斯基还阐述了学习的最佳期限问题。认为任何教学都存在着最佳的亦即最有利的期间,如果在这个时期提供教学,能对促进儿童的智力发展产生最大的效果,而过早的教学可能对儿童的智力发展产生不良的影响,同样,过晚开始的教学亦即长期缺乏教学乃是儿童智力发展的障碍。例如,我们不能教 6 个月的儿童识字,也不能让儿童三岁半才开始学习说话,这两者对儿童的发展都是有害的、不利的。

学习的最佳期限是以有机体的成熟为前提的,并且要有一定的心理机能发展为条件,如记忆、注意、动作等等。发展本身包含着对一定的外部影响特别敏感的某些特定的时期。维果斯基认为,对一切教育和教养过程而言,最重要的恰恰是那些处在成熟阶段,却还未达到成熟地步的特性,这为教师了解学习的最佳期限提供了线索。

五、智力形成的"内化"学说

内化最初的含义指社会意识向个体意识的转化。维果斯基给内化赋予新的含义,指外部的实际动作向内部智力动作的转化。个体的高级智力动作是怎样产生的呢?维果斯基认为,首先是从外部的动作开始的,然后外部的动作转化为内在的智力动作。先是简单的智力动作,随着外部动作的高级化,内在的智力动作也高级化。因此,维果斯基提出,一切高级的心理机能最初都是在人与人的交往中,以外部动作的形式表现出来的,然后经过多次重复、多次变化,才内化为内部的智力动作。内化的过程不仅通过教学来实现,而且也能通过日常的生活、游戏、劳动来实现。

六、维果斯基关于教学与发展的关系的观点在教学中的应用

维果斯基强调教学对发展起主导作用。教学应走在发展的前面引导发展,教学创造着最近发展区。他的这一思想对今天的教育、教学工作有极大的现实意义。许多教师在教学实践中的探索,就是维果斯基关于教学与发展的关系的观点的体现。我们将其归纳为四个方面加以说明。

(一)教学内容应有一定的难度和超前性

教学内容有一定的难度和超前性,这样就可以创造学生的最近发

展区，让学生在克服困难中加速发展。

过去我国小学语文教学历来有"少、慢、差、废"的问题，即小学语文教学效率不高。小学生快毕业时，读书、看报还有困难，写封信，错字连篇。小学语文教师分析，这是由于小学生低年级时识字少，拖住了阅读和写作的后腿。为了提高识字速度，在小学低年级解决过识字关的问题，小学语文教学界提出了"集中识字"。所谓集中识字是就识字与阅读的任务、顺序来讲的。识字和阅读任务相对集中，一般是先集中学习一批生字，后阅读数篇课文。现在的集中识字主要是从字出发，根据汉字的构字规律和学习心理的迁移规律，将汉字归类，同类相聚，适量集中，教学一批生字，阅读数篇课文。相对于集中识字，我们大多数人经验过的"字从文"识字方法则为分散识字。我们曾对小学二年级第二学期的集中识字班（使用小学新实验课本《语文》）和统编教材（分散识字）班（使用九年义务教育五年制小学教科书《语文》）使用单盲法进行了语文和推理能力测验，以比较两种教学方法的优劣。结果发现集中识字班在语文能力和推理能力两方面都比统编教材班好。[①] 其原因就是集中识字创造了小学低年级学生们的最近发展区。现在的集中识字就是归类识字，最典型的就是形声字归类。如"青——清、晴、情、精、静"[②] 一组字，它们的共同点是都有表音的声旁"青"，加上不同的表义的形旁就构成了这几个字。教师在教这些字时，注意引导学生认识构字规律。如"清"字，教师说，"青"加上"氵"就念"清"，"清水"的"清"。其中"氵"表义，"青"表音（ing）。"清、晴、情、精、静"这一组字，有共同的部分"青"字，它在这些字中表音，再加上不同的表义的形旁就构成了这一组字。学生识字时要观察、比较这一组字的异同点，体会教师教的形声构字规律。学生识字后，教师还要求学生说出是如何记住这些字的（即使学生对自己的识字过程有明确的认知——元认知）。学生能说出他如何记住"清水"的"清"字、"晴天"的"晴"字、"事情"的"情"字等，

---

① 唐卫海等. 集中识字—识字教学的良好方法. 天津师范大学学报, 1999, (5).
② 中央教育科学研究所教学法研究室等四单位编. 小学新实验课本—语文. 2册. 北京：光明日报出版社, 1989.13.

证明他们理解了形声构字规律，掌握了这一组字的异同点。学生刚开始识字时并不适应这种识字方法，他们还不能很快抓住这一组字的异同点。在教师的训练下，直到期中考试后，学生们完全适应了这种方法。他们不仅更多、更快地认识了汉字，掌握了汉字的构字规律，同时学生的观察能力、思维能力、记忆能力得到了提高，这为更广泛地迁移（推理能力的提高）提供了可能。

（二）为不同水平的学生创设不同的最近发展区

最近在我国教学界提出了群体发展与差异发展问题，如何让全体学生发展的同时，又让每一学生个体得到发展？在一个班中学生的学习水平往往是不同的，让全体学生和每个学生都能得到发展的关键是要为不同水平的学生创设不同的最近发展区。例如可以采取因材施教的方法，使学困生达到学中生的水平，学中生达到学优生的水平，学优生可以学一些超纲的内容。

（三）课前提示——引导学困生更快、更好地发展

有的老师对学困生不采用补课的方法，而采用课前提示的方法。他们认为学困生也有上进心、好胜心。补课的方法在一定程度上伤害了学困生的上进心、好胜心，与其事后补课不如课前提示。学困生形成的原因有两种情况：一种是前面的基础知识没学好，当新、旧知识联系比较紧密时，前面不懂后面难进；另一种情况是有的同学思路和大家不同，跟不上教师的教学思路，接受新知识慢。对于基础知识掌握不好的学生，课前提示其复习好学习新知识要用到的旧知识，并简单提示新旧知识间的联系。对于思路与众不同的学生则提示其接受新知识的正确思路。这样，使学困生在心理上有了接受新知识的准备，便于接受教师讲的新知识。

（四）根据学生的心理发展特点适时而教

教师在教学中教什么？什么时候教？一定要充分利用最佳学习期限。即针对那些处在成熟阶段，却还未达到成熟地步的特性下功夫。

学习的最佳期限也就是关键期。在儿童的发展过程中，学习某些内容不可太早，太早就得不到相应的效果，反而会影响儿童的身心健康；但也不能太迟，太迟就会错过时机，使以后的学习发生困难。

第四节　埃里克森的心理社会性发展理论

埃里克森（Erikson，Erick H.，1902～1994）是心理社会性发展理论的创始人，是新精神分析心理学的代表人物之一，是弗洛伊德之后对人格发展理论贡献最大者，也是当代著名的青年心理学家。

埃里克森的理论源于弗洛伊德的理论但又与弗洛伊德的理论有本质区别：（1）埃里克森的人格发展理论是根据一般心理健康者的人格特征为理论基础建构的。（2）埃里克森将人生全程视为个体连续不断的人格发展过程。（3）埃里克森的理论以来自自我成长的内因作为人格发展的动力，是社会性的。因此他的理论解释的人格发展，可以视为个体的心理社会性发展。

一、发展危机

埃里克森的理论以自我的发展为基础。他认为，在个体与社会环境交互作用中，一方面由于自我成长的需要，个体从环境中获得满足；另一方面又不得不受到社会要求的限制，使他在社会适应上产生一种困难。埃里克森将这种困难称为发展危机。发展危机的作用有两方面：心理发展的动力和障碍。例如，个体在一个新环境中有危机感，他会调整自我化解危机，危机的化解会使个体的人格获得成长。这是危机的动力作用。相反，如果个体无论怎样调整自我都不能化解危机，这种危机就会成为阻碍其人格发展的障碍。对成长中的个体而言，发展危机是正常现象。在人生的不同阶段，个体遇到的主要危机是不同的，据此埃里克森将人格发展划分为8个阶段。

二、心理社会性发展的阶段

表 2-1　埃里克森关于心理社会性发展的阶段

阶段（年龄）	发展危机	发展顺利者的心理特点	发展障碍者的心理特点
1（0～1 岁）	信任对不信任	对人信任，有安全感	面对新环境时会焦虑不安
2（1～3 岁）	自主性对羞怯和怀疑	能按社会要求表现目的性行为	缺乏信心，行动畏首畏尾
3（3～6 岁）	主动性对退缩内疚	主动好奇，行为有方向，开始有责任感	畏惧，退缩，缺少自我价值感
4（6 岁～青春期）	勤奋对自卑	具有求学、做事、待人的基本能力	缺乏基本能力，充满失败感
5 青春期	自我同一性对角色混乱	有了明确的自我概念和自我追求的方向	生活无目的无方向，时常感到彷徨迷惘
6 成年期	亲密感对孤独感	与人相处有亲密感	与社会疏离，时常感到寂寞孤独
7 中年期	繁殖感对停滞感	热爱家庭，关心社会，有责任心，有义务感	不关心别人与社会，缺少生活意义
8 老年期	完善感对绝望感	随心所欲，安享余年	悔恨往事，对人生感到厌倦和失望

从表 2-1 可见埃里克森采用发展顺利者和发展障碍者两个极端表示不同阶段心理社会性发展的特点。但多数人居于这两极之间，较接近正向极端者，为发展顺利；较接近负向极端者，为发展障碍。

（一）信任对不信任

0～1 岁的乳儿所遇到的发展危机是信任对不信任。由于乳儿没有生活自理能力，他们需要的满足都是由成人提供的。因此，如果乳儿的父母能满足乳儿在饮食、安全、关爱等各方面的需要，就会使乳儿对父母及周围环境产生一种基本的信任感。同时，乳儿也会发展出一些稳定的依恋行为。相反，如果乳儿的父母不能满足乳儿的各种基本需要，或对乳儿的养育方法不当，乳儿就会把他的周围视为恐怖世界，就会对父母不信任，就会表现出疑心、胆小等行为。按照埃里克森的观点，信任对不信任的危机会影响婴儿及其以后的人格发展。因为婴儿对父母信任或不信任的态度，会迁移到其他人。

（二）自主性对羞怯和怀疑

1~3岁的婴儿遇到的危机主要是自主性对羞怯和怀疑。此阶段婴儿开始具有了一些基本的独立能力，如爬、走、推、拉及语言活动。父母对婴儿的各种教育和训练也逐渐开始。特别是父母开始训练婴儿自己吃饭、自己穿衣、自己大小便。婴儿最低限度地自己照顾自己的能力是在这一阶段形成的。婴儿不仅好奇心强，而且喜欢自己动手做事情。如果父母放手让婴儿自己照顾自己的生活，如自己吃饭、喝水、穿衣、大小便，遇到困难给予适宜的帮助，婴儿做事后给予鼓励，婴儿就会主动做事情；反之，父母嫌孩子做事太麻烦，替孩子包办一切，不给孩子独立锻炼机会，或对孩子要求过于严厉，孩子出点小错就训斥甚至打骂，儿童就会怀疑自己的能力，做事无信心，见人感到羞怯。在婴儿期，婴儿的这两种相对的人格倾向，与父母的教养方式有很大关系。这一时期的人格特点会影响以后的人格发展。

（三）主动性对退缩内疚

3~6岁的幼儿遇到的危机主要是主动性对退缩内疚。

在该阶段，幼儿对自己、对周围的事物样样感到好奇，而且喜欢在别人面前表现自己。幼儿有了性别意识，认识到成人社会中男女角色的不同。在自我概念上幼儿开始模仿、认同他所喜欢的人。幼儿的活动以游戏为主。他们非常喜欢参加集体游戏，在集体游戏中他们可以学到集体活动的规范和各种角色的责任。如果在教育上也以游戏为主，让幼儿在游戏活动中主动发展，培养其社会性，久而久之幼儿就会养成主动自发的性格。反之,家长在望子成龙的心态下,让幼儿过早经历学业竞争,如学文化、学艺术,将幼儿过早置于失败压力之下,长此以往幼儿就会形成退缩内疚的性格。幼儿在该阶段危机解决的好坏会影响其以后的人格发展。

(四) 勤奋对自卑

6岁~青春期相当于我国小学阶段,主要危机是勤奋对自卑。

此阶段的儿童进入了系统学习时期。在学校里,老师教他们学习各种知识并尝试去适应学校的规范。小学儿童要经历学业成败与适应学校规范好坏的双重压力。小学儿童通常会十分勤奋地学习成人要他们学习的东西。埃里克森认为,在这个时期如果小学儿童经历的是成功多于失败,他们将因此养成勤奋向上的性格,敢于面对困难的挑战,以后继续追求成功。反之,如果他们不能争取到好的成绩,达不到成人对他们的期望,则常常产生一种自卑感。这种自卑感如果不能在这个时期很好地解决,他们就开始怀疑自己的能力,包括学习的能力、适应环境的能力以及与他人进行交往的能力等,进而形成自卑的性格,不敢面对困难的挑战。在小学阶段形成自卑的性格,会对其以后人格的顺利发展产生消极影响。

(五) 自我同一性对角色混乱

青春期(约12~20岁)阶段的主要危机是自我同一性对角色混乱。这一阶段是人格发展的8个阶段中最关键的时期。

self identity 一般译为自我同一性或自我认同,台湾译为自我统合,指个体尝试把自我的多个方面整合起来,形成一个自己觉得协调一致的自我整体。

埃里克森认为,对一个青少年来说自我同一性的形成是一种挑战。正因为自我同一性形成困难,所以许多青少年很难解决自我同一性对角色混乱的危机,而偏向角色混乱一端,以至形成了消极的人格特点。

由于主观的身心变化和客观环境影响,使青年人在自我成长上主要面临三方面问题：（1）性生理的成熟和性知识缺乏之间的矛盾。研究发现，有些12~16岁的少年由于不满意自己在青春期出现的生理变化，而产生了非常消极的自我形象。（2）学业与考试失败的压力与对未来追求之间的矛盾。在家长、学校和社会环境影响下，为了追求美好的未来，青年人承受着巨大的学业与考试失败的压力。青年人大体知道学习好坏关系着未来，上重点大学与上一般大学、能不能上大学出路可能是不一样的。但学习成败与未来之间到底是什么样的关系，他们感到很茫然。（3）价值观不成熟与抉择判断之间的矛盾。上小学时选学校购衣物都由父母做主，进入青春期后父母在许多事情上都愿意听听青年人自己的意见，希望青年人自己能做主。但由于缺乏价值判断的标准，青年人在自己抉择判断时往往会感到茫然无措。

自我同一性是一种完美状态，多数青少年不能顺利达到此状态。因此，同一性危机对许多青少年来说是无法避免的。这也正是现代社会中青少年心理问题较多的原因。

以上五个阶段的心理社会性发展，正是个体出生后在家庭和学校中形成的人格特点。六、七、八三个阶段是成年以后的心理发展，与学校教育关系较少，解释从略。

三、马西亚的自我同一性获得理论

埃里克森非常重视青春期的人格发展，他的研究引起了许多后续研究。马西亚（Marcia, J.）的自我同一性获得理论，就是其中的典型代表。

（一）同一性的四种状态

马西亚根据青少年所遇到的冲突以及他们解决冲突的方式，划分了四种主要状态：

同一性扩散（identity diffusion）、过早自认（identity foreclosure）、同一性延缓（identity moratorium）和同一性获得（identity achievement）。这四种同一性来源于对两个问题做"是或否"两种回答的结合，这两个问题是：个体积极参与寻找同一性的活动吗？个体已经确定自己的选择了吗（例如，对价值观，对学校，对职业生涯，对他要成为一个什么样的人，或者对自我同一性的其他方面，如宗教信仰、政治理念、性别角色等）？

如果一个人在两个问题上都回答"否"，那么他就处于同一性扩散状态。这样的人既不积极寻找同一性，也没有致力于任何有关的行为。这是最不成熟的一种同一性状态。处于该状态者还没有体验到同一性的危机，个人在自我追寻的心路历程上，对职业选择、宗教信仰、政治理念、性别角色等各方面的问题，尚未认真地思考过，因而对未来的一切尚未找到自己的方向，还没有形成重要的态度、价值观念和未来生活计划。例如，李刚从来不花一点时间考虑自己是谁，自己想要过什么样的生活，只要他开心，他就努力工作，不开心就不做。李刚此刻就处于此种状态。

第一个问题回答"否"、第二个问题回答"是"的人处于过早自认状态，这样的人已经做出了工作、上学或自我同一性其他方面的行为，但并没有积极寻找同一性。处于这一状态者仍没有体验到同一性的危机，但他们已为树立个人目标、价值观和信念作出了初步努力。这种情况可能因以下原因而发生：父母或其他有威信的人提醒他们，已经进入青少年期了（例如，"你已经是个中学生了"），他未经仔细思考就接受了成人的期望。例如，李丽只是想继承父亲的职业，而没有充分思考过她是否选择了适合自己的职业，这样的人一般都是迫于父母的压力而做出的行为。

在第一个问题上回答"是"，而在第二个问题上回答"否"的人处于同一性延缓状态，这样的人寻找同一性，但是还没有做出决定。处于这一状态者体验到强烈的同一性危机，他们积极地对各种价值观、兴趣、思想意识和未来职业进行探究，尝试建立一种稳定的同一性，准备迎接成年初期的各种挑战。例如，伯特为了寻找自我，刚刚从一个宗教团体转到另一个宗教团体，但是相比他寻找自我之前，他还是一样不了解自己。

如果一个人在两个问题上都回答"是"，那么他就处于同一性获得状态,这样的人已经找到了自我同一性,并在此基础上做出了教育、职业或个人行为的决定,建立了有关职业、性别角色、政治与道德价值观。从而结束了同一性的危机。心理学家们一致认为,在形成同一性获得状态之前,青少年必然要经历同一性的危机。但他们有可能从同一性扩散跳过同一性过早自认,直接进入同一性延缓。例如,王红在仔细思考后决定以教师为职业,因为她认为教师能够帮助儿童青少年更好地成长,能发挥她的才干,并且更容易谋生。四种同一性状态详见表 2-2。

表 2-2 同一性的四种状态

同一性状态	1. 个体积极寻找同一性吗?	2. 个体已经确定了自己的选择了吗?
同一性扩散	否 ①缺乏方向 ②对政治、宗教、道德或职业问题不关心 ③做事情不问为什么 ④对其他人为什么要做那些事情不关心	否
过早自认	否 ①对于自己的职业和各种理念已经有所定位 ②缺乏自我建构的过程,不假思索和不加怀疑地接纳他人的价值体系 ③在获得自我同一性的过程中过早做出决定	是
同一性延缓	是 ①正在经历同一性危机。或者正处在转折点上 ②对于社会没有清晰的目标 ③没有清晰的自我认同感 ④正在积极地争取获得同一性	否

续表

同一性状态	1. 个体积极寻找同一性吗?	2. 个体已经确定了自己的选择了吗?
	是	是

同一性获得	①自我坚定感和安全感 ②确定了职业、宗教、信仰、性别角色的观念等等 ③充分考虑别人的看法、信仰和价值观，但自己的决定是自己做出的

埃里克森和马西亚都认为，一个健康的青年人有可能应该经历过同一性延缓状态，即努力寻找恰当的同一性但又没有完全确定下来。延缓期对于那些生活在琳琅满目的都市化社会的青年人来说特别重要，因为他们必须从多种选择中选择自己的生活方式。事实上，社会的复杂性正是为什么同一性观念需要很长时间才能确定的一个原因。直到高二、高三，也只有大约20%的学生开始主动寻找同一性或者已经获得同一性。无论青年人自我同一性的寻找持续多久，其目标都是获得牢固的自我安全感，以及如何确认自己的性格、能力和行为。青年人（也是每个人）的自尊（self-esteem）就是他给自己评定的价值。青年人对自己的看法称做自我概念（self-concept）。青年人对同一性的寻找可能会潜移默化地对他的自我概念和自尊产生深刻的影响，亲密的友谊有助于发展自我感和积极的自我概念。

（二）同一性形成的年龄趋势

一位美国心理学家调查了12～18岁的中学男生、21岁的大学男生和24岁的男性成人的同一性状态，发现只有20%的18岁学生、40%的大学生和一半以上的24岁成人处于成熟的同一性状态。他还发现：同一性扩散和过早自认在较年长的被调查者中很少见，有将近25%的18岁被调查者、52%的大学生和68%的24岁成人已经处于同一性延缓或同一性获得状态。

另一位研究者对12岁、14岁、16岁和18岁的男女学生进行了一次较大规模的横断研究，发现这一年龄的绝大多数被调查者都可以被归到同一性扩散和过早自认。他还发现，同一性的最快速发展在16～18岁，相当于我国的高中阶段。但是根据这两项研究的资料，即使到高中三年级，也只有19%的学生被归到同一性延缓或同一性获得状态。

这说明，同一性的形成不是那么容易的，它是青年期的一项既重要又艰巨的任务。

（三）大学学习对同一性形成的影响

还有两位心理学家研究了年龄相同的大学生和工人，以考察大学学习对同一性形成的影响。他们着重考察了同一性的一个方面——职业同一性，发现工人青年更善于根据他们的道德与政治同一性来建立自己的职业同一性。研究者认为，参加工作可能推动了同一性的加速形成，而大学学习则延长了停滞期的持续时间。另一项追踪研究也发现，大学生常常在大学学习期间从同一性获得回到同一性延缓，这表现在，当他们进入大学学习之后，由于大量知识的掌握和能力结构的变化，感到必须重新认识自己是一个什么样的人，自己应该在社会上找到一个什么样的位置。此外，大学环境也可能改变了他们的其他价值观念，如怎样看待国家的政治经济制度，怎样看待当今世界上流行的形形色色的关于哲学、美学、伦理学、心理学等理论，怎样看待异性，理想的配偶和家庭应该是什么样子的等等，在这些问题上，他们过去形成的观念要接受新的挑战，因此不得不对这些问题重新加以思考，这也就必然地延缓了他们自我同一性的获得。

张春兴、黄淑芬（1982）参照马西亚四类型的原则，调查台湾大学生对未来职业考虑的定向程度。发现：（1）单是从对未来职业考虑分析，一般大学生的自我同一性状态，达到自主定向地步者，只占1/4。多数学生仍然停留在前途未定向的心态之下，继续寻求方向。由此可见，现在的大学教育，从学生的心理需要看，已不再是终点教育而是中间教育。条件较好的大学生在希望接受更高教育的心态下，不急于考虑就业的问题。（2）达到同一性形成的学生人数，随年级升高而增加。教育心理学家一向所指"大学教育的主要功能是引导学生在迷失中找到定向"的说法（张春兴，1983），在此得到证实。（3）有工作经验或参加社团活动者，达到自主定向程度的人数，比无工作经验或未参加社团者多。这说明社会经验是促进学生自我发展的重要因素。

综上所述，同一性获得似乎是四种同一性状态中最好的状态。实际上，在强调个人成就和责任的西方社会里，许多心理学家认为同一性延缓和同一性获得要比同一性扩散和过早自认反映出更多的发展上的成熟。然而，许多非西方文化要比西方国家更加注重家庭和社区成员的互相依赖。在这样的国家里，父母或社区领导可能是帮助青年人选择职业或婚姻伴侣的最合适人选，许多重要决策不是依据个人的期望，而是基于群体讨论做出的。过早自认被认为比同一性延缓或同一性寻求更为成熟。

  总之，埃里克森认为，一个人只有在青少年期建立了稳定的同一性，他才能积极地看待自己，去迎接成年初期的任务，因而平稳地渡过这个充满矛盾和冲突的时期，否则他将会在这一时期遇到严重困难，产生各种各样的心理问题，这些问题还将被带入成年期，在参加工作和建立家庭之后，仍然可能产生心理问题。

第三章　学习理论

"学习理论是揭示发生学习机制的心理学理论。"[①] 学习理论探讨学习的本质或性质是什么？学习的过程如何？有哪些学习规律？影响学习的因素或条件是什么？有哪些学习类型？由于学者们对这些问题存在不同看法，就形成了各种各样的学习理论。概括起来看，可将学习理论分为三类：联结（或行为）派的学习理论、认知派的学习理论和人本派的学习理论。

第一节　学习的联结理论

学习的联结（或行为）理论的主要观点是：（1）学习的实质在于形成刺激—反应（S—R）的联结；（2）刺激—反应之间的联结是直接的，不存在观念的中介；（3）学习过程是尝试—错误；（4）影响学习的因素在外部，强调强化对学习的作用；（5）该派的晚近代表认识到心理因素对学习的作用。

联结理论的主要代表人物有桑代克、巴甫洛夫、华生、斯金纳和班杜拉，他们都依据自己的学习实验研究提出了有关学习的理论观点。

[①] 中国大百科全书编写组.中国大百科全书·心理学. 北京：中国大百科全书出版社，1991.491.

一、桑代克的学习理论

桑代克（Thorndike, E.L., 1874～1949），美国心理学家，动物心理实验首创者，教育心理学体系和联结主义心理学的创始人。1895年到哈佛大学学习，后开始做动物实验，得到詹姆斯（James, W.）的支持；1898年在哥伦比亚大学卡特尔（J. M. Cattle）指导下发表博士论文《动物的智慧：动物联想过程的实验研究》，获博士学位。1899年任哥伦比亚教育学院教师，1903年升任教授直至1940年退休。他的著作甚多，主要有《教育心理学》（1903）、《动物的智慧》（1911）、《教育心理学》（三卷本，1913～1914）、《成人的学习》（1928）、《人类的学习》（1931）、《学习的要义》（1932）等。

（一）迷笼实验

桑代克的理论是以动物实验为根据的。在他的实验里，实验者安排一个特殊的情境并形成动物的一定动机。如将一只饿猫关进迷笼（见图3-1）里，笼外放着猫喜欢吃的鱼。猫想要吃鱼必须跑出迷笼，但笼门有栓，猫需要触动笼内一个机关才能打开笼门。在实验中桑代克发现，刚开始时猫在笼内的活动是完全盲目的，它在里边乱抓、乱咬、乱跑、乱挤栅栏，全凭运气偶尔触动了机关，从笼内跑出。这时它对机关也没有什么"理解"，因为如果再次把它放入笼中，它还是照样盲目活动。桑代克细心地记录了一只猫每次从关入迷笼到跑出迷笼所用的时间，他发现，这段时间在逐渐减少，经过多次重复后，猫一关入迷笼立刻就能触动机关而跑出来。

（二）学习的本质

桑代克认为学习的本质是形成刺激与反应的联结，即S—R的联结。如刺激S是迷笼实验情境，反应R是打开笼门的动作。

桑代克把联结看成是行为的基本单元。他把行为区分为先天的联结和习得的联结，前者是后者的基础。他用联结解释动物和人的一切学习，认为后天的学习就是加强某些联结、减弱某些联结和建立新的联结。他认为人的基因使人有可能形成比动物更大、更多的联结系统。

（三）学习的过程

桑代克认为学习过程是通过不断地尝试逐渐减少错误，直至成功的过程，即尝试——错误（简称试误）过程。图 3-2 表示了桑代克用一只猫总共进行了 24 次实验的记录结果。这个图又叫学习曲线，它描绘了学习的进程，纵轴上描绘的是可以测量到的学习结果，横轴上描绘的是尝试的次数或时间。图 3-2 中，纵轴表示的是猫每次从关入迷笼到跑出来所用的时间，由图可见，猫的学习趋势是随着尝试次数的增加，所用时间越来越短。即动物学习是一个通过多次尝试逐渐减少错误的过程，其实质是建立刺激情境与反应动作（S—R）之间的联结。

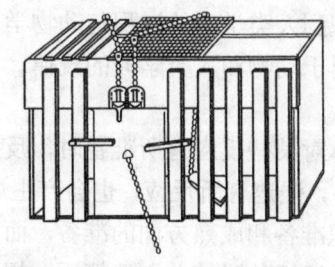

图 3-1 桑代克的实验迷笼之一

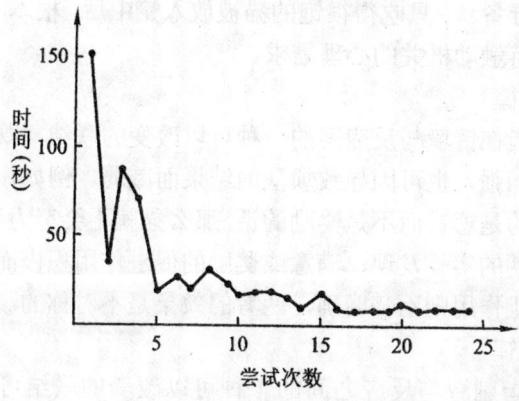

图 3-2 猫的尝试错误学习过程

（四）对人类学习方式的分类

桑代克认为，动物的基本学习过程是试误学习。人类的学习过程要复杂些。他根据人类学习过程的复杂程度将人类的学习分成四类：

（1）形成动物式的刺激—反应直接联结，如10个月的婴儿学习敲鼓；

（2）形成观念的联结，如两岁儿童听到"妈妈"一词想到他的妈妈，或看到一块糖时说"糖"这个字；

（3）形成抽象的联结，如我们一提到"学习"就想起它的含义；

（4）形成选择性联结，如根据语法规则、词义理解句子。

（五）学习律

尽管桑代克意识到人类学习的过程与动物学习有所不同，但他一直试图揭示普遍适用于动物和人类学习的规律。

1. 准备律

准备律指有机体对某些反应有所准备时，反应就满足，不反应就烦恼；如果没有准备，强迫有所反应，也会产生烦恼。这里的"准备"不是指学习前的知识准备和成熟方面的准备，而是学习者在学习开始时学习的动机。例如饥饿的猫被关入迷笼后，想逃出去获得食物，这就是学习的准备。一只吃得很饱的猫被放入笼中后，根本不想逃出去，此时也就没有触动机关的心理需求。

2. 效果律

效果律指在情境与反应间的一种可以改变的联结，既可因导致满意的结果而加强，也可因导致烦恼的结果而减弱。例如，要是猫逃出迷笼后得到的是惩罚而不是奖励的话，那么猫就不会努力逃出迷笼了。但桑代克后期的实验发现，满意或奖励的促进作用积极而显著，烦扰或惩罚的制止作用则不甚明确，两者的效果是不对称的。

3. 练习律

练习律指刺激与反应之间的一种可以改变的联结可因使用而加强，可因不用而减弱。前者叫使用律后者叫失用律。但是，后来桑代克发现重复一个刺激与反应的联结是否使联结加强,还与练习的条件有关。若是盲目地重复一个反应,不一定能加强或改善相应的联结,只有在知道反应的结果是对的还是错的时,才能对加强联结有所帮助。

桑代克的学习律实际上说明了影响学习的因素。

桑代克的实验研究是对学习问题进行的开创性研究,对后继研究有重要的启发作用。他的学习的准备律逐渐发展成今天的学习动机,而效果律逐渐演化为强化理论。桑代克认为,学习过程是尝试错误的过程,其实质是刺激与反应的联结则有失偏颇。这一结论只能解释人类的低级学习。桑代克的学习理论对人类的高级认知活动的实质揭示得较少。

二、巴甫洛夫和华生的学习观点

(一) 巴甫洛夫的经典性条件反射的学习观点

巴甫洛夫(Павлов,И.П.,1849~1936),前苏联生理学家、前苏联科学院院士。1870年在圣彼德堡大学学习动物生理学,1875年进入医学外科学院(后改为军医学院)攻读博士学位,1883年获博士学位。1904年因消化腺生理学研究的卓越贡献而获得诺贝尔奖。他又是用条件反射方法对动物和人的高级神经活动进行客观实验研究的创始人,也是现代唯物主义高级神经活动学说的创立者。

巴甫洛夫通过实验发现的条件反射被人称为经典性条件反射,它是学习的基本机制之一。食物可以引起动物分泌唾液,它是唾液分泌的无条件刺激。动物吃食物分泌唾液是无条件反射。任何一个刺激与无条件刺激连同出现若干次后,本来它不能引起的那个(原来由无条件刺激所引起的)反应,现在变得已能够引起来了。这标志着条件反射的形成。而与无条件刺激连同出现的那个刺激,这时就成了条件刺激。例如,一定频率的节拍器声响与肉粉多次结合后,原先只由肉粉引起狗分泌唾液(这是无条件反射),现在一定频率的节拍器声响单独出现时也可引起狗分泌唾液(这是条件反射),此时,学习出现了。可以说，在此情境中，狗学会了听一定频率的节拍器声响。也就是一定频率的节拍器声响（条件刺激）成了肉粉（无条件刺激）的信号。巴甫洛夫认为，学习的中枢机制是建立暂时神经联系，从事物的外部联系来看，是一事物成为另一事物的信号。他进一步提出了两种信号系统的学说。他指出，有两类不同的条件反射，一类是以具体事物即"第一信号"为条件刺激物的条件反射，称为第一信号系统；一类是以语词即"第二信号"为条件刺激物的条件反射，称为第二信号系统。第一信号系统是人类和动物共有的，第二信号系统是人类特有的。

巴甫洛夫虽未宣称自己的学习观是联结理论，但他确认学习就是暂时神经联系的形成，是一事物成为另一事物的信号。人们把巴甫洛夫的经典性条件反射作为学习的基本形式之一，并把这种学习观归入联结理论。

巴甫洛夫是用条件反射的方法对动物和人类的高级神经活动进行客观实验研究的创始人。提出了经典性条件反射学习观和两种信号系统学说。在大量经典性条件反射实验的基础上，他提出学习就是暂时神经联系建立的过程，对揭示心理活动的生理机制做出了杰出贡献。经典性条件反射学习观对信号学习过程进行了科学的解释。

（二）华生的行为主义学习观点

华生（Watson，J.B.，1878～1958）是行为主义心理学的创始人。1913年，华生发表了著名的论文《行为主义者眼中的心理学》，该文被认为是行为主义心理学的宣言。1914年，华生出版了第一本著作《行为：比较心理学导言》。1915年，年仅37岁的华生当选为美国心理学会主席。1919年华生出版了《行为主义心理学》一书，使行为主义心理学的观点更为成熟。

1. 客观、科学、预测和控制的观点

1913年，华生发表了著名的论文《行为主义者眼中的心理学》。在该文中，他明确提出心理学是自然科学中一个纯属客观实验研究的分支。在心理学研究中应该抛弃意识、心理状态等概念；心理学要以对行为的预测和控制作为自己的研究任务。心理学主要应该研究刺激、反应和习惯的形成。华生的论文给传统心理学以沉重的打击,并标志着行为主义心理学的正式诞生。

2. 人类的后天行为都是通过经典性条件反射学会的

华生是第一位将巴甫洛夫的研究成果作为学习理论基础的美国心理学家。他认为人类所有的后天行为都是通过经典性条件反射建立刺激——反应联结而形成的。

例如,华生曾以一个11个月大、叫艾伯特的婴儿为被试者,采用经典性条件反射的原理,从事情绪反应实验以验证他的理论。华生用原本足以引起婴儿恐惧的大声音为无条件刺激,视婴儿的恐惧反应为无条件反应,用本来不引起婴儿恐惧的白鼠为条件刺激。华生发现,几次试验之后,即可形成婴儿对白鼠表现恐惧反应,而且泛化到对其他白色毛状物也表现恐惧反应。之后,华生在利用条件反射的消退,只呈现条件刺激而不呈现无条件刺激,结果发现婴儿对白鼠学到的恐惧反应即行消失。

华生是一位极端的行为主义者,主张一切行为都是以经典性条件反射为基础的。华生的观点对于倡导心理研究的客观性和科学性具有积极意义,他所提出的预测和控制人的行为的思想,成为几代学者努力的目标,但他对外在客观的过分强调则忽视了人类学习的内部心理过程。

三、斯金纳的学习实验研究及其理论观点

斯金纳(Skinner, B. F., 1904~1990),美国当代心理学家、新行为主义心理学的主要代表。1930年获哈佛大学心理学硕士学位,1931年获哲学博士学位。1936年,他到明尼苏达大学任教。二战后又转到印地安那大学任心理系教授和主任。从1948年开始,斯金纳在哈佛大学担任心理系教授,直至去世。他一生在心理学上贡献很多。他发展了桑代克和巴甫洛夫的研究,揭示出操作性条件反射的规律。他还根据对强化作用的研究发明了著名的"教学机器",并设计出"程序教学"的方案,对美国教育产生过深远影响。他是行为矫正技术的创始人之

一。为了表彰他在心理科学上的成就,美国心理学会 1958 年授予他杰出科学贡献奖。1968 年,美国政府授予他最高的科学奖——国家科学奖章。1990 年 8 月 10 日在美国心理学年会上,他被授予心理学毕生贡献奖,8 天后去世。他的主要著作有:《有机体的行为》(1938)、《科学和人类行为》(1953)、《言语行为》(1957)、《教育技术》(1968)、《关于行为主义》(1974)等。

(一)操作性条件反射的学习观

斯金纳在 30 年代发明了一种叫斯金纳箱的学习装置,见图 3-3。箱内装上一操纵杠杆,操纵杠杆与另一提供食丸的装置连接。把饥饿的白鼠置于箱内,白鼠偶然踏上操纵杠杆,供食丸装置就会自动落下一粒食丸。白鼠经过多次尝试,会不断按压杠杆,直到吃饱为止。这时我们可以说,白鼠学会了按压杠杆以取得食物的反应,按压杠杆变成了取得食物的手段或者工具。所以,操作性条件反射又称为工具性条件反射。在操作性条件反射中,动物要学会一种新的反应,即在操纵杠杆(S)与压杆反应(R)之间形成稳固的联系。

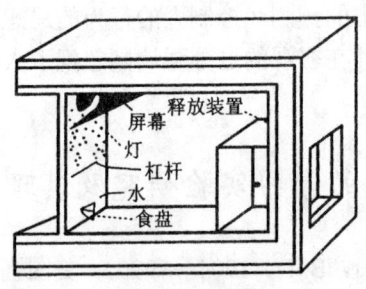

图 3-3 斯金纳箱

比较桑代克的猫学习打开迷笼的实验与斯金纳的白鼠学习按压杠杆取食的实验便会觉察,桑代克发现的实际上就是一种操作性条件反射,不过他的迷笼内的无关刺激较多,因此猫要经过大量尝试与错误的动作才能辨别有关的刺激。斯金纳箱实际上是桑代克迷笼的简化形式。

由此看来，桑代克与巴甫洛夫用不同的方法几乎同时揭示了学习的基本机制——条件反射的建立。那么，经典性条件反射与操作性条件反射有什么区别呢？在经典性条件反射中，食物伴随条件刺激，但食物要与条件刺激同时或稍后出现，这样，条件反射才能形成，即动物要学习把铃声当作食物的信号。在操作性条件反射中，食物同反应相结合，也就是有机体必须先作出适当的反应，然后才能得到食物强化，即动物要学习新的行为反应。因此操作性条件反射是行为塑造。这就是两种条件反射的根本区别。

经典性条件反射与操作性条件反射是两种最基本的学习方式，它们各自的生物学意义是不同的。通过经典性条件反射，有机体可以使一个刺激成为另一个刺激的信号，从而可能辨别周围世界，知道外界事件与事件之间的一定关系，得以预见与避开有害刺激，预见与趋近有益刺激。加涅的8种学习分类中的信号学习就来自于经典性条件反射。在操作性条件反射中，有机体知道自己的行为与外界刺激的关系，从而可以操纵环境或改变环境，以满足自己的需要。加涅的8种学习分类中的刺激反应学习，则来自于操作性条件反射。

（二）强调强化在学习中的作用

强化是采用适当的强化物而使机体反应频率、速度和强度增加的过程。在动物实验中强化物一般为食物。斯金纳认为，强化是影响行为形成和改变的最重要因素。斯金纳采用逐渐强化的方法使动物学会复杂行为。他把动物的复杂行为分解为几个简单活动，然后把这些活动按一定程序有步骤地进行强化。动物在这种安排之下逐渐学会复杂行为。如让鸽子学习啄一个靶子的靶心，开始只要它向靶的方向走，就予以强化；然后要等它啄靶时再予以强化；最后，必须等它只啄靶心时才强化。这样，就可以使鸽子学会一关进箱子里，就不左不右、不上不下地正好啄中靶心。斯金纳就是以这种逐渐强化的方法对鸽子进行了一系列的行为塑造。如训练鸽子在实验箱的一角先静立，后伸颈，再顿足；训练鸽子走8字，好似表演舞蹈一样；训练两个鸽子来回啄一个小球，好似乒乓球比赛。强化可以分为正、负两种（详见第四章第二节）。斯金纳还以对各种强化时间安排的研究而著名，提出了"强化安排"（详见第四章第二节）。因此，斯金纳的学习理论也可称为强化论。

（三）程序教学

程序教学（programmed instruction）是根据斯金纳的操作性条件反射的强化原理所设计的程序进行的一种个别化的自我教学方式。教师在教学时，必须把教科书的内容编成按程序分为小单元的教材，然后按先浅后深、先易后难、先简后繁的顺序，分层次排列起来，并借助机器设备或以书本形式把教材提供给学生。学完第一小单元，就按程序学习第二小单元，依次按程序前进。与程序教学流行的同时，出现了教学机和电脑辅助教学仪器。

程序教学始于1926年美国心理学家普莱西（Pressey, S.）设计的自动教学机器。这是教学机的原型。由于机器比较原始，又缺乏理论说明，所以没有发挥对教学法的革新作用。后来，斯金纳观察了班级教学忽视学生的个别差异、限制学生的发展等情况，并从动物的操作性条件反射实验中得到启示，提出了学习材料程序化的设计。他于1954年在《哈佛教育评论》上发表了《学习的科学与教学的艺术》一文，从理论上阐释程序教学，使之在美国广泛发展。60年代初，这种教学方法传到前苏联、英国、日本，成为一种流行颇广的新的教学方法，中国也曾对此方法进行研究。

程序教学的形式一般分为两种：一种是斯金纳提出的直线式程序，一种是1960年格罗德（Growder, N. A.）在直线式程序基础上提出的分支式程序。

1. 直线式程序

斯金纳的直线式程序直接建立在其操作条件反射的原理之上。他认为，从S—R研究中获得的学习原理可以直接运用到学校学习中。直线式教学程序即是其理论运用于教学实践的最著名、也是最系统的尝试。直线式程序包括下列五条教学原则：（1）教学应该要求学生作出外部反应；（2）教学应该对学生的反应作出即刻强化；（3）教学应该包含小的步子;(4)教学应该不引起学生的错误或很少引发学生的错误;(5)教学应该自定步速。

在直线式程序中,所有的学生都以同样的顺序通过同样的学习内容。通常利用教学机器或程序教材每次给学生少量的信息(这点信息被称为一个框面),然后就这点信息提问,由学生作答。在下一个框面中,向学生提供正确答案。在学生接受正确答案后,不管其回答是否正确,继续下一步的学习,除此之外,并不提供给学生任何额外的信息(见图 3-4a)。学生在学习时可以自己控制速度,以适合不同速度的学习者的需要。

a. 直线式程序

(注意:每一个项目都由某些重叠部分连接起来)

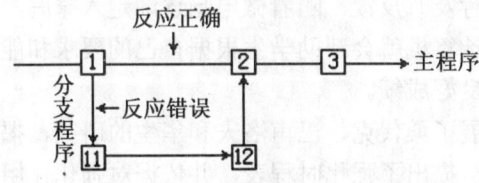

b. 分支式程序

图 3-4　两种程序教学形式

2. 分支式程序

格罗德的分支式程序在许多方面不同于斯金纳的直线式程序。首先,在分支式程序中,并非所有的学生都通过完全相同的程序。其中,所有回答都正确的学生通过的路径最短。作出错误回答的学生,马上接受补救性教学。学生在学完一个或一系列进行补救的框面之后,重新被引导到主程序上去,并由此继续进行下去(见图 3-4b)。第二,直线式程序要求学生自己作出回答,而分支式程序则让他们在几种可能性之间作出选择,学生下一步的学习内容决定于他所作出的选择及其选择是否正确。第三,分支式程序通常有很多更长的框面。有时程序教材的整页中只有一个需要作出反应的框面。

当然，直线式程序与分支式程序的差别并没有大到不能结合起来运用的程度，因为它们的理论基础和其中所包含的教学原理是相同的，它们的结合将使两者的长处都得到发扬。

大量研究表明：程序教学的学习效果与传统教学的学习效果相同，或者稍好一些。很多学生满意于程序学习的格式，至少在开始时是这样，至于学习热情的逐渐丧失，大学生比小学生早得多。一般认为，程序教学可能是传授许多学科领域内已确定内容的一种有效形式，但它对于学习科学、讨论争论性的题材、表达思维的独创性以及学习如何为一个有争议的观点辩护等而言，却不是最适宜和最有成效的形式。

程序教学在计算机发明之后，进入了新的时期。它取代了最初的教学机器和程序课本。使用计算机，能够非常好地适应学生的个别差异，并且能进行及时反馈。随着微电脑逐渐走入家庭，只要程序教学软件编得好，计算机就会帮助学生根据自己的要求和能力进行个别学习，并能取得良好成绩。

斯金纳发展了桑代克、巴甫洛夫和华生的研究，揭示出操作性条件反射的规律，提出了强化时程表，并依据对强化作用的研究进一步提出程序教学，对教育心理学做出了很大贡献。他的适应个别化教学的程序教学思想，在计算机科学和网络高速发展的今天，必将有广阔的应用前景。

四、班杜拉的社会学习理论

班杜拉（Bandura, A., 1925~ ），美国当代教育心理学家，1951年在依阿华大学获心理学硕士学位，第二年获哲学博士学位。1953年到斯坦福大学从事儿童研究。由于班杜拉的奠基性研究，导致了社会学习理论的诞生。他于 1972 年获美国心理学会授予的杰出成就奖，1974 年当选为美国心理学会主席，1977 年出版《社会学习理论》，1980年获美国心理学会授予的杰出科学贡献奖，1986 年出版《思想和行动的社会基础：社会认知论》。

（一）社会学习理论

社会学习理论是阐明人怎样在环境中学习，从而形成和发展他的个性的理论。班杜拉认为儿童通过观察他们生活中重要人物的行为而学得社会行为，这些观察以心理表象或其他符号表征的形式储存在大脑中，来帮助他们模仿行为。班杜拉的这一理论接受了行为主义理论家们的大多数原理，但是更加注意线索对行为、对内在心理过程的作用，强调心理对行为和行为对心理的作用。他的观点在行为派和认知派之间架起一座桥梁，并对认知—行为治疗作出了巨大的贡献。班杜拉认为社会学习分为直接学习和观察学习两种形式。直接学习是个体对刺激做出反应并受到强化而完成的学习过程。观察学习是指个体通过观察榜样在处理刺激时的反应及其受到的强化而完成学习的过程。班杜拉对观察学习进行了大量研究，他的社会学习理论是以观察学习为核心建立的，观察学习几乎成了社会学习的同义语。

（二）观察学习

1．观察学习的实验研究

班杜拉以儿童的外部行为作为研究的出发点，通过一系列的实验对儿童的社会行为做了大量的研究。下面介绍班杜拉关于观察学习的两个经典实验。

模仿学习的实验是这样进行的，将被试儿童分为甲、乙两组。在实验的第一阶段让两组儿童分别看一段录像片，甲组儿童看的录像片是一个大孩子在打一个玩具娃娃，过一会儿来了一个成人，给大孩子一些糖果作为奖励。乙组儿童看的录像片开始也是一个大孩子在打一个玩具娃娃，过一会儿来了一个成人，为了惩罚这个大孩子的不好的行为，打了他一顿。看完录像片后，班杜拉把两组儿童一个个送进一间放着一些玩具娃娃的小屋里，结果发现，甲组儿童都会学着录像片里大孩子的样子打玩具娃娃，而乙组儿童却很少有人敢去打一下玩具娃娃。这一阶段的实验说明对榜样的奖励能使儿童表现出榜样的行为，对榜样的惩罚则使儿童避免榜样行为。在实验的第二阶段,班杜拉鼓励两组儿童学录像片里大孩子的样子打玩具娃娃,谁学得像就给谁糖吃。结果两组儿童都争先恐后地使劲打玩具娃娃。这说明通过看录像,两组儿童都已经学会了攻击行为。第一阶段乙组儿童之所以没有人敢打玩具娃娃,只不过是因为他们害怕打了以后会受到惩罚,从而暂时抑制了攻击行为,而当条件许可时,他们也像甲组儿童一样把学习到的攻击行为表现出来。

　　班杜拉的另一项实验研究,比较了口头劝说和榜样行为对儿童利他行为的影响。实验是这样进行的:先让小学三、四、五年级的儿童做一种滚木球游戏,作为奖励,他们在游戏中都得到了一些现金兑换券。然后,把这些儿童分成四组,每组有一个实验者的助手装扮的榜样参与。第一组儿童和一个自私自利的榜样一起玩,这个榜样向儿童宣传要把好的东西留给自己,不必去救济他人,同时也带头不把得到的现金兑换券捐献出来。第二组儿童和一个好心肠的榜样一起玩,这个榜样向儿童宣传自己得了好东西还要想到别人,并且带头把得到的兑换券捐献出来。第三组儿童和一个言行不一的榜样一起玩,这个榜样口里说人人都应该为自己考虑,实际上却把兑换券放入了捐献箱。第四组儿童的榜样则是口里说要把得到的兑换券捐献出来,实际上却只说不做。实验结果是第二、三组捐献兑换券的儿童比第一组和第四组均明显地多。这清楚地表明劝说只能影响儿童的口头行为,对实际行为则无影响;行为示范对儿童的外部行为有非常显著的影响。

　　班杜拉的一系列实验研究为其社会学习理论的提出奠定了基础。这里需要说明,观察学习并不只限于所观察到的具体事物,还可以迁移到同一类或相似的事物上去。例如学生看到一个同学因捣乱而受到惩罚,他在交作业方面就不敢迟交或不交,作业与捣乱并不是同一件事,但都属于是否守纪律一类,因此发生了迁移。可见,观察学习的过程是复杂的,实际上远远超过了简单的模仿。此外示范过程除了通过身体演示传递外,还可以通过语言符号的描述来传递。人们从"抽象的示范模式"中学到的思维和行为的一般规则,对行为有非常重要的意义。

2. 观察学习的过程

班杜拉提出，观察学习由注意、保持、复制和动机四个过程组成，见图3-5。

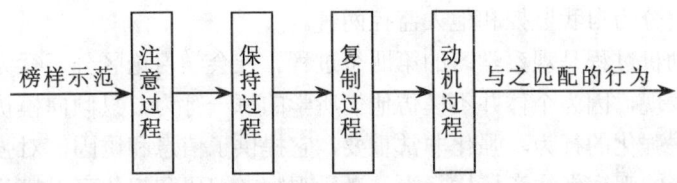

图3-5 观察学习的过程

注意榜样的行为是观察学习的第一个过程。它受以下三方面因素影响：第一，观察者的特征，如觉醒水平、感知能力、态度和强化经验等。例如，观察者对榜样行为价值的认识直接影响他是否集中注意观察榜样的行为。如果他认为榜样行为非常重要，注意就会集中；反之，注意则容易分散。这显然是心理因素对行为的影响，班杜拉称之为自我调节。第二，榜样的特征，如榜样行为的效果和价值、榜样的吸引力、示范行为的复杂性和生动性等，也影响注意过程。第三，观察者与榜样的关系，如果榜样与观察者经常在一起，或者二者相似，那么观察者就经常或容易学会榜样行为。如：子女较多地模仿父母，学生较多地模仿教师等等。三方面影响因素中，观察者与榜样的关系对注意的影响更重要。

保持是观察学习的第二个过程。要使榜样行为对学习者的行为发生影响，学习者还必须记住榜样的行为，即将其保留在头脑中。班杜拉认为这种保持过程是先将榜样行为转换成记忆表象，然后记忆表象再转换为言语编码（形成动作观念），表象和言语编码同时贮存在头脑中，对学习者以后的行为起指导作用。

复制榜样的行为是观察学习的第三个过程。复制过程是将记忆中的动作观念转换为行为，这是观察学习的中心环节，要把观察学习到的东西付诸行动，在行为水平上还会存在障碍。观念在第一次转化为行为时很少是准确无误的，所以仅仅通过观察，技能是不会完善的，需要经过一个练习过程，动作观念才能转换为正确的动作。

复制过程主要包括动作的认知组织、实际动作和动作监控三步。动作的认知组织就是将保持中的动作观念选择出来加以组织，实际动作就是将观察中的动作表现出来。动作监控是对实际动作的观察和纠正，它分为自我监控和他人监控两种。

动机过程是观察学习的第四个过程。社会学习论区分了行为的获得和表现，因为个体并不模仿他们所学的每一行为，只倾向模仿有可能获得强化的行为。强化非常重要，它提供了信息和诱因，对强化的期待影响观察者注意榜样行为，激励观察者编码和记住可以模仿的、有价值的行为。斯金纳等人认为强化对行为的影响会自动地或机械地产生影响，而班杜拉认为强化所产生的作用是受认知结构调节的。班杜拉对强化也作了新的解释，他认为，传统的强化只是指外部强化，而社会学习理论的强化除了外部强化外，还包括了替代强化和自我强化。班杜拉认为观察学习的动机来自于替代性强化和自我强化。

替代性强化是指通过观察别人受强化，在观察者身上间接引起的强化作用。例如，学生看到别人的成功行为得到肯定，就加强产生同样行为的倾向；反之，看到别人的某种行为受到惩罚，自己就会避免那样做。自我强化是行为达到自己确立的标准时，以自己能支配的奖励来加强和维持自己的行为过程。随着学生年龄的增长，自我强化的作用越来越重要。自我强化依赖于社会传递的结果。社会向个体传递某一行为标准，当个体的行为表现符合甚至超过这一标准时，他就对自己的行为进行自我奖励。例如，补习了一年语言的学生为自己设立了一个成绩标准，于是他们将根据对他成绩的评价而对自己行为进行自我奖赏或自我批评。

此外，班杜拉还提出了自我调节的概念。班杜拉假设，人们能观察他们自己的行为，并根据自己的标准进行判断，并由此强化或惩罚自己。我们都有过这样的经验，我们有时知道自己干得不错并因此而自我欣赏，无视别人说了些什么，同样有时我们也知道自己做得并不是最好。要作出这些判断我们不得不对我们自己的行为有一个期待。例如，在一次测验中一个学生可能得了 90 分而沾沾自喜，而另一个学生则可能感到大失所望。

班杜拉进一步把期待区分为两种：结果期待和效能期待。结果期待是指人对自己的某一行为会导致某一结果（强化）的推测，如果人预测到某一特定行为将会导致特定的结果（强化），那么这种行为就可能被激活和受到选择。效能期待，亦称自我效能感，是指人对自己能够进行某一种行为的实施能力的推测或判断，即对自己行为能力的主观推断。它意味着人是否确信自己能够成功地进行带来某一结果的行为。当人确信自己有能力进行某一活动时，他就会产生高度的自我效能感，并会进行那一活动。人们一般是在预测到某一活动的好的结果及自己有能力去完成这一活动时，才努力去进行这一活动。自我效能感是班杜拉对其自我强化、自我调节概念的补充和进一步发展。

班杜拉在其理论中十分强调自我效能感，即效能期待对人们行为的调节作用。他认为人们在有了相应的知识、技能和目标（诱因、强化）时，自我效能感就成为行为的决定因素。

他还对自我效能感形成的条件、功能及其对行为的调节作用进行了大量实验研究，并指出培养自我效能感的以下途径：(1) 行为的成败经验。成功经验会提高自我效能感，反之则否。(2) 替代性经验。与自己相当的示范者成功时，会增加其自我效能感，反之则否。(3) 言语说服。通过说服或自我指导可改变人们的自我效能感。(4) 情绪和生理状态。积极和稳定的情绪和生理状态会提高自我效能感。班杜拉认为自我效能感有以下功能：(1) 决定人们对活动的选择及对该活动的坚持性；(2) 影响人们在困难任务前的态度；(3) 影响新行为的习得及习得行为的表现；(4) 影响活动时的情绪。在课堂中，最明显的教学莫过于新技能的教学。当然，教师本身也可当作如何解决问题、如何进行逻辑思维的榜样，如说出他们的思维过程、好奇心、情绪控制、对其他人的尊重和兴趣、良好的倾听和交流习惯等，这些行为可引导学生具有相同的品质。相反，教师也可能以消极的社会行为误导学生。

班杜拉的社会学习论不回避人的行为的内部原因，相反，它重视符号、替代、自我调节、自我效能感所起的作用。因此，班杜拉的社会学习论被称之为认知行为主义。

(三) 榜样示范的类型

班杜拉的社会学习理论十分强调榜样的示范作用，整个观察学习过程就是通过学习者观察榜样的不同示范而进行的。班杜拉把示范分成如下几类：

1．行为示范

即通过榜样的行为来传递行为的方式，此方式在对榜样的观察学习中占重要地位。行为示范无论是对动作技能的习得，还是对行为方式习惯的形成，都有不可忽视的作用。

2．言语示范

即通过榜样的言语活动传递行为、技能的方式。言语示范在人的学习中应用范围广，具有特殊重要的意义。如根据教师的讲解学习定理和法则的应用，依靠说明书学习机器的操作技术，通过报纸学习先进人物的思想行为方式，都是言语示范所起的作用。

3．象征示范

即通过幻灯、电视、电影、戏剧、画册等象征性中介物呈示榜样的行为方式，优点在于可将同一榜样反复呈示给许多人，并加入放大、停顿等技术，从而提高感染力，扩大教育范围。

4．抽象示范

即通过榜样的各种行为事例，传递隐藏在行为事例背后的道理或规范的方式。榜样遵照一定的道理和规范作出反应，观察者按榜样的行为倾向进行类似但不完全一样的活动。就是说，观察者从各种示范反应中抽取出共性的东西，以后再应用到新的具体情境之中，例如，教师按照某个或某些定理、公式在黑板上演示几道例题后，学生就总结出这些例题所包含的定律，并按照教师的方式解决同一类型的问题，这就是抽象性示范的过程。

5．参照示范

即为了传授抽象的概念和操作，而附加呈现具体参考事物和动作的方式。比如在英语课上讲解前置词"on"的使用，一边说"…on the desk"一边也附加往桌子上放东西的动作。这种示范方式是对抽象示范的补充和强化，它对低年龄儿童的指导是特别重要的。

（四）模仿学习的类型

1．参与性模仿

即把观察和模仿结合起来以提高学习效果的模仿学习方式。先观察榜样的示范，并立即让观察者进行实际的尝试性模仿操作，这种"观察—模仿—再观察—再模仿"的学习形式，可以使观察学习与直接学习有机地结合起来，从而提高学习效果。

2．创造性模仿

在许多榜样示范的基础上，观察者产生一种新的行为模式。观察者由于受不同模型的作用，在大脑建立若干暂时神经联系，这些暂时神经联系通过大脑的整合作用出现了不同于任何榜样示范的新的行为模式。例如，一个刚从师范院校毕业的教师，他的课堂教学模式，往往是从母校几位教师的教学方式中习得的，而又不与任何一位教师完全相同。这种新的行为模式凝结着创造性，而这种创造性的土壤却在于各个榜样的示范。

3．延迟性模仿

在观察榜样之后，观察者并没有立即出现模仿行为，而经过一段时间后，模仿行为才出现。例如，抗美援朝战争期间，我国援朝的志愿军战士在入朝前观看了前苏联电影《普通一兵》，电影中的主人公马特洛索夫是用身体堵住敌人的枪眼牺牲的，他的牺牲引起了战士黄继光强烈的情感反应。入朝后，在那种特定的情境下，为了掩护冲锋中的战友，黄继光同志奋不顾身地用身体堵住敌人碉堡的枪眼而壮烈牺牲。这是典型的延迟性模仿。

班杜拉对最能引起儿童模仿的榜样的特点进行过研究，发现：(1) 儿童最喜欢模仿他心目中最重要的人物，家庭中的父母与学校中的教师，一向被视为儿童模仿的榜样人物。(2) 儿童最喜欢模仿与他同性别的人。(3) 儿童最喜欢模仿曾获得荣誉、出身于高层社会及富有家庭儿童的行为。(4) 同级团体里，有独特行为甚至曾受到惩罚的人，不是一般儿童最喜欢模仿的对象。(5) 同年龄同社会阶层出身的儿童彼此间较喜欢相互模仿。

(五) 社会学习理论的特点及启示

1. 社会学习理论的特点

社会学习理论的基本观点是交互决定论。班杜拉认为，一种心理学理论的价值在于它能否准确地预测行为，它必须能正确地说明影响人的行为的因素以及引起行为变化的中介机制。

对于人的行为的起因问题，班杜拉反对行为主义的环境单向决定论，也反对人本主义的个人决定论，而主张交互作用论。然而，他认为，交互作用论所主张的交互作用模式是不同的，至少有三种。第一种交互作用是"单向的相互作用论"，它将环境与个体看作是独立的实体，这两个实体以某种方式结合在一起影响人的行为。该模式的特点是个体因素与环境因素虽然是结合起来共同决定行为，但这两种因素都仅仅是自变量，两者之间没有发生影响。见图3-6。

第二种交互作用是"双向的相互作用论"，它将环境与个体的相互作用、相互依赖看作是行为的起因，这两个因素相互影响的结果影响了人的行为。该模式的特点是不再将个体因素与环境因素看作是独立影响行为的自变量，而是认为它们相互作用的结果才是行为的起因。

单向的相互作用	$B = f(P, E)$
部分双向的相互作用	$B = f(P \rightleftarrows E)$
三向的相互作用	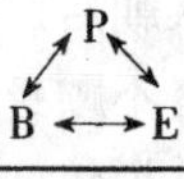 $\begin{array}{c} P \\ \swarrow \searrow \\ B \leftrightarrow E \end{array}$

B 指行为；P 指个体；E 指环境

图 3-6 相互作用的三种模式

第三种是班杜拉提出的个体、环境与行为三者相互影响的交互作用观。他把个体、环境与行为看做是相互影响地联结在一起的一个系统。在分析这三个决定因素的来源时，不能把一个因素放在比其他两个因素之上的位置。尽管在某些特定情境中，某一个因素可能起支配作用，但就一般而言，这三者都是你中有我、我中有你的。他认为，环境因素、个体因素与行为因素是交互决定的，这些因素之间彼此交互影响，双向地相互影响。班杜拉的三元交互作用模式见图3-7。

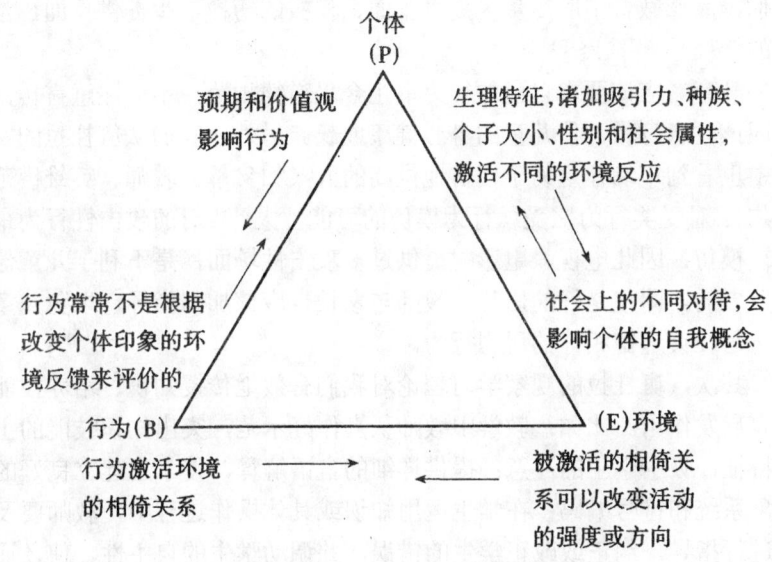

图3-7 环境、个体与行为的三向关系

根据这个三元交互决定的模式，个体的学习行为是前因决定因素与后果决定因素的函数。首先，前因决定因素既包括个体因素，个体在形成该行为之前已存在的那些影响力，包括预期、价值观、各种生理与情绪方面的变量等；也包括某些环境因素，如起到引发和激活人的行为的作用的环境刺激，如时间、地点、人物、事物、语言、文化背景等。后果决定因素包括强化和惩罚，它可以是来自外部，即环境，也可以是来自内部，由自我引发。

2. 社会学习理论对我们的启示

班杜拉对观察学习进行了大量的实验研究，揭示了观察学习的规律。这对我们的教育工作有重要的启示作用。

首先，班杜拉的社会学习理论提出榜样具有替代性强化的作用，这使人们对榜样在儿童品德教育中的重要性有了更进一步的认识。他曾说道：很多父母为了防止孩子打架，就在他们斗殴时打他们，这样做往往使孩子间的格斗变本加厉了，这就是消极示范的影响。这提醒我们，品德教育中应尽量多提供正面、积极的榜样，少提供反面、消极的榜样。

教育者应该要求自己的行为举止合乎道德规范，不但注意言传，更应该注意身教，使儿童的身心健康成长。另外，我们从班杜拉的实验中也看到年幼儿童易于模仿地位高的人（如父母、教师、英雄模范人物）；对受奖行为比受惩行为模仿的可能性大；敌对的攻击性行为最易被模仿，因此电视、电影中提供过多攻击性场面，是不利于儿童健康发展的，即使是好的影片，教师与家长也应该加强指导，以免儿童模仿与社会道德相悖的思想行为。

其次，班杜拉的观察学习理论对我们有效地传授知识、培养技能也有启发作用。比如：教学中教师认真作好示范，突出知识技能的主要特征，吸引学生的注意；提供详细的言语解释，使学生建立良好的表象系统和符号编码；在学生运用知识或具体操作过程中，教师要及时进行指导，纠正或改正学生的错误，并调动学生的自主性，使之通过自我调节来改进自己的学习。

第二节 学习的认知理论

学习的认知理论对学习本质研究比联结理论更深入，认知理论不否认学习是形成刺激—反应的联结，但强调刺激—反应联结形成的原因是认知结构的形成、建立和改组。这派理论更适合解释知识的学习。

一、格式塔心理学的学习理论

格式塔是德文 gestalt 的译音，是完整图形、完整结构的意思。因此，格式塔心理学也叫完形心理学。其主要代表人物之一是苛勒（Kohler, W., 1887~1967），美籍德裔心理学家，1909年获柏林大学哲学博士学位。1910年到法兰克福大学任教。1912年参加了似动现象的实验研究，奠定了格式塔心理学的基础。1921年任柏林大学教授和心理研究所主任。1935年，因受希特勒迫害而移居美国，任宾西法尼亚州瓦特莫学院教授。1959年当选为美国心理学会主席。

（一）格式塔心理学学习理论的主要观点

（1）学习是对问题情境的整体知觉和理解，是对完整结构（完形）的组织，而不是形成刺激—反应的联结。一个东西不能通过研究它的各个组成部分去理解，只有把它作为一个整体来研究才能理解。

（2）学习的过程是顿悟而不是试误。苛勒认为学习不是对个别刺激作个别反应，而是在对问题情境的整体知觉和理解的前提下作有组织的反应。这种理解和有组织的反应常常是突然发生的，故称为顿悟（或顿悟说）。

（二）苛勒的猩猩学习实验

1913~1917年苛勒进行了一系列猩猩学习实验，主要包括两个系列：

1. 利用工具克服阻碍的实验

在这个系列的实验情境中，猩猩必须借助于工具来克服阻碍，从而达到目的。例如，关在笼子内的猩猩用手够不到笼子外的香蕉，必须借助于竹竿来取得笼子外的香蕉。再如，笼内的猩猩用手既不能拿到笼外香蕉，也不能拿到笼外的一根长竹竿，它只能拿到短竹竿，但用短竹竿能拿到长竹竿，再用长竹竿够到香蕉。

2. "制造"工具克服阻碍的实验

在这个系列的实验中，动物必须通过某些动作，对工具进行"加工"，然后才能用它取得目的物。例如，笼内的猩猩可以拿到笼外的两根或三根竹竿，但用这几根竹竿都不能够着距笼子较远的香蕉，猩猩必须把竹竿像钓鱼杆那样接起来，才能用它够着香蕉。

苛勒在这些实验中,观察到动物的行为具有以下特点:(1)在实验过程中,猩猩常出现很长时间的停顿,表现出犹豫不决,并环顾四周;(2)这种停顿前后他们的行为往往具有鲜明的不同:停顿前迟疑不决、盲目活动,停顿后目的明确、顺序前进;(3)停顿后出现了一个不间断的动作序列,形成了一个连续的"完整体",正确地解决了问题,取得了目的物。苛勒认为猩猩在实验中表现出的上述行为特点充分表明了它在行动之前,已经领会到自己的动作为什么进行和如何进行,领会到了自己的动作和情境,特别是和目的物的关系。

苛勒根据实验的结果提出了顿悟说,并认为学习是对整体情境的知觉和理解,但这种知觉和理解需要具有一定的前提条件:必须使动物能够清楚地觉察到情境中与问题解决有关的各个部分,包括目的物、达到目的的途径、方法和可利用的工具。究竟动物是否产生了顿悟?苛勒认为识别顿悟有三个指标:(1)在一定的停顿后由错误行动突然过渡到正确行动;(2)正确的反应有一个良好的保持;(3)正确的反应可以迁移。

格式塔心理学的学习理论强调学习中的知觉和理解,这比 S-R 的联结说更便于解释人类的具有认知因素参与的学习。但是,苛勒过分强调学习过程是顿悟而非试误,则把问题绝对化了。

二、布鲁纳的认知—发现理论

布鲁纳(Bruner, J. S., 1915~),美国当代著名教育心理学家,1941 年获哈佛大学哲学博士学位,1952 年任哈佛大学心理学教授。布鲁纳在众多领域进行了富有成效的研究,是一位在西方心理学界和教育界都享有盛名的学者。他在 1959 年任美国科学院科学教育委员会主席,主持了著名的伍兹霍尔中小学课程改革会议;1960 年任总统教育顾问;1965 年当选为美国心理学会主席。布鲁纳发表了许多学术论著,与教育心理学有关的著作主要有《教育过程》(1960)、《认知成长研究》(1966)、《对教学理论的探讨》(1966)、《认知成长过程》(1968)和《教育的适当性》(1971)等。其中《教育过程》已被译成 23 种文字出版,被誉为最有影响的教育学著作之一。

(一) 认知结构的学习观

认知结构就是头脑里的知识结构。布鲁纳认为学习就是类目及其编码系统的形成。一个类目意指一组有关的对象或事件。它可以是一个概念，也可以是一条规则。例如，鸟是一个类目。从该类目代表若干性质相似的物体或事件的意义上说，鸟类是一个概念。它表征那些有羽毛、翅膀、双腿和嘴的动物，因而当我们面对具有上述特征的动物时，就可以作出"是鸟"的推论。

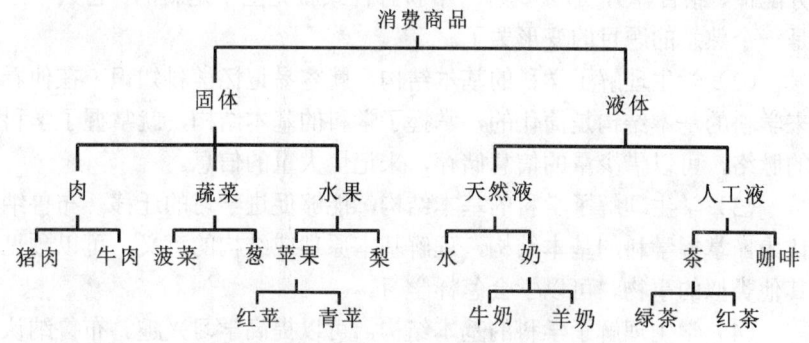

图 3-8　消费商品的编码系统简略图解

显然，所有的类目概括水平并不相同。有的类目颇为具体，如梨、苹果、柠檬和橘子；有的类目极为一般，因而范围广，如消费品。一般的类目包括几个较具体的类目，消费商品类目可以包括水果和蔬菜等，水果又可以包括梨、苹果、柠檬、橘子等。每两类之间，还可能有其他一些类目，类目越是一般，其概括水平越高。图 3-8 表示的是我们上面提到的消费商品的一个编码系统的简介。

由于布鲁纳强调学习的主动性和认知结构的重要性，所以他主张教学的最终目标是促进"对学科结构的一般理解"。① 即学习某一学科要掌握该学科的基本结构。他要求"无论我们选教什么学科，务必使

---

① 高觉敷，叶浩生主编．西方教育心理学发展史．福州：福建教育出版社，1996.249．

学生理解该学科的基本结构"。[①] 什么是学科的基本结构呢？学科的基本结构有两个含义：（1）基本，指构成学科的主要内容，包括概念、规则（指原理、规律和公式等）和生动的有意义的细节。这些内容具有高度的概括性和广泛的适用性。（2）结构，指基本内容之间有层次的联系。图3-8就是消费商品这一概念的一种结构示例。

学生为什么要理解学科的基本结构呢？布鲁纳认为有以下五种理由：

（1）学生理解了学科的基本结构，就容易掌握整个学科的具体内容。例如，学生一旦掌握了解方程式所包含的三个基本法则（交换律、分配律、结合律），那么要解一个新方程式就完全不是新的，它只不过是一个熟悉的题目的变形罢了。

（2）学生理解了学科的基本结构，就容易记忆学科知识。在他看来学科的基本结构是简化的，掌握了学科的基本结构，就掌握了学科的脉络，可以借少量的信息储存，来记忆大量的信息。

（3）学生理解了学科的基本结构，能够促进学习的迁移。布鲁纳认为，掌握学科的基本结构，理解基本原理或结构的意义，可以预见其他类似的事物，可以学会怎样学习。

（4）学生理解了学科的基本结构，可以提高学习兴趣。布鲁纳认为，使学生对一个学科有兴趣的最好办法，是使这个学科值得学习，即使学得的知识能在超越原来学习情境的思维中运用。而只有掌握了学科的基本结构，才能实现这一点。

（5）早期学习学科的基本原理可以促进儿童智慧的发展。布鲁纳认为，儿童智慧是按阶段发展的。向成长中的儿童提供难题，可以激励他们向下一个阶段发展。对年幼儿童提出掌握学科的基本结构，显然是一个难题，对促进其智慧发展将大有好处。

（二）发现法

"发现法"并不是布鲁纳首创的，但布鲁纳善于抓住"发现法"

[①] 布鲁纳著. 邵瑞珍译. 教育过程.北京：文化教育出版社, 1982.31.

的实质,为之提供理论基础,并把它传播开来,使之成为课堂教学中重要的学习与教学方法。

布鲁纳认为,教学不仅应当尽可能使学生牢固地掌握科学内容,还应当尽可能使学生成为自主且自动的思想家。这样的学生当他在正规的学校教育结束后,将会独立地向前迈进。布鲁纳认为,"教学生学习任何科目,绝不是对学生心灵中灌输些固定的知识。而是启发学生主动去求取知识与组织知识。教师不能把学生教成一个活动的书橱,而是教学生学习如何思维;教他学习如何像历史学家研究分析史料那样,从求知的过程中去组织属于他自己的知识。因此,求知是自主性的活动历程,而非只是被动地承受前人研究的结果"。

什么是发现法呢?布鲁纳说:"发现不限于只是寻求人类尚未知晓的事物的行为,确切地说,它包括用自己的头脑亲自获得知识的一切形式。"[1] 学生所获得的知识,尽管都是人类已知晓的事物,如果这些知识是依靠自己的力量引发出来的,那么对学生来说,仍然是一种"发现",准确地说是一种"再发现"。布鲁纳认为,学生掌握学科结构的最好方法是发现法。他主张"在提出一个学科的基本结构时,可以保留一些令人兴奋的部分,引导学生自己去发现它"[2]。在布鲁纳看来,不论是学校儿童凭自己的力量所作出的发现,还是科学家努力在日趋尖端的领域所作出的发现,就其实质来说,都不过是把现象重新组织或转换,使人能超越现象再进行组合,从而获得新的领悟而已。

布鲁纳认为发现法有以下几方面作用:

(1) 发现法有助于提高智慧的潜力。发现本身包含着已知知识的内部改组,这种改组使那些已有知识同学习者面临的新知识更好地联系起来,或者说,使正在进行的工作同他早已熟悉的模式配合起来,并重新加以构造。

(2) 发现法有助于培养学生的内部学习动机。布鲁纳认为,最好的学习动机莫过于对学习材料本身具有内在的兴趣,有新发现的自信

---

[1] 高觉敷,叶浩生主编. 西方教育心理学发展史. 福州:福建教育出版社,1996.254.
[2] 布鲁纳教育论著选. 北京:人民教育出版社,1989.339.

感。发现法利用学科内部概念造成新奇、诱惑，从而引起儿童探求知识的欲望，引起儿童对学习本身的兴趣，这是学习成功的关键。

（3）发现法有利于学会发现的探索方法。布鲁纳认为，只有练习解决问题和努力发现，才能学会发现的探索方法。一个人越有这方面的经验，就越能把学习所得归纳成一种方式，而这种方式对他可能遇到的任何工作都有益处。

（4）发现法有利于记忆。布鲁纳认为，人类记忆的首要问题不是储存而是检索，检索的关键在于组织，也就是知道到哪里去寻找信息和怎样去获得信息。发现过程就是组织过程，就是把素材重建起来的过程。

布鲁纳认为，教学不应当使学生处于被动接受知识的状态，而应当让学生成为发现者。在教学中运用发现法，要根据学科和学生的特点进行，其灵活性较大，没有固定的模式，以下步骤可以参考：（1）提出明确的使学生感兴趣的问题；（2）使学生对问题体验到某种程度的不确定性，以激发探究；（3）提供解决问题的各种假设；（4）协助学生搜集和组织可用于下断语的资料；（5）组织学生审查有关资料，得出应有结论；（6）引导学生运用分析思维去验证结论，最后使问题得到解决。总之，在整个问题的解决过程中，教师要向学生提供材料，让学生亲自发现应得的结论或规律，要使学生成为发现者。教师的工作方式是：（1）鼓励学生有发现的自信心；（2）激发学生的好奇心，产生求知欲；（3）帮助学生寻找新问题与已知事物的联系；（4）训练学生运用知识解决问题的能力；（5）协助学生进行自我评价；（6）启发学生进行对比。

布鲁纳的认知—发现理论，对美国以及世界其他各国的教育都产生了重大影响。他的认知结构学习观，强调学生要掌握学科的基本结构，具有重大的理论和实践意义；他大力提倡的发现法，是对传统的讲授法的有益补充。

三、奥苏伯尔的认知—同化理论

奥苏伯尔（Ausubel, D. P., 1918～ ），美国当代著名教育心理学家。1940年获哥伦比亚大学心理学硕士学位，1943年获布兰迪斯大学医学博士学位，1950年又获哥伦比亚大学哲学博士学位。1950～1974年在伊利诺斯大学教育研究院任教授，1975年转任纽约市立大学研究生院教授，直到1978年退休为荣誉教授。奥苏伯尔是一位主要关心学校学习的认知教育心理学家，同时也是一位博学多才的学者。他在教育心理学上的主要贡献是他提出了有意义言语学习理论，标志是《有意义言语学习心理学》(1963)的出版。奥苏伯尔最有影响的著作是《教育心理学：认知观》(1968，1978)。由于奥苏伯尔对教育心理学的杰出贡献，1976年美国教育心理学会曾授予他桑代克奖。由于他用认知观点和同化论解释有意义言语学习与保持的一般过程及其心理机制，所以，他的有意义言语学习理论又称认知—同化理论。

（一）有意义言语学习

1. 有意义言语学习的含义

奥苏伯尔的有意义言语学习理论主要说明学生在课堂中的学习。学生在学校学习语言符号所代表的系统知识，主要是意义学习而不是机械学习。奥苏伯尔指出，有意义言语学习过程的实质是指符号代表的新知识与学习者认知结构中已有的适当观念建立实质性和非人为性的联系的过程。所谓实质性联系是不限于表面特点，而是其本质特点。具体指新知识与学习者原有认知结构中的已有意义的符号、表象、概念、命题建立联系。比如，英语单词"desk"与已有的汉语词义"桌子"联系；新学的命题"平行四边形是两对边平行且相等的四边形"与已有的四边形、对边、平行和相等概念建立联系。假如学习者认知结构中缺乏相应的知识储备，将会导致机械学习。所谓非人为性的联系，指新知识与学习者认知结构中的有关观念建立合理的或合乎逻辑的联系。如，上例中的"平行四边形"与学生认知结构中的"四边形不是人为性的或任意性的关系,而是符合特殊与一般的关系。

总之,符号代表的新知识与学习者认知结构中已有的有关观念是否建立实质性和非人为性的联系,既是界定有意义言语学习的标准,也是区分有意义言语学习与机械学习的标准。

2. 有意义言语学习的条件

奥苏伯尔认为,有意义言语学习必须具备三个条件:(1)学习材料必须具有逻辑意义(该学);(2)学习者必须具有有意义言语学习的心向(愿学);(3)学习者认知结构中必须具有同化新知识的适当观念(能学)。

3. 有意义言语学习的种类

奥苏伯尔根据有意义言语学习的复杂程度,把有意义言语学习分成四种基本类型:代表性(符号)学习、概念学习、命题学习和发现学习。前三类学习在第五章第三节中详细说明。这里只介绍第四类。奥苏伯尔认为发现学习是指学习内容不是以定论的形式呈现给学生的,而是要求学生在把最终结果并入认知结构之前,先要从事某些心理活动,如对学习内容进行重新排列、重新组织或转换,因此,发现学习可以在代表性(符号)学习、概念学习和命题学习中发生。除此之外,发现学习还涉及其他三种学习类型:运用、问题解决、创造。

运用是把已知命题直接转换到类似的新情境中去,有点类似于我们通常所讲的练习。问题解决是指学生无法把已知命题直接转换到新情境中去,学生必须通过一些策略,使一系列转换前后有序。学生已有的知识可能是与问题解决办法有关的,但需经过多次转换,而非直接运用或练习所能解决的。创造指能把认知结构中彼此关系很遥远的观念用来解决新问题,而且认知结构中哪些问题与该问题有关,事先是不知道的,各种转换的规则也是不明显的。

(二)同化论

奥苏伯尔用同化论解释有意义言语学习的过程。同化论的核心是相互作用观。它强调学习者的积极主动精神,即有意义学习的心向;强调有潜在意义的新知识必须与学习者认知结构中已有的适当观念建立实质性和非人为性的联系,新旧知识发生相互作用,其结果是新知识获得意义,原有认知结构发生变化。这种变化既有质变也有量变。奥苏伯尔根据新旧知识发生联系的方式,提出了有意义言语学习的三种同化模式:类属学习的同化模式、总括学习的同化模式和并列结合学习的同化模式(详见第五章第三节)。

(三)学习组织的原则

如何帮助学生建立良好的认知结构,奥苏伯尔提出要遵循两个原则:渐进分化和综合贯通。渐进分化是从一般到特殊,这是知识学习要遵循的纵向序。综合贯通是在横向上把相关知识联系起来。这样就可以在纵向与横向上将知识在头脑中建构起来(详见第五章第三节)。

(四)接受学习与讲授教学

布鲁纳强调的是发现学习与发现教学法,而奥苏伯尔强调的则是接受学习与讲授教学法。自从20世纪60年代布鲁纳大力提倡发现法以来,有许多人认为,讲授法是"填鸭式"灌输知识,其结果导致学生死记硬背,发现法才会保证学生获得真正的理解。奥苏伯尔认为接受学习与发现学习是根据学习方式划分的;机械学习与意义学习是根据对学习内容是否理解划分的。接受——发现与机械——意义是划分学习的两个独立维度。因此,不能把接受学习与机械学习等同、发现学习与意义学习等同。

接受学习不同于发现学习。接受学习的特征是把要学习的全部内容或多或少地以定论的形式呈现给学习者,不需要学习者任何形式的独立发现,只需要学习者把学习材料加以内化,把新旧材料的内容有机地结合,即新学习的内容与认知结构中的有关内容融为一体,并存储下来。发现学习则不同,其特征是学习的主要内容未直接出现,只呈现有关线索或例证,而必须由学习者去独立发现,自己得出结论,然后再将发现内容和结论内化。可见,发现学习过程比接受学习过程多一个发现即解决问题的阶段,因此,前者比后者复杂。同时接受学习和发现学习在智力发展认知功能中的作用也不同。大量的材料是通过接受学习获得的。而各种问题则通过发现学习解决。当然这两种学习的功能也有交叉重叠现象，通过接受学习获得的知识可以用来解决问题，而发现学习也有扩大知识和检查知识理解得如何的作用。但在儿童的发展中，接受学习比发现学习出现稍晚。接受学习的出现意味着儿童达到了较高水平的认知成熟程度。以概念掌握为例，发现学习虽然在各年龄阶段都有，但它是学前儿童的特征。儿童入学后虽然也能利用所发现的一些简单日常概念，但这时多数儿童已很少再去自己发现概念，也就是说，这时接受学习逐渐超过发现学习。

前已说明接受学习不一定是机械学习。在学校教育实践中，多少年来都是教师采用言语讲授法传授文化科学知识，学生用接受学习的方式学习这些知识。但由于过去的教育心理学理论对这样的教学与学习的形式缺乏系统而明确的说明，因而在实践中未能遵循儿童接受知识的心理规律进行教学。其具体表现为：（1）对认知不成熟的学生过早地使用纯言语讲授教学，违反了儿童从具体到抽象的认知规律；（2）没组织好教材，提供的只是一些没有关联的事实，缺少用以进行解释或说明的基本原理；（3）新的学习任务同已学过的学习材料缺乏联系；（4）评定学生的学业成绩，只要求学生认识孤立的事实，以及用相同的语言或在与过去相同的情境下复述各种学习材料。这样，用言语讲授法教的很多有意义的知识竟成为学生机械习得的零星知识或只言片语。这是错误使用讲授法导致的消极后果，而不是讲授教学本身固有的毛病。

如何避免上述教学中的弊病呢？奥苏伯尔认为：（1）必须使接受学习符合有意义言语学习的条件。（2）必须明确认识接受学习的意义与学生认知发展的关系。要使接受学习成为意义学习，必须考虑学生的认知发展水平。接受学习的意义性受学生认知发展水平制约。处于前运算水平的学前儿童，一般不能通过定义学习抽象概念；处于具体运算阶段的小学生虽然能通过定义掌握概念，有意义的理解言语及其他符号所表达的命题，但由于他们认知结构中缺乏很抽象的概念和命题，接受学习也受到很多限制。到了认知发展的形式运算水平，从初中时期开始,大多数学生能通过直接掌握抽象概念间的重要关系来掌握新概念和新命题。于是有意义接受学习的范围大为扩展,言语讲授也更为可行。所以,教师应该严格遵循并灵活运用认知发展从具体到抽象的发展规律,照顾到学生在认知发展的年龄特征与个别差异。(3)接受学习必须是积极主动的。接受学习需要学生用自己认知结构中已有的知识同化新知识,也需要学生独立地和批判地探讨所学的教材,以便透彻地理解它。这样讲授教学才能达到预期的效果。

奥苏伯尔在强调只有言语讲授教学和有意义接受学习才是课堂教学和学习的基本形式的同时,也说明了发现法的作用并指出了人们对发现法的错误看法。他认为发现学习特别是有指导地发现学习是课堂教学与学习的重要补充手段。

奥苏伯尔对学校领域的学习进行了卓有成效的研究。他提出的认知—同化理论,对当今的学校教育具有深刻的影响。他的有意义言语学习与同化论较好地解释了新知识的习得过程;对接受学习与发现学习、意义学习与机械学习的划分澄清了人们思想中的糊涂认识;对讲授教学和发现教学进行的比较,从理论上为讲授教学的经济性、可行性进行了充分论证,并对正确使用讲授法给予了理论指导。

四、加涅的学习理论

加涅(Gagne, Robert M., 1916~2002)是美国著名的教育心理学家,其基本观点先属于行为派,后又转向认知派,因此我国学者称其为联结—认知派。他的代表性著作《学习的条件》(The Conditions Of Learning)一书于 1965 年首次出版,并分别于 1970 年、1977 年和 1985 年做了三次修订。每版的体系与内容都作了相当大的调整和充实,被认为是"关于学与教的最重要的著作之一"。

(一)学习的本质

加涅认为:"学习是人类倾向或能力的一种变化。这种变化要持续一段时间,而且,不能把这种变化简单地归之于成长的过程。"[1] 这一定义能较好地解释人类的学习。

首先,学习必须导致主体的某种变化。只有产生这种变化,人们才能作出"学习已经发生"的推论。例如,儿童从不会"三步上篮"到学会"三步上篮",是一种动作技能的变化,这是学习。但学会了以后,再继续做"三步上篮"的动作,则是运用已习得的技能,而在动作技能上没有发生变化,这就不是学习。在加涅看来,行为本身的改变不能等同于学习。学习所导致的变化是能力的发展,用加涅的话来说,学习就是"胜任某种工作的能力的增长",同时学习"也可能是所谓'态度'、'兴趣'或'价值'等倾向的改变"。[2] 可见,加涅认为学习实质上不是外部行为的变化,而是内在能力或倾向的变化。但这种变化必须根据外部的行为来推测。内部变化与外部反应有时是一致的,有时不完全一致。我们必须经过多次观察和测量才能对内部变化作出适当的推测。同时,加涅扩大了学习的范围,他把态度、品德改变的倾向也看作是一种学习。

其次,学习主体变化的保持是相对持久的。学习一定是持续一段时间的变化。有些主体的变化,如适应、疲劳,不能称为学习,因为这种变化是暂时的,经适当的休息,这种暂时性变化就会消失。

第三,学习主体的变化不同于那些发育成熟所导致的变化。例如,由于年龄增长,儿童身体发育成熟,其行为动作发生了很大的变化。这种变化既不是经验引起的,也不是习得的,这种变化也就不是学习。换言之,学习所带来的变化是由学习主体与其环境的相互作用而产生的,是后天习得的。学习应该排除由于生理成熟或先天反应倾向所导致的变化。

(二)学习的分类

1. 加涅的8种学习分类

---

[1] 加涅著. 傅统先,陆有铨译. 学习的条件. 北京:人民教育出版社,1985.3.
[2] 同[1]

加涅首先根据学习的情境、水平,由简单到复杂把学习分为 8 类(1965、1970):

(1)信号学习:即经典性条件反射。如认识某个物品、识字、认数等。这是最基本的学习。

(2)刺激反应学习:即操作性条件反射。如看见篮球扔过来(刺激 S)就伸手接球(反应 R)。

(3)连锁学习:即一系列刺激反应动作的联合。如打篮球,把接球、带球、跳起、投篮等动作连接在一起。

(4)语言的联合:与第三类学习一样,只不过它是语言单位的连接。如联词成句。

(5)多重辨别学习:区分多种刺激的不同之处。如区分戍、戌、戊、戎四个字属于这类学习。

(6)概念学习:在对刺激进行分类时,对同一类事物的本质特性的认识。如认为花草树木等都是植物就是概念学习。

(7)原理学习:即对概念之间关系的学习。如物体的体积与温度的关系在压力一定的条件下,表现为热胀冷缩。

(8)解决问题:在各种条件下应用原理解决问题,以达到最终目的。如根据已知条件证明两个三角形是全等三角形。在解决问题中,往往用到以前学过的若干原理。

加涅的这 8 种分类系统几乎概括了心理学家所研究过的一切学习类型。不过加涅把这 8 类学习按照从简到繁、从低级到高级的顺序排列成一个层次。每一后继类型都是前一学习类型更加复杂的表现。低级的学习是简单的和基本的,高级的学习是复杂的和抽象的。前者向后者发展,后者包含了前者,是前者的继续和提高。高低级学习之间彼此联系,构成了一个越来越复杂、抽象的累积学习模式。应该指出,加涅这一分类在教育心理学上具有重要意义。在加涅看来,学习是一种极为复杂的现象,学习有许多不同类型。不同的学习类型有不同的学习规律,影响学习的条件也不同。这就从根本上否定了传统上用在特殊条件下得出某一学习理论,来解释一切学习现象的错误倾向。所以加涅的学习分类改变了教育心理学家对学习的性质及其条件的看法，引导了教育心理学新的研究。

2. 加涅的 5 种学习结果分类

加涅认为上述 8 类学习形式的划分仍然不适合学校学习。于是他根据学生的学习结果即学到的能力将学习划分为五类（1977，1985）：

（1）智慧技能（即智力技能），指运用符号对外运作的能力。如利用加、减、乘、除混合运算计算电费。

（2）认知策略，指对内的、控制与调节自己的认知活动的特殊认知技能。如写作策略。

（3）言语信息，指能陈述用语言文字表达的知识。如一个星期有 7 天。

（4）动作技能，指习得的、协调自身肌肉活动的能力。如游泳。

（5）态度，指习得的、决定个人行为选择的内部状态。如一个人是喜欢学习数学还是喜欢历史。

这五项内容分属于三个领域，前三项内容属于认知领域，第四项内容属于动作技能领域，第五项内容属于情感领域。

（三）学习与记忆的信息加工模型

20 世纪 60 年代以来，心理学受计算机和信息论的影响，产生了一次革命性的变化，出现了一种新的思潮——认知心理学。认知心理学家通过巧妙的实验设计，用客观的方法研究了人类的知觉、记忆与思维等多种认知活动。许多原先的行为主义心理学家都改变了观点，成了认知心理学家。认知心理学家将电脑和人脑做类比，电脑是一个信息加工系统，他们把人脑也看成是一个信息加工系统。因此，心理学家在研究人类的学习和记忆时，用信息加工过程来解释。加涅就是这样一位学者。依据信息处理观点，加涅设想学习过程的一般模型如图 3-9。

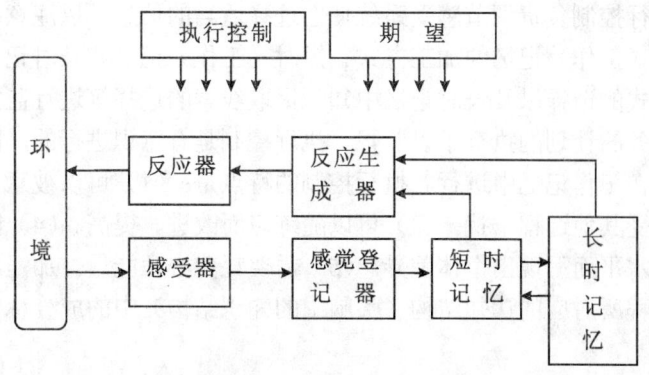

图 3-9 加涅的学习与记忆的信息加工模型

这个模型图是依据学习心理学研究已知的事实与信息加工观点、用模拟方法进行推论而提出的学习模型的假想结构。它由加工系统（或操作系统）、执行控制系统和期望（或预期）系统组成。

1．加工系统（或操作系统）

加工系统包括感受器、感觉登记器（或瞬时记忆）、短时记忆（或工作记忆）、长时记忆、反应生成器和反应器组成。图中的箭头表明学习者从环境（即学习情境）接受信息最终做出反应的加工顺序。可以看出，加工系统是以三种记忆（瞬时、短时和长时记忆）系统为核心的。

由图 3-9 可见，长时记忆中的信息由两条途径进入反应生成器，一条途径是先进入短时（工作）记忆，唤醒人的意识，在人的意识支配下，进入反应生成器，引起反应；另一条途径是长时记忆中的信息直接进入反应生成器，在不知不觉中完成反应。第二种情况指人的熟练的技能。

2．执行控制系统和期望系统

在加涅的信息加工模型中还有两个非常重要的系统：执行控制和期望。从图 3-9 中可以看出，这两个系统的箭头没与操作系统的任何部位直接相连，表明它们对整个操作系统的各个部分都起调节与控制作用。

执行控制负责调节感受系统使之选择适当的信息予以注意；同时对短时（工作）记忆的加工方式、短时（工作）记忆和长时记忆中的表征形式的选择以及长时记忆中知识提取线索的选择等进行监控；对解决任务的计划的执行予以监督。执行控制是有意识进行的，因此它也必须在工作记忆中进行。执行控制的特点是：（1）可以被意识到。（2）易受其他过程干扰。（3）可以随练习而改进、提高。（4）因智力和动机水平而呈现出个体差异。（5）需要耗费心理能量。加涅将执行控制过程所对应的认知结构（头脑中的知识结构）中的成分称为认知策略。

期望指人的信息加工活动受目的指引。认知目的能指引认知加工方式的选择。认知加工活动的实现和期望目标的达到会带来情感的满足，由此进一步激励新的认知行为。所以期望是与信息加工活动的动力有关的系统。

由此可见，在加涅看来有效的学习是操作系统、执行控制和期望这三个内部系统协同活动并与外界环境相互作用的结果。

五、建构主义学习理论

（一）建构主义的思想渊源

建构主义是学习理论中行为主义发展到认知主义以后的进一步发展，是向与客观主义（objectivism）更为对立的另一方向发展。行为主义的客观主义观反映在教学上，认为学习就是通过强化建立刺激与反应之间的联结；教育者的目标在于传递客观世界的知识，学习者的目标是在这种传递过程中达到教育者所确定的目标，得到与教育者完全相同的理解。行为主义者无视在这种传递过程中学生的理解及心理过程。认知主义者中有一部分人诸如信息加工的理论家，基本上还是采取客观主义的传统。他们以电脑的工作模拟人脑，从信息的输入、存储、加工、提取和输出等环节来解释学习。他们与行为主义者的不同之处在于强调学习者有其内部的认知结构，教学的目标在于帮助学习者习得由信息所构成的事物及其特性,使外界客观事物(知识及其结构)内化为内部的认知结构。

建构主义是认知主义的进一步发展。在皮亚杰和早期布鲁纳的思想中已经有了建构的思想,但相对而言,他们的认知学习观主要在于解释如何使客观的知识结构通过个体与之交互作用而内化为认知结构。皮亚杰的建构主义观点属于个人的建构。他较少关注"正确"的表征,而对个体建构起来的意义更感兴趣。皮亚杰认为知识既不是客观的也不是主观的,不能直接从环境中习得,它们来自个体的反思和协调自己的认知。也就是说,认识并非大脑对于客观事物或现象的简单、被动的反映,学习也不是个体获得越来越多外部信息的过程,而是一种主体主动的建构活动,从中学习者学到越来越多的有关自己认识事物的程序,即建构了新的认知图式。皮亚杰感兴趣于一般知识的建构,如守恒和可逆性等。同时,他也认为社会环境是发展的一个重要因素,但不认同社会互动是思维发展的主要机制这一思想。

自从20世纪70年代末,以布鲁纳为首的美国教育心理学家将前苏联教育心理学家维果斯基的思想介绍到美国以后,对建构主义思想的发展起了极大的推动作用。维果斯基在心理发展上强调社会文化历史的作用,特别是强调活动和社会交往在人的高级心理机能发展中的突出作用。他认为,高级的心理机能来源于外部动作的内化,这种内化不仅通过教学,也通过日常生活、游戏和劳动等来实现。另一方面,内在智力动作也外化为实际动作,使主观见之于客观。内化和外化的桥梁便是人的活动。所有这些都对当今的建构主义者有很大的影响。

(二)建构主义学习理论的不同取向

建构主义本身并不是一种学习理论流派,而是一种理论思潮,并且目前正处在发展过程中,尚未达成一致意见,存在着不同的取向(Steffe&Gale,1995;Prawat,1996;陈琦、张建伟,1998)。当代建构主义观点可以细分为六种:激进建构主义(radical constructivism)、社会建构主义(social constructivism)、社会文化取向(socialcultural approach)、信息加工建构主义(information processing constructivism)、社会建构论（social constructionism）和控制论系统观（cybernetic system）。

1. 激进建构主义（radical constructivism）

这是在皮亚杰思想基础上发展起来的建构主义，以冯·格拉塞斯费尔德（Von Glasersfeld）和斯特菲（Steffe）为代表。激进建构主义有两条基本原则：（1）知识不是通过感觉而被个体被动地接受的，而是由认知主体主动地建构起来的，建构是通过新旧经验的相互作用而实现的；（2）认识的机能是适应自己的经验世界，帮助组织自己的世界，而不是去发现本体论意义上的现实。激进建构主义者相信，世界的本来面目是我们无法知道的，而且也没有必要去推测它，我们所知道的只是我们的经验。所以冯·格拉塞斯费尔德认为，应该用"生存力"来代替"真理"一词，只要某种知识能帮助我们解决具体问题，或能提供关于经验世界的一致解释，那它就是适应的，就是有"生存力"的，不要去追求经验与客体一致。为了适应不断扩展的经验，个体的图式会不断进化，所有的知识都是在这种个体与经验世界的对话中建构起来的，而这要以个体的认知过程为基础。激进建构主义以这些思想为基础，深入研究了概念的形成、组织和转变，其研究之深入是各家建构主义中独一无二的，但这种建构主义主要关注个体与其物理环境的相互作用，对学习的社会性的一面则重视不够。

2. 社会建构主义（social constructivism）

与激进建构主义不同，这是主要以维果斯基的理论为基础的建构主义，以鲍尔斯费尔德（H.Bauersfeld）和库伯（P.Cobb）为代表。它也在一定程度上对知识的确定性和客观性提出了怀疑，认为所有的认识都是有问题的，没有绝对优胜的观点，但它又比激进建构主义稍温和。它认为，世界是客观存在的，对每个认识世界的个体来说是共通的。知识是在人类社会范围里建构起来的，又在不断地被改造，尽可能与世界的本来面目相一致，尽管永远达不到一致。另外，它也把学习看成是个体建构自己的知识和理解的过程，但它更关心这一建构过程的社会的一面。他们认为，知识不仅是个体与物理环境的相互作用内化的结果，而在此过程中，语言等符号具有极为重要的意义。学习者在自己的日常生活、交往和游戏等活动中，形成了大量的个体经验，这可以叫做"自下而上的知识"。它从具体水平向知识的高级水平发展，走向以语言实现的概括，具有了理解性和随意性。而在人类的社会实践活动中则形成了公共文化知识。在个体的学习中，这种知识首先以语言符号的形式出现，由概括向具体经验领域发展，所以也可以称为"自上而下的知识"。儿童在与成人或比他成熟的社会成员的交往活动（特别是教学活动）中，在他们的帮助下，解决自己还不能独立解决的问题，理解体现在成人身上的"自上而下的知识"，并以自己已有的知识为基础，使之获得意义，从而把"最近发展区"变成现实的发展，这是儿童知识经验发展的基本途径。

3. 社会文化取向（socialcultural approach）

这种倾向与社会建构主义有很大的相似之处，它也受到了维果斯基的突出影响，也把学习看成是建构过程，关注学习的社会性的方面。但它又与后者有所不同，它认为，心理活动是与一定的文化、历史和风俗习惯背景密切联系在一起的。知识与学习都是存在于一定的社会文化背景中的，不同的社会实践活动是知识的来源。所以，它着重研究不同文化、不同时代和不同情境下个体的学习和问题解决等活动的差别。他们借鉴文化人类学的方法，研究一定文化背景下的个体为达到某种目的而进行的实际活动，并认为这些实际活动是以一定的社会交往、社会规范、社会文化产品为背景的。个体以自己原有的知识经验为基础，通过一系列的活动，解决所出现的各种问题，最终达到活动的目标。他们认为，学习应该像这些实际活动一样展开，在为达到某种目标而进行的实际活动中，解决遇到的实际问题，从而学习某种知识。学生在问题的提出及解决中都处于主动地位，而且在其中可以获得一定的支持。这种观点提倡师徒式教学，就像工厂中师傅带徒弟那样去教学。

4. 信息加工建构主义（information processing constructivism）

在学习理论学派中，信息加工理论不属于严格的建构主义，因为尽管它认为认知是一个积极的心理加工过程，学习不是被动地形成S—R联结，而是包含了信息的选择、加工和存储的复杂过程。在此意义上，信息加工论比行为主义大大前进了一步。但是，信息加工论假定信息或知识是事先以某种形式存在的，个体必须首先接受它们才能进行认知加工，那些更复杂的认知活动才能得以进行。即便它看到了已有的知识在新知识获得中的作用，也基本不是把它看成是新旧经验间的、反复的、双向的相互作用过程。它只是强调原有知识经验在新信息的编码表征中的作用，而忽略了新经验对原有知识经验的影响。

信息加工的建构主义比信息加工理论前进了一步。虽然它仍然坚持信息加工的基本范式，但完全接受了"知识是由个体建构而成的"观点，强调外部信息与已有知识之间存在双向的、反复的相互作用。新经验意义的获得要以原有的知识经验为基础，从而超越所给的信息。而原有经验又会在此过程中被调整或改造。但这种观点并不接受"知识仅是对经验世界的适应"的原则。所以信息加工建构主义也往往被称为"温和建构主义"，斯皮诺（Spiro）等人的认知灵活性理论就是一种这样的建构主义。

5．社会建构论（social constructionism）

与社会建构主义和社会文化取向相似，社会建构论也建立在维果斯基的理论基础之上，但它更强调社会对个体发展的影响，比前两者走得更远。该理论将社会置于个体之上，在大社会层面而不是在心理水平上，研究社会交往对个体学习的影响。社会建构论认为，知识根本不存在于个体内部，它属于社会，并以文本的形式存在，而所有的人都以自己的方式解释文本的意义。社会建构论关注人际之间语言的交流，将谈话视为人们形成新意义、发现已有意义符号的心理工具，并且正是这些谈话方式组成了人类的经验。

6．控制论系统观

控制论系统观以循环控制的思想为基础，它不仅关注人与外界的相互作用与反馈，而且强调自我反省。在控制论系统观中，学习者被视为一个积极主动的观察者与反省型的参与者，而非站在世界之外的静止旁观者；同时，学习者处于一定的社会之中，他们之间存在复杂的相互作用，并以提问、看与听等方式来循环认识某些现象。

(三) 当今建构主义学习理论的基本观点

1. 建构主义的知识观

（1）知识不是对现实的纯粹客观的反映，任何一种传载知识的符号系统也不是绝对真实的表征。它只不过是人们对客观世界的一种解释、假设或假说，它不是问题的最终答案，它必将随着人们认识程度的深入而不断地变革、升华和改写，出现新的解释和假设。

（2）知识并不能绝对准确无误地概括世界的法则，提供对任何活动或问题解决都实用的方法。在具体的问题解决中，知识是不可能一用就准、一用就灵的，而是需要针对具体问题的情景对原有知识进行再加工和再创造。

（3）知识不可能以实体的形式存在于个体之外，尽管通过语言赋予了知识一定的外在形式，并且获得了较为普遍的认同，但这并不意味着学习者对这种知识有同样的理解。真正的理解只能是由学习者自身基于自己的经验背景而建构起来的，取决于特定情况下的学习活动过程。否则，就不叫理解，而是叫死记硬背或生吞活剥，是被动的复制式的学习。

显然，这种知识观是对传统学习和教学理论的巨大挑战。按照建构主义看来，课本知识，只是一种关于某种现象的较为可靠的解释或假设，并不是解释现实世界的"绝对参照"。某一社会发展阶段的科学知识固然包括真理性，但是并不意味着终极答案，随着社会的发展，肯定还会有更真实的解释。更为重要的是，任何知识在为个体接受之前，对个体来说是没有什么意义的，也无权威可言。所以，教学不能把知识作为预先决定了的东西教给学生，不要以我们对知识的理解方式来作为让学生接收的理由，用社会性的权威去压服学生。学生对知识的接收，只能由他自己来建构完成，以他们自己的经验为背景，来分析知识的合理性。在现时学习过程中，学生不仅理解新知识，而且对新知识进行分析、检验和批判。

2. 建构主义的学习观

（1）学习不是由教师把知识简单地传递给学生，而是由学生自己建构知识的过程。学生不是简单被动地接收信息，而是主动地建构知识的意义，这种建构是无法由他人来代替的。

（2）学习不是被动接收信息刺激，而是主动地建构意义，是根据自己的经验背景，对外部信息进行主动的选择、加工和处理，从而获得自己的意义。外部信息本身没有什么意义，意义是学习者通过新旧知识经验间反复的、双向的相互作用过程而建构成的。因此，学习不是像行为主义所描述的"刺激—反应"那样。

（3）学习意义的获得，是每个学习者以自己原有的知识经验为基础，对新信息重新认识和编码，建构自己的理解。在这一过程中，学习者原有的知识经验因为新知识经验的进入而发生调整和改变。

（4）同化和顺应，是学习者认知结构发生变化的两种途径或方式。同化是指学习者把外在的信息纳入到已有的认知结构，以丰富和加强已有的思维倾向和行为模式。顺应是指学习者已有的认知结构与新的外在信息产生冲突，引发原有认知结构的调整或变化，从而建立新的认知结构。同化是认知结构的量变，而顺应则是认知结构的质变。同化—顺应—同化—顺应……循环往复，平衡—不平衡—平衡—不平衡，相互交替，人的认知水平的发展，就是这样的一个过程。这样看来，学习不是简单的信息积累，更重要的是包含新旧知识经验的冲突，以及由此而引发的认知结构的重组。学习过程不是简单的信息输入、存储和提取，是新旧知识经验之间的双向的相互作用过程，也就是学习者与学习环境之间互动的过程。

加州大学的威特罗克（Wittorck，M. C.）在吸收了认知心理学特别是信息加工心理学的研究成果，概括了他本人长期在课堂教学研究中的成果的基础上，于20世纪70年代提出了说明人的学习一般过程的生成学习模式，见图3-10。威特罗克认为，学习过程是学习者原有认知结构与从环境中有选择地接受的感觉信息相互作用、主动建构信息意义的生成过程。新生成的意义经过归类进入长时记忆。可见，威特罗克的学习理论强调已有知识、经验在学习中的作用，也强调学习的主动性。

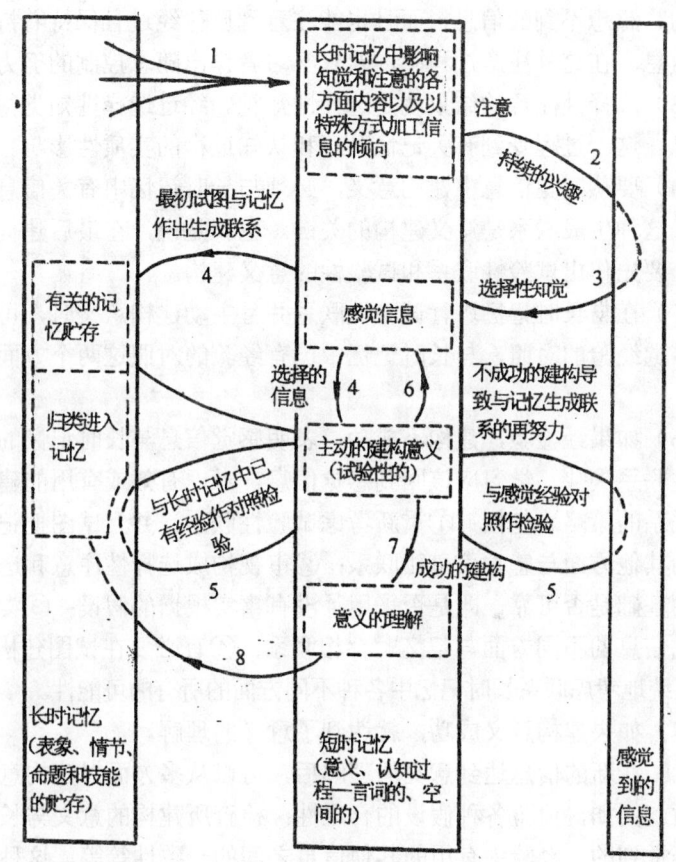

图 3-10 威特罗克的生成学习模式的流程图

由图 3-10 可知,第一,威特罗克的生成学习模式的中心因素是长时记忆贮存系统,长时记忆中有命题、表象、情节和技能。第二,动机在生成意义过程中起重要作用。第三,意义的建构线路始于注意,而注意受到长时记忆和认知过程的许多方面影响。

学习过程经历如下流程:

(1) 长时记忆中的影响学习者知觉和注意的内容,以及以特殊方式加工信息的倾向进入短时记忆。

(2) 这些内容实际上构成了学习者的动机。使学习者不仅能注意外来的、意想不到的信息，而且也能注意到已往经过且保持着持续兴趣的信息。在这种注意过程中，要求学习者作出随意控制的努力。

（3）选择性注意的结果就是选择性知觉。经过选择性知觉得到感觉信息，这一过程受到有关记忆贮存和认知过程的实质性影响。

（4）要从感觉信息中建构意义，必须与长时记忆中有关信息生成联系，这种生成联系是意义建构的关键。也就是说，在最后建构意义之前，要先作出试验性联系和试验性的意义建构。

（5）在与长时记忆进行试验性联系并且主动建构意义时，可以通过与感觉经验的对照，与长时记忆中已有经验的对照这两个方面进行检验。

（6）如果经检验，建构不成功，表明感觉信息与长时记忆的初次试验性联系失败，学习应该回到感觉信息，考虑有效或有用的建构，审视联系的策略。包括：①重新考虑试验性联系，并且试图把记忆贮存中的其他方面与感觉信息相联系；②审视构成选择性注意和选择性知觉的基础是否可靠，即是否采用了没有事实根据的假设；③尝试着把感觉信息的不同方面与记忆贮存相联系；④有必要在试图建构意义时，系统地考虑联系长时记忆中各种不同方面的所有的可能性。

（7）如果建构意义成功，就达到了意义的理解。

（8）在新的信息达到意义的理解后，可以从多方面对建构意义作出评估。例如，检验各种假设的合理性；检查所建构的意义与长时记忆及感觉到的，经验中有用的其他信息之间的一致性等等，这种评估能使建构的意义从短时记忆归属到长时记忆中原有的认知结构里，也可能会导致长时记忆中原有认知结构的重组。在最初的意义建构和对建构的意义作出的评估中，所生成的联系的质量和数量，影响新的知识被归类到长时记忆的方式、保持得好坏以及知识地运用。

生成学习模式包括四个主要成分，即生成、动机、注意和先前的知识经验。生成指形成新知识的内在联系和新知识与已有经验之间的联系。动机指积极生成这两种联系的愿望，并且把生成联系的成效归因于自己努力的程度。注意是指引生成过程的方向的因素，它使生成过程指向有关的课文、相关的原有知识和经验。先前的知识经验包括已有的概念、元认知（即对认知的认知）、抽象知识和具体经验。

　　威特罗克的信息加工流程图与一般的信息加工模型相比，更加注意理解在学习中的作用。他认为生成学习的最终目的是要达到意义的理解。此外，威特罗克在流程图中还加强了对生成学习过程的意识和监控，也就是强调元认知的作用，第5、第6、第8个步骤明显地反映了这一思想。

　　透过威特罗克的信息加工流程图不难发现，其"生成学习"是一个动态的、发展的过程。自始至终，这一模式反映了学习过程中学习者与环境的多向性交互作用。在这一交互作用过程中，学习者是有意识的、主动的，其认知和动机因素是学习的基本决定因素；情境对于学习者所包含的心理学意义是重要的决定因素。因此，学习不仅要考虑到学习者本身的因素，也不能忽视情境的作用。

　　每个学习者都在以自己原有的经验系统为基础对新的信息进行编码，建构自己的理解，而且原有知识又因为新经验的进入而发生调整和改变，所以学习并不简单是信息的积累，它同时包含由于新、旧经验的冲突而引发的观念转变和结构重组。学习过程并不简单是信息的输入、存储和提取，而是新旧经验之间的双向的相互作用过程。因此，建构主义又与认知主义的信息加工论有所不同。

　　3．建构主义的学生观

　　（1）建构主义强调，学习者并不是空着脑袋进入学习情境中的。在日常生活和以往各种形式的学习中，他们已经形成了有关的知识经验，他们对任何事情都有自己的看法。即使是有些问题他们从来没有接触过，没有现成的经验可以借鉴，但是当问题呈现在他们面前时，他们还是会基于以往的经验，依靠他们的认知能力，形成对问题的解释，提出他们的假设。

　　（2）教学不能无视学习者的已有知识经验，简单强硬地从外部对学习者实施知识的"填灌"，而是应当把学习者原有的知识经验作为新知识的生长点，引导学习者从原有的知识经验中生长新的知识经验。教学不是知识的传递，而是知识的处理和转换。教师不单是知识的呈现者，不是知识权威的象征，而应该重视学生自己对各种现象的理解，倾听他们时下的看法，思考他们这些想法的由来，并以此为据，引导学生丰富或调整自己的解释。基于此，显然，教学不是由教师简单去告诉学生就可以奏效和完事的。

（3）教师与学生，学生与学生之间需要共同针对某些问题进行探索，并在探索的过程中相互交流和质疑，了解彼此的想法。由于经验背景的差异的不可避免，学习者对问题的看法和理解经常是千差万别的。其实，在学生的共同体中，这些差异本身就是一种宝贵的现象资源。建构主义虽然非常重视个体的自我发展，但是它也不否认外部引导，亦即教师的影响作用。

4. 建构主义的学习环境

建构主义认为，学习者的知识是在一定情境下，借助于他人的帮助，如人与人之间的协作、交流、利用必要的信息等等，通过意义的建构而获得的。理想的学习环境应当包括情境、协作、交流和意义建构四个部分。意义的建构是学习活动的最终目标，一切都要围绕这种最终目标来进行。学习者是学习的主体，教师是意义建构的促进者和引导者，主要是激发学生的学习动机，引导和帮助学生的意义建构。以前由于受信息技术系统的限制，这种学习环境很难实现，这也是制约建构主义影响力的主要客观条件。现在以多媒体计算机为核心的信息传播系统，有利于创设包含这四种要素的理想的学习环境。这也是建构主义为什么又再次令世人瞩目的原因之一。

（1）建构主义认为，学习环境中的情境必须有利于学习者对所学内容的意义建构。在教学设计中，创设有利于学习者建构意义的情境是最重要的环节或方面。

（2）协作，应该贯穿于整个学习活动过程中。教师与学生之间，学生与学生之间的协作，对学习资料的收集与分析、假设的提出与验证、学习进程的自我反馈和学习结果的评价以及意义的最终建构都有十分重要的作用。协作在一定的意义上是协商的意识。协商主要有自我协商和相互协商。自我协商是指自己和自己反复商量什么是比较合理的；相互协商是指学习小组内部之间的商榷、讨论和辩论。

（3）交流是协作过程中最基本的方式或环节。比如学习小组成员之间必须通过交流来商讨如何完成规定的学习任务达到意义建构的目标，怎样更多地获得教师或他人的指导和帮助等等。其实，协作学习的过程就是交流的过程，在这个过程中，每个学习者的想法都为整个学习群体所共享。交流对于推进每个学习者的学习进程，是至关重要的手段。

（4）意义建构，是学习过程的最终目标。其建构的意义是指事物的性质、规律以及事物之间的内在联系。在学习过程中帮助学生建构意义，就是要帮助学生对当前学习的内容所反映事物的性质、规律以及该事物与其他事物之间的内在联系达到较深刻的理解。这种理解在大脑中长期存在的形式就是"图式"，也就是关于当前所学内容的认知结构。同时，也建构出富有个性化色彩和创见性的意义。对于许多学科，特别是人文学科来说，应该鼓励学习者建构出他自己独特的意义，形成他自己的独特"认识结构"。比如语文中的作文教学，在一定的情境教学下，是不应该得到相同的意义建构的，否则就是一种莫大的悲哀，现在作文教学中的"集体失语症"现象，就是长期以来强调统一格式和腔调的恶果。但是教师的帮助和引导是至关重要的，否则学习者不免要茫然无措，费时低效，教学也就失去了固有的本质意义。

第三节　学习的人本观

人本主义的心理学是50～60年代兴起的一个生机勃勃的学派。由于其观点与近代心理学的两大传统派别——弗洛伊德的精神分析学派和行为主义学派有分歧，被称为心理学的"第三思潮"。主要代表人物有马斯洛（Maslow, A. H., 1908～1970）和罗杰斯（Rogers, C. R., 1902～1987）等。

一、人本主义心理学的基本观点

这一学派重点研究和关心的是人的本性、人的潜能和价值。其思想渊源和哲学基础是西方人道主义传统和现代人道主义思潮。人本主义心理学认为人性是善的、积极的、可信赖的。人的本质是自主的、能动的，其行为受自己意志、价值观的驱动和维持。人具有高于一般动物的心理潜能，这些潜能是人所特有的极其宝贵的内在价值。充分发挥潜能是人的高级的心理需要，是人生追求的最高目的，实现这一目的就是"自我实现"。人本主义心理学还认为，人的潜能和价值与社会环境的关系是内因与外因的关系。潜能是主导因素，是价值的基础，环境则是限制或促进潜能发展的条件，其作用归根到底在于允许人或帮助人实现自己的潜能。人的潜能和其社会价值并无矛盾，创造潜能的发挥具有最高的价值。

二、人本主义心理学的学习观

人本主义心理学的学习观认为，学习就是学习者发挥潜能和自我实现的过程。即学习者获得知识、技能，发展智力，探究自己的情感，学会与教师和班级体成员进行交往，阐明自己的价值观和态度，实现自己的潜能，达到最佳的境界的过程。

三、学习论的基本原则

人本主义心理学强调学习中人的因素，认为在教与学中要做到：（1）必须尊重学习者。要把学习者视为学习活动的主体，必须尊重学习者的愿望、情感、需要和价值观。（2）必须相信学习者。要相信任何正常的学习者都能自己教育自己，发展自己的潜能，并最终达到自我实现。（3）必须建立良好的师生关系。形成情感融洽、气氛适宜的学习环境。（4）教师必须是有感情的。在学生的学习过程中，教师必须担当起学习的促进者、鼓励者、学生助手的角色，他应该让学生觉得是一个真诚的、可信赖的、有感情的指导者。

总之，人本主义学习论者认为，不管怎样教学生学习，不管怎样让学生学习，始终要牢记是人在学习，是具有独特品质的人在学习。

他们进一步认为，人的这些独特品质，应该而且能够得到充分的发展，关键在于后天的学习。这样的学习机制无疑是异常复杂的，尚待进行系统的大量的研究。与联结主义和认知观相比，人本主义学习观所赖以建立的依据是较为单薄的。

　　人本主义心理学强调学习是学习者发挥潜能和自我实现的过程。这一学派认为，教学首先面临的是一个活生生的人以及他内心的丰富的世界，而不是以往学习理论看到的诸如教材、教法、作业和分数等没有生命的东西。这正是联结派和认知派所忽视的，因此人本主义心理学的学习观是对联结派和认知派的良好补充。只有将三派观点综合起来看，学习才是全面的。

第四章　学习动机

学习动机是推动学生学习的动力。任何有效的学习都始于恰当的动机。奥苏伯尔说，有意义言语学习需要具备三个条件，其中之一是学生要有有意义学习的心向，这里的心向就是学习的积极性、学习的动力。没有积极性的学习是很难学好的，这是很简单的道理。本章重点介绍学习动机的规律，以及学生学习动机的激发和培养。

第一节　动机的概述

人类的行为受其动机的直接影响，因此，心理学家历来重视对动机的研究。

学习行为同人类其他行为一样，也受动机的影响。因此，弄清学生学习动机的形成及规律，无疑对调动学生的学习积极性、提高其学习效率有重要作用。在说明学习动机之前，我们先弄清动机的含义及其性质。

一、什么是动机

（一）动机的含义

动机的产生和对个体行为的作用，都是看不见的，我们所能看见的只是个体的行为。而动机与行为密不可分，因此，我们从动机与个体行为的关系来说明其含义。

1. 动机的定义

动机是引起个体行为,维持这种行为,并使这种行为朝向某一目标进行的一种心理状态。

2. 对动机定义的分析

(1) 动机对行为具有三种功能

① 动机引起行为。心理学家在研究人的行为时,一般首先要搞清楚是什么原因最先唤起行为的。行为的唤起需要一定的条件,即需要有对个体有意义的一定刺激或目标。例如,你为什么拿起《梦的解析》这本书来读呢?可能出于好奇,想知道它到底讲些什么,它能说明些什么问题,这种好奇就成为读这本书的一种动机;也可能出于想深入研究弗洛伊德学说的原因。总之,动机能唤起某一行为。

② 动机维持行为。行为一经引起后,要继续下去需要动机的维持,否则就会中断或成为盲目的行为。有人把动机比喻为汽车的发动机和方向盘,这是有一定道理的,因为动机既给人的行为以动力,又可控制行为进行的方向。因此说动机概念的核心是动力和方向。

③ 使行为指向一定的目标。因为动机的存在,人的行为才有明确的目标;也是因为有动机的存在,人的行为才能始终指向特定的目标。

(2) 动机是一种心理状态

心理状态是一种介于心理过程和个性心理特征之间的心理活动。其特点是具有一定的、相对的稳定性,但这种稳定性又只能保持一个短暂的时间。它不同于心理过程与个性心理特征,既不像心理过程那样具有高度的流动性、起伏性,又不像个性心理特征那样具有高度的稳定性。动机这种心理状态不同于分心、冷漠、疑惑、紧张、后悔等心理状态,它是一种激励人去行动的主观原因。

(二) 动机的性质

1. 动机是先天因素与后天因素的结合

动机这种心理状态,到底是先天具有的,还是后天获得的?现有的研究认为,动机是以先天具有的需要和后天获得的需要为基础,通过后天的学习,获得自己特有的目标。需要和目标成为推动一个人去行动的动力时,我们就说这个人形成了动机。

2. 动机是内因与外因的结合

(1) 动机的内因——需要和内驱力

在动机的研究著作中,经常交替使用"需要"和"内驱力"这两个概念,需要是个体和社会的客观需求在人脑中的反映,包括生理需要和心理需要两个方面。生理需要指有机体对食物、水、氧、排泄、避开外界的伤害刺激等的要求;心理需要指对爱、感情、受人尊重、自尊、好奇心等的需求。有些需要是生来就具有的,但是绝大部分的需要是通过后天的学习获得的。内驱力是指由于需要引起的有机体内部产生的一种能量和冲动,它激励行为去获得需要的满足。赫尔(Hull, C.L.)认为,内驱力有原始内驱力和继起内驱力两种。前者与生理需要状态相伴随,并和有机体的生存有直接关系。后者指在原始内驱力的基础上所形成的一种习得的内驱力,它是过去的中性刺激与原始内驱力的减低建成联系后形成的。它能引起类似原始内驱力所引起的反应。

需要和内驱力的关系表现为:需要引起内驱力,内驱力引起行为使需要得到满足。需要满足的过程,就是内驱力降低的过程。例如,对食物的需要引起动物的一种不安状态(内驱力),这种内驱力就导致动物的觅食和进食活动,使需要得到满足。正是由于需要和内驱力之间存在着这种不可分割的联系,所以当人们谈到有机体具有某种需要时,常常说成是有机体具有某种内驱力,将两者之间制约和被制约的引发过程省略了。其实,它们之间在个体的体验上是可以区分开的。

(2) 动机的外因——目标、诱因和强化物

目标指满足需要的物体、情境或事件。诱因指能激起有机体定向行为的目标。课堂上调动学生学习积极性的许多措施,实际上就是提供诱因。如讲课前提出要解决的问题,给学生的回答评定分数或等级等,都是为了使学生把自己的行为指向学习。诱因的获得又使个体的该种行为倾向得到巩固和加强,按照强化理论,此时诱因又大致相当于强化物(强化物指任何有助于机体反应频率、速度和强度增加的事

件)。比如，需要学生学习的知识（目标），以问题的方式向学生提出（诱因），诱导他们把注意力、思维能力集中指向问题，问题得到解决（诱因的获得），使他的学习行为（注意听讲，积极思考）得到巩固和加强（诱因又成了强化物）。总之，目标、诱因和强化物虽然在不同的场合有不同的含义，但它们大体上都是指满足个体特定需要的同一物体、情境或事件。

动机的形成过程是内因与外因，即需要和目标统一于行为的过程，只有需要而无明确的目标或只有一个模糊的目标，这种需要难以成为行为的推动力量；相反，只有目标而无强烈的需要作为动力，则行为难以持久。如，学生有学好知识的需要或愿望，但无学好知识的具体目标，则学好的需要难以转化为学好的动力；有了学好的具体目标，而无强烈的学好需要作为动力，则学习行为往往半途而废，难以持之以恒。因此，在培养学生的学习动机时，既要使他们的需要强烈恰当，又要注意目标明确具体，方能收到较好的效果。

二、学习动机

（一）什么是学习动机

学习动机是动机的一种，以上关于动机的论述同样适用于学习动机。据此，我们将学习动机定义为引起个体的学习行为，维持这种学习行为，并使这种学习行为朝向某一学习目标进行的一种心理状态。

（二）学习动机与学习

1. 学习动机与学习之间是一种辩证关系

美国著名教育心理学家奥苏伯尔明确指出，学习动机与学习之间的关系是典型的相辅相成的关系，绝非一种单向性的关系。也就是说，学习动机可以提高学习效果，而学生学到了知识反过来又可增强学习动机，这就提醒我们，当学生尚未表现出对学习有适当的兴趣和动机以前，教师没有必要推迟教学活动，首先去培养学习动机。提高学习动机的最好办法是使学生学懂学会，学生尝到了学习的甜头，自然就会产生学习动机。

这里我们主要介绍学习动机对学习的影响。

2. 学习动机对学习的影响

（1）学习动机对学习过程的影响

首先，学习动机可以加强注意。学习动机既影响学习活动的指向性（选择性）又影响其集中性。学生选择什么内容进行学习，学习过程中注意的集中情况如何，在很大程度上受学习动机的影响。艾森克（M. W. Eysenk）的实验研究就是一例。1982年他研究了奖励对有目的学习的作用，发现奖励可提高有目的的学习的效果，或至少不降低其效果。其原因是，奖励在学习过程中起内在的指导作用，它使被试把注意指向并集中在那些与奖励有关的刺激上，而抑制其他刺激。另外，他又研究了高奖励和低奖励对学习的影响，发现高奖励项目的学习效果更好，其原因是被试把更多的注意指向并集中于高奖励项目。

教学经验表明，学习动机较强的学生一般更能集中注意力思考尚未弄清楚的问题。凡是学习上有造诣的学生，都不易受分心刺激的影响。学习不良的主要原因之一在于没有养成良好的注意习惯。因此，只要使学生将注意指向并集中于学习，就可在一定程度上提高他们的学习效果。据研究，中等程度的"认知不协调"，即已有的知识和新的学习任务之间具有适中程度的不一致或差距时，对动员学生的注意最为有效。如新旧知识差距太大，学生可望不可及，即使竭尽所能也不能达到目的，只好望而却步；如果两者差距太小，学生学不到新知识，也会感到乏味而分心。只有在学生对他所知道的东西稍感不足的情况下才能更好地激起他的注意，上述见解在如何集中学生注意上有启迪和指导作用。

其次，学习动机可以动员个体立即对学习做好准备，从而降低学习过程中的知觉阈限，提高识记效果和反应速度。例如，课堂教学中教师说：这段教材比较难，大家要认真听；这个公式很重要，一定要记住它；这个问题比较复杂，要好好把握它的因果关系等等，就会降低学生的知觉阈限（指引起知觉的最小刺激量），使他们听得真切、看得清晰、理解透澈、记忆牢固。学生做作业或考试时，教师说时间不多了，大家抓紧时间做，这样的提醒，也会加快他们的反应速度。

关于学习动机可以降低学习过程中的知觉阈限，一个生物性动机与知觉关系的研究可作旁证。

1953年，魏斯帕和德雷蒙巴琳（Wisper, L. G. & Drombarean, N. C.）将60名被试随机分成三组。其中一组被试被剥夺进食和饮水24小时，另一组被试被剥夺10小时，第三组为控制组，没有被剥夺进食和饮水。这样就引起三种不同水平的动机。然后用速示器给被试相继呈现24个单词，其中12个单词与饥渴有关，另外12个单词与饥渴无关。通过逐渐延长呈现的时间直到被试能正确辨认这一单词，可以测定被试正确辨认每个单词的阈限。实验结果表明：①被剥夺进食与饮水的被试比未剥夺的被试，对与饥渴有关的单词辨认的阈限低；而对中性单词的辨认阈限，两组没有差别。②剥夺进食与饮水的时间长短（10小时与24小时）对单词的辨认阈限没有显著的影响。由于实验控制了单词的熟悉性这个无关因素，因此，不同动机水平组辨认阈限的差异，不是由被试对单词的不同熟悉程度造成的，而是由于动机水平高低的不同。换句话说，那些与人的动机相关的事物更容易引起人们对它的知觉。

第三，适中的学习动机的回忆和再认效果最好。学习动机通过影响回忆和再认的可利用性阈限而影响再现。所谓可利用性阈限是指从认知结构中提取习得的意义的可能性的大小。学习动机可以使可利用性阈限提高或降低。学习动机过强或过弱会使可利用性阈限提高；学习动机适中会使可利用性阈限降低。在需要回忆时，过分紧张、焦虑，或无所谓、精神涣散、不想做出努力，会使回忆或再认的可利用性阈限提高，致使有效提取的可能性降低。例如，考试中越着急越回想不起来就属于这种情况。反之，调动动机使上述因素排除，可利用性阈限降低，提取就会较为顺利。如考试中某道题暂时想不起来怎么做，不要着急，可以先做别的题，过一段时间再做这题，可能就有思路了。这说明动机过强或过弱对回忆和再认都不利，动机适中时效果最好。

第四，学习动机可以提高学习的坚持性，从而增进学习效果。有的实验用成就动机强弱不同的被试作比较研究,结果发现,成就动机强的被试比成就动机弱的被试更能坚持学习,学习得更有效果。例如,美国心理学家洛厄尔（Lowell, E. L.）选择两组其他条件相等但成就动机强弱不同的大学生作被试,要求他们用一些打乱了的字母去构成普通单词（简单作业）。如用打乱了的 w, t, e, s,构成 west。两组被试的实验结果如图 4-1 所示。图中曲线表明：成就动机强的被试,学习的坚持性好,能够不断进步；而成就动机弱的被试,学习的坚持性差,没有明显进步。

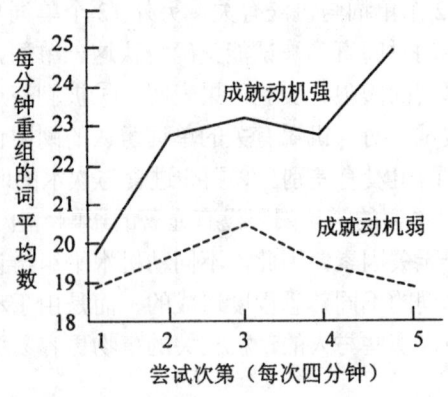

图 4-1 成就动机强弱对作业成绩的影响

又如,沈德立[①]等人 1990 年的实验发现,增强学习动机对提高小学一年级学生的学习成绩确实有显著作用。实验分四个学月进行,每个学月分别采取一项教育措施,以培养学生的学习动机。这四项教育措施分别是学习目的性教育、学习竞赛、学习反馈和表扬。在实验期间,对实验班和对照班学生进行了 5 次语文测试、5 次数学测试。结果表明,无论是语文还是数学,实验班的测试成绩基本上都显著高于对照班。

（2）对学习效果的影响

关于学习动机与学习效果的关系,耶克斯（Yerkes, R. M.）与多

---

① 阴国恩,李洪玉等. 非智力因素及其培养. 杭州：浙江人民出版社, 1996.87.

德森（Dodson, J. D.）于1908年就提出了耶克斯和多德森定律。其要旨是，学习效率先随学习动机水平的升高而升高，到达峰值后学习效率又随学习动机水平的升高而降低，说明适中的学习动机水平学习效率最高。但这种适中的学习动机水平又随学习的复杂程度而变化。对于简单学习，达到最高学习效率的学习动机水平应适中偏高；对于高度复杂学习，达到最高学习效率的学习动机水平应适中偏低，见图4-2。

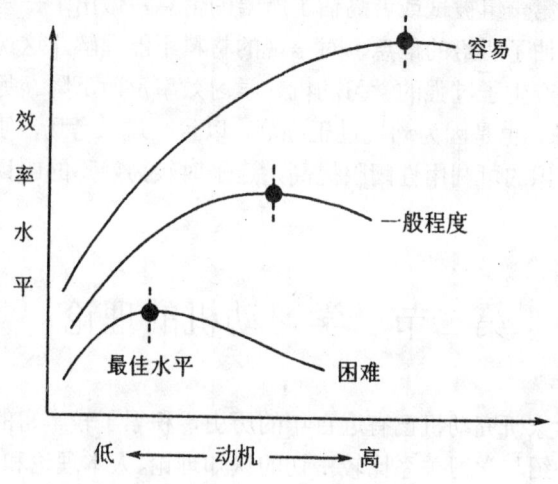

图 4-2　耶克斯和多德森定律：学习效率与动机水平呈曲线关系

例如，对初中生来说，测量反应时属于简单学习，加、减、乘、除四则混合运算则复杂些，解困难的代数题属于高度复杂学习。关于学习的简单和复杂程度，应从学习材料的难度和学习者的能力两个角度考虑。即使是简单的算术问题，对有的小学低年级学生来说也是较难的。因此，在教学实践中应用耶克斯和多德森定律，要灵活地随教学内容和学习者水平而定。

人们一般认为学习动机越强学习效果越好。但对于高度复杂学习，达到最高学习效率的学习动机水平应适中偏低。其原因是，学习动机越强烈引起的情绪的紧张度就越高，这样对解决高度复杂问题就有干扰作用，从而使学习效率下降。而中等偏低的学习动机引起适度的紧张，维持思维的积极性，故学习效率最高。

布鲁纳与波斯特曼共同进行了一个实验研究。实验中让两组被试先辨认迅速呈现的三个词的短句，然后对第一组提出的任务是，在呈现时间极短的条件下说出一种复杂图形的细节，尝试过程中一再指责他们成绩太差；对第二组被试，则只要求判断照明的水平，呈现的是同样的图形，呈现的时间也一样，接着，再让两组被试辨认速示的短句。结果，第一组被试或者高估了所给的信息，做出了一些荒谬的推测，或者低估了所给的信息，对呈现的材料不能理解。这说明过高要求，使被试产生了过强的学习动机、学习效率反而下降。另外，考试"晕场"现象，也是因为动机过于强烈，以致一进入考场，便因情绪太紧张，使知识的可利用性阈限提高，连平时较为熟悉的题目内容都回答不上来。

第二节　学习动机的理论

心理学家研究动机已有近百年的历史，积累了较丰富的资料。这里我们只介绍与学习关系比较密切的认知理论、人本理论和行为理论。

一、动机的认知理论

（一）成就动机理论

早在20世纪30年代末，默里（Murry, H.A., 1938）就提出了成就需要这一概念。后经麦克利兰德（McClelland, D. C.）、阿特金森（Atkionson, J. W.）等人的研究，逐渐发展成为成就动机理论。成就动机是在人的成就需要的基础上产生的，是人愿意去做自认为重要的或有价值的工作，并力求达到完善地步的一种动机。例如，学生为获得优良的学业成绩而努力学习，科研人员为攀登科学高峰而废寝忘食地进行科学探索，都是成就动机的表现。这种动机是人类所独有的，是后天获得的具有社会意义的动机。在学习活动中,成就动机乃是一种主要的动机。

1. 阿特金森的成就动机理论

阿特金森认为,成就动机由追求成功的动机和避免失败的动机组成。前者是人们追求成功和成功带来的积极情感(如自我满足、自豪)的倾向性;后者是人们避免失败和失败带来的消极情感(如羞耻、屈辱)的倾向性。两者相互冲突。个体可同时拥有这两种动机,但其水平不一定相等。

阿特金森认为追求成功的动机可以用下面的公式来计算,即:

$$T_s = M_s \times P_s \times I_s \tag{1}$$

公式(1)中 T_s 代表追求成功的动机。

M_s 代表对取得成功稳定的而长期的个性倾向,简称成功倾向,一般用主题统觉测验(Thematic Apperception Test, TAT)测量。

P_s 代表对取得成功的可能性的主观估计即成功期望概率。I_s 代表成功的激励值。

这一理论的一个特定假设是 $I_s = 1-P_s$,即成功的激励值由成功期望概率决定。例如,如果 P_s 为30%,则 I_s 为70%;如果 P_s 为80%,则 I_s 为20%。也就是 P_s 小则 I_s 大;P_s 大则 I_s 小。生活经验表明,如果做一件事情的成功期望概率很高,则成功引起的自我满足、自豪感会很弱;反之,如果做一件事情成功期望概率很低,则成功引起的自我满足、自豪感会很强。将 $I_s = 1-P_s$ 代入公式(1),则得到公式(2)。

$$T_s = M_s \times P_s \times (1-P_s) \tag{2}$$

避免失败的动机可以用公式(3)来计算,即:

$$T_f = M_f \times P_f \times I_f \tag{3}$$

公式(3)中 T_f 代表避免失败的动机。

M_f 代表避免失败的稳定的、长期的个性倾向,简称失败倾向,可以用焦虑问卷测验(TAQ)来测量。

P_f 代表对失败的可能性的主观估计即失败期望概率。

I_f 代表失败的激励值。

同样 I_f 的绝对值大小为 $1-P_f$,但由于 I_f 的作用是阻止人行动的,

所以 I_f 为 $-(1-P_f)$。将 $I_f=-(1-P_f)$ 代入公式（3），则得到公式（4）。

$$T_f = -M_f \times P_f \times (1-P_f) \tag{4}$$

从生活经验中我们知道如果干一件事情成功的期望概率为75%，则失败的期望概率为25%，即 $P_s=1-P_f$，同样 $P_f=(1-P_s)$。将 $P_f=(1-P_s)$ 代入公式（4）则公式（4）转化为公式（5）。

$$T_f = -M_f \times P_s \times (1-P_s) \tag{5}$$

由于追求成功的动机和避免失败的动机在活动中同时起作用，所以成就动机（T_a）的大小为：

$$T_a = T_s + T_f \tag{6}$$

分别将公式（2）和公式（5）代入公式（6），则公式（6）转化为：

$$T_a = (M_s - M_f) \times (1-P_s) \times P_s \tag{7}$$

表4-1是计算 T_a 的例子。

表4-1第一栏表示在追求成功的动机比避免失败的动机强的情况下5种期望概率的成就动机水平。可以看出当 $P_s=P_f=0.5$ 时，T_a 最大；当 P_s 较大或较小时，T_a 都比较小。阿特金森据此预测：成功倾向高的人在选择不同的成功期望概率的任务时，更倾向选择 P_s 为50%的任务，而不是倾向选择 P_s 较高或较低的任务。

表4-1第二栏表示在避免失败的动机比追求成功的动机强的情况下5种期望概率的成就动机水平。可以看出当 $M_f>M_s$ 时，成就动机为负值，表明个体有回避任务的动力。T_a 的绝对值越大，动力越强；T_a 的绝对值越小，动力越弱。从表中可见当 $P_s=P_f=0.5$ 时，T_a 的绝对值最大；当 P_s 较大或较小时，T_a 的绝对值都较小。因此，阿特金森预测：失败倾向高的人在选择不同的成功期望概率的任务时，更倾向回避 P_s 为50%的任务，而不是倾向回避 P_s 较高或较低的任务。经验表明，失败期望概率高（比较关心避免失败）的人，更倾向选择非常容易或非常困难的任务，而不是中等难度的任务。如果他们在困难的任务上失败了，不会感到不安，因为大多数人都不能完成这项任务，如果他们选择非常容易的任务，则最有可能取得成功，因此选择这两种任务引起的焦虑水平最低；如果他们在中等难度的任务上失败了，

最说明他们无能,所以选择这种任务引起的焦虑水平最高。

表 4-1　当 $M_s>M_f$ 或 $M_f>M_s$ 或 $M_s=M_f$ 时 5 种(A, B, C, D, E)成功期望概率下的成就动机

	成功期望概率(P_s)	$(M_s-M_f)\times(1-P_s)\times P_s=T_a$
$M_s>M_f$	A(0.9)	(5-1)×(1-0.9)×0.9=0.36
$M_s=5$	B(0.7)	(5-1)×(1-0.7)×0.7=0.84
$M_f=1$	C(0.5)	(5-1)×(1-0.5)×0.5=1.00
	D(0.3)	(5-1)×(1-0.3)×0.3=0.84
	E(0.1)	(5-1)×(1-0.1)×0.1=0.36
$M_f>M_s$	A(0.9)	(1-3)×(1-0.9)×0.9=-0.18
$M_s=1$	B(0.7)	(1-3)×(1-0.7)×0.7=-0.42
$M_f=3$	C(0.5)	(1-3)×(1-0.5)×0.5=-0.50
	D(0.3)	(1-3)×(1-0.3)×0.3=-0.42
	E(0.1)	(1-3)×(1-0.1)×0.1=-0.18
$M_s=M_f$	A(0.9)	(5-5)×(1-0.9)×0.9=0
$M_s=5$	B(0.7)	(5-5)×(1-0.7)×0.7=0
$M_f=5$	C(0.5)	(5-5)×(1-0.5)×0.5=0
	D(0.3)	(5-5)×(1-0.3)×0.3=0
	E(0.1)	(5-5)×(1-0.1)×0.1=0

表 4-1 中的第三栏表明,在追求成功的倾向和避免失败的倾向相等的情况下,无论期望概率大小 T_a 总为零。

关于阿特金森的理论正反两方面论据都有。艾萨克森(Isacson)1964 年发现,成就倾向高的男生比失败倾向高的男生更有可能选择难度居中的大学课程。阿特金森和利特温(Litwin)1960 年的一项研究,将男学生分为两组,第一组成就倾向比失败倾向高;第二组失败倾向比成就倾向高,这两组男生都参加掷环游戏,掷环时允许他们选择距环桩的距离。第一组男生从中等远的地方掷环,与理论预测相一致。但第二组的男生并不像理论预测的那样,明显偏爱很近或很远的距离。

阿特金森于 1964 年发现当避免失败的动机占主导地位时,个体产生的消极抵制倾向可以通过外因性动机(如物质奖励、称赞、避免惩罚等)加以克服。于是引进了他称之为非成就导向的外在因素(Te)。那么活动的动机就是 Ta 与 Te 之和。这样,阿特金森认为,除了成就动机因素之外，个体的行为很可能还受其他一系列因素的影响。对于一个避免失败的动机比追求成功的动机高的个体来说，他不是避开某种任务而是积极承担它，原因很可能就是由于外界还有一个非成就导向的动机因素（Te）在起作用。正是所谓"重赏之下必有勇夫"。

阿特金森想方设法加强成就动机的可测量性，以及其理论的预测性，这是可取并值得借鉴的。但从学习实际来看，影响学习行为的动机是多种多样而且非常复杂的。阿特金森开始只根据个性因素预测，考虑的因素不够全面，这就必然影响其预测的准确性。后来，阿特金森虽然认识到了环境因素对动机的影响，但环境因素怎样和个性因素结合起来影响动机，阿特金森的理论并没有回答，因此他的理论尚须进一步完善。

2. 奥苏伯尔有关成就动机的观点

奥苏伯尔认为，成就动机由认知内驱力、自我提高的内驱力和附属内驱力组成。这里他将内驱力与动机等同起来。他认为，学生所有的指向学习的行为都可以从这三方面的内驱力加以解释。当然，随着年龄的增长，这三种成分在个体身上的比重会有变化。显然，奥苏伯尔发展了早先默里、麦克利兰德、阿特金森等人的成就动机概念，指出它并非是一个单一的概念，而是一个合成的概念。

（1）认知内驱力

认知内驱力是把求知作为目标，指向学习任务本身的内驱力。也就是想理解知识，解决问题的一种愿望。

不少心理学家根据经验和实验证明，认知内驱力大多是从好奇与探索的愿望、领会与应付环境的要求等有关的心理倾向中产生出来的。在对儿童的日常观察中发现，他们很早就开始探索周围世界，对各种声响、色彩、活动产生反应，如半岁的婴儿对鲜艳的颜色、跑动的汽车和它的喇叭声表现出明显的兴趣，不断摆弄和观察他们的玩具或别的小东西。他们对环境中的新奇事物特别敏感，当他们初步掌握了语言后，总是不断向成人发问：这是什么？那是什么？这是为什么？那是为什么？这主要是出于儿童的好奇心和探索环境的倾向。这种好奇心和探索倾向，最初只是一种有潜在意义的学习动机，因为它没有特定的内容和方向，对什么事物好奇完全取决于外界环境。环境改变，好奇心也随之消失。这种具有潜在意义的动机力量，只有经过个体的实践，在理性知识方面有了特定的内容和方向，并不断取得成功后，才升华为求知的动机。由此可知，学生对某学科的需要或兴趣不是天生的，主要是后天获得的，有赖于特定的成功的学习经验。从因果观出发，认知内驱力与学习之间的关系，是相互促进的，认知内驱力对学习起推动作用，学习的成功又转而增强认知内驱力。

认知内驱力是一种稳定的内部动机。

由于课堂学习可以使学生不断获得新的知识，而且是系统的知识，在这样的学习过程中，学生能够不断地获得成功的学习经验，成功的学习经验又会激起学生的认知内驱力。这样，在课堂学习中认知内驱力就成为一种最重要和最稳定的动机了。这种动机是发自主体内部的需要，对获得知识的需要（为了获得知识），满足这种需要的奖励也是由于学习本身提供的（知识的实际获得），因而被称为内部动机。

当前，教育心理学家越来越重视内部动机的作用，强调以理解知识作为激发学习动机的主要力量，他们提出教育的主要职责之一是让学生对获得有用的知识本身发生兴趣，不是让他们为各种外来的奖励所左右。当然，我们肯定这种内部动机在课堂学习中的头等重要作用时，并不否认其他一些动机的作用，因为认知内驱力只是成就动机的组成部分之一。

（2）自我提高的内驱力

成就动机的第二个组成部分是自我提高的内驱力。自我提高的内驱力，是个体因自己的胜任能力或工作能力而赢得相应地位的内驱力。由于一定的成就总是能够赢得一定的地位，也就是说，一个人赢得的地位通常是与他的成就或能力水平相称的，成就的大小决定着他所赢得的地位的高低；与此同时，一定的地位又决定着他所感觉到的自尊心，这种自尊心是赢得相应地位的直接反映。自我提高的内驱力乃是把成就看作赢得地位与自尊心的根源，它显然是一种外部动机。这种内驱力从儿童入学开始，重要性日益显著，成为成就动机的主要组成部分。

所以，对于学生来说，成就动机的这个自我提高部分，既可促使学生把自己的行为指向当时学业上可能达到的造诣，又可促使学生在这一成就的基础上，把自己的行为指向今后在学术和职业方面的目标。换句话说，将来获得什么样的工作，取决于他们的学业成绩。因此，自我提高内驱力中一个很重要的成分是焦虑——担心因学业失败而失去社会地位和自尊。自我提高的内驱力既是学生在学习期间力图用学业成绩来取得名次或等第的一种动力，也是他们在未来的学术生涯或职业生涯中谋求做出贡献和取得地位的一种推动力量。

（3）附属内驱力

附属内驱力是指个体为了得到某个人（如家长、教师等）的称赞或认可，而把学习搞好、工作做好的一种内驱力。成就动机的这个组成部分，既不直接为了获得知识，也不是为了赢得与能力相称的评价和认可。学生之所以努力学习，完全是为了获得某个人（长者）的夸奖或认可。某个人的赞许起如此重要的作用，是有一定条件的：

①某个人是学生崇拜和效法的人物，在情感上有依附性。

②某个人的赞许（如认为是可爱的、聪明的、有发展前途的等）能使学生产生优越感。为了保持这种优越感而有意识地使自己的行为符合某个人的标准和期望，从而在班级中做出好成绩。

成就动机中的认知内驱力、自我提高的内驱力和附属内驱力三个组成部分的比重，随年龄、性别、社会地位等因素的不同而不同。附属内驱力在童年早期是成就动机中的主要成分，他们努力学习以求得到好成绩，主要是为了满足某个人的要求，以此得到赞许。到了少年期附属内驱力不仅在强度方面有所减弱，而且所附属的对象开始从长者那里转向同年龄的伙伴，当同伴对学习持否定态度时，为了得到同伴的认可，自己也就不努力学习了。到了青年期，自我提高的内驱力是成就动机中具有决定性的组成部分，成为一种为自尊而奋斗的强大推动力量。认知内驱力在童年期、少年期和青年期都是成就动机的主要成分，对学习和工作起着重要的推动作用。

成就动机是人们通过想象从成就行为中推断其存在的。即使学习中的成就动机确实存在，学生也不能只讲学习的个人意义。教师必须引导学生认识学习的社会价值，把追求个人成就和追求社会进步结合起来，并使个人成就服从于整个社会进步。

(二) 归因理论

所谓归因，指人们对他人或自己行为结果产生原因的知觉或推断。人们通常要对他人或自己成功或失败的原因进行分析、总结，以指导下一步的行为，这就是心理学家探索归因问题的客观依据。

最早提出归因理论的是社会心理学家海德（Heider，F.）。社会心理学研究社会知觉（指个人对别人观察时所得的知觉）时，对"某人为什么会表现出那样的行为？"之类的问题，海德于 1958 年率先提出归因理论来解释。海德的归因理论被称为朴素归因理论，其要点有二：(1) 外归因（或情境归因）和内归因（或性格归因）。将行为发生解释为情境因素使然者，称为外归因；将行为发生解释为当事人性格因素使然者，称为内归因。(2) 对人、己行为原因解释的差异倾向。解释别人行为时，倾向采取内归因（或性格归因），解释自己行为时倾向采取外归因（或情境归因）。

人们对学业成就范围内的行为结果可以列出众多的原因，原因的说法是五花八门的。现列举几个调查成功和失败的原因知觉的资料。

福瑞兹（Frieze, 1976）：能力、暂时努力、运气、他人、心境、任务难度、持久努力等。

伊利和福瑞兹（Elig and Frieze, 1979）：任务难度、能力、持久努力、心境、内部动力、暂时努力、个性、运气等。

安德森（Anderson, 1983）：行为准备、经验、技能、基础知识、努力程度、智力、外部环境、品质和风格等。

巴—特尔（Bar-Tal, 1984）：测验准备、努力、注意、教师能力、兴趣、成功期望、能力、作弊、家庭帮助等。

类似的调查在我国也进行过。一项对大学生的调查发现，大学生在成就上觉察到的原因是：性格特征、社会和学校环境、方法和谋略、知觉经验、兴趣、信念和理想、机会或运气[①]。另一个对大、中学生考试成败结果的调查发现，学生觉察到的原因是：一贯努力、一时努力、能力、心境、学习方法、临场发挥、学习兴趣、作弊、教师或他人帮助、运气等[②]。

这类调查材料经过整理和分析之后发现，各研究对成就活动结果的原因知觉出现明显的重叠，其中具有代表性的原因是：能力强弱、努力程度、任务难易、教师水平高低、心境状况和运气好坏等。在上述列举的几个调查中，几乎都提到是否有能力和试图作出怎样的努力。可以说，能力和努力两项原因在解释成功和失败结果上占有支配地位。

美国心理学家韦纳（Weiner, B.），在 20 世纪 70 年代提出而在 80 年代修正的归因理论是解释学习动机最系统的理论。韦纳的归因理论集中解释个人在行为之后，他自己对行为成功或失败的解释，因此叫自我归因理论。也有人因韦纳的理论对行为的归因偏重在对行为成败的解释，称之为成败归因理论。

1. 理论结构

对成败归因研究最有影响的学者是美国心理学家韦纳（B. Weiner）。韦纳发现人们倾向于将活动成败的原因即行为责任归结为以下六个因素，即能力高低、努力程度、任务难易、运气（机遇）好坏、身心状态和其他（不能归入以上五因素的因素，如他人帮助、教师阅卷是否公平等）（Weiner, 1974）。同时韦纳认为这六个因素可归为三个维度，即内部归因和外部归因、稳定性归因和非稳定性归因、可控制归因和不可控制归因。将三维度和六因素结合起来，就组成了表 4-2 所示的归因模式。

表 4-2 韦纳的三维归因模式

[①] 林钟敏. 我国大学生的成就归因与教育问题初探. 心理学探新, 1990,（1）.
[②] 孙煜明. 学生学习成功与失败结果的原因分析. 江苏教育研究, 1991,（6）.

	稳定性		内外因		可控性	
	稳定	不稳定	内因	外因	可控	不可控
能力高低	＋		＋			＋
努力程度		＋	＋		＋	
任务难度	＋			＋		＋
运气好坏		＋		＋		＋
身心状态		＋	＋			＋
其　他		＋		＋		＋

一般而言，美国学生通常将成功或失败归因于能力、努力、任务难度与运气等四个因素。但对中国学生而言，后两项因素可能相当重要。我国许多中学生认为教师教的好坏是影响考试成败的重要因素。多数学生都认为能力和努力之间存在着一种补偿平衡。

2．归因方式对行为的影响

归因方式对行为会产生影响，通常表现为以下诸方面：

（1）对成功与失败的情感反应

当学生成功时会感到高兴，但只有当将成功归因于内部因素时，个体才会感到自豪与满意。如果认为成功是源于他人或外部力量，则学生的情感反应是感激而不是自豪。相反，如果将失败归因于内部因素，如不努力或无能，则会感到自责、内疚或羞愧；如果归因于外部因素，则会感到生气或愤怒。

（2）对成功与失败的期望

学生将成败归因于稳定因素时，对未来结果的期待是与目前的结果一致的。也就是说，成功者预期着以后的成功，失败者预期着以后的失败。例如，把失败的原因看作是自己能力差，那么个体就会担心下一次还会失败，因为能力是比较稳定的，很难在短时间内得到提高。相反，若将成败归因于不稳定的因素，则对以后成败的预期影响较小。

（3）对所投入的努力

若学生认为失败是由于不努力造成的，即如果自己努力学习，确实有能力取得成功，则他们在以后有可能更加努力，遇到困难也能坚持。若将失败归因于缺少能力，也就是说，即使努力也不能成功，则他们很容易放弃，尽管有些任务是他们以前成功地完成过的。研究表明，后一类学生很容易产生习得性无助感。

（4）对自我概念的影响

随着学生年龄的增长，他们越来越坚信能力是一个相对稳定的、不可控制的心理特性。如果不断地成功，则他们的自我概念中就包含着较高的自我效能感，否则自我效能感就会较低。

3．积极归因训练

既然不同的归因方式会影响到主体今后的行为，也就可以通过改变主体的归因方式来改变主体今后的行为。这对于学校教育工作是有实际意义的。在学生完成某一学习任务后，教师应指导学生进行成败归因。首先，要引导学生找出成功或失败的真正原因进行正确归因。其次，更重要的是，从有利于今后的学习角度进行积极归因。如将成功归因于能力和努力，一方面可以提高学生的自我效能感；另一方面可以促使学生继续努力。将失败归因于缺少努力，可以使学生通过努力避免失败；第三，要引导学生将学习成功或失败的原因归结到学习方法和学习策略上。这样可以使学生主动改进自己的学习方法和策略。

归因分析可以解释成就动机的问题。例如，成就动机高的人把成功归因于能力高和努力，因此将来还期望成功，倾向于趋近与成就有关的新任务；而把失败归因于运气不好、缺乏努力，因此以后继续期望成功，仍然倾向于趋近与成就有关的新任务，并且会更加努力。成就动机低的人把失败归因于能力差，成功归因于运气好，因此逃避与成就有关的新任务。

归因理论的理论价值与实际作用可以归纳为三个方面：一是有助于了解心理活动发生的因果关系；二是有助于根据行为及其结果推断出个体的个性；三是有助于从特定的行为及其结果预测个体在某种情况下可能产生的行为。正因为如此，在学校中运用归因理论以了解学生的学习动机，对于改善其学习行为，提高其学习效果也会产生一定的作用。但是，人的动机和行为的关系错综复杂，仅从三个维度来了解学生的学习动机是不够全面的。

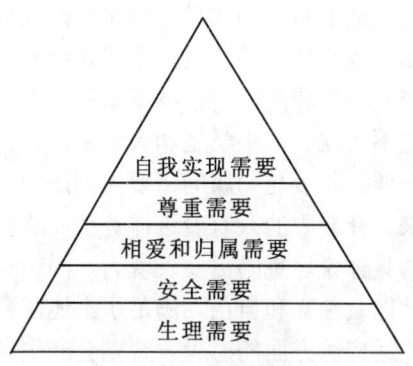

图 4-3　马斯洛的需要层次

二、动机的人本理论

人本主义心理学家马斯洛（Maslow，A.H.）认为，人类行为的内部推动力量就是需要。在这里，他把动机与需要等同起来。马斯洛将人类的基本需要由低到高依次排列成五个层次。如图4-3所示。

（1）生理需要。这是人类最原始最最基本的需要。它指饥思食，渴思饮，寒思衣。这些需要具有自我保护和种族延续的意义，所以是最强烈的，同时也是最低层次的需要。这启发我们在校舍的建筑中，要注意空气新鲜、阳光充足等。

（2）安全需要。一个人的生理需要基本满足后，才能产生安全的需要。如职业有保障、劳动有防护、生活安定、免于灾难和危险、恐惧中保护自己等等，这是现实生活中每个人都会产生的一些欲望。给教育的启发则是：物质方面学校设备要适合儿童各年龄阶段发展的需要；心理方面使学生不受情绪的干扰，竞争不过分激烈，藉以增进多数学生的自信心。即使学习落后的学生，也不可使其过分焦虑，惶惶不可终日。否则不仅会使学生对学习失去信心，而且可能产生行为的失常。

（3）相爱与归属的需要。安全的需要有了保证，才能出现相爱与归属的需要。社会生活中希望和同学、同事保持友谊，得到信任和友爱，渴望有所归属，成为群体的一员，这就是相爱与归属的需要。学生在班级中，感受到教师和同学的接纳或欢迎，而非拒绝或排斥，这种感受不仅小学生不可缺少，中学生和大学生也有。

（4）尊重的需要。相爱与归属的需要得到适当的满足后，尊重的需要才会发展起来。社会中的人有着这样一些需要和愿望：即自尊、自信和尊重别人。具体说尊重的需要表现为：渴望有实力、成就、名誉、声望、适应性以及独立和自由。满足了上述需要，导致自信、有力量、有能力和能适应等方面的感受。否则会产生自卑感、无能感。当然，尊重的需要很少能得到完全的满足，但这种需要一旦成为推动力，将会使人有恒心和毅力。获得成就与受到尊重的需要，不但大、中学生有，就是小学生也希望自己学得好，得到家长和教师的赞许和器重。

（5）自我实现的需要。自我实现的需要是人类需要的最高层次，只有当上述四个需要相继满足了，自我实现的需要才能充分表现出来。马斯洛认为自我实现的需要是人生需要的最高境界，是趋向真、善、美的境界。它的具体内容有求知和理解的需要，审美的需要，使自己的潜在能力得到充分发挥、成为所期望的人物的需要等。马斯洛认为：音乐家必须演奏音乐，画家必须绘画，诗人必须写诗，这样才能使他们感到最大的快乐。这种需要叫做自我实现。如寻求知识获得理解是一般学生的愿望，当然，聪明而勤奋的学生对此尤为追切。

因此，以马斯洛为代表的人本主义动机理论，又称为需要层次论。

马斯洛的理论是对各种动机理论的大综合。从学习心理的角度看，人类学习的动机是多种多样的，马斯洛在前人研究的基础上做了较好的总结和概括，这是他的成绩。人类学习最高水平的动机就是追求自我实现，即通过学习使自己的价值潜能和个性得到充分、完备的发挥、发展和实现。因此，可以说自我实现乃是学习的一项主导动机。

应该指出，在社会主义条件下，我们当然也要重视个人的自我发展、自我实现。但是，在这个问题上，我们与人本主义的观点有本质区别：第一，马斯洛把自我实现看作一种"似本能"的东西，具有明显的生物学化倾向；我们则认为，自我实现固然要受到个体自然方面的规定，但它更要受个体所处的社会历史条件的制约，最终是在现存社会生活条件下，通过个体的社会生活、实践过程来完成的。第二，个人的自我实现必须与集体、国家乃至社会发展统一起来。第三，在需要层次的演进中，他虽然正确地强调了人的需要是从低层次向高层次演进的，但没有明确指出高层次的需要一旦形成后，它就会调节、控制甚至支配低层次的需要，如革命先烈为了追求真理，为了人类的解放事业不顾个人安危英勇斗争，视死如归，这就说明人的理想、信念等高层次的需要是可以支配、控制低层次的需要的。

三、动机的强化理论

行为主义心理学家用强化来说明动机对行为的推动作用。凡施加某种影响有助于机体反应频率、速度和强度增加的过程叫强化。强化有正、负之分，凡施加某种影响使机体获得愉快体验从而有助于机体反应频率、速度和强度增加的过程叫正强化；凡施加某种影响使机体先前的不愉快体验降低从而有助于机体反应频率、速度和强度增加的过程叫负强化。如对三好学生进行表扬、奖励为正强化；受了处分的学生因表现好而将处分取消则为负强化。

行为主义的晚近代表人物班杜拉将强化分为：直接强化、替代性强化和自我强化。

直接强化是学习者行为本身受到强化。新行为主义心理学家斯金纳（Skiner, B.F.）非常强调直接强化的作用。他认为强化是人类社会中的一种最普遍的现象，是影响行为形成和改变的最重要因素。只有摸清强化的规律，才能达到对人类行为的预测和控制。

斯金纳以动物为研究对象，对各种强化方式及其效果进行了探索，发现强化的效果主要取决于其时间和次数的分配。他把这种分配叫强化安排。斯金纳将强化安排分为连续强化安排和间歇强化安排。间歇强化安排又分为比例强化安排和时间强化安排。比例强化安排又分为固定比例强化安排和变化比例强化安排。时间强化安排又分为固定间隔强化安排和变化间隔强化安排。见图4-4。

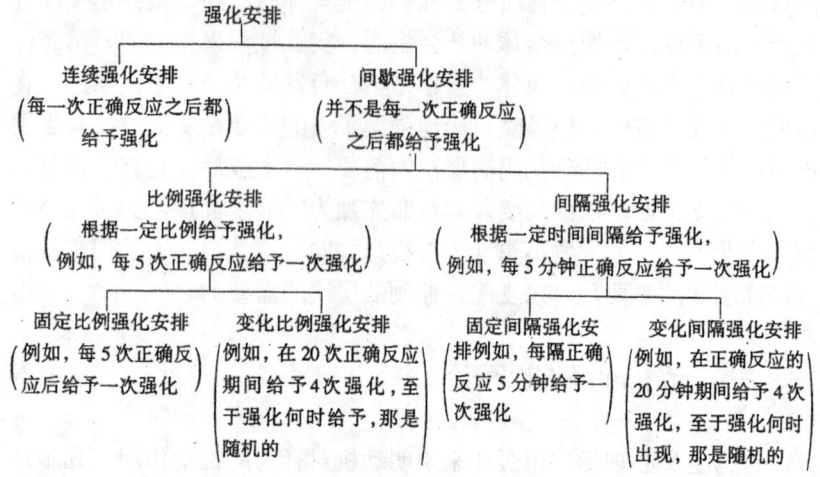

图4-4 强化安排

不同强化安排的效果从习得速度、反应速度和消退速度三个方面衡量。(1)对习得速度的影响。连续强化安排比间歇强化安排习得速度快。(2)对反应速度的影响。第一，比例强化安排比时间强化安排反应速度快。第二，在两种固定强化安排中，每次强化后，反应速度立即变慢。这在固定间隔强化安排中更明显。在固定比例强化安排中，强化次数与反应次数的比例高低对动物的反应速度有很大影响。第三，在两种变化强化安排中，所有反应速度基本上是相同的。(3)对消退速度的影响。第一，连续强化安排比间歇强化安排消退速度快。第二，固定强化安排比变化强化安排消退速度快。第三，在比例强化安排中，强化次数与反应次数的比例高消退速度快。

最佳的训练组合是在行为塑造开始时用连续强化安排，然后是固定强化安排，最后是变化比例强化安排。随着训练的延续，强化与反应的比例可以逐渐降低。

有人(Pittenger, 1988)以大学生为被试，比较不同强化程序的消褪效应。被试的任务是学习两种作业：(1) 手的一定方向的简单动作；(2) 形成简单人工概念。被试分四组，分别用不同强化程序进行学习：(1) 两种作业均连续强化；(2) 两种作业均间歇强化；(3) 对作业一间歇强化，对作业二连续强化；(4) 对作业一连续强化，对作业二间歇强化。结果见图 4-5。图 4-5 甲为作业一学习达到平均 5 次反应正确后，各组次消褪试验的平均正确反应数（每组次为 5），图 4-5 乙为作业二学习达到平均 5 次反应正确后，各组次消褪试验的平均正确反应数（每组次为 5）。

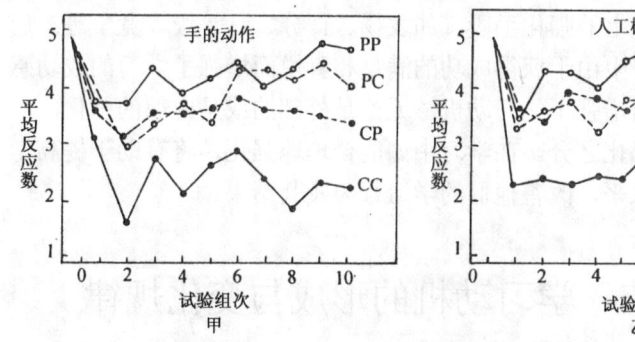

PP：两种作业均间歇强化。
PC：作业一间歇强化，作业二连续强化。
CP：作业一连续强化，作业二间歇强化。
CC：两种作业均连续强化。

图 4-5　强化程序与消褪的关系

从两图都可以看出：两种作业均间歇强化的抗消褪效应最强；两种作业均连续强化消褪最快；一种作业受间歇强化，另一种作业连续强化抗消褪效应居中。

在实际生活中，人们绝少在每次完成正确的反应之后都受到强化，也很少受到固定强化；而最常受到的是变化时间和变化比例的强化。例如儿童在日常作业中，做了正确的算术运算，并非每次都受到教师或家长的注意而得到夸奖，只是有时被注意到而获得夸奖，他们在这类事情上所受到的,显然是变化时间和变化比例的强化。

替代性强化是班杜拉的社会学习理论中的一个相当重要的概念。它是指通过观察榜样受强化、在观察者身上间接引起的强化作用。如杀一儆百。班氏认为替代性强化是一种比直接强化更广泛、更普遍的强化。

自我强化是行为达到自己订立的标准时,自己对自己的强化。班杜拉强调自我调节、自我强化在学习中的作用。自我强化属于内部强化,直接强化和替代性强化属于外部强化。

学校中的强化,既可以是外部强化也可以是内部强化。前者是由教师施予学生身上的强化手段,如表扬、评分、订等级、竞争等;后者是学生在学习中由于获得成功的满足和喜悦而增强了学习的成功感与自信心,从而增强了学习动机。无论是外部的或是内部的强化,都有正强化与负强化之分。在学习中如能合理地强化,将有助于提高学生的学习动机水平,改善他们的学习行为及其结果。

第三节　学习动机的形成与变化规律

学习动机同其他的心理活动一样,其形成与变化也具有一定的规律性。如果教师、学生和家长在学习中自觉地遵循这些规律,便有助于改善学生的学习行为,提高学习效果。

一、学习动机的形成

(一)学习动机可由外部条件激发

在学习活动中,常常会有许多外部条件吸引、激励、诱发学生……形成相应的学习动机。这些能激发学习动机的外部条件,既可以是简单的物体,如食物、物品、金钱等,也可以是复杂的事件和情境,如名誉、威望、竞赛、评优等。在学习活动中,父母的奖励、老师的表扬、适当的竞赛、获得优秀成绩、评定优秀学生、失败的威胁等，都可以成为激发学生学习动机的外部条件。这种主要由外部条件激发而来的学习动机，可称为外部学习动机。心理学家强调内部学习动机的作用，但绝不能因此就忽视外部学习动机的作用。因为很少有人能自始至终仅靠内部动机来维持学习。

根据学习动机的形成、演变规律，在学习过程中，有目的、有计划地创设某些外部条件来激发学生的学习动机乃是十分必要的。

（二）学习动机可由内部需要转化

学习动机的产生和存在，不仅需要外部条件的激发，还需要内部心理需要的转化。在学习活动中，能转化为学习动机的内部需要是多种多样的，如学习的愿望、好奇心、求知欲、兴趣、自尊心、好胜心、责任感、义务感、荣誉感、信念、理想等，都可以直接转化为学习动机。这种主要由内部心理需要转化而来的学习动机，称为内部学习动机。它对学习活动的影响较大，维持的时间也比较持久。如一个学生对某门学科有浓厚兴趣，他就会乐此不疲地学习这门学科，甚至终身不变。

学习动机的这一形成规律启示我们，在学习过程中有效地培养学生的内部动机，实质上就是要激发那些能直接转化为内部动机的心理需要，如好奇心、求知欲、学习兴趣和好胜心等。

二、学习动机的变化

（一）外部学习动机与内部学习动机相互交替、转化

在学习活动中，有时是外部学习动机起主要作用，有时是内部学习动机起主要作用，二者轮流交替，相互转化。一般的情况是，当一个学生在获得某种奖励的推动下进行学习时，渐渐地对学习产生了兴趣，于是就更加积极、主动地学习。这样外部学习动机便转化为内部学习动机。当一个学生在学习兴趣和学习责任感的推动下学习，取得

优秀成绩而获得奖励时,这种奖励又使他进一步增强学习劲头。这样,内部学习动机又引发外部学习动机。

这启发我们在学习活动中,至少可以提出如下几条措施去激发和维持学生的学习动机:(1)在没有任何学习动机时,可以创设各种外部条件,以激发学习者的外部学习动机;(2)当学习者有了一定的外部学习动机之后,就应当有目的地激发能转化为内部学习动机的心理需要;(3)当学习者有了强烈而持久的内部学习动机之后,有时仍然要利用外部条件去激发外部学习动机;(4)以激发和维持学习者的内部学习动机为主,适当利用外部学习动机,使二者并行不悖,相互促进。

(二)近景性学习动机与远景性学习动机相结合

从追求目标的远近,可将学习动机划分为近景性学习动机和远景性学习动机两种。前者是指与学习活动本身直接相联系,由对学习的直接兴趣、对学习活动的直接结果的追求引起的学习动机。后者是由对学习活动的间接结果的追求所引起的学习动机。教师灵活多样的教学方法、新颖丰富的教学内容,以及获得优良成绩、受到某种奖励等,都可以激发起学生的近景性学习动机。这类学习动机比较具体,其效果也显而易见。但是,同远景性动机比较起来,它的作用却不大稳定,也不够持久,容易受一些偶然因素或条件的变化的影响。如,有一名学生在语文课上受到了表扬,由此而喜欢上了语文课。后来更换了语文老师,他这种由于受到了表扬而激发起的学习动机可能也随之消失了。远景性学习动机不易受到活动本身及其直接结果的影响,而是同学习活动的间接结果——学习的社会意义与个人意义相联系。例如,社会对学生学习的要求,以及学生个人的未来前途和远大志向等都可制约这类学习动机。在教学中,教师有目的地阐明学习的社会意义,鼓励学生树立为振兴中华而勤奋学习的远大理想和取得个人成就等,都对激发远景性学习动机有益。这类学习动机比较抽象,其效果也不会立竿见影。尤其对年幼儿童来说,"将来"是一个遥远的时间概念,是若干年以后的事情。但是,同近景性学习动机比较起来,远景性学习动机是稳定而持久的，不易受偶然因素或条件、情绪变化的干扰。

上述两种学习动机的划分是相对的，二者之间并没有不可逾越的鸿沟。在实际的学习活动中，近景性学习动机与远景性学习动机常常是交织在一起而起作用的，二者之间是一种相互依存、彼此补充的关系，近景性动机应服务于远景性动机，从而使当前的学习活动更自觉和有意义，并长时间地保持学习积极性；而远景性动机也应有近景性动机的支持，通过实现近期的具体目标，不断向远大目标迈进。因此，在学习中，我们应当有目的地、巧妙地把这两类学习动机结合起来，取长补短，相得益彰，绝对不要重此而轻彼。

（三）主导性学习动机与辅助性学习动机协调作用

按学习动机作用的主次不同，又可划分为主导性学习动机与辅助性学习动机两种。所谓主导性学习动机，是指在学生的学习活动中居于支配地位、发挥主要作用的学习动机。它与同时起作用的所有其他学习动机相比，对学习活动的影响最为强烈、最为稳定。在同一时间内，主导性学习动机只有一个，辅助性学习动机是指在学生的学习活动中居于从属地位、发挥次要作用的学习动机。相对于主导性学习动机来说，它对学习活动的影响则比较微弱和不大稳定。在同一时间内，辅助性学习动机可能有几个，它们的强度与稳定性也不一样。

上述两种学习动机的划分不是绝对的，二者的地位与作用也不是一成不变的。实际情况是，在学习活动中，这一时间内起主导作用的学习动机，在另一时间内可能会成为辅助性的学习动机；而在这一时间内起辅助作用的学习动机，在另一时间内也可能成为主导性的学习动机。例如，附属内驱力这一动机在小学阶段是主导性的，进入高中阶段便成了辅助性的；而社会责任感这一学习动机，在小学阶段是辅助性的，进入高中阶段便成了主导性的。但不管这两种学习动机如何交替，它们总是协调地对学习活动产生或大或小、或强或弱的影响，这是不以人的意志为转移的。在学习活动中，我们应充分注意不要只重视主导性学习动机，而忽视辅助性学习动机；也不要只肯定某一学习动机的主导作用，并视为固定不变的。

（四）学习动机可以迁移

学习动机迁移是学习迁移的一个方面。所谓学习动机迁移，是指把其他活动的动机转移到学习上来，或者把这一科目的学习动机转移到另一科目学习之中。如有的儿童对学习功课缺乏应有的学习动机，但对电子游戏非常感兴趣。那么，就可以设法利用游戏与学习的联系，把他对电子游戏的兴趣转移到学习上来。这里需要指出的是，学习迁移的一些基本原理，也适用于对学习动机迁移的解释（请参阅第九章的相关内容）。

在学习中，有效地利用学习动机迁移的规律可以从以下四个方面入手：（1）分析现有动机，看它是否正确、合理。（2）指出"相同因素"，即找出现有动机与将要形成的学习动机有哪些相同的地方。（3）强化"相同因素"。学习动机的转移不可能一蹴而就，必须加以不断强化才能达到目的。（4）导向新的学习。即把强化后的有利因素与新的活动联系在一起。这四个步骤是紧密联系的，如果能一气呵成，其效果往往会更理想。

上述关于学习动机形成与变化的六条规律交织在一起。教师、家长和学生在学习中自觉地遵循这些规律，不仅有助于提高学生的学习动机水平，同时也有助于采取相应的方式方法，改善学生的学习行为，提高学习效率。

第四节 学习动机的培养

培养学习动机，可以通过以下三条途径：（1）创设外部客观条件，激发学习动机；（2）引起内部心理需要，转化学习动机；（3）强化各种内外因素，维持学习动机。在教学中可以采取以下措施培养学生的学习动机。

一、远景性学习动机教育与近景性学习动机教育相结合

远景性学习动机教育和近景性学习动机教育主要体现在学习目的或目标教育之中。为了搞好学习,学生必须有明确的学习目标,不仅要有总的学习目标,而且还要有阶段性的具体目标。布朗(M. Brown)等人研究发现,凡是设立具体学习目标的学生,其成绩都比较优异,而且富有积极进取精神;反之,未设立具体学习目标者,其成绩都比较差,而且常有行动迟缓、裹足不前、缺乏学习兴趣的表现。

学习目标的高低、大小,往往与一个人的抱负水平(志向水平)正相关。一般说来,抱负水平高的学生设立的学习目标高,抱负水平低的学生设立的学习目标也低。也就是说,具有高抱负水平的学生,必然追求高学习目标,因而能激发起强烈的学习动机;而具有低抱负水平的学生,追求的学习目标也低,其学习动机也一定是微弱的。因此,在学习动机教育中要做到以下三点:

(1)教师要从社会的发展趋势、国家的需要出发,采取生动而适合学生心理发展特点的形式,激发学生为国家和社会成名成家的愿望,提高学生的抱负水平。如对小学生可采取讲故事的方式,对中学生采取讨论、演讲等形式。

(2)学习目的性教育要贯穿在各科教学之中。教师在开始讲授一门新课程之前,应先说明学习该课程的目的、任务及其重要性和必要性,在讲授过程中还应阐明具体知识在整个学科体系中的地位及其实践意义。另外,教师还应在每次课的开头,尽可能生动具体地阐明该部分内容的教学目的和要求,使学生目标明确,从而做到有的放矢。

(3)教师要帮助学生设立恰当的具体学习目标。具体学习目标的设立要考虑学生的能力水平和学科的复杂程度,目标过高或过低都不利于学习。目标过高,虽然顽强拼搏,失败也往往多于成功,自然也就难以体验到成功时的快感;目标过低,则不经刻苦努力即可轻松地达到,久而久之,取得成功时的那种激动心情便会渐渐淡薄下来。在

这两种情况下都不能提高学习积极性。那么如何设立具体学习目标呢？一般来说，目标高低以一个人在其原有水平上增加20%为最佳；实现目标所需时间随儿童的年龄而变化，短则以星期、月计，长则以学期、学年计。

二、创设问题情境以激发求知欲

创设问题情境，激发学生的求知欲望，通过解决问题，使其求知需要得到一定的满足，从而强化其求知兴趣，进而转化为探求更多新知识的动机。

为学生创设的问题情境是这样一种学习情境：其中所包含的问题，依靠学生已有的知识经验不能立即解决；但问题中表露出的矛盾能引起学生的认知冲突，这就吸引学生非要将问题解决不可。有些老师善于创设问题情境，唤起学生的求知欲，造成学生的期待心理，而后及时导入新课。

在创设问题情境时，应注意以下几点：（1）教师要熟悉教材，掌握教材的结构，了解新旧知识之间内在的联系。（2）教师还要充分了解学生，了解他们已有的经验和智力水平，从而严格遵循从已知到未知、由表及里、由简到繁、由易到难等循序渐进的原则。（3）在各个教程之间和一个教程的开始、进行中或结束时都要注意创设问题情境。它既可以用教师设问的方式提出，也可以用作业的形式提出；既可以从新旧教材的联系方面引进，也可以从日常经验引进。（4）要坚持多样化的原则，特别是学生作业，其内容和形式应尽量避免重复。（5）问题情境的创设，不仅应用于课堂教学之中，亦可在课外兴趣小组的活动中应用。

三、充分利用反馈与评价的作用

反馈是指学生对自己学习结果的了解。如教师告诉学生作业对错的情况及原因就是教师对学生学习的反馈。目前人们倾向于认为，反馈在学习中的作用表现在两个方面：一是激励动机。学生了解了自己学习的进步，可以增强自信；而知道自己学习成绩不够理想，可鞭策自己发奋努力。二是提供信息。反馈使学生的正确认识得到证实，错误之处得到纠正，混淆的概念得到澄清。反馈使学生得以区分出已掌握的和尚未掌握的部分，以便把精力集中在学习的薄弱部分，提高学习效率。

许多研究表明，反馈时要注意以下几点：第一，反馈应该是及时的。及时反馈给学生留下的印象较深，可以使学生及时纠正学习中的错误，防止错误的认识或动作巩固下来。因此，教师批改的作业和试卷要尽可能快地发还给学生。第二，反馈提供的信息是全面的。能提供正确答案的反馈就比简单的判断为"对"或"错"的反馈更有效。如果能使学生不但知道什么是对的和错的，而且知道为什么对，为什么错，反馈的作用就更大。第三，反馈的信息要明确。反馈信息是给学生看的，所以，要考虑学生的年龄特征，要为学生提供对学生而言明确具体的反馈信息。否则就会事倍功半。有一位小学语文教师，在学生以"我的母亲"为题的作文后，给了"人物形象不够丰满"的评语，要求学生修改作文。出乎教师意料的是，本来非常苗条的"母亲"，在修改后的作文里被描写成了一个大胖子。显然，教师的评语对学生而言超出了他们的理解水平。

评价是指对学生的学习态度、能力、掌握知识的情况、今后的努力方向等方面的评定。研究表明，反馈和评价的结合使用，对学习动机的激发更有益处。

有人（蒋嘉辛、潘本元，1986）通过实验证明：对学生作业采用轮流面批的措施，有助于提高学习成绩；采用面批与鼓励相结合的措施，则效果更大。他们选择三组初二学生为被试。实验前，三组被试的平均学习能力无显著差异。实验历时68天，有两条措施：（1）当面批改作业。如发现错误，个别指导，有时还让学生口述错误原因，及时改正。（2）适当鼓励，即运用简单、适当的鼓励性用语来达到师生间的情感交流。如发现学生作业做得较好时，用"书写整洁、思路正确、望坚持"；发现错误或粗心大意时，用"不要怕困难，坚持会有进步"或"希望今后细心踏实";发现比过去有进步时,用"希望进一步努力"等评语。学生练习不会做时,教师不使用责备的语言,不流露厌恶的表情,而是表示"不要紧张,我们一起来想想看"等。在实验过程中,确定 A 组学生为面批鼓励组,上述两条措施同时采用;B 组为单纯面批组,只采用当面批改,并注意控制师生之间的各种情感交流;C 组为对照组,采用一般常用的作业批改办法,既无面批,也无鼓励。结果如图 4-6 所示。随着测验次数的增加,A 组与 B、C 组的平均分差距越来越大;B 组每次测验的成绩又均高于 C 组。教师采用当面批改加适当鼓励的方法,与常规批改作业方法相比,虽然所花时间多一些,但效果是明显的。在实际教学过程中,可以对学生轮流采用面批加鼓励的方法,有助于提高中差生的学习成绩,使好学生的成绩保持稳定。

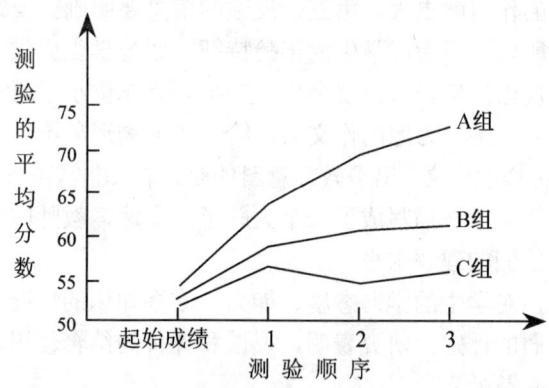

图 4-6　A、B、C 三组测验的平均分变化情况

四、科学运用奖励与惩罚

这里说的奖励泛指能引起学生愉快情绪体验的诱因条件,如获得知识、得到教师赞许、学校的表彰、集体的认可。反之,能使学生产生不愉快体验的种种诱因条件,即是惩罚,如学业失败、教师批评、

学校给予的行政处分等。

关于奖励与惩罚效果的研究表明，一般说来，奖励的效果优于惩罚，但两者都比学生受忽视要好。美国心理学家赫洛克（Hurlock, E. B.）的实验结果就是一个例证。赫洛克以 106 名小学四、五年级的学生为被试，要他们练习难度相同的加法 5 天，每天 15 分钟。他把被试分为四个等组，分别在 4 种不同的诱因情况下进行加法练习。控制组单独一处学习，不予任何评论。其他三组为实验组，甲组为受表扬组，每次练习之后，主试逐个点名表扬；乙组为受训斥组，主试从不表扬他们，只对练习中的错误大加指责；丙组为受忽视组，每次练习之后不表扬也不训斥。只静听其他两实验组受表扬和受训斥。结果如图 4-7 所示。受表扬组学生每次都有进步；受训斥组学生的成绩不如受表扬组；成绩最差的是控制组，因为他们的练习没有一点诱因，成绩越来越差；受忽视组本身虽不被直接强化，却可从受表扬组和受训斥组那里间接获得强化，故其成绩虽不如受表扬组与受训斥组，但稍好于控制组。

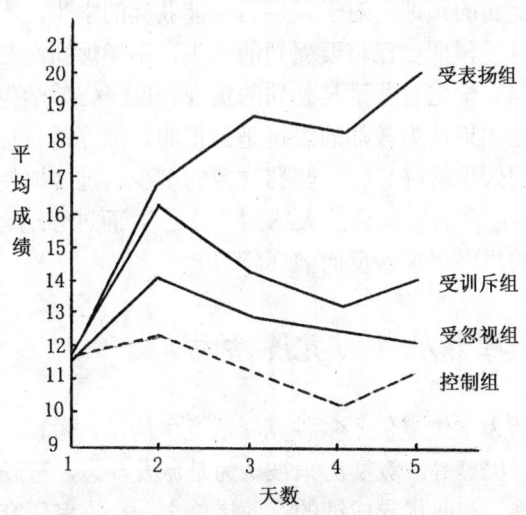

图 4-7 不同诱因情况下的学习效果

奖励比惩罚效果好的一个原因是，奖励给学生以"好"、"对"、"应该这样做"等信息，给学生指明方向，使其巩固自己的行为；而惩罚给学生以"不好"、"不对"、"不能这样做"等信息，它只是告诉学生不该做此事，但没有告诉该做什么、怎么做。

事先公布奖励条件，可以增强奖励的激励与引导作用。事先公布惩罚条件，可以起预先警告作用。因为在学校情境中，惩罚的目的在于运用惩罚的威胁，帮助学生努力学习，克服懒散、拖沓及各种违纪行为，以避免惩罚，而不是要让学生通过犯错误去体验惩罚。

心理学家们对与学生的学习动机有密切联系的奖励与惩罚进行了广泛的研究。可以概括为以下几方面结论：第一，奖励的效果优于惩罚的效果。第二，惩罚的效果与学生的特点有关：（1）从性格的角度讲，惩罚对外向的儿童效果更好些；（2）从学习能力的角度讲，惩罚对能力强的学生作用最大，对能力一般的学生次之，对能力差的学生作用最小。上述结论具体到某个学生时，还取决于下述条件：（1）学生过去受奖励与惩罚的历史。（2）教师的威信以及教师与学生的关系。（3）学生对奖罚的预期。对于预期自己能获奖的学生，不给奖励意味着受惩罚；对于预期自己将要受罚的学生，不予惩罚在某种程度上意味着奖励。（4）学生对奖励与惩罚的重视程度。（5）学生对教师评价的看法。学生如果认为教师的表扬是公正的，批评是善意的，则这些表扬、批评的效果就好。（6）奖罚次数的多少。过多地使用赞扬和责备都无效果，过多的赞扬会使人感到"厌足"，而过分地运用惩罚，激起学生过高的焦虑水平，反而破坏学习。

五、合理开展学习竞赛活动

学校生活为学生提供了多种竞赛或竞争情境：考试、作业、各种知识竞赛、评优等等。竞赛历来被认为是激发斗志，鼓励人们积极上进，克服困难，获取优异成绩的有效措施之一。许多研究证明竞赛确实有提高学习效果的作用。如查普曼（Chapman, J.C.）和费德（Feder, R.B.）对小学五年级两个等组的儿童进行了10天（每天10分钟）加法练习的对比实验,其中无竞赛组只是由于兴趣和严肃地对待学习而参加实验活动,有竞赛组做加法时则有一个"为了每天在统计表上登记分数和红星"的诱因。结果发现,竞赛组的成绩优于无竞赛组,如图 4-8 所示。这是因为在竞赛的条件下,人们的成就动机和自尊的需要表现得十分强烈,克服困难的毅力大大增加;竞赛总要决定胜负优劣,这就为参赛者提供了及时反馈;目标(即竞赛条件)明确也是竞赛的一个特征。

竞赛组织不好,也有其消极作用。首先,竞赛不可多用滥用,频繁地运用竞赛,会增加学生们的心理紧张度,加重其学习负担。其次,竞赛使那些没有成功希望的学生丧失信心;对于不需努力就可获胜的学生,竞赛也无激发学习动机的作用,反而会使他们形成骄傲心理。第三,个人竞赛有可能造成学生自私,助长不合作行为,使集体观念淡薄。最后,竞赛造成的学习动机水平过高,往往对复杂课题的学习起干扰作用。

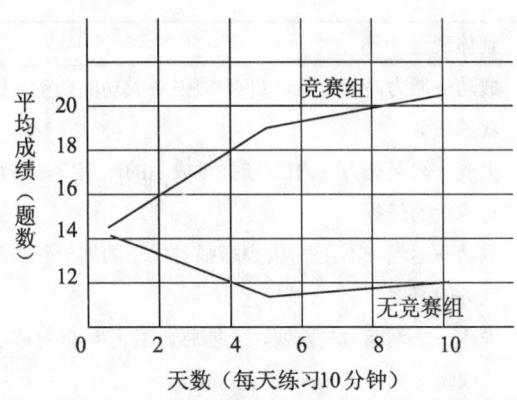

图 4-8 加法练习竞赛比较

为了充分发挥竞赛的积极作用,克服其消极影响,要注意学习竞赛的合理组织。第一,在组织学生个人竞赛的同时,可适当开展一些团体竞赛,以培养学生的团体合作、相互关心的集体主义精神。团体竞赛更需精心安排,否则会事倍功半。第二,可以按能力的高、中、低分组竞赛。这样获胜的学生学习动机会加强;失败的学生也不会灰心丧气,因为差距不大,只要加倍努力下次还有获胜机会。第三,提倡个人的自我竞赛和团体的自身竞赛,把超越自己的过去和现在作为奋斗目标。如鼓励学生个人或班组,力求"今天要比昨天好,明天更比今天强"。

六、引导学生对学习成败进行积极归因

教师在引导、帮助学生对学习成败进行归因分析时,既应注意归因要全面、正确,更应注意归因分析要起积极作用。下面是有关成就行为的积极归因和消极归因模式。一般来说,如把学习成败归因于努力程度,对学习动机的激励作用最大,把学习成功归因于能力则可加强自信心。

表 4-4 有关成就行为的归因模式

归因模式	具体表现
积极的归因模式	成功→能力高→自豪、自尊/增强对成功的期望→愿意从事有成就的任务
	失败→缺乏努力→内疚/增强对成功的高期望→愿意并坚持从事有成就的任务
消极的归因模式	成功→运气→不在乎/很少增强对成功的期望→缺乏从事有成就任务的愿望
	失败→缺乏能力→羞愧、无能感、沮丧/降低对成功的期望→避免或缺乏对有成就任务的坚持性

另外,还要引导学生将学习成败归因于学习策略,以促使学生改进或寻求更好的学习策略。

一个人的归因模式是可以改变的。通过专门的归因训练,可以帮助学生消除消极的归因模式,建立积极的归因模式。根据国内外文献的介绍,以下三种归因训练方法的效果比较好:

1. 团体发展法。这种方法是以集体讨论的形式进行的，小组成员（一般为3~5人）在一起分析讨论学习成败的原因，并由一名受过专门训练的教师或管理人员对每个人及整个小组的情况作比较全面的分析，引导小组成员作可控制的、不稳定因素（如努力）的归因。然后，每个人填写归因量表，要求从一些常见的备择原因中选出与自己学习成绩关系最为密切的因素，并且对几种主要因素（能力、努力、任务难度、同伴帮助、学习策略等）所起作用的程度做出评定。教师或管理人员对其归因和评定及时做出反馈，指出归因误差，鼓励比较符合实际的、积极的归因模式。这种训练可以定期在学校进行，要求学生能主动配合，同时教师必须在训练之前注意观察、了解和记录学生学习的情况，从而使训练取得良好效果。该方法比较适合于小学高年级和中学学生，因为他们一般已初步具备了讨论问题的能力，自我评价能力也达到了一定水平。

2. 强化矫正法。采用这种方法进行归因训练时，让学生在规定时间内完成具有一定难度的任务（可以是手工劳动，也可以是数学或其他学习任务）。然后，要求学生根据任务的完成情况（成功或失败）在归因量表上做出选择。每当学生做出比较积极的归因时（如努力或同学帮助），随即给予鼓励或奖励（即强化），并对那些很少做出这类归因的学生给予暗示和引导，促使他们形成比较正确的归因倾向。这种归因训练方法比较简便易行，特别适宜于儿童，其中的关键是灵活运用适当的诱导和奖励方法。

3. 观察学习法。让学生看几分钟有关归因训练的录像片。片中表现学生在完成任务后进行归因的情况，完成任务成功和失败（比如，解题的对错）的顺序是预先确定的。每当学生做对题目时，就给予纪念品奖励并显示绿灯，片中的教师告诉大家："他做对了，说明他努力做了"；当做错题目时，不给奖励并显示红灯，说"他答错了，还应更加努力，才能做对"。训练时，让学生多次观察录像片，以加强观察学习的效果。在运用观察学习法时，应该使片中学生的特征（如性别、年龄等）与接受训练的学生尽可能相似，所从事的任务也应与受训者的实际学习任务相一致，并且难度逐步提高，在观看录像后，让学生重复类似的任务。这样能够促使学生把观察学习的效果，更好地迁移到其日常学习活动中去。

最后，教师应避免对学生学习的成败作消极的归因，因为它会影响学生的学习积极性。韦纳认为，把学习失败归结于缺乏努力，并对此表示不满，会使学生感到内疚，这种内疚通常是一种激励力量。但是，如果把失败归结于能力低，并对之表示同情，却常常使学生感到自卑，这种自卑会导致其退缩，丧失学习的信心。这种同情可能是出自教师对学生的真诚关怀，但是当学生认识到同情的背后是教师认为自己没有能力取得成功时，那么这种同情就有可能产生很大的危害。此外，当作业非常容易时，对学生的成功进行表扬，而对失败不加批评，或者提供过多的帮助，也都有可能产生事与愿违的效果。因为在教师对学生的行为进行归因的同时，学生也会对教师的行为做出归因。

第五章 陈述性知识的学习

认知领域的学习涉及陈述性知识的学习和程序性知识的学习。陈述性知识的学习是学生学习的重要内容。本章围绕知识的分类，重点介绍传统的知识分类与广义知识分类之间的关系，陈述性知识的表征，以及陈述性知识学习的具体内容、学习的过程和形成的条件。

第一节 广义知识的概述

一、广义知识的分类与知识和技能的划分的对应关系

（一）广义知识的分类

现代认知心理学将知识分为陈述性知识和程序性知识两大类。所谓陈述性知识是用于回答"是什么？为什么？"的问题。如回答"中国共产党的创建时间是哪一年？"、"椅子的英文名称是什么？"、"心理学与教育学是什么关系？"等问题，需要用陈述性知识。所谓程序性知识是用于回答"怎么办？怎么做？"的问题，如回答"1/2+1/3=？"、"将They go to school tomorrow. 改成合适的时态"等问题，需要应用程序性知识。

陈述性知识与程序性知识其性质有明显区别：(1) 从输入输出看，

陈述性知识是相对静止的,其输入与输出的内容相同,如学生通过学习知道,中国共产党的创建时间是1921年,回答问题时,只要原模原样答出即可;而程序性知识是活动的,是用于操作的程序或规则,其操作的对象输入与输出不同,如输入"三分之一加上六分之一等于多少",输出的则是"二分之一"。(2)从储存来看,前者主要以命题和命题网络以及图式的形式来储存(详见本章第二节),后者则以产生式和产生式系统储存(详见第七章第一节)。(3)从激活与提取来看,前者提取速度慢,往往是一个有意识的搜寻过程;后者激活速度快,能相互激活。(4)从学习与遗忘速度来看,前者学得快,忘得也快;后者学得慢,忘得也慢。(5)从测量角度看,前者可以通过"陈述"或"告诉"的方式测量;后者一般通过观察人的行为间接测量。

(二)知识和技能的划分

在我国,人们习惯于用"知"和"会"来划分"知识"和"技能"。

人们一般认为,回答"一年有多少天?"、"高等教育的形式有多少种?"这样的问题,需要知识。可见,就个体而言,知识就是"知道"。潘菽等认为:"知识是人对客观现实认识的结果,反映客观现实的属性与联系、关系。知识一般以经验或理论的形式存在于人们的头脑中,也通过物化贮存于书本中或其他人造物中。"[1] 皮亚杰认为:知识是主体与环境或思维与客体相互交换而导致的知觉建构,知识不是客体的副本,也不是由主体决定的先验意识。根据皮亚杰的思想和当代信息加工心理学的观点,邵瑞珍等把知识定义为:"知识是个体通过与其环境相互作用而获得的信息及其组织。贮存于个体内,即为个体的知识,贮存于个体外,即为人类的知识。"[2] 我们赞同此定义。

人们一般又认为,会使用电脑、会打篮球是一种技能。由此可知,技能就是"会做"。潘菽等认为:"技能是顺利完成某种任务的一种活动方式或心智活动方式,它是通过练习获得的。"[3] 章志光等认为:"技

---

[1] 潘菽主编. 教育心理学. 北京: 人民教育出版社, 1980.138.
[2] 邵瑞珍主编. 教育心理学. 第二版. 上海: 上海教育出版社, 1997.58.
[3] 潘菽主编. 教育心理学. 北京: 人民教育出版社, 1980.138.

能是通过练习而获得的、确保某种活动得以顺利进行的操作活动方式。"① 邵瑞珍等认为:技能是"在练习基础上形成的按某种规则或操作程序顺利完成某种智慧任务或身体协调任务的能力"。② 我们赞同此定义。技能又可以进一步分为动作技能和智慧(或智力)技能。

(三) 广义知识的分类和知识与技能的划分的对应关系

比较知识与技能的划分与广义知识分类,可以看出,从现代认知心理学的观点来看,在我国流行的与技能相对应的"知识"概念,实际上是与陈述性知识相吻合的。因而是一个狭义的知识概念。而与知识相对应的"技能"概念,则是与程序性知识相吻合的。

在现代认知心理学中,技能也被看成是知识的一种类型,因此现代认知心理学的知识概念是广义的,不仅从一个人会说什么来判断他是否有知识,还从他会做什么来判断他是否有知识。可见现代认知心理学的知识观与我国流行的知识观已有了根本性的区别。

二、广义知识的分类与加涅认知学习结果分类的对应关系

技能可以分为"智慧技能"(也叫智力技能、心智技能或认知技能)和"动作技能"。如利用加、减、乘、除混合运算计算电费、利用电脑进行实验数据的统计处理等都属于智慧技能。智慧技能是指在练习基础上形成的按某种规则或操作程序顺利完成某种智慧任务的能力。动作技能是指在练习基础上形成的按某种操作程序顺利完成某种身体协调任务的能力。如骑自行车、跳舞、打网球等。

随着认知心理学的发展,新近认知心理学又将智慧技能分为两个亚类:一类用于对外运作,一类用于对内调控。这一划分主要源于加涅的学习结果分类。加涅把认知领域的学习结果分为三类:言语信息、智慧技能和认知策略。加涅认为:"调整学习者自身学习和思维过程的

---

① 章志光主编.小学教育心理学.北京:科学出版社,1996.126.
② 邵瑞珍主编.教育心理学.第二版.上海:上海教育出版社,1997.58.

内部组织起来的技能,就是认知策略。"① "学习的过程是受某些内部执行的控制过程所修改和调节的,这些内部定向的技能就叫认知策略。"② 由此可见,加涅在智慧技能中又划分出一种特殊的智慧技能,即认知策略。这样,加涅的三类认知学习结果中的"智慧技能"的含义缩小了,专指对外运作的技能。

邵瑞珍认为广义知识分类与加涅的认知学习结果分类的对应关系如表 5-1 所示。

表 5-1 广义知识分类与加涅的认知学习结果分类的对应关系③

加涅的认知学习结果分类	广义知识分类
1. 言语信息	1. 陈述性知识
2. 智慧技能	2. 程序性知识(能相对自动化)
3. 认知策略	3. 程序性知识(受意识控制)

由表 5-1 可见,程序性知识也可以分为两个亚类:一类通过练习,其运用能达到相对自动化程度,很少或不需要受意识控制;另一类是受意识控制的,其运用难以达到自动化程度。前一类加涅称之为智慧技能;后一类加涅称之为认知策略。

三、广义知识学习阶段与分类模型

上述广义知识的分类是静态的分类。如果考虑到知识学习的过程,从动态的角度考虑知识的分类,则知识的分类问题就更为复杂。

陈述性知识和程序性知识的学习过程都要经历习得、巩固与转化、提取与应用三个阶段。

皮连生根据现代认知心理学的知识分类理论和认知学习理论提出了一个广义知识学习阶段与分类模型。该模型可以解释陈述性知识

---

① 加涅. 学习的条件. 傅统先,陆有铨译. 北京:人民教育出版社,1985.201.
② 同①.89.
③ 邵瑞珍主编. 教育心理学. 第二版. 上海:上海教育出版社,1997.61.

和程序性知识的学习。见表 5-2。

表 5-2 广义知识学习阶段与分类模型①

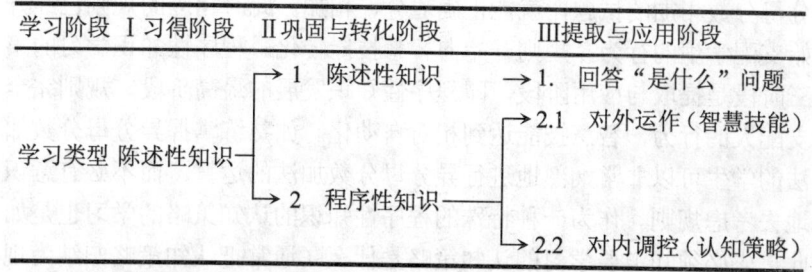

表 5-2 根据学习的过程和学习的结果这两个维度，描绘了广义知识的学习阶段和分类模型。

现代认知心理学认为，陈述性知识的学习可以分为三个阶段：第一阶段是习得阶段，即新信息进入短时记忆，与长时记忆被激活的相关知识建立联系，从而出现新的意义的建构（参见第三章第一节中的梅耶的学习过程模型和威特罗克的生成学习模型）；第二阶段是巩固与转化阶段，即新建构的意义贮存于长时记忆中，如果没有复习或新的学习，这些意义会随着时间的延长而出现遗忘；第三阶段是提取与应用阶段，即意义的提取与运用。

程序性知识的学习一般也可以分为三个阶段。第一阶段是习得阶段，在此阶段程序性知识与陈述性知识的学习相同，也就是说程序性知识在习得阶段是陈述性知识。例如，在分数加法学习中，学习"1/2+1/3=？"这是典型的程序性知识（智慧技能）的学习。学生要顺利完成这一任务，必须知道异分母分数相加的规则，在这里主要是"通分"的规则。知道某一规则或能陈述该规则，与应用这一规则支配自己的行为并不是一回事。所以程序性知识学习的第一阶段是陈述性知识。程序性知识学习的第二阶段是巩固与转化阶段，即通过应用规则的变式练习，使规则的陈述性形式向程序性形式转化。就"异分母分

---

① 邵瑞珍主编. 教育心理学. 第二版. 上海：上海教育出版社, 1997.63.

数相加"来说，学生通过教师讲解，知道了异分母分数相加的规则（陈述性知识），再通过大量的异分母分数相加的变式练习，使学生见到异分母分数相加的试题，就能正确通分、相加。此时相应的规则已经开始支配学生的行为，规则开始向智慧技能转化。程序性知识学习的第三阶段是提取与应用阶段，即程序性知识发展的最高阶段，规则完全支配人的行为，智慧技能达到相对自动化。如熟练掌握异分母分数加法的学生可以非常娴熟地进行异分母分数加法的运算，而不必有意识地去考虑规则。作为一种特殊的程序性知识的认知策略的学习也是如此，先必须知道要学习的认知策略是什么（通常把认知策略归纳为规则或步骤）；然后通过应用有关策略的学习，使有关学习、记忆或思维的规则和步骤支配自己的行为；最后能在变化的条件下顺利应用有关规则支配与调节自己的认知行为，达到提高学习与记忆效率的目的。

可见，从学习结果来看，广义知识的学习可以获得三类结果：陈述性知识——回答"是什么"问题；程序性知识之一——对外运作（智慧技能）；程序性知识之二——对内调控（认知策略）。

这样，表 5-2 正是根据学习的过程和学习的结果这两个维度，描绘了广义知识的学习阶段和分类模型。

第二节　陈述性知识的表征

一、什么是知识的表征

表征是认知心理学的一个重要概念，其含义是指信息在人脑中记载和储存的方式。同一事物，如"人"在我们的长时记忆系统中可能以人的表象或关于人的定义的命题等形式表征。这两种不同表征形式所具有的共同信息被称为表征的内容，而不同的表征形式被称为编码。认知心理学关于知识的表征的研究使知识的研究向前推进了一大步，也就是说，知识的研究深入到了探测知识在人脑内是如何储存和提取的机制问题。

心理学家认为,陈述性知识主要以命题与命题网络或图式进行表征。

二、命题与命题网络

(一)命题

命题这个术语来自逻辑学,指表达判断的语言形式。在认知心理学中,命题是语词表达的意义的最小单位。命题一般包含两个要素:一个关系和一组论据(也叫话题)。论据是命题的话题,通常用名词或代词来表示;关系要素制约话题,通常用动词、形容词、副词和关联词等来表示。

请看下面的句子:

(1)王红在教室里吃午饭。

这个句子可以分解成以下两个更简单的句子:

(2)王红在教室里。

(3)王红吃午饭。

句子(2)和(3)各表达一个命题。句子(2)中的论据(话题)是"王红"和"教室",关系是"在……里"。句子(3)中的论据(话题)是"王红"和"午饭",关系是"吃"。

命题用句子表达,但命题不等于句子。命题只涉及句子表达的意义。实际上,人们在长时记忆中保持的不是句子,而是句子表达的意义。这方面有很多证据。

安德森(J. R. Anderson)1974年做过这样一个实验:给被试呈现两类句子,一类是主动句式,一类是被动句式。无论是主动句式还是被动句式都有另一些句子与其意义相同,当然,也有一些句子与其意义不同。要求被试一一判断所呈现给他的一对对句子是否含义相同,记录其反应时间。结果发现:即刻判断时,语态相同反应时间短;而延时判断时,语态同异对反应时没有影响。说明在长时记忆中储存的是语言的涵义。

认知心理学家常用以下方法来表示命题，用一个圆（或椭圆）表示一个命题，用箭头将命题的论据（话题）和关系联系起来。如上述"王红在教室里吃午饭"中包含两个命题，用上述方法表示如下：

命题1（简称 P_1）

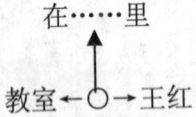

命题2（简称 P_2）

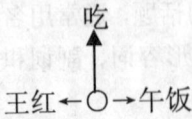

（二）命题网络

如果两个命题中具有共同成分，通过这种共同成分，可以把两个命题联系起来组成命题网络。

如上面两个命题中有共同成分"王红"，通过它可以把两个命题联系起来：

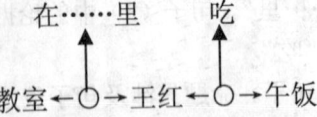

同样，如果若干个命题有共同成分，也可以把它们联系起来组成命题网络。如"王红在教室里吃简单的午饭"，可以用如下命题网络表示：

在……里　　吃　　　　是
　　↑　　　↑　　　　↑
教室←○→王红←○→午饭←○→简单的

科林斯和奎廉（Couins, A.M. and Quillin, M.R., 1969）的一个经典实验支持了知识以命题网络的层次结构储存的观点。他们认为对动物、鸟、鱼等分类的知识,是以图 5-1 的层次结构储存的。

科林斯和奎廉认为,不同的动物知识的概括水平不同。在每一概括水平上储存了可以用来区分其他水平的动物的属性。例如,"有皮"是所有动物的属性,所以储存在最高水平。用这一属性可以把动物和矿石等其他事物区分开。又如,有羽毛是所有鸟的属性,储存在比动物低一级水平上,可以被用来区分鸟与非鸟的动物。科林斯和奎廉进一步假设,由于储存在知识网络中的事实的距离不同,提取它们的反应时间也将不同。如"鸵鸟腿长吗?"、"鸵鸟是鸟吗?"、"鸵鸟是动物吗?"这三个问题,问题的主体与所涉及的属性在网络中的距离是不同的,因此判断其真伪的反应时就不同。他们的实验证实了这一假设。

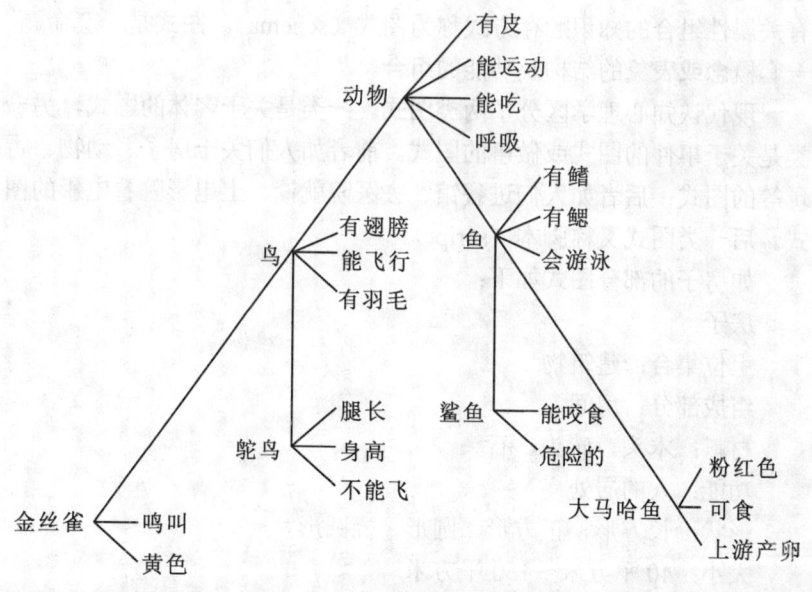

图 5-1 信息按层次组织的网络

三、图式

安德森认为，对于表征小的意义单元，命题是适合的，但是对于表征我们已知的、有关一些特殊概念的、较大的、有组织的信息组合，命题是不适合的。例如，人们有关房子的知识，如果用"房子是人们的居处"这一命题表征，则不足以表征与人有关的房子的全部知识，我们也许还知道：

房子是一类建筑物。

房子有房间。

房子可能用木头、砖头或石头建造。

房子常常具有矩形和三角形形状。

房子一般大于40平方米小于150平方米。

仅仅列出这些事实，也不足以把握它们相互关联的结构。像"房子"这样的观念是由它们的许多属性组合而成的。人们对客体和事件有关属性组合的知识贮存方式称为图式（schema）。图式是一套命题、一套概念或表象的结构及功能的组合。

现代认知心理学区分了两类图式。一类是关于客体的图式，另一类是关于事件的图式或做事的图式。前者如人们关于房子、动物、古玩等的图式；后者如人们进餐馆、去医院就诊、上电影院看电影的图式。后一类图式又称脚本（script）。

如房子的部分图式如下：

房子

上位集合：建筑物

组成部分：房间

材料：木头、砖头、石头

功能：人的居处

形状：长方形、正方形、圆形、椭圆形

大小：40平方米～150平方米

用这样的图式表征一类事物，不仅包含了该类事物的命题表征，如"房子是人的居处"基本上是一种命题表征，而且也包含了该类事物的知觉信息的表征，如有关房子大小的表征，主要是一种知觉形象表征。图式不是命题的简单扩展，是对同类事物的命题的或知觉的共性的编码方式。所以图式是一般的、抽象的，而不是具体的、特殊的。

每一个图式都有一个特殊的变量，那就是它的上位集合。如"建筑物"是房子的上位集合。由于下位概念包含了它的上位集合的属性，所以人们可以从"建筑物"的特征中推论出尚未在房子图式中表征的特征，如"房子建在地面上"和"房子有屋顶"等。此外，图式的个别属性也可以形成子图式。如房子图式中还可以包含"墙壁"和"房间"的图式。从这些子图式中人们也可以推测房子的图式中未列出的"房子有窗"和"房子有门"的知识。

脚本是人们关于多次出现的有时间顺序的事件的图式表征，如"去电影院看电影"这个经常出现的事件，一般可以分解成如下的阶段：上影院、购票、进场、观看影片、退场。由于这样的步骤多次重复出现，人们头脑中形成了有关上影院看电影的定型图式。香克和阿伯尔逊（Schank，R.C. & Abelson,R.，1977）把这种表征反复出现的事件的图式称为脚本。事件的图式与客体的图式一样，也有上下位的层次组织。如看电影是娱乐活动的下位例子，购票也可成为看电影的一个子图式。

第三节 陈述性知识学习的类型、过程与条件

一、陈述性知识学习的类型

奥苏伯尔将知识分为符号（代表）、概念和命题三类。由于奥苏伯尔的理论主要用于解释以语言文字符号表示的"意义"怎样被个体习得、巩固和应用，所以可以将奥苏伯尔的这一知识分类看成是对陈述性知识的分类。

（一）符号（代表性）学习

符号学习，指学习单个符号或一组符号的意义，或者说，学习它

们代表什么。符号学习的主要内容是词汇学习，即学习单词代表什么。儿童出生后，看到外界事物的形象，听到自然界和人发出的各种声音。如看到椅子（在头脑中留下了椅子形象），也经常听到成人说"椅子"的声音（这声音在儿童头脑中留下痕迹）。开始两者可能不联系，但通过多次重复接触两种刺激，并通过成人的指导和纠正性反馈，儿童逐渐领悟到"椅子"的声音刺激（语言符号）可以代表他实际看到的椅子或头脑中的椅子表象。这种代表性的观念一旦形成，儿童就能迅速掌握大量有具体指称对象的词汇。婴幼儿阶段的学习主要是代表性学习。小学低年级的识字学习就属于代表性学习。

（二）概念学习

意义学习的较高级形式叫概念学习。

什么是概念？不同学科对概念的界定不同。教育心理学将概念定义为，符号所代表的具有共同本质特征的一类事物或性质。如"桌子"、"比赛"、"绿色"三个词（语言符号），分别代表桌子（一类物品）、比赛（一类事件）和绿色（物质的一类性质），则这三个词分别代表三个概念。事物之所以能分成不同的类别，是因为异类事物的本质特征不同。

概念是有一定结构的，这包括概念名称、概念定义、概念属性和概念实例。概念名称是指用词给概念命名。概念定义是指在用语言描述概念时，明确界定了这个概念的范畴和特征。概念属性是指某一类事物或性质所具有的特征，也称本质或关键特征。概念实例是指概念的实际例子，符合定义所界定的本质特征的为正例，不符合的为反例。

根据概念的抽象水平，加涅将概念分为具体概念和定义性概念。具体概念只经过一级抽象，其本质特征是直接从概念的具体实例中抽象、概括出来的。定义性概念要经过二级抽象。因为在给某个概念下定义时，定义中必然涉及其他概念。如等腰三角形，作为一个定义概念其定义是"有两条边相等的三角形"。其定义中涉及"边"、"相等"和"三角形"三个概念。

概念学习实质上是掌握以符号代表的同类事物或性质的共同的

本质特征。例如学习"鸟"这一概念，就是掌握鸟是有"羽毛"的"动物"这样两个本质特征，而与它的大小、形状、颜色、是否会飞等特征无关。如果"鸟"这个符号对某个学习者来说，已经具有这种一般意义，那么鸟就成了一个概念，成了代表概念的名词。

这里需要指出，概念名称（或概念词）的学习和概念学习是两种性质不同的意义学习。概念名称学习属于符号学习，即用符号代表概念。如狗的概念可用"狗"或"dog"代表。如果只掌握符号与概念的代表关系，而未掌握概念的本质特征时，这种学习就是概念名称的学习。而概念学习，是在概念名称学习的基础上，进一步掌握符号代表的一类事物或性质的共同的本质特征。概念名称（符号）学习是概念学习的基础和前提。

（三）命题学习

意义学习的第三种类型是命题学习。在这里命题是指表达判断的语言形式。命题可以分为两类：一类是非概括性命题，它只表示两个以上的特殊事物之间的关系（即特征关系），如"北京是中国的首都"，这个句子里的"北京"代表特征城市，"中国的首都"也是一个特殊对象的名称，这个命题只陈述了一个具体事实；另一类是概括性命题，它表示若干事物或性质之间的一般关系，如"圆的直径是它的半径的两倍"，这里的倍数关系是普遍的关系。概括性命题就是规则（规则将在下一节详细论述）。

不论表示特征关系的命题或是表示一般关系的命题，它们都是由单词联系组成的句子代表的，所以在命题学习中也包含了符号学习。由于构成命题的单词一般代表概念，所以命题学习实质上是学习若干概念之间的关系，或者说，学习由几个概念联系所构成的复合意义。命题学习在复杂程度上一般高于概念学习。如果学生对一个命题中的有关概念没有掌握，他就不可能理解这一命题，命题学习必须以概念学习为前提。

二、陈述性知识的学习过程与条件

(一) 陈述性知识的同化过程与同化条件

1. 陈述性知识的同化过程

由以上论述可知，陈述性知识虽然可分为符号、概念和命题三类，但其核心成分是概念和命题。在这里侧重说明由概念和命题构成的认知结构的形成。

学习的信息加工过程的模型显示，新知识在记忆系统编码、储存和提取的过程，是新旧知识相互作用的过程。奥苏伯尔对此进行了卓有成效的研究，提出了知识学习的同化论。同化论的核心是新旧知识的相互作用。他认为，有意义学习的实质是新知识与学习者认知结构中已有的观念建立实质性和非人为性的联系。所谓实质性联系是不限于表面特点，而是理解其本质特点。具体指新知识与学习者原有认知结构中的符号、概念、命题建立联系。所谓非人为的联系，指新知识与学习者认知结构中已有的观念建立合理的或合乎逻辑的联系。新知识与原有认知结构中可以利用的适当观念可以构成三种关系：第一种，原有观念为上位的，新知识是下位的；第二种，原有观念是下位的，新知识是上位的；第三种，原有观念和新知识是并列的。新旧知识的三种关系就导致了三种形式的学习，即下位学习、上位学习和并列结合学习。见表5-3。

(1) 下位学习（类属学习）

学习者认知结构中原有的有关观念在包摄性和概括水平上高于新学习的知识，因而新知识与旧知识构成下位关系，又称类属关系，这种学习便称为下位学习或类属学习。下位学习又有两种形式，一种叫派生类属学习，另一种叫相关类属学习。

当新的学习材料为原先获得的概念的特例，或作为原先获得的命题的证据或例证加以理解时，即为派生类属学习。在这种关系中，所要学习的新材料完全可以直接从上位概念或命题中推衍出来，新知识只是已有观念的派生物。这种形式的下位学习称为派生类属学习。见表 5-3 中的派生类属。这种学习比较容易。例如，学生在原来学习正方形（a_1）、长方形（a_2）、圆（a_3）、等腰三角形（a_4）时已形成了轴对称图形概念（A）。现在新学习菱形（a_5）时，将"菱形也是轴对称图形"的命题纳入或类属于原有轴对称图形概念，学生立即能发现菱形具有轴对称图形的一切特征。这种类属学习的结果，不仅使新的命题获得了意义，而且使原有概念或命题得到了充实或证实。

当新知识类属于原有的具有较高概括水平的概念和命题后，使得原有的概念和命题得到扩展、加深或被限制、精确化，这种形式的下位学习称为相关类属学习。见表 5-3。例如学生的认知结构中原有的

表 5-3 同化的模式

类属学习（下位学习）	
A 派生类属	原有的观念 A 新的内容→a_5 　　　　a_4 a_3 a_2 a_1
B 相关类属	原有的观念 X 新的内容→Y 　　　　U　V　W
总括学习（上位学习）	新的观念 ——→ A 原有的观念　a_1　a_2　a_3
并列结合学习	新的观念 A→ B—C—D 　　　　　　　原有的观念

概念是"爱国行动"（X），而且认知结构中已具有"升国旗是爱国行

动"（U）、"反击外来侵略是爱国行动"（V）和"保持环境卫生是爱国行动"（W）的命题，现在要学习的新命题是"保护能源是爱国行动"（Y）。当新的知识被纳入原有的"爱国行动"之后，原有概念的内涵扩展和加深了，同时新的学习内容也获得了意义。两种类属学习的区别是：在相关类属学习中，每次新知识类属于原有概念或命题，原有概念和命题的本质属性或被扩展、深化，或被限制、精确化；在派生类属学习中，新知识纳入原有的观念中，原有概念或命题只是得到证实或说明，其本质属性未变。

（2）上位学习（总括学习）

当学习者的认知结构中原有的有关观念在包摄性和概括水平上低于新学习的知识，因而新知识与已有观念构成上位关系，又称总括关系，这种学习便称为上位学习或总括学习。见表 5-3。例如儿童在日常生活中已经知道了"萝卜"（a_1）、"菠菜"（a_2）、"大白菜"（a_3）等概念，再学习"蔬菜"（A）这个新的总括性概念时，新概念通过归纳、总括原有下位概念的属性而获得意义。

（3）并列结合学习

当新知识与学习者认知结构中的已有观念既不是类属关系，也不是总括关系，而是并列关系时，便产生并列结合学习。见表 5-3。例如学生已经知道了质量与能量（B）、热与体积（C）、遗传结构与变异（D）等关系，现在要学习需求与价格（A）的关系。新学习的关系虽不能类属于原有的关系之中，也不能总括原有的关系，但它们之间因具有某些共同的特征（如后一变量随前面的变量的变化而变化。）而呈现并列关系。这样新关系通过与原有关系的并列结合而获得意义。并列结合学习比下位学习和上位学习要复杂、困难得多。教师在教学中应特别注意指导学生对这类知识的学习。

从学习方式来看，同化属于接受学习。中、小学阶段的学习主要采用这种形式。

2．陈述性知识同化的条件

陈述性知识的获得过程，是以文字或其他符号表征的意义同学习者认知结构中原有相关的知识相联系并发生相互作用以后，转化为个体的心理意义过程,即知识掌握过程是材料的逻辑意义与学生认知结构中的原有知识相互作用,从而产生个体的心理意义的过程。因此,陈述性知识同化的基本条件主要为:第一,学生认知结构中必须具有同化新知识的相应知识基础(能学);第二,学习材料必须具有逻辑意义,即反映人类的认识成果(该学);第三,学生必须具有获得材料的意义的学习动机(愿学)。

3．陈述性知识教学中要遵循两个原则

在教学中如何帮助学生建立良好的认知结构,奥苏伯尔提出要遵循两个教学原则:渐进分化和综合贯通。

(1) 渐进分化

渐进分化是在教学中首先讲授学科最一般和最概括的命题和概念,然后根据细节和特性渐进辨认,其结果是导致认知结构中的概念和命题从上到下按层次不断分化。奥苏伯尔认为,这个呈现的次序与人类知识深化的自然次序相一致,也与人脑反映、组织和储存这些知识的方式相符合。即奥苏伯尔假定,在人头脑中,某门学科的知识内容构成一个有层次的结构。在这个层次结构中,最概括的知识处在这个结构的顶点,在它下面是概括性较低的知识、较分化的从属知识和具体材料。

例如小学语文有的课文就是这样安排的:

动物—哺乳类动物—鲸—齿鲸

植物—树—果树—梨树

食物—副食—蔬菜—菠菜

人—男人—男青年—男共青团员

又如算术中三角形可分为锐角、直角和钝角三角形。锐角三角形可分为等腰三角形和非等腰三角形。等腰三角形又可分为等边三角形和非等边三角形。直角三角形可分为等腰直角三角形和非等腰直角三角形。钝角三角形也可分为等腰钝角三角形和非等腰钝角三角形。见图 5-2。

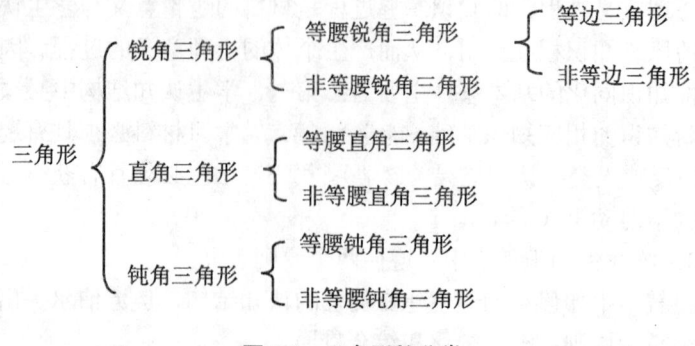

图 5-2　三角形的分类

（2）综合贯通

综合贯通原则是指在认知结构中已经确定了的知识，可以相互关联，产生新的组织，从而出现新的意义。认知结构中已有的成分的这种重新组合称综合贯通。

例如，豌豆、西红柿等都是蔬菜，这是学生原先学过的概念和命题。当学生进一步学习生物学的分类，对原有知识进行改造，知道豌豆和西红柿也是植物学中的果实，在认知结构中就获得了新的意义。

综合贯通可以消除已有知识之间的混淆与矛盾，从而达到新的认知过程。例如，有经验的教师在复习代数时，向学生指出，二次三项式 ax^2+bx+c，二次函数 $y=ax^2+bx+c$，一元二次方程 $ax^2+bx+c=0$，一元二次不等式 $ax^2+bx+c\neq 0$ 等的一般形式都可以用 ax^2+bx+c（$a\neq 0$）来表示，这样沟通了互相关联的知识之间的联系，并将其组成纵横交叉的知识网络。这种网络既易于巩固旧知识也易于同化新知识。

又如，关于面积的计算，虽然形状不同，但都具有长乘以宽的共性，见图 5-3。

由长×宽的长方形面积的计算，可以贯通到正方形、平行四边形、三角形、梯形以及圆形面积的计算（圆形面积是由许多三角形面积组成的）。

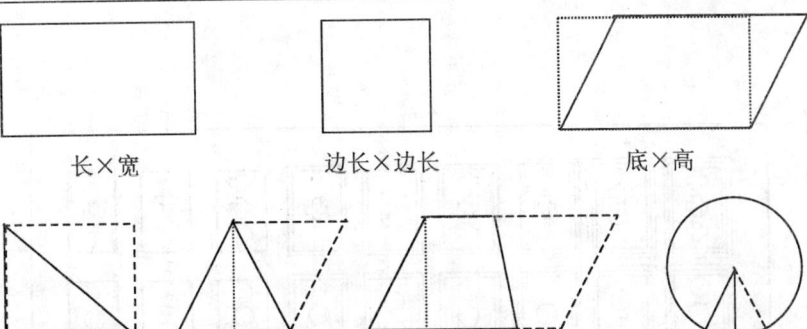

图 5-3 不同形状面积的共同特点

(二) 陈述性知识的形成过程与形成的条件

我们以概念的形成过程与条件为例,说明陈述性知识的形成过程与形成的条件。

为讲清楚概念的形成过程,在这里介绍布鲁纳等人研究人工概念形成的经典实验。

实验材料是图形卡片,卡片上的图形有三种形状:十字、圆形或方块;图形的颜色有绿、黑或红;图形的数目有1个、2个或3个;图形外周的边框数也有三种:1个、2个或3个边框。这样由3×3×3×3共组成81张卡片,为人工概念的实验材料。见图5-4。概括起来说,即由图形的形状、颜色、数目和图形外周的边框数构成了四个维度,每个维度分别有三种属性。

实验是这样进行的。主试心中事先想出一个概念:(1)它可以是图形的某一个维度的某一个属性,例如,颜色维度的红色,那么凡是红色图形就属于这个概念;(2)它也可以是图形的某两个维度的两个属性,例如颜色维度的红色和形状维度的圆形,那么凡是红色圆形就属于这个概念。如此等等。凡主试心中想到的维度和属性就是有关维度和有关属性,其他的则为无关维度和无关属性。卡片上图形凡具有

主

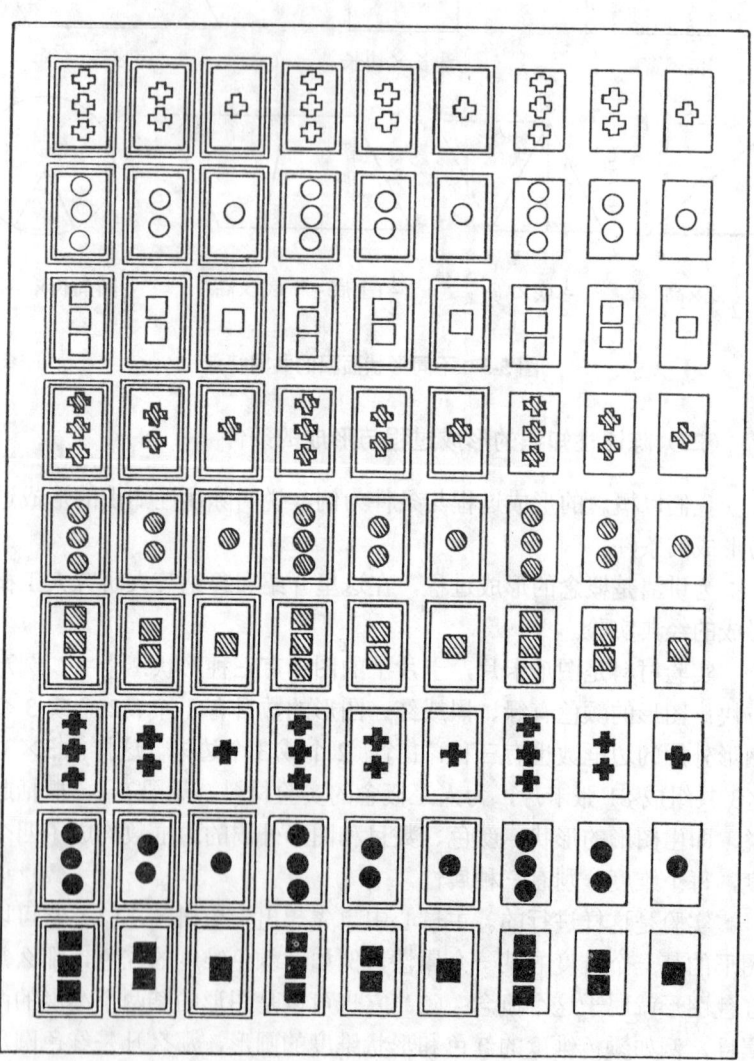

（卡片图中空白图形表示绿色，斜线图形表示红色，黑图形表示黑色）

图 5-4 布鲁纳的人工概念实验材料

试想到的有关维度和有关属性的就是概念的肯定例子，否则就是否定例子。主试心中想出的这个人工概念不告诉被试，而是在实验开始时先向被试出示一张卡片（它是这个人工概念的肯定例片），然后要求被试从其余 80 张卡片中选出一张卡片，问主试这是否心目中所想的人工概念，主试告知被试是与否。这样直至被试能完全正确地按主试心中所想的人工概念去选出例片，并能说出这个人工概念是什么为止。这种人工概念形成的实验，实际上是一种被试主动的形成假设和检验假设的过程，即被试根据主试出示的第一张卡片所给的肯定例子，并对这个例子的属性进行辨别，然后假设一个属性为标准，对卡片进行分类，经过正例和反例的检验，最后得出概念。可见概念的形成过程是辨别（关键属性）、假设、验证和概括的过程。

这个实验的例子解析了概念形成的认知过程，从这个过程中可以看到，概念的形成条件有两方面：一是内部条件，即被试掌握和辨别正反例子变式的能力。二是外部条件，即主试对被试分出的例子所作出的反应（肯定或否定），这是被试必须得到的反馈信息。

儿童在日常生活中获得的许多概念也是这样形成的。例如，让儿童把勺子拿来，拿对了，就肯定；若拿了一把叉子，就告诉他，"错了，这不是勺子"。儿童通过拿小勺、大勺、塑料勺和陶瓷勺等等，以及用勺吃饭、喝汤等，他就掌握了"勺子"这个具体概念，当然还不一定能下定义。

从学习方式讲，概念形成属于发现学习，学前儿童经常采用这种学习方式。他们常常是自发地从具体的实际经验中获得某一类事物的共同特征，在与成年人的交往过程中，通过成年人的肯定或否定回答得到证实，形成概念，从而为入学后采用同化方式学习定义性概念打下基础。

上述这个实验是布鲁纳等人提出"假设考验说"的实验根据，这个学说是在 50 年代兴起的，并已在认知心理学中占主导地位。这个学说认为，在概念形成过程中，人需要利用刚刚获得的或以前存储的信息主动提出一些可能的假设，即猜想这个概念是什么。这些假设可以看作是认知的单元，是人在概念形成时的内部表征。这些假设构成了一个假设库，在概念形成的过程中，面对每一个刺激（即实验中卡片上的图形），他要从假设库中提取一个（或几个）假设，并据此作出反应，也就是要考验假设是对还是错。若被告之是对的，就按"成功—继续"的原则，这个假设可以继续使用下去。若不对，就按"失败—更换"的原则，再提取其他的假设进行考验。如此假设—考验下去，直到获得正确的假设，也就是形成了概念。

第六章 程序性知识的学习

相对于陈述性知识而言，程序性知识是指可操作的知识，其获得过程、方式、特点和规律与陈述性知识都有所区别。本章就程序性知识的表征、智慧技能的学习以及学习策略等内容，结合作者自己多年的研究进行了介绍，希望读者能够得到启发。

第一节 程序性知识的表征与分类

一、程序性知识的表征

（一）产生式

认知心理学认为，表征程序性知识的最小单位是产生式（production）。"产生式"这个术语来自计算机科学。计算机之所以具有智能，能完成各种运算和解决问题，是由于它贮存了一系列以"如果/则"（if/then，亦译"如果/那么"）形式编码的规则的缘故。受计算机科学的启发，认知心理学家认为，由于人经过学习，其头脑中也贮存了一系列以"如果/则"形式表示的规则。这种规则称为产生式。产生式是所谓条件—活动（condition—action）的规则，简称C—A规则。C—A规则中的C是保持在短时记忆中的信息，A是外显的反应和内在的心理活动。

这里以 R.M. 加涅的女儿 E.D. 加涅的描述方法为例说明最简单的产生式（简称P）的表示法。见表6-1。产生式中的"如果"部分规定行为必须满足的条件，在此产生式中有三个条件；"则"部分规定应进行的活动，此产生式中的活动是"识别"与"说"三角形。

表6-1 鉴别三角形的产生式

P 鉴别三角形的产生式	
如果	已知一个图形是两维的，
	且该图形有三条边，
	且三条边是封闭的，
则	识别此图形为"三角形"
	并说"三角形"。

（二）产生式系统

简单的产生式只能完成单一的活动。有些任务需要完成一连串的活动，因此，需要许多简单的产生式。经过练习简单产生式可以组合成复杂的产生式系统。这种产生式系统被认为是复杂的技能的心理机制。见表6-2。

表6-2 异分母分数加法前三步的产生式表征

		产生式表征
P_1	如果	我的目标是要将分数相加，且现在有两个分数，
	则	建立一个子目标，即求出它们的最小公分母。
P_2	如果	我的目标是要将分数相加，且现在有两个分数，且两个分数的最小公分母已知，
	则	用最小公分母除以第一个分数的分母。
P_3	如果	我的目标是将分数相加，且现在有两个分数，且两个分数的最小公分母已知，且已得用最小公分母除以第一个分数的分母的商，
	则	以商乘以第一个分数的分子和分母。

二、程序性知识的分类

第四章已经介绍，程序性知识可以分为相对自动化的和受意识控制的两种，分别与加涅的对外办事的智慧技能和对内调控的认知策略对应。在加涅的分类基础上，其女儿 E.D. 加涅（Gagne, E.D.）提出，可以从两个维度对程序性知识分类。

（一）根据一般与特殊维度分类

根据这一维度，可以区分专门领域的程序性知识和非专门领域的程序性知识。

专门领域的程序性知识是由仅运用于特殊领域的产生式系统构成的。例如表 6-2 中的异分母分数加法的产生式，只适用于解决异分母分数加法问题。又如，中小学生所学习的算术四则运算的规则，在语文课上学习的造句、改错句的规则，在英语课上所学习的语法规则等，都属于专门领域的程序性知识。

非专门领域的程序性知识也称思维或解决问题的一般方法、步骤的知识，如"做事之前先有计划"、"三思而行"、"从多方面考虑问题"、"做事以后要总结"等等，这些规则不只是适合于在特殊情境中应用，还可以适用于多种多样的情境，所以这类程序性知识又称跨情境的程序性知识。表 6-3 描述了"做事之前先有计划"的产生式系统。

表 6-3　"做事之前先有计划"的产生式系统

		产生式表征
P1	如果	目标是为 X 订一个计划，
	则	建立一子目标：选择与 X 有关因素的最佳联合。
P2	如果	目标是选择与 X 有关因素的最佳联合，
	则	建立一子目标：评价与 X 有关因素的各种联合。
P3	如果	目标是评价与 X 有关因素的各种联合，
	则	建立如下子目标：制定评价各种联合的标准并根据它和已知限制条件比较，再说明已知限制条件。

续表

产生式表征
P4　如果　目的是说明已知限制条件，
则　　依次列出限制条件。
P5　如果　目的是建立评价各种联合的标准，
则　　建立子目标：设想出与 X 有关的诸因素。
……

（二）根据自动与受控维度分类

根据这一维度，可以区分自动化的程序性知识和受意识控制的程序性知识。

自动化的程序性知识是由经过充分练习而能自动激活的产生式系统表征的，也可称之为经过充分练习而达到熟练的技能。在现代认知心理学中，自动化程序性知识与熟练技能是等同的。如前面所述的异分母分数加法的程序，儿童在初学时要分成许多小步子，一步学一个子程序。如先学习找最小公分母的方法，其次学习通分方法，再学约分方法等等。有经验的教师在教这些子程序时，使儿童对每一个小步骤都有明确的意识，并能用明晰的语言说出每一子程序所遵循的规则。但当学生的运算达到高度熟练以后，反而不能明确说出自己运算中的每一步的规则了。中小学生掌握有关读、写、算的程序性知识，大都要达到自动化。

受意识控制的程序性知识是由一系列未达到自动激活程度的产生式表征的。例如，"做事之前要有计划"的产生式系统，因 X 所指对象是变化的，与 X 有关的因素及其组合也是变化的，所以这样的产生式系统难以达到自动化执行的程度。

应当指出的是，从受意识控制到自动化是一个连续不断变化的维度，完全自动化的与纯粹受意识控制的只是这个连续体的两极，大量的程序性知识是介于这两极之间的。同理，从特殊到一般也是一个连续变化的维度。大量的程序性知识介于一般与特殊这两极之间。如果我们同时考虑上述两个维度对程序性知识进行分类，各类程序性知识之间的相互关系可以表示如图 6-1。

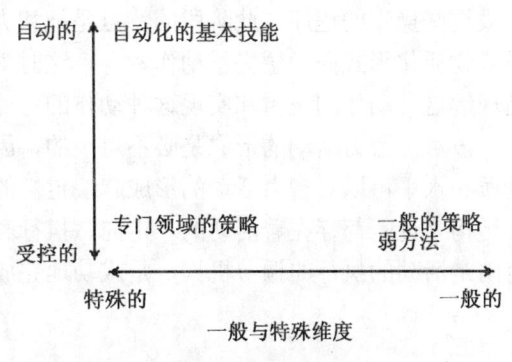

图 6-1　用两个维度对程序性知识分类

第二节　智慧技能的学习

一、加里培林的智力技能按阶段形成的理论

智慧技能也称智力技能。智力技能按阶段形成的理论最初是在 1953 年由前苏联学者加里培林作为一种假说提出来的，加里培林领导一个学派从事这方面的实验研究达 20 多年，从不同年龄阶段不同学科做了广泛的研究，从而形成了一个强大的学派，不仅受到了前苏联心理学界的重视，而且也受到国际上的重视。加里培林认为智力活动是外部的、物质活动的反映，是外部物质活动转化到反映水平——转化到知觉、表象和概念水平的结果。这个转化过程经历了五个基本阶段。

（一）活动的定向阶段

这是个准备阶段，就是要了解、熟悉活动任务，使学生知道做什么和怎么做，从而在头脑里建立起活动的定向映象。这就要求教师不仅向学生呈现活动的模式，而且要说明活动的目的、客体和方法，就是向学生揭示所定向的学习内容,介绍学习的对象,指出动作中所包括的操作及完成这些操作的程序。此阶段的特点是把智力活动本身外部化,以物质或物质化形式向学生提示动作本身,这时学生还没有亲自行动,只是理解这种动作的逻辑和实现这种动作的可能性。加里培林认为,这一阶段对于智力活动的形成是必不可少的,因为这一阶段任务完成的性质和水平可以对智力活动的形成起决定性的影响。由于任何活动就其结构来说,都存在着活动的"定向、执行和检验"三部分。活动的定向是活动的执行的调节机构,是成功地完成活动所必需的。

(二)物质活动或物质化活动阶段

即借助于实物或实物的模型、图表、标本等进行学习。物质活动是指运用实物而言。儿童学数数最先总是用实物,数实物,就是运用实物的物质活动。物质化活动是指利用实物的代替物如模象、图片、模式、示意图、图解等进行的教学活动,它不是实物本身而是实物的替代品。物质活动或物质化活动都是让学生亲自操作用手来完成的外显活动。这一阶段在智力活动的形成上具有重要作用。此阶段的关键,一是展开,二是概括。展开即把智力活动分为若干小的单元;概括指学生在初步掌握展开的外部操作的直观水平上,形成关于智力活动的较为概括的表象。

在教学过程中,学习科学基础知识能利用的物质活动是有限的,因此物质化活动就成为主要的活动形式了。它是物质活动的一种变形,能使学生通过外部物质化活动来进行智力活动,并保存了形成新智力活动的那种自然心理程序。而且图表、模型、图片、示意图等能再现出实物的本质特性和关系,利用这些物件来进行外部活动,还能对它们进行比较、测量、移动和改变等,是帮助学生理解所学内容的良好支柱,因此,这对学生的智力活动来说极其重要。

(三)出声的外部言语活动阶段

这一阶段是以出声的外部言语形式来完成实在的活动,是智力技能内化的第二步。此时智力活动已经摆脱了实物或实物的替代物,而代之以外部言语为支持物。它是智力活动形成的一个特殊阶段,是由外部的物质活动向智力活动转化的开始,是智力活动形成的一个重要阶段。加里培林说:"可以毫不夸大地说,没有言语范畴内的练习,物质的活动根本不能在表象中反映出来。要离开实物的直接依据首先要求有言语的依据,要求对新活动作言语练习","言语活动的真正优越性不在于脱离实物的直接联系,而在于它必然为活动创造新的目标——抽象化。而抽象化则使活动大大地简化——消除了活动的变式。抽象化创造了不变的对象,进一步保证了活动的高度定型化,也保证了活动的迅速自动化"。"言语就成为一切指定的功课和动作过程的负荷者"。言语动作是物质或物质化动作的反映,它的活动内容仍停留在对象上,在掌握这种新的动作形式过程中,学生既应当对动作的对象内容进行定向,又应当对这个动作对象内容的词的表达进行定向,如果破坏言语、动作这两方面的统一,那么动作就有缺陷。只对言语定向,引起形式主义地掌握知识和技能,如果学生只定向于对象的内容,不在言语上反映出来,那么他只能解决那些在知觉方面得到充分定向的实践课题,在这种情况下,实际上还不会对所解决的问题进行推理,也不会说出理由。

(四)无声的"外部"言语阶段

这一阶段的特点在于智力活动是以不出声的外部言语来进行的,它要求对言语机制进行很大的改造。即在出声言语时是眼、口、耳、脑同时协同活动,现在仅是眼、脑同时活动,因而这种言语形式要求学生重新学习和掌握,这一点在儿童学习由朗读过渡到默读时表现得较明显。加里培林认为,不出声的外部言语形式的活动的形成,是活动向智力水平转化的开始。因此,这一阶段在智力活动的形成上同样十分重要。

(五)内部言语活动阶段

这是智力技能形成的最后阶段,是智力活动简化、自动化似乎不需要意识的参与而进行智力活动的阶段,是名副其实的智力技能形成阶段。其主要特点是压缩和自动化,似乎脱离意识的范畴,脱离自我观察的范围,无论在言语机制和结构上都发生了重大变化。在机制上,外部言语是与他人进行交际的手段,是指向别人的。而内部言语则完全失去了这些功能,是"为自己所用的言语",是为固定智力过程的个别因素与调节智力过程的进行而服务的,在结构上,常常被简缩得不合语法结构,主要是带有谓语的性质,不再是扩展的与合乎语法的了。

二、冯忠良的智力技能形成阶段理论

北京师范大学心理系教授冯忠良在加里培林"内化"学说的基础上,经过长期的"结构—定向"教学实验,提出了智力技能形成的阶段理论。

(一)原型定向阶段

智力活动的原型是指智力活动的实践模式,就是"外化"或"物质化"了的智力活动方式或操作活动程序。智力技能形成中的原型定向,就是要使学生了解智力活动的"原样",从而使学生知道该做哪些动作和怎样完成这些动作,明确活动的方向。它是智力技能形成不可缺少的一个阶段。首先,智力技能是一种按照客观的、合理的、完善的程序组织起来的认知活动方式,要学生能独立做出。这样就得在头脑内建立起有关这种活动方式的定向映象,才能调节自己的活动,做出相应的动作。其次,智力活动是一种内化了的动作,是在头脑内进行的,是实践活动的反映。因此,智力活动的定向,必须借助于一定的物质形式使这种活动得以"外化"的原型才能进行,由此这一阶段称为"原型定向阶段"。它的主要任务就是使学生建立起进行智力活动的初步自我调节机制,为进行实际操作提供内部控制条件。这一阶段学生的主要学习任务是:(1)要确定所学智力技能的实践模式;(2)要使这种实践模式的动作结构和程序在学生头脑内得到清晰的反映,并形成准确而清晰的动作和程序映象。在教学条件下,往往是在教师的直观示范及讲解的基础上实现的。在这一阶段,学生还没有亲自动手操作。

(二)原型操作阶段

原型操作就是依据智力技能的实践模式,学生进行实际操作。在此阶段,活动的执行是在物质或物质化水平上进行。在原型操作阶段,动作的对象是具有一定物质形式的客体,是通过一定的机体活动来实现的,对象在动作的作用下所发生的变化也是以外显的形式实现的。学生在此阶段,不仅依据原有的定向映象做出相应的动作,同时使动作在其头脑中得到反映,从而在感性上获得完备的动觉映象,这种完备的感性的动觉映象是智力技能形成及以后内化的基础。因此,原型操作是智力技能形成的一个重要阶段。

研究表明,要使学生的智力技能在操作水平上顺利形成,应做到:(1)要使操作活动以展开的方式出现,让学生依据操作活动的原型,把构成这一操作活动的所有动作系列,一个个地分别按照一定的顺序做出,不能有任何遗漏或缺失。每个动作做完后,教师要及时检查,考察操作动作的方式是否能正确完成,对象是否发生了应有的变化。(2)要变更操作活动对象,使操作活动方式在直觉水平上得以概括,使学生形成操作活动的表象。(3)要注意操作活动的掌握程度,并适时地向下一阶段转化。(4)为便于操作活动的形成和向下一阶段转化,在此阶段的全过程中,要注意与言语结合,做到边说边做或边做边说,这样便于向下一阶段转化。

(三)原型内化阶段

原型内化是指动作离开原型中的物质客体与外观形式而转向头脑内部,借助于言语作用于观念性对象,从而对对象进行加工改造,使原型在学生头脑中转化为心理结构内容的过程。为达到内化水平,在本阶段的动作执行的教学上应该做到:(1)动作的执行应从外部言语开始,逐步转向内部言语。在采用口头言语的场合,应注意从出声的外部言语转向不出声的外部言语,最后转向内部言语。(2)在原型内化开始阶段,动作应重新在言语水平上展开,然后依据动作的掌握程度,在较熟练时,进行适当而必要的缩简,为内化创造条件。(3)注意变更动作的对象,使动作的方式得以概括,以便能广泛适应同类课题。(4)在进行各阶段转化时,要注意动作的掌握程度,既不要过早又不要过迟,要适时,要求教师把握好学生头脑中的原型转化为内部心理结构的时机。

三、加涅的智慧技能层次理论

加涅将智慧技能分为五种,它们由下至上形成一种层次关系。见图 6-2。

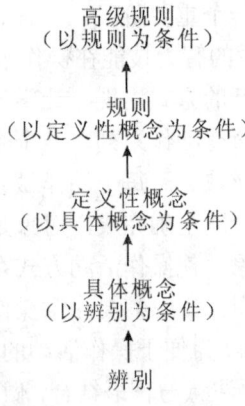

图 6-2　智慧技能的层次[①]

(1) 辨别,指区分事物的不同点,如区分太和大、人和入等。

(2) 具体概念,指识别具有共同特征的同类事物,如把大小、厚薄、封面颜色和图案不同的书,都看作是"书"这个类别的实例。

(3) 定义性概念,指运用概念的定义特征对事物分类,如把 1、3、5、7、9、11、13、15、17、19 等数归为奇数一类,把 2、4、6、8、10、12、14、16、18、20 等归为偶数一类。

---

① 邵瑞珍主编. 教育心理学. 第二版. 上海:上海教育出版社,1997.94.

（4）规则，指运用单一规则办事，如用公式 $S=1/2\ gt^2$ 计算 t 为 5 秒的自由落体下落的距离。

（5）高级规则，指同时运用几条规则办事，如用加、减、乘、除混合运算计算电费。

其中，概念和规则的运用是智慧技能的核心成分。也就是说概念和规则既是陈述性知识的核心成分，又是程序性知识（智慧技能和认知策略）的核心成分。如果他们以命题网络的形式贮存且能被人陈述或提取出来，则被称为陈述性知识；如果它们以产生式贮存，支配了人的行为，则称为程序性知识。后者又可按对外运作和对内调控分为智慧技能和认知策略。

概念和规则的学习以辨别学习为前提条件，因此先介绍辨别学习。

（一）辨别学习及其有利条件

1. 什么是辨别

辨别可分为简单辨别和多重辨别。前者指区分两个刺激物的不同点，后者指区分多个刺激物的不同点。如分辨戍、戌、戊、戎四个字就属于多重辨别。儿童在成熟及与成人的交往过程中，自发地形成着辨别能力。儿童入学后，在符号（代表）、概念和命题学习中仍有辨别学习的任务。例如，在识字学习中要辨别字形、字音、字义，在概念学习中，要分辨概念的不同点等。因此，教师需要知道辨别学习的有利条件，并在教学中加以应用。

2. 辨别学习的有利条件

（1）突出关键特征加强对比

当学生遇到难以辨别的细微特征时，这些细微特征就是区分不同事物的关键特征，这时加强辨别的最好方法是，突出关键特征加强对比。教师常采用彩色粉笔、卡片、投影等手段突出有关特征加强对比。如把戍、戌、戊、戎四个字的关键部分用彩笔标出，让学生对比，形成深刻印象。也有的教师将这组字的关键特征编成顺口溜（横戌、点戍、戊中空，多少出头就念戎），以利对比和记忆。

（2）发挥多种知觉系统的作用

多种知觉系统参与知觉，有利于加强记忆、提高辨别能力。有经验的教师在识字教学时不仅让儿童看字，还让他们动嘴念，用手写。这就利用了视觉、听觉和运动觉的协同作用。

（3）及时反馈

当学生对类似刺激辨别后，教师要及时给予肯定或否定的反馈。对于错误辨别要进一步指出错在哪里，正确答案是什么。这样有利于加强、巩固正确印象，否定并及时纠正错误印象。

（二）提供变式练习促使概念学习达到应用水平

这里需注意，上一节中的概念学习是指陈述性知识的学习，本节中的概念学习是指智慧技能（程序性知识）的学习。如第四章第一节表 4-2 所示，程序性知识与陈述性知识在习得阶段相同，其区别在巩固与转化阶段和提取与应用阶段。为避免与第二节重复，概念的习得过程这里就不再叙述了，只谈谈概念由陈述性知识向程序性知识的转化与应用。

教师要提供变式练习促使学生的概念学习达到应用水平。

不论用哪种方式学习概念，当学生理解了概念并能用语言陈述同类事物或性质的共同本质特征时，仅表明智慧技能（程序性知识）完成了它的陈述性知识阶段的学习。概念作为一种智慧技能（程序性知识）的本质特征，在于它们能在不同于原先的学习情境中应用，而促进应用的关键是变式练习。

在概念同化时，学生认知结构中已具有同化新概念的相关概念。而且原有概念越巩固、越清晰，同化就越容易发生。在这种情况下，教师可以用下定义的方式将概念的本质特征介绍给学生，同时举少量具有典型意义的例子作分析说明，证实定义中涉及的那些共同属性。例如在学生已稳固地掌握了角概念后学习"角的平分线"。这时，教师就可以直接给出定义：角的平分线是过角的顶点将角平分的射线。然后举出锐角的、直角的和钝角的平分线的例子，说明角的平分线。这里举例的目的是为了证实定义中所揭示的概念的本质属性。作为程序性知识，"角的平分线"的学习至此还不能算完，必须通过各种变式习题的练习（如平角的平分线、周角的平分线，上、下、左、右各种方向的角的平分线等）学会在不同情境下应用这一概念。

在概念形成时，因已给学习者提供了许多概念的正例和反例，也提供了概念正例的较多变式，所以通过概念形成掌握的概念，比通过概念同化掌握的概念更便于应用。即使这样，仍要给学生提供进一步的变式练习使概念学习达到应用水平。

（三）规则学习及其有利条件

1. 规则与规则学习

人们在科学研究及社会实践中发现的规律、定理、计算公式和处理事物的法则等都叫规则。如，在压强一定的情况下，液体的体积和温度的关系是：体积一般随着温度的升高而扩大，随着温度的下降而缩小，即"热胀冷缩"，这就是一条规则。再如，加法的"结合律"、"交换律"，足球比赛中"背后铲人违规"等，都属于规则。

规则与概念一样也是有层次的，规则的组织结构有上位和下位的关系，例如，柱体的体积为底面积与高的乘积，正方体的体积为棱长的立方，长方体的体积为长、宽、高之积。就这三个规则来讲，前一个对后两个来说，是上位规则，后两个对前两个来说，是下位规则。

规则同概括性命题一样，都是几个概念之间的关系陈述。这些陈述对教师来说是有意义的，对初学者来说，可能是无意义的，或只是部分有意义，其学习的过程也是先获得规则的含义的过程，规则是用语言表达（陈述）的，所以同样可以用奥苏伯尔的同化论来解释规则的学习。

规则作为一种智慧技能，其学习的实质是学生能在体现规则变化的情境中适当应用规则。如学习了加法的"结合律"后，应会利用"结合律"采取简便算法解决下面的问题：95+184+175+216=？

规则学习可根据上位学习和下位学习这两种方式采取相应的教学策略。

2. 上位学习采用例—规法

规则的上位（总括）学习是学生（在教师的指导下）从例子发现规则的学习方法，简称例—规法。例—规法属于发现法。在课堂教学中，纯粹的发现法极为少见，多数的"发现法"都是在教师的指导下进行的，即所谓"指导发现法"。下面以分数的基本性质为例，说明例—规法的教学。

老师在黑板上逐个张挂下列三块有色等圆纸板，并在各圆下方分别写上表示阴影部分面积的分数。接着引导学生观察比较，让学生一致认定三个等圆里的阴影部分面积相等，分别表示它们的三个分数大小自然也相等。于是，在三个分数之间加上等号，见图 6-3。

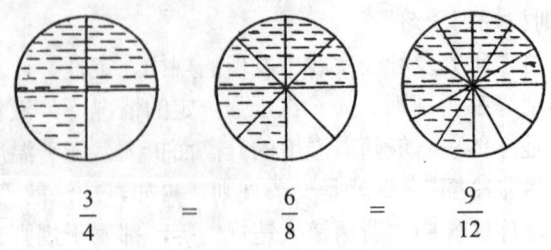

图 6-3 分数的基本性质

老师用带点好奇的口吻说：奇怪!这几个分数的分子、分母都不同，可是，这几个分数的大小却相等，它的奥妙在哪里？这正是我们这节课要研究的问题。（老师板书课题：分数的基本性质）

老师诱导：大家已经公认上面三个分数的大小相等，那么请大家进一步看看，它们之间的分子、分母发生了什么变化。

通过反复观察和讨论，同学们终于觉察到：

$$\frac{3}{4}=\frac{3\times 2}{4\times 2}=\frac{6}{8}$$

$$\frac{3}{4}=\frac{3\times 3}{4\times 3}=\frac{9}{12}$$

$$\frac{6}{8}=\frac{6\times 1.5}{8\times 1.5}=\frac{9}{12}$$

老师要求同学们用一句话把这种变化规律表达出来。经过几个同学的发言,得出的结论是:"分数的分子和分母都乘以相同的数,分数的大小不变。"

再让学生从右到左观察以上三个分数并归纳各组分数的变化规律,他们很快就写出演变过程:

$$\frac{6}{8} = \frac{6 \div 2}{8 \div 2} = \frac{3}{4}$$

$$\frac{9}{12} = \frac{9 \div 3}{12 \div 3} = \frac{3}{4}$$

$$\frac{9}{12} = \frac{9 \div 1.5}{12 \div 1.5} = \frac{6}{8}$$

并通过模仿,简要说出:"分数的分子和分母都除以相同的数,分数的大小不变。"

老师说,谁能把以上两个结论综合起来连贯地说一遍。同学们一个个争着发言。经过较多同学的发言和老师多方面纠正,花了一定时间,终于说出了老师所期望的一句话:"分数的分子和分母都乘以或者除以相同的数,分数的大小不变。"(老师注意讲解加黑点的关键字)

老师问:分子和分母都乘以或者除以相同的数,这个数应当是什么样的数?

学生未考虑到这个问题,经老师一问,才皱起眉头思考着。老师耐心地把同学们提出的猜想,一一在黑板上验证。最后大家恍然大悟,这个"数"唯独不能是零。

老师启发:这样看来,我们刚才归纳的分数基本性质完整吗?应当怎样说才完整?

这个时候,同学们全然理解和掌握了分数的分子和分母都乘以或者除以相同的数(零除外),分数的大小不变"的结论[1]。

课教到这里还不能算完,还需进行一系列的变式练习,包括课上和课下练习,以便使习得的规则转化为支配行为的程序。

这是一节典型的采用例—规法教规则的课。从教育心理学的观点

---

[1] 周少英. 听课笔记一则. 福建教育, 1982, (10): 20.

来看,其优点是:(1)学生在学规则以前,对有关规则的概念(分数、分子、分母、同乘以和同除以)已掌握。(2)教师将学生要学习的规则以问题(为什么 3/4=6/8=9/12?)方式提出,激发了学生的学习动机。(3)采用指导发现法,教师在关键之处提供指导,如教师诱导学生,三个分数相等,大家进一步看看它们之间分子、分母发生了什么变化?分数的分子和分母同乘以或者除以相同的数,这个数应当是什么样的数?(4)组织学生讨论,师生之间、学生之间都有信息反馈。学生要学习的主要内容基本上是通过对有关例证的观察、抽象概括出来的。

采用例—规法学习规则的内部条件是,学生必须完全掌握构成某规则的全部概念。如果只掌握了部分概念,那么发现的规则就可能是不适当的,甚至是歪曲的规则。

采用例—规法学习规则的外部条件是:(1)教师要给学生提供规则的正、反例子和言语指导。正例越直观,越有利于发现规则。反例有助于学生明确规则的适用范围。言语提示不仅给学生提示线索,而且还影响对线索探究思考的方向。(2)在学生领会了规则的含义后,还要提供足够的变式练习,使规则由陈述性知识向程序性知识转化。

3. 下位学习采用规—例法

规则的下位(类属)学习,是教师先讲规则再举例子的教学方法,简称规—例法。从学生的学习方式来看,该法属于接受学习。随着学生年龄的提高,这种学习规则的方式使用会越来越多。

如上例"分数的基本性质"的教学,教师也可以直接给出分数的基本性质,然后给学生举出若干例证[3/4=(3×2)/(4×2)=6/8],[9/12=(9÷3)/(12÷3)=3/4]。只要学生头脑中与新规则的相关的知识(分数、分子、分母、同乘以、同除以)清晰、稳定,新规则接受起来很容易,但此时,规则只完成了陈述性知识学习阶段,要完成智慧技能的学习,尚须大量的变式练习去应用规则。练习可以分为两步:第一,课上的少量练习,如通过让学生比分数的大小运用"分数的基本性质"。这时教师要注意及时纠正学生的错误,目的是完成"分数的基本性质"

由陈述性知识向程序性知识的初步转换。第二，课下的大量练习。目的是使学生在变化了的情况下仍然会运用"分数的基本性质"解决问题。虽然目前提倡精练，但精练到"最精"也得有个下限标准（假如10个类型的练习题，每个类型2道共20题），这个下限标准是教师在长期的教学中摸索出来的。当学生的练习低于这个标准时，就不能保证其在新的情况下会运用"分数的基本性质"解决问题。

采用规—例法学习规则一般包括三步：（1）教师说明规则的含义并举例说明其应用。（2）学生课上的初步练习和教师的及时反馈。（3）学生课下的大量练习。

又如，在初中平面几何教学中，当学生掌握圆周角概念、圆周角定理和弦切角概念以后，学生可以通过从规则到例子的学习，迅速习得弦切角定理。教学过程大致如下：

（1）教师直接告诉学生弦切角定理的内容是什么，并分三种情况（弦切角为锐角、直角和钝角）来证明这一定理。这三种情形也是弦切角定理所适用的三个例证。倘若通过这三个例证，学生理解了弦切角定理，并能用自己的话清晰地表述，那么，弦切角定理完成了陈述性知识学习阶段。

（2）教师给学生出题，让学生运用弦切角定理证明几何题。此时，注意例题的难度要由浅入深，教师要加强指导。如果学生在教师的指导下，将学过的定理应用于各种变化的情况，从而达到使陈述性知识向程序性知识初步转化的目的。

（3）学生的课下练习。学生还要通过回家做作业和后继的课继续运用该定理，最后使对该定理的运用达到相当熟练的程度。

随着学生的知识、技能不断增多，规—例法将成为学生学习规则的主要形式，因为这一教授规则的方法更省时、省力。

采用规—例法学习规则的内部条件是学生已经掌握了与新规则有关的概念和旧规则，外部条件是学生领会了规则的含义后，还要提供足够的变式练习，使规则由陈述性知识向程序性知识转化。

第三节 动作技能的学习

一、什么是动作技能

(一) 动作技能的含义

所谓动作（或运动）技能是在练习基础上形成的按某种操作程序顺利完成某种身体协调任务的能力。如书写、游泳、驾车、打字等都是动作技能。

第一，动作技能是习得的。动作技能是通过练习而获得的。

第二，动作技能是有一定操作程序要求的。在动作技能练习的过程中，操作程序总是起着指导作用，即每次训练都应力图满足操作程序的要求，按特定的操作程序进行。如游泳、骑车等，先做什么动作、后做什么动作总是有一定程序的。

第三，动作技能是一种能力。动作技能是在若干次练习过程中形成的，是对完成实际动作的心理过程的概括化。这种概括化的程度直接影响着对当前任务的完成，并借助于迁移间接地影响其他与实际动作有关的任务。个体越是经济、有效、合理地利用身体动作去完成相应的任务，其动作技能的水平越高，其能力也就越强。

(二) 动作技能的特征

动作技能是能力，能力是一种内隐的个性心理特征。但动作技能总是在外显的实际操作中得以表现。在动作技能形成过程中，往往表现出如下特征：

第一，准确性。动作技能形成后，相应的动作越来越准确。

第二，动作的速度加快。动作技能形成后，相应动作的速度越来越快。

第三，多余动作的减少。

第四，灵活性。一种动作技能形成后，其固定的动作程序不是单纯的动作与动作之间的固定衔接，而是具有灵活性。右手学会写字，左手也可以写。灵活性的关键是技能形成过程中心理活动的概括化程度。概括化程度越高，这种灵活性适用的范围越广。

（三）动作技能的分类

从不同的角度来划分，可以把动作技能划分成不同的种类。

1．从有没有器械来划分

一类是操纵器械的，如写字、绘画、打字、弹琴等；另一类是不操纵器械的，仅仅表现为机体的一系列的骨骼肌运动，如唱歌、跳舞、打太极拳等。特拉韦斯认为无论是否运用器械，动作技能中总是包含有精细的肌肉控制。

2．从动作技能操作时调节方式的不同来划分

动作技能可分为连续的和不连续的两大类：连续的动作技能一般较多受外部情境所制约，需要根据外部情境中的信息，不断调整操作者与外部情境的关系，如开汽车、滑冰、骑自行车等；不连续的动作技能一般由自我调节，较少受外部情境控制。通常不连续的动作技能只包括较短的序列，其精确性可以计数，如射箭、投篮等。

由于在两类动作技能中，控制的性质不同，完成任务所需的能力、策略也不相同。如赛车运动员与射击运动员完成任务的策略就不相同。不同的人可能适合于完成不同的动作技能。

二、动作技能的形成

（一）动作技能形成的阶段

1．认知阶段

这一阶段的学习也称为知觉学习。其学习重点是观察动作反应的线索，即观察操作程序。例如初学习临帖的儿童，要将大楷字写好，

首先必须仔细观察帖上的字。通过观察，知道某个字由哪些笔画构成；每一笔画如何起笔，如何收笔；既要知道笔顺，还要知道字的框架结构、各笔画之间的距离和倾斜度等。

在认知阶段，初学者也要学习一些技能中应有的动作反应。但尚未掌握在什么样的情境下作出这些动作反应。如英文打字，初学者在认知阶段要认识各个字母的键，了解各种控制装置及其使用方法，并能对单个的字作出动作反应，但还算不上一个熟练的打字员。

2．联系形成阶段

在这一阶段，重点是使某一特定的刺激与某一特定的动作反应形成联系，即有意识地使操作程序支配动作反应。一项简单的技能，它包含的刺激和反应也较复杂，所以联系的形成往往需要一段时间。例如，用英文打字机打出 man 这个词。学习者必须知道并打出每个字母，而且打第一个字母的反应又必须成为打第二个字母的刺激。用加涅的话来说，就是必须建立动作连锁。

在这一阶段，必须排除过去经验中的习惯的干扰。例如已经学会开汽车的人，在学习开飞机时，因为飞机的转弯是用脚操纵的，所以他必须排除用手转动控制盘的习惯。

3．自动化阶段

技能学习进入这一阶段时，一连串的动作系列能够自动地连续下来，即操作程序自动支配动作反应，无需特殊的注意和纠正。这时，技能逐步由脑的高级中枢控制转入由较低级中枢控制。人们可以一面从事熟练的活动，一面考虑其他的事情。如骑自行车，熟练了就可以边骑边与别人交谈。

研究表明，任何动作技能的掌握都是相对的。例如，有人对工业中的生产技能进行了长期的研究，发现生产雪茄工人的动作技能在四年多的时间内都在进步。这些工人要掌握一定水平的技能，必须经过大量的实践。例如，第一年工人生产一支雪茄需用 0.12 分钟，第二年降至 0.10 分钟，第三年降至 0.09 分钟。在第四年以后，工人的技能仍有缓慢的改进。许多体育技能的训练表明，一个运动员，要达到自己的最高水平，需要多年的练习。而要保持这一最高水平，更需要大量的练习。

(二) 动作技能形成的一般趋势

1. 练习成绩逐步提高

这种趋势表现在速度加快和准确性提高上。速度加快的标志为单位时间内所完成的工作量增加或每次练习所需的时间减少。准确性提高的一般表现是每次练习的错误数减少。

练习成绩逐步提高又有两种不同的表现形式：

(1) 练习的进步先快后慢

在多数情况下，技能在练习初期进步较快，以后就逐渐缓慢了。如图 6-4 所示。

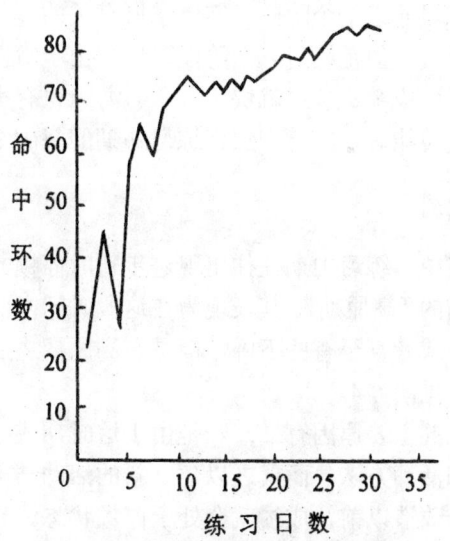

图 6-4　步枪射击技能的练习曲线

技能的进步先快后慢，其主要原因有二：一是在练习开始时，学生对技能中某些动作成分，可以利用原有的经验，所以在练习初期进步较快，随着可以利用的原有经验的逐步减少，建立新联系的需要逐渐增加，练习中的困难越来越多，有时任何一点改进都需要改造旧的动作习惯，并且要用较大的努力才能达到，所以后来成绩提高就变慢了。短跑、跳高、跳远等运动技能的练习就有这种情况。二是有些技能可以分解为几个简单动作进行练习，比较容易掌握，所以在练习初期成绩进步较快。而在练习后期，主要是达到各个动作之间的协调，而这种协调又不是若干个别动作的简单总和，它比简单动作要复杂得多，困难得多，所以成绩提高慢。此外，学生对某些技能在练习初期可能兴趣比较浓厚、情绪比较饱满、练习比较认真努力，这也是成绩进步先快后慢的原因之一。教师在培养这类技能时，应特别加强后期训练。

（2）练习的进步先慢后快

在少数情况下，练习初期的进步比较缓慢，以后逐渐加快。投掷的运动技能在练习的第一个阶段，需要掌握有关的基础知识和基本技能，所以进步较慢。但是练习一个阶段以后，由于掌握了有关的基础知识和基本技能，成绩进步也就快了。学习游泳也有类似情况，教师在培养学生这类技能时，应特别加强练习初期的基础知识和基本技能的训练。

2．高原现象

在技能形成中，练习中期往往出现进步暂时停顿的现象，这就是练习曲线上所谓的"高原期"。其表现为在这段时间内曲线保持一定的水平而不上升，或者甚至有些下降。但是在高原期之后，又可以看到曲线继续上升。见图6-4。

高原期产生的主要原因有二：一是由于这时期成绩提高需要改变旧的活动结构和活动方法，而代之以建立新的活动结构和方法。在学生没有完成这个改造以前，成绩就会处于停顿状态。具体来说，就是由于改造不是很快就能完成的，采用新方法也会遇到新困难，所以在改造初期，成绩不但没有提高反而有可能降低，因而练习曲线停留在固定的水平上或暂时下降。当学生经过练习，完成了改造过程，成绩又会提高，所以在高原期之后，曲线又继续上升。如学生在掌握某些生产劳动技能、运动技能、写字技能等过程中的高原现象，可能就是由这一原因所引起的。二是由于学生练习的兴趣降低，或者身体状况欠佳（如疲劳、疾病等），成绩也会出现暂时停顿现象。

高原现象并不具有普遍性。如果技能结构比较简单，又没有上述主观原因，在练习曲线上就不会产生这种情况。还必须注意到，一个人掌握动作技能的水平与其肌肉和神经系统的工作能力有密切关系。从这个意义来说，生理限度是不可否认的，但是从人们掌握技能的实际情况来看，不能轻易说某人的技能水平已达到其生理限度，不可能再发展了。实际上每个人技能提高的潜力是很大的，尤其是青年学生，过分夸大生理限度，对技能的培养和提高是有害的。当学生出现高原期，教师要帮助学生分析原因，指导他们改变旧活动结构，采用新方式方法；并提高他们的信心，鼓励他们突破高原期，争取更大的进步。

3. 练习成绩的起伏现象

在各种技能形成的过程中，都可以看到成绩在某一水平下小有波动的现象，这是因为影响技能进步的因素太多了。影响技能练习成绩起伏的原因可以归纳为两个方面：一是外部条件的变化，如气温、学习环境、练习工具和教师指导的改变等等。二是学生内部条件的变化，如有无强烈的动机和浓厚的兴趣，注意是否集中、稳定，有无自满情绪，意志努力程度，练习的方式方法有无改变，身体状况等等。

一般说，练习成绩的起伏现象是正常的，但当学生成绩突然急剧下降时，教师要对他们进行教育和指导，使他们了解自己成绩下降的原因，然后严格要求自己，自觉地提高练习的积极性，努力克服缺点，争取更好的成绩。

（三）动作技能形成的有利条件

1. 动作概念（或操作程序）的掌握

动作概念（或操作程序）的掌握，就是能够说出自己应该怎样去进行动作。沈德立、阴国恩等1983年的实验表明，正确掌握动作概念是技能形成的关键。实验是让大、中学生被试去形成镜画（即按多角星形的镜象来描摹该图形）技能，结果发现：凡是已经形成镜画技能的被试，他们都掌握了镜画技能的动作概念；凡是未形成镜画技能的被试，他们都没有掌握镜画技能的动作概念。这就说明动作概念是否掌握，决定着技能能否形成。实验还发现：大学生被试掌握镜画技能动作概念，一般比中学生被试要早，因而其形成镜画技能时平均练习总遍数、平均练习总用时和练习中的平均总错误次数，都少于中学生被试；大学物理专业学生由于较早地掌握了镜画技能动作概念，因而其形成镜画技能所需练习的总遍数，比政史专业的学生要少得多。这就说明动作概念（或操作程序）掌握的早晚，对技能形成的快慢起着重要作用。

2. 示范

示范指教师通过动作和言语活动将动作技能演示给学生。技能学习一般要通过示范，而范例往往由视觉通道提供。实验表明有示范比无示范效果好。

3. 反馈

反馈指在学习与练习活动中，将学习与练习的结果信息返回传递给学习者。一般来说有反馈进步快，没有反馈进步慢。因为只有通过反馈，才能知道自己的动作是否合乎要求。不通过反馈，动作就失去受到强化的机会。只有使合乎要求的动作受到强化，不合乎要求的动作受不到强化，自己才能辨别哪个动作正确，哪个动作不正确。

4. 练习过程中要有间歇。

练习中一般应有间歇，有间歇的练习效率高。这与在记忆中的情况是一致的。在词语记忆中，有间歇的复习，比没间歇的复习效果好。技能的形成也是一样。因为技能本身也要靠记忆，即靠动作记忆。为什么有间歇的练习效率高呢？可能是任何刺激所引起的神经组织的变化，在刺激撤除后，需要有一个完成这种变化的稳定的时机，它的痕迹才能巩固下来。

另外，连续练习还可能产生一种抑制现象：首先是神经组织连续兴奋可能产生保护性抑制；其次是外抑制，即在技能未形成前，合乎要求的动作与不合乎要求的动作相互牵制，使后者对前者产生负诱导，发生外抑制。而通过间歇，就可能解除保护性抑制和外抑制的影响。这虽是猜想，但有一定事实做依据。

三、动作技能的保持

（一）动作技能保持的特点

大家似乎都有共同的经验：动作技能一经学会，便不易遗忘。如学会了游泳或骑自行车的人，虽然若干年内未经练习，但其技能基本上保持如故。

关于动作技能的保持，有过很多实验研究。总的结论是：动作技能的保持比知识的保持牢固；越是复杂的动作技能，保持的时间越长；越是简单的动作技能，保持的时间越短。

（二）影响动作技能保持的因素

为什么动作技能不易遗忘呢？目前尽管尚没有统一的说法，但心理学家大体上从三个方面对此进行了分析。

第一，动作技能的学习是过度学习。在探讨知识保持时曾经有一个研究结论：过度学习达到150%以上时，保持的效果较好。而动作技能是经过大量练习获得的，如在前述的大量动作技能的学习中都有反复练习，生活中大量的动作技能一经学会便终身受用。所以从这个角度进行分析，就保持而言，动作技能与知识并无实质上的区别，只是学习程度不同而已。

第二，动作技能中有肌肉动作的参与，而肌肉动作之间的联系保持得较牢靠。表面看来，这种解释似乎有一定道理，但仔细研究起来，就会发现，都是肌肉动作的联系，为什么有的记得牢，有的则差些呢？所以仅凭"有肌肉动作的参与"来解释动作技能保持较知识保持牢固的问题，至少还不够充分。

第三，动作技能与言语知识的中枢定位不同。动作技能的保持更多地依赖于小脑和脑的其他低级中枢，这些中枢可能比言语知识的保持中枢有更大的保持动作痕迹的能量。

以上只是一些从不同角度进行的分析，还不能算作定论的知识。

第四节 学习策略的学习

按照加涅的分类，本节应介绍认知策略。认知策略是学习策略的下位概念，它是学习策略的一种。认知策略是美国心理学家布鲁纳于1956年在其人工概念研究中首次提出的。心理学家 Newell、Shaw 和 Simon 于1958年利用计算机有效地模仿了问题解决策略，从而形成学习策略概念。另外，学习策略是与20世纪60年代美国出现的"学科结构"运动、70年代出现的"思维教学"运动紧密联系的。美国通过大规模的教育调查表明，各级各类学校中不仅存在着大量功能性文盲，还发现学生的学习方法、思维技能和学习策略普遍缺乏，不适应继续学习。这使人们对60年代末、70年代初"回复基础"运动作出深刻的反思，认为"回复基础"运动只片面强调读、写、算等低级技能，而忽视学习策略等高级技能的训练，导致80年代初美国"国家教育优异委员会"提交"国家处在危急中：教育改革势在必行"报告，呼吁关注学生的学习策略。于是，学习策略研究以美国为策源地，得以迅速展开。因此，本节介绍学习策略。

一、什么是学习策略

（一）学习策略的含义

对于什么是学习策略，人们从不同的研究角度提出了各自的看法，至今仍然没有达成一个统一的认识。概括起来，大致可以分为三种：

1. 学习策略是信息加工的具体方法或技能

许多研究者认为，学习策略就是影响信息加工过程、用于提高学习效率的任何方法。如琼斯等人（Jones、Amiran & Katims, 1985）认为，学习策略是被用于编码、分析和提取信息的智力活动或思维步骤；

凯尔和白森（Kail & Bisan，1982）认为，学习策略是一系列学习活动过程；里格尼（Rigney, 1978）认为，学习策略是学生用于获取、保存与提取知识和作业的各种操作的程序；梅耶（Mayer, R.E., 1988）认为，学习策略是学习者有目的地影响自我信息加工的活动，是在学习活动中用以提高学习效率的任何活动。这些活动包括画线、概述、复述等方法的使用。这些观点基本上认为学习策略属于信息加工的思维方法和操作技巧。

2. 学习策略是对信息加工过程的调控技能

持这种观点的研究者认为学习策略属于信息加工模式的调控部分，是指主动的学习者在认知过程中，对上述信息加工过程实行调节与控制的一系列技能。例如奈斯比特（Nisbet,1986）等人认为学习策略是一系列选择、协调与运用技能的执行过程。认知心理学家认为学生的学习过程就是一个信息加工过程，学习策略在这里被看作是认知策略。加涅认为，认知策略是学习者用来调节自己内部注意、记忆、思维等过程的技能。

3. 学习策略是信息加工与对信息加工过程进行调控的统一体

许多学者认为，有效的学习策略是能够促进获得、存储和使用信息的一系列过程或步骤。学习方法和学习的调节与控制同属于学习策略的范畴，是相互联系的，具有不同功能的学习策略。一般而言，学习方法直接作用于信息加工过程，用于编码、保持、提取和运用信息的方法；学习的调控则作用于个体，用以维持、调节和控制学习者的内部状态，使学习方法能够有效地发挥加工信息的作用。例如，奈斯比特和舒克史密斯（Nisbet 和 Shucksmith, 1986）认为，学习策略是选择、整合、应用学习技巧的一套操作过程。再如，斯腾伯格（1983）在其智力模型中区分了两种不同层次的智力技能：①执行的技能，（executive skills），它使学习者用来对指向一定学习任务的学习方法进行规划、监控和修正的高级的技能，即学习的调节与控制；②非执行的技能（non-executive skills），它指用于对学习任务进行实际操作的技能，即学习方法。斯滕伯格强调指出，要达到高质量任务的作业，两种类别的技能都是必不可少的。一切试图提高智力的训练都应当对执行的和非执行的信息加工以及两者之间的交互作用进行明确的训练。

我们认为学习策略应是个人学习方法和对自己学习活动进行调节与控制的统一。即学习策略是对学习方法的选择、运用和调控[①]。

每一个人的学习能力和学习特点是不同的，同一个人在学习不同科目或在不同环境下进行学习所采用的最佳方法也不是一成不变的。因此，为了提高学习效率，学习者不仅应当改进自己的一般学习方法，而且应当对自己的学习能力和学习特点、对特定的学习内容和学习环境有所了解，并在这种了解的基础上选择最佳的学习方法进行运用、调控。例如，你在准备参加一次考试，考试的内容是某篇文章。这时你有多种学习方法可以使用：背诵重点、复述思路、列提纲、画知识网络图。于是，你得根据文章的内容、考试的性质、自己的学习特点和学习时间等因素来选择某些方法并对这些方法加以组织。这就是学习策略。

学习策略并不简单地等同于学习技巧和学习方法，而是学习方法的选择、组织和调整。然而为了增加选择的范围，学生首先必须掌握大量可供选择的学习方法。有了可供选择的学习方法，学习者还必须学会如何加以选择和调控。学习策略具有可操作性，通过学习策略的反复操作，学习策略就内化为学生的一种策略技能。学习者对学习活动不断进行调整的过程实际上就是学习策略建构的过程。适合于个体的学习方法通过个体的理解和练习，逐渐内化成个体学习的规则系统。一旦需要，这个规则系统能够自动为学习者提供从前学到的方法和技能，由他加以选择、使用和协调，从而顺利达到学习目的。

（二）学习策略的分类

许多学者对学习策略的分类提出了自己的看法。

1. 奈斯比特和舒克史密斯的分类

奈斯比特和舒克史密斯认为学习策略的成分有：（1）质疑（明确

[①] 唐卫海，刘希平. 学习策略的培养. 天津市政法管理干部学院学报，1999，(3)：46～48.

问题）：构想假说，确定目标与项目参量，把当前任务与先前工作联系起来。（2）计划：制定时间表，把任务或问题演绎成要素，选择解决问题的动作技能和智力技能。（3）调控：使问题的初始状态和目标状态匹配起来，并不断作尝试性回答。（4）审核：对成绩与结果进行初步评价。（5）修正：或重新画一个简单的草图，或重新演算，或修正目标。（6）自评：对结果和成就进行自我评价。

奈斯比特的学习策略要素按三个层次排列起来：第一层次是一般策略，与态度和动机有关；第二层次是宏观策略，其主要特征有：一是高度概括化，二是随年龄增大而提高，三是随经验积累而提高，这个层次的策略主要包括调控、审核、修正和自评；第三层次是微观策略，其主要特征是：一是概括程度低，二是与高度有序的技巧形成一体，这个层次的策略主要有质疑与计划。

2. 麦基奇等人的分类

对我国学者影响较大的是麦基奇等人（Mckeachie et al,1990）的观点。他们认为，学习策略包括认知策略、元认知策略和资源管理策略三部分（详见图 6-5）。学习资源管理策略（resource management strategies）是辅助学生管理可用的环境和资源的策略，对学生的动机具有重要的作用。成功的学生使用这些策略帮助他们适应环境以及调节环境以适应自己的需要。

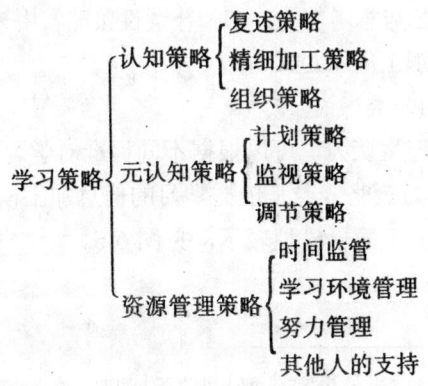

图 6-5 学习策略的分类

元认知策略和认知策略是一道起作用的。认知策略是学习过程不可缺少的工具，元认知策略则监控和指导认知策略的运用，也就是说，可以教学生使用许多不同的策略，但如果他没有必要的元认知技能来帮助他们解决在某种情况下使用那种策略或改变策略，那他就不是成功的学习者。

3. 丹瑟洛的分类

丹瑟洛（Dansereau, 1985）认为学习策略应包括两类相互联系的策略：基本策略（primary strategies）和辅助策略（support strategies）。基本策略为具体地直接操作信息，即学习方法。它包括：领会—保持策略、提取—利用策略。辅助策略则作用于个体，用来帮助学习者维持一种合适的内部心理定向，以保证基本策略有效地起作用。它包括：目标定向和时间筹划、注意力分配、自我监控和诊断等策略。

4. 奥克斯福德等人的分类

奥克斯福德（Oxford, 1989）等人认为，学习策略包含以下五个方面[①]：（1）元认知策略，用来帮助学生计划、管理以及评估学习过程的策略；（2）情感策略，用来提高学习兴趣和态度，例如多给正面鼓励和反馈；（3）社会策略，用来促进学生之间的合作，一方面可提高学习兴趣，另一方面可透过合作学习增进理解能力；（4）记忆与认知策略，用来增强记忆与思考能力；（5）补偿性策略，用来与学习者沟通，帮助学生克服知识上的不足。

5. 皮连生的分类

我国学者皮连生认为，可以根据不同标准对学习策略进行多种分类[②]。最一般的学习策略分类是依据学习的信息加工模型进行分类。例如，学习可以用如下简单模型表示，见图6-6。

---

① Oxford,R. and Crookall D..Research on Language Learning Strategies:Methords,Findings,and Instructional Issues. Modern Language Journal. 1989,73,404～419.

② 皮连生. 智育心理学. 北京：人民教育出版社, 1996.167.

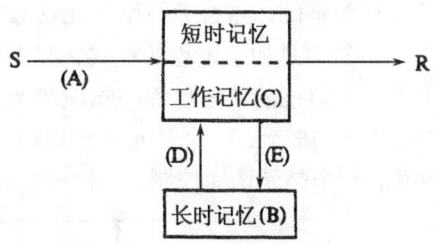

图中（A）=注意，（B）=原有知识，（C）=新知识，
（D）=新知识与原有知识的联系，（E）=新知识存入长时记忆。

图6-6 学习信息加工过程简图

从这一简单的信息加工模型可见，有效的学习必须经历如下阶段：（1）学习者必须注意外界的信息（A）；（2）信息必须暂时保存在短时记忆系统中；（3）学习者应主动激活与新信息有关的原有知识（B）；（4）新知识内部形成联系（C）；（5）新知识与原有知识建立联系（D）；（6）将新知识储存于长时记忆中，以便日后提取和应用（E）。

据此可以将学习策略分类如下：（1）促进选择性注意的策略，如自我提问、做读书笔记、记听课笔记等；（2）促进短时记忆的策略：如复述、笔记、将输入的信息形成组块（chunking）等；（3）促进新信息内在联系的策略：如分析学习材料的内在逻辑结构和组织结构，多问几个为什么等；（4）促进新旧知识联系的策略：如列表比较新旧知识的异同，把新知识应用于解释新的例子等；（5）促进新知识长期保存的策略：如记忆术、双重编码、提高加工水平等。

以上各种分类都有一定道理，读者在学习时不仅要了解以上学习策略的类型，更重要的是了解其分类的标准，明白个中理由，以达成对学习策略建立更完整的表征和全面深层的理解。

二、学习策略与信息加工过程及元认知的关系

要搞清学习策略的实质，还得从学习的更深一层次的信息加工过程说起。从信息的角度来看，学习就是获取信息。丹博（Dembo, 1994）

以大脑信息加工的过程为基础,结合弗拉维尔元认知理论,提出了这样一个具体的有关学习的信息加工过程的模式,见图 6-7。弗拉维尔认为元认知就是个人关于自己的认知过程的知识和调节这些过程的能力。它包括两个相对独立的成分:一个是元认知知识,包括有关个人、任务以及策略的知识;一个是元认知控制,它包括计划、监视和调节。

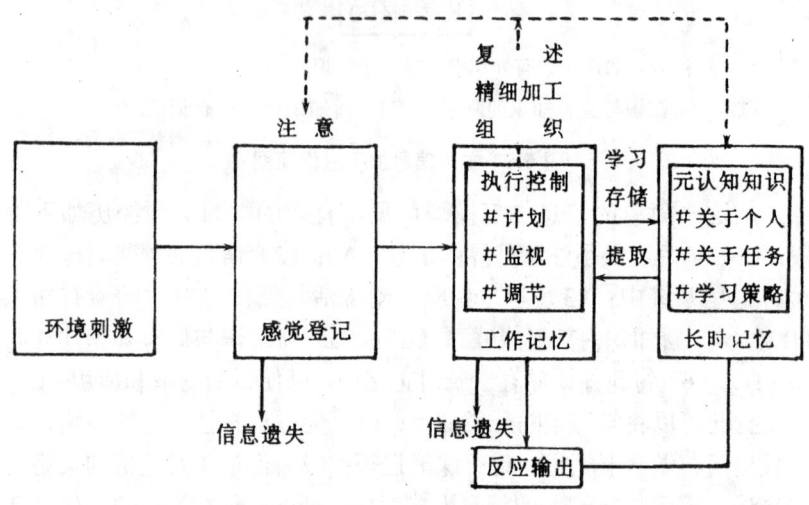

图 6-7　学习的信息加工模式

从这一模式中可以看出,学习时,信息的流程是这样的:

外在环境的刺激信息进入感觉登记器,在受到注意之前,信息在感觉登记器中只存储很短的时间(不到 1 秒),否则就会很快消失。在感觉登记器中,信息是以感觉特性存储的,如果受到注意,就会变成以名字编码的言语形式。工作记忆是我们记忆系统中的激活部分,被看作是信息加工系统中意识的中心,相当于军队的司令部。无论什么时候,只要我们在有意识地思考事物,我们都在使用我们的工作记忆。工作记忆的信息加工操作受制于两个方面——容量和时限:一方面,在任一时间,成人的工作记忆只能处理 5~9 个信息组块,儿童更少。新信息受到注意进入工作记忆后,会将已经存在那儿的旧信息挤出去;另一方面,学习者如果不进行积极的努力,工作记忆只将信息保持一个短暂的时间，一般不超过 30 秒。在工作记忆水平上进行着大量的控制过程，主要有注意、操纵信息的流程、以及组织与帮助信息提取等。这些控制过程为工作记忆处理信息提供了灵活性。这些控制过程有些是自动化进行的；有些受有意识的随意控制。这些控制过程就是所谓的元认知。工作记忆中保持的信息越多，就越需要进行合理组织和提取（如组块）；工作记忆中的信息保持的时间越长，就越需要对信息进行复述。

通过工作记忆，信息进入长时记忆。长时记忆存储所有我们加工的但又不立即使用的信息。当某一信息要想通过重复或复述而停留在工作记忆中时，这一信息就必须输入到长时记忆中去进行"精加工"，也就是必须和长时记忆中已有的信息一起加以分类、组织、联系和存储。信息一旦进入长时记忆，信息的流程并未终止，它朝两个方向继续。一方面，工作记忆几乎总是需要存储在长时记忆中的信息；另一方面，某些被熟练掌握的行为已达到自动化水平，不需要有意识地思考就能进行,这意味着这些行为的有关信息能直接从长时记忆中发出。英文阅读时对字的解码就是一个例子，熟练读者不需对字词中每一个字母的发音进行解码就能抓住其意义，长时记忆至少可以分为三个部分：一是情节记忆，它是对生活中经历的情景的回想，是所见所闻的心理电影，仿佛重放录像一般，当你回忆昨晚舞会的情景时，你回想的就是情节记忆。二是语义记忆，顾名思义，就是存储意义，它包括了事实、概念和概括化的信息、原理、规则及其使用、解决问题的技能和学习策略等，我们在课上所学的大多数事件都是以语义记忆保持的，当我们阅读书本上的一个句子时，我们存储的是句子的意义，而不是某个具体的词或句子的语法特征。三是程序性记忆，它是指如何做，与知道"是什么"相对，骑车、打字就是保持在程序性记忆中的技能。情节、语义和程序性记忆存储和组织信息的方式是不同的。情节记忆中的信息是以表象形式存储的，这些表象是根据事件发生的时间和地点进行组织的；语义记忆中的信息是以观念的网络形式进行组织的；程序性记忆中的信息是刺激与反应配对的组合。不同的记忆有不同的学习策略。如果学习就是获取信息,那么,学习策略的目的就是帮助学习者控制学习的信息加工系统以便更好地存储和提取信息。学习策略是一种程序性知识,它存储在长时记忆中。它包括信息流程中所有环节所使用的方法和技术,如注意、复述、精加工、组织编码等过程以及对它们的控制过程。其中,复述、精加工和组织是直接对信息进行的加工,有关的方法和技术属于认知策略,它包括复述策略、精加工策略和组织策略;而对信息加工的控制过程则控制着信息的流程,监视和指导认知过程的进行,属于元认知策略,它包括计划策略、监视策略(注意策略)和调节策略。

综上所述,元认知和学习策略之间的关系可以用图6-8表示。

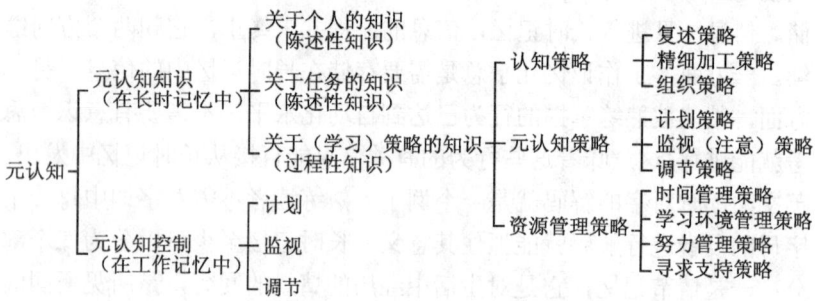

图6-8 元认知的结构

根据学习的信息加工过程、学习策略与元认知的关系,可以知道,学习策略是存储在长时记忆中的元认知知识,它包括有认知策略、元认知策略以及资源管理策略。元认知过程则是指在工作记忆中进行的、运用存储在长时记忆中的元认知知识(包括学习策略知识)来管理和控制认知活动的过程,它包含情感调节的过程。元认知过程是使用学习策略的过程。元认知能力则是指执行这一控制过程的能力。这就是说,学习策略是有关学习的动态过程的静态知识,而元认知过程则是使用静态知识的动态过程。

三、元认知

（一）元认知概述

1. 什么是元认知

在学习方法的选择、运用和调控的过程中，对自己的学习能力、学习方法、学习特点、学习过程等进行的认知和监控活动，心理学上称为元认知。元认知（metacognition）是由认知心理学家弗拉维尔（J. H. Flavell, 1976）提出来的。所谓元认知，就是对自己认知状况的认知和控制。例如，小学一年级的一名学生在记生字"睛"时，明确意识到，采用了如下方法："青"表音，再加上表义的"目"旁就念"睛"，眼睛的睛。而且他感到采用这种记字法便于区别形近字。这位小学生对他记字方法的意识和对该种记字方法的效果的评价就属于元认知。元认知包括个体对自己的心理状态、能力、任务、目标、认知策略等方面的认知，以及个体对自身各种认知活动的计划、监视和调节。元认知的结构见图 6-8。另外从认知活动过程来看，元认知又可以分为元记忆、元思维等。

2. 元记忆

对元记忆的研究是元认知研究的一项重要内容，已获得了丰富的资料。由于学习与记忆密不可分，在这里介绍有关元记忆的研究成果。

（1）元记忆的研究框架

所谓元记忆（metamemory）是记忆主体对记忆的认识。反映了记忆主体对有关记忆知识的理解、使用的水平。[1]

人们普遍接受的框架是 Mazzoni 和 Nelson1998 年提出的关于陈述性元记忆和程序性元记忆的划分。他们认为，元记忆包括两方面的内容：一方面可以称之为陈述性元记忆（declarative metamemory），是指有关的元记忆知识（the knowledge of metamemory）。主要涉及两方面

---

[1] Flavell,J.H..Cognitive Development. Englewood Cliffs,N.J..Prentice Hall,Inc., 1985.232.

的内容：第一，"是什么"的知识，包括个人特征的知识、任务特征的知识和记忆策略的知识；第二，"为什么"的知识，考查的是自己在对记忆活动中做出的决定进行解释和证明的能力。另一方面是程序性元记忆（procedural metamemory），也称之为记忆监控（memory monitoring and control）。主要研究主体对自己的客体记忆的监督和调节，是元记忆发展研究的核心。记忆监控包括记忆监测（memory monitoring）和记忆控制（memory control）。记忆监测是指从客体记忆接受信息，形成对客体记忆的难度、自己的记忆（学习）程度、提取情况等的判断，以了解客体记忆的情况。具体包括预见性监测（prospective monitoring）和回溯性监测（retrospective monitoring）两大类。前者发生在提取行为之前，后者则发生在提取行为之后。预见性监测包括任务难度的预见（easy of learning-EOL）——对记忆任务的难度进行估计和学习程度的判断（judgment of learning-JOL）——对记忆程度进行评估；回溯性监测包括提取自信度的判断（judgment of confidence-JOC）——对提取结果正确性的评估和知晓感的判断（feeling of knowing-FOK）——对没有提取出来的内容，再现可能性的评估。记忆控制是就记忆监测的结果对客体记忆进行调节（regulation）和控制（control），以有效地实现记忆目的。记忆控制的核心是学习时间的分配（allocation of study time-AST）——根据任务要求把主观资源安排给不同的学习内容。有效的学习时间分配建立在准确的记忆监测的基础上。这一理论框架，比较全面和有序地说明了元记忆与客体记忆的关系，以及元记忆研究的各项内容。[①] 我们对各项程序性元记忆内容之间的关系进行了整理，见图6-9。

（2）陈述性元记忆的研究

①儿童对心理动词的认识

对元记忆的研究开展了近40年。在这40年间，人们就儿童对记忆知识的把握进行了探讨。

[①] 刘希平，唐卫海，方格. "儿童对主观世界认识的发展"研究的热点. 心理科学, 2005, (1): 192~196.

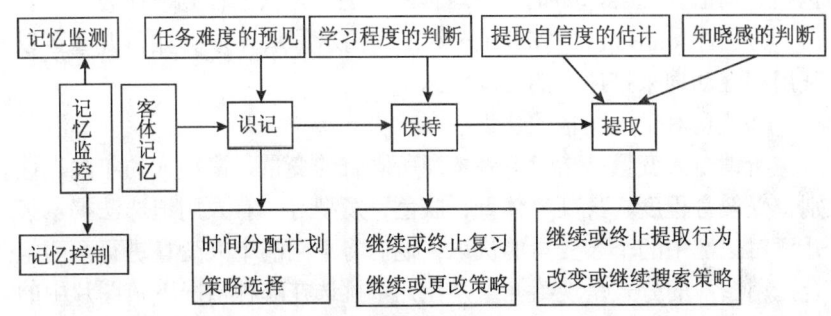

图 6-9　程序性元记忆图示

陈述性元记忆发展的一个基本内容是对心理动词的认识，如"理解"、"忘记"、"知道"等。前人有大量研究发现，尽管 4 岁的儿童比 3 岁的儿童能更好地理解心理动词，但是即使是 4 岁儿童，他们对心理动词的运用也受到了很大的限制。Misciones 设计了一个有趣的实验来调查儿童对心理动词的认识。让儿童观察一系列场景，在这些场景中，展示了一个人的行为：这个人有时候看到了物体被隐藏起来，有时候没有看到，然后他来寻找物体，有时候找到了，有时候没找到。这就存在着 4 种组合，一是看到了物体被隐藏，也找到了物体，这应该被称之为"记住"或"知晓"；二是看到了物体被隐藏，但没有找到，这应该被称之为"遗忘"；三是，没有看到物体被隐藏，却找到了物体，这应该是"猜测"；四是没有看到物体被隐藏，也没有找到，此为没有"猜"到。结果发现，学前儿童对心理状态的认识，取决于是否找到了物体，一旦找到物体，儿童就认为是记住了，没有找到就认为是遗忘了。显然，学前儿童对心理动词的认识更多地依赖于外在的线索，脱离具体情境的抽象的理解似乎还不成熟。

后来的心理理论的研究工作证实，对心理动词的认识是一个长时间发展变化的过程[①]，相对于成年人的认识，儿童的认识是很有限的，

[①] 刘希平，唐卫海，方格."儿童对主观世界认识的发展"研究的热点. 心理科学, 2005,（1）: 192～196.

包括对词语的理解,如记忆－理解、回忆－再认、计划－比较等等。另一方面,Johnson 和 Wellman 的工作揭示:从 4 岁开始,儿童可以利用心理动词来描述人的心理状态。

②儿童对个人变量的认识

所谓个人变量是指学习者本身所固有的变量,诸如人的年龄、性别、受教育程度、身高、体重、肤色、发型等。有人用迫选法揭示了儿童对记忆中的个人变量的认识。他们将不同的个人变量进行两两组合,用图片的方式呈现给儿童,让儿童挑选在哪种情况下,图片中的主人公将记得更好?其中所涉及到的个人变量包括:被试的年龄,被试的性别,头发的色彩,身材的高低……结果发现,即使是学前儿童也可以认识到,那些与记忆无关的变量对被试的记忆效果没有影响。

Kreutzer, Leonard, 和 Flavell 首次使用访谈法对幼儿和一、三、五年级的小学儿童进行了访谈,访谈的内容也涉及到儿童对记忆中的个人变量的认识,比如,询问儿童他们是否会忘记什么事情。发现,随着年龄的增长,儿童的陈述性元记忆水平在不断提高。对个人变量的知识的访谈发现,只有年龄比较大的学生才意识到记忆能力是因人而异、随环境变化的。相关的研究也发现了近似的结果,6 到 7 岁的儿童相信自己记住的东西很少忘掉,并且在记忆上比同龄的小朋友优秀。这个发现与其他方面的研究结果相一致:儿童对自己的记忆能力总是过度乐观。

③儿童对任务变量的认识

有人探讨了儿童对任务变量的理解。例如,回忆故事的重要内容是否比逐字逐句回忆故事要容易;学习成对的反义词(如大船—小船),比学习成对的不相关的词(如玛丽—走路)容易还是困难。总体上,此项研究和相关评估的结果显示,70%的 6 岁儿童没有意识到:记忆成对的反义词对比记忆不相关的两个词要容易。到了 11 岁,100%的儿童都知道反义词对更容易记忆。

Wellman 等研究了儿童对材料的性质、数量等影响记忆效率的认识,得到的结论是:幼儿和某些小学一年级的被试,认为那些熟悉的、直观的、孤立的项目比那些有内在联系的项目更容易记忆,这显然反映了儿童在元记忆水平上的局限;但是,所有幼儿和小一被试都认为单纯增加材料的数量会加大记忆任务的难度;Kreutzer 等人的研究也发现,幼儿都知道:记忆的材料越多越困难。尽管这些研究证明幼儿对记忆中的任务变量有基本的理解,但更加复杂的认识是在儿童入学后获得的。一旦儿童上学,对任务变量重要性的认识会迅速发展。

Rogoff, Newcombe, Kagan 等对保持间隔的时间长短与记忆效果的关系的认知进行了发展性研究,发现幼儿及小学一二年级儿童基本上认识不到逐字逐句回忆与理解了用自己的语言回忆两者之间有什么区别,小学高年级儿童则可以分清;8 岁儿童对保持间距的长短对记忆结果的影响有比较理智的认识,他们在要求间隔较长的时间后回忆的项目上花费更长的时间,而 4 岁和 6 岁儿童则没有此种认识。

④儿童对策略变量认识

有人对儿童就记忆策略的认识进行探讨,也揭示出从幼儿期到小学末期元记忆水平的飞速发展。Kreutzer 等人对儿童的策略性知识进行了考察。他们为儿童设计情景,来考察被试对编码策略的理解和对提取策略的认识。例如,要记住明天上学时要带的冰鞋,有什么办法?要找到丢在学校的衣服,可以怎么办?结果发现,大多数幼儿都能够认识到,借助外物(如,把电话号码写下来)有助于记忆信息。利用年龄更小的幼儿做被试进行的研究发现,学龄前儿童对记忆策略也有初步的认识。在一个"捉迷藏"任务中,问儿童获取外部提示有什么意义时,4 岁的儿童也知道如果"提示"与记忆目标相联系,对记忆是有帮助的。

Sodian 等评估了 4 岁和 6 岁儿童对组织策略的认识。他们把记忆策略通过录相展示给儿童,比如记忆主体把物体按类别、按颜色归类,或者就是简单的注视这些物体。接下来,要求儿童对主体所用的这些策略进行成对的比较,挑出他所认为的较好的策略。结果显示,学龄前儿童和幼儿都不能区分按类别归类和按颜色归类有什么不同,尽管大一点的儿童对按类区分有更加肯定的判断,但总体上,对"注视"策略的评价也很积极。O'Sullivan 也证实,学龄前儿童深信此策略,尽管这个策略效果不大。

涉及到对其他一些策略的认识的研究，比如"命名"和"复述"，揭示了一些有趣的发展趋势。尽管 4 岁大的儿童在所有的选择中最偏爱"注视"策略，可 6 岁的儿童则对 4 种策略给予同样的重视。8～10 岁的儿童更偏爱"分类"和"复述"策略，但对这两项策略的偏爱没有表现出区别。到 12 岁，儿童就会有这样一个清晰的认识：在需要回忆语意类别的任务中，分类策略比复述策略要优越。总体上，在成对的任务中，只有当两个策略会对行为产生明显的效果差别时，低龄儿童才能对产生较大效果的策略做出倾向性的判断。与之对比，大一点的儿童会对不同策略的效果做出恰当的判断。

当考虑到记忆变量的交互作用时，也会发现相同的发展趋势。Wellman 把一些记忆题目呈现给 5～10 岁大的儿童。每个题目包括给 3 个图片排序，每个图片包括一个记忆情节。比如，3 个男孩的照片，每个男孩被假定记住了一定数量的事物（3，9，或 18 个），要求被试对这三个男孩的记忆表现给以排列。这是一个只涉及单一变量的简单的问题，所有的儿童都知道，记住的项目数量越多其记忆表现越好。但接下来呈现的是涉及交互作用的两个变量的卡片，(a) 男孩 A 想用"注视"策略去记住 18 个项目，(b) 男孩 B 盯着 3 个项目看，(c) 男孩 C 写下了 3 个项目的名字。在这个问题中，有两个变量交互在一起：一个是材料的数量；一个是使用的策略。现在要求儿童对三张图片进行排列。尽管所有的儿童都解决了简单的记忆问题，但在这项涉及复杂记忆的问题上，出现了很大的不同：大多数小学生都可以解决这一涉及变量间交互作用的问题，他们能够正确排列上述 3 种记忆表现，依次为：c, a, b；但只有很少的幼儿可以解决这一难题。总体而言，对记忆变量交互作用知识的发展速度很慢，直到初中阶段才有很好的表现。

（3）程序性元记忆的研究

①记忆监测的研究

第一，EOL 判断的发展

EOL 判断水平与学习成绩之间具有较高的相关[①]。也就是说，对

[①] 刘希平, 唐卫海, 方格. 任务难度预见的准确性与提取正确率的相关. 心理科学, 2004, (1): 111-113.

任务难度判断水平越高的被试，所获得的学习成绩也越好。虽然这不能说明，学生学习成绩的高低受对任务难度判断水平的制约，但这样的研究结果激励研究者对记忆监测进行富有热情的研究。

EOL 判断发生在学习活动之前，是对要学习的项目的难度的一种推测。相关的研究范式是对记忆成绩的预见，让儿童对呈现的项目进行难度评定，然后在相同的条件下记忆所有的项目，最后提取，统计难度评定与提取结果之间的相关。如果评定的难度越大，记忆成绩越低，说明当初的评定是准确的。用词表做学习材料得到的研究结果表明，幼儿和学前儿童常常高估他们的记忆成绩，而小学儿童则估计得准确得多。尽管这种现象已经被重复验证，但其潜在的机制还不清楚。有几项研究试图发现年幼儿童在预见准确性上存在的问题。发现预见在熟悉的情境中比在不熟悉的、实验室情境下来得准确。此外，年龄小的儿童在利用非口语的方式来进行测验时比传统的口语方式进行测验预见得准确。学前儿童和幼儿在预见他人的行为时比预见自己的行为更准确。

这些证据表明，早先认为儿童过高预见自己的记忆成绩是因为儿童元记忆水平缺欠，这种分析受到了来自实验证据的挑战。儿童对自己记忆成绩的预见水平受很多因素的影响。例如，Schneider 2000 年考察了年幼儿童预见不准确的可能的原因。这项研究特别考察了过高估计自己的行为水平是否由于在元认知监测上的缺陷或不同的动机因素导致的。他选择 4、6、9 岁儿童预见他们在运动项目（扔球和跳跃）上的表现和记忆成绩（记忆容量和藏找任务）上的表现。为儿童设置了两种条件：在"希望"的条件下，要儿童表明，他们希望在下一次尝试中获得什么样的成绩。在"预期"条件下，要求被试表明他们预期下一轮成绩如何。然后比较被试的表现和对活动结果的判断，表明所有的儿童都能够很好地监测他们的行为，而不管任务是什么。显然单纯用儿童元记忆水平欠缺来说明所有的预见的不准确是有失偏颇的。

总之，国外的研究发现，尽管 EOL 判断在低年级小学儿童身上已经比较准确，但在整个小学阶段，确实存在着些许的进步。而国内的研究则发现，EOL 判断的准确性在小学二年级时还很低，从小学到初中阶段发生了较大的飞跃。[1][2] 所以，EOL 判断的发展特点和规律，有待于进一步的跨文化的比较研究。

第二，JOL 判断的发展

在大量针对记忆成绩的预见发展的研究中，只有少数研究涉及到儿童的 JOL 判断的发展，尽管以成年人为被试的研究并不少见。JOL 判断发生在获得记忆材料不久或过程中，是对刚刚学习的材料在将来的测验中的成绩进行预测。

在最近的一项研究中，Schneider 用词对联想学习任务来评估 6、8、10 岁儿童的 JOL 判断。主要目标是探讨儿童延迟的 JOL 判断（学习以后给 30 秒的延迟）与在学习之后立即进行的 JOL 判断（即时判断）和记忆成绩之间的相关。通常的研究结果是，延迟判断与记忆成绩的相关更高，即延迟判断对记忆成绩的预测更准确。这种被称之为延迟 JOL 效应的现象在成人的有关研究文献中已经得到了重复的证实。研究的第二个目的是比较逐项判断和整体判断。作为主要的研究结果，研究发现：第一，典型的表现在成年人身上的延迟 JOL 判断效应，在儿童身上也同样存在，但与年龄无关。逐项评定在 30 秒的延迟后比在学习之后立即进行的判断更准确。Nelson 分析指出，即时判断可能有赖于工作记忆，而延时判断则有赖于对长时记忆内容的搜索过程。第二，过分自信现象在逐项评定中表现得更明显，与在成人的相关研究中得到的事实相一致。事实上，在年龄较大的学龄儿童身上得到的结果与在成人身上得到的结果非常相似。

而刘希平等用整体评定的方式，考察了小学二年级儿童、初中二年级儿童和大学生的 JOL 判断的准确性，发现存在着明显的发展趋势，甚至在初二到大二之间，JOL 判断的准确性仍有提高。[3] 但总体看来，JOL 判断的准确性比 EOL 判断的准确性发展得相对早些。这也许与 JOL 判断比 EOL 判断在执行时能够获取更多的信息有关。因为 EOL

---

① 刘希平. 回溯性监测能力的发展及其与预见性监测能力发展的比较研究. 心理学报, 2001, 33（2）：136～141.

② 刘希平. 任务难度预见能力发展的实验研究. 心理发展与教育, 1998, 4:16～21.

③ 刘希平, 唐卫海. 回忆准备就绪的判断的发展. 心理学报, 2002, 34（1）：56～60.

判断发生在学习活动之初，而 JOL 判断发生在学习过程中，此时，被试对学习材料、对学习材料与自己主观经验的吻合程度、对自己就相应的学习材料的学习效率等都有了一定的了解，所以如果儿童能够充分利用这些信息，就能够相对准确地对自己的学习程度做出判断。

第三，JOC 的发展

Pressley 等比较了 7 岁、10 岁儿童对整个词表和逐个项目的提取自信度的判断。主要的结果是：第一，即使 7 岁儿童提取自信度的准确性都相当高，但 10 岁儿童绝对更好；第二，那些整个词表中判断最准确的儿童在逐项评定中却不是最准确的，反之亦然。显然，对 JOC 的总体评定和逐项评定可能有不同的活动机制。

唐卫海、刘希平等用 5 级评定让被试对回忆出来的词对的正确性进行评定，以评定为 5 的正确词对数作为计算被试提取自信度准确性的依据，发现，JOC 判断的准确性在小二阶段就已经发展得比较成熟，尽管从小二到初二阶段有稍许的进步，但幅度不是很大；[1] 但是如果将被试提取正确的所有项目都进行统计，则会发现，从小二到初二之间，被试的准确性有显著提高。

第四，FOK 判断的发展

有大量的研究探讨了儿童的 FOK 判断的发展。FOK 发生在提取活动之后，它是对当时不能回忆的项目能否在后来的提取任务中获得再认的一种评估。典型的程序是给儿童呈现一系列项目，然后要求他们命名，当儿童不能回忆所给图片的名称时，要求他们表明，如果实验者给出名称，他是否能够再认？然后，考察儿童评定的等级与后来的再认任务成绩的相关。总体而言，大量的可以利用的证据表明，FOK 判断的准确性从小学阶段到初中阶段在持续不断地发展。但发展的趋势不是很清晰。

Butterfield 改善了实验条件，用相对的 FOK 判断作为研究手段（因为在他看来绝对的 FOK 判断混淆了被试间判断为知道与否的阈限的差异），用 G 相关作为衡量记忆监测的指标。结果发现：6 岁儿童的

---

[1] 唐卫海,刘希平,方格.学生提取自信度判断准确性的发展.心理发展与教育,2005,(2).

FOK 判断实际上比 10 岁和 18 岁儿童更准确。很显然这项研究与先前的研究不相吻合。

最近一项研究，Pressley 等使用了相同的方法，但选择了不同的被试，他们是 7、8、9、10 岁的小学儿童。在 FOK 判断的准确性上，没有发现发展趋势，且 FOK 判断的准确性均较低，但对所有年级的被试而言都绝对超过了几率水平。

②记忆控制的研究

有关记忆控制的研究是围绕学习时间管理展开的。

学习时间分配（allocation of study time）是学习者对自己的注意和主观努力进行分配的一种指标，反映了学习者对任务的理解和选择性参与的能力。它属于程序性元记忆中记忆控制的核心内容之一，是自我调整策略的主要表现。学习时间分配在学习过程中的作用，见图 6-10。

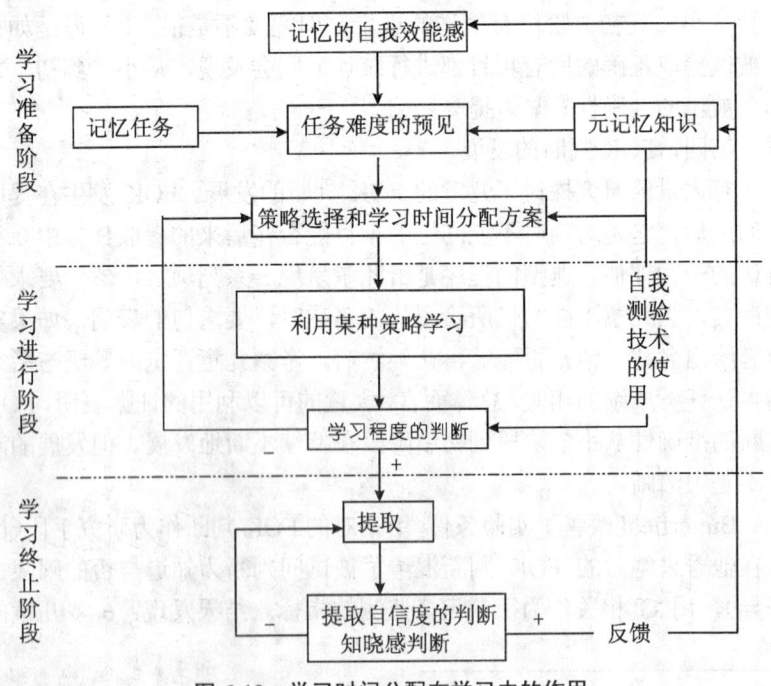

图 6-10　学习时间分配在学习中的作用

学习时间分配，直接影响学习主体的记忆过程。分配的情况集中体现了学习者对记忆任务的认识和对自己记忆能力的判断。分配较多的时间给没有记住的项目，在通常情况下，反映了主体自我调整能力的较高水平。因为如果记忆主体把时间更多地分配给某些项目，而这些项目恰恰是需要进一步学习的，就等于把更多的主观资源（注意和努力程度）投入到了有关的项目上。这种决策在加工过程中无疑是明智的。因此，学习时间分配决策是在记忆监测基础上进行的对客体记忆过程的调整。它为很好地完成学习任务提供了保证。应该说，对学习时间分配研究的开展，可以为在有限的时间内高效率学习提供资料，而如何在有限的时间内高效率学习，无疑是教学改革的关键。

第一，学习时间分配发展的研究

对学习时间分配的研究起始于60年代。当初，Bugelski进行了自控步调的学习（self-paced study）和他控步调的学习（experimenter-paced study）的比较，考察在两种条件下，被试使用总体时间的差异。

后来对儿童学习时间分配决策发展的研究则经历了从他控步调的学习到自控步调的学习的研究转折。

首先是他控步调学习的研究。1973年，Flavell在他的一项经典性研究中，研究了儿童学习时间分配决策能力的发展。他以图片为材料，让小学1、3年级儿童和成人学习，然后回忆，回忆之后要求被试选择一半的项目再学习，考察不同年龄的被试究竟选择什么样的项目进行再学习。结果发现，3年级儿童和成年人更多地选择没有回忆出来的项目进行再学习，而1年级的儿童在选择项目时却表现出随机性，即回忆出来的和没有回忆出来的项目机会均等地被选择，表现了心理资源投入的不太恰当。

1978年，Voss的重复实验，证实了Flavell的实验结果。

这种方式的学习，由外在情境制约学习者的进一步学习。即，不论学习者是否希望继续学习，都得选择进一步学习的项目，而且其中学习者学习的时间及步调都是由主试事先安排好的，这在某种程度上剥夺了学习者学习的主动性，与学习者真实的学习情境相去甚远。

80年代末90年代初，以Kobasigawa为代表的儿童学习时间分配决策的研究者们改变了Flavell的研究范式，探讨儿童自主学习的时间分配的发展特点和规律。他们从不同的刺激材料入手，为被试提供了不同的难易程度的材料，要求被试将提供的材料学习到能够完全掌握为止，来考察被试如何将学习时间在不同的难易项目上进行分配。

1988年和1989年，Kobasigawa等分别选择1、3、5年级和1、3、5、7年级的儿童为被试，利用语义联系密切程度不同的词对为材料（例如，球棒—球，语义联系密切，为容易的项目；青蛙—书，语义联系不密切，为困难的项目），考察儿童在自主学习情形下学习时间分配决策的发展特点，发现1、3年级被试在容易的项目上和困难的项目上分配的时间相近，而高年级的儿童则将时间更多地分配给困难的项目。

1992年，Kobasigawa等加大了材料间语义联系的差异，重复考察了1、3、5年级被试学习时间分配的决策特点，发现1年级被试仍然将时间随机地分配给容易的和困难的项目，而3年级和5年级被试则把时间更多地分配给困难的项目。这与前面的研究有所不同，似乎说明，如果材料差异足够大，3年级儿童也可以把学习时间有区别地分配给难易不同的学习项目。

1993年，Kobasigawa等改变了选择刺激的标准，以材料的熟悉度为区分难易的指标，例如，以"苹果、青蛙"等被试熟悉的事物作为容易的项目，而以"砧骨、牌坊"等被试不熟悉的事物作为困难的项目，要被试学习对相应的图片命名，考察被试学习时间分配的决策情况。结果发现，在这种情况下，甚至小学1年级的儿童，也能够把时间更多地分配给困难的项目。

至此，发现了小学中、低年级儿童并不是在任何情况下，都将学习时间平均地分配给难易不同的项目。

分析结果不难发现，在年龄小的和年龄大的儿童之间最大的区别是对学习过程的监测和自我调节之间的联系。在年龄较大的被试中，准确的监测导致了适当的自我调节，而在年龄较小的被试中，尽管其监测准确，但准确的监测却不能导致适当的自我调节。

为了更详细地探讨从不适当的学习时间分配到适当的学习时间

分配的转移，Schneider等选择了7岁、9岁和10岁的儿童作为被试。给被试看一系列图片，分为容易和困难的，容易的项目之间联想的图片属于近距联想（一个苹果——一个梨），而困难的项目之间的联系属于远距离联想（一个胡萝卜——一本书）。告诉儿童，他们可以学习这些图片对，直到他们能够完全记住这些材料为止。发现年龄小的儿童把时间分配给容易的和困难的项目基本相同；而年长的儿童则把时间更多地分配给困难的项目。因此，只有到小学高年级，有效地自我调节的策略才会出现。

Schneider等选择了7岁、9岁和10岁的儿童作为被试，用计算机准确记录被试的学习时间。结果证明了前人的研究。年龄小的儿童在容易的和困难的项目上分配了基本相同的时间；而年长的儿童则把时间更多地分配给困难的项目。因此，在小学高年级，已经形成了有效的自我调节的策略。

针对低年级儿童不能有效地分配学习时间，研究者也进行了一系列的探讨。

1988年Nelson探讨了主体预见性监测（EOL和JOL）对学习时间分配的影响，发现成人把学习时间更多地分配给判断为困难的项目和判断为学习程度较低的项目。后来的研究试图探讨儿童学习时间分配的内部心理机制。沿用了相同的研究范式。Schneider等设计了一个试验，涉及到JOL判断，来考察儿童学习时间分配的内部心理机制。给被试呈现刺激3秒钟，让被试用5点量表判断他是否可以回忆出这个刺激。然后让被试学习同一个项目直到他认为能够回忆为止。结果发现尽管儿童能够有效地判断容易的和困难的项目，但低年级儿童并没有在自己认为困难的项目上花费更多的时间。所以低年级儿童的问题可能出在记忆控制上。

2002年，Metcalfe利用6年级儿童做被试，比较了专家和新手（西班牙和英语学习）在学习时间分配上的差异，发现新手把时间平均地分配给容易的和困难的项目，而专家则把时间更多地分配给困难的项目。由此Metcalfe认为，6年级新手把学习时间平均分配给容易的和困难的项目,是由于缺乏相应的特殊领域的知识。[①]

综上所述,在考察儿童自我调整能力的发展研究中,已有的证据表明,从小学中期到初中阶段,自我调整策略有明显的增长。有效的调整技巧只有在特殊的条件下,才能在小学阶段发生,但到初中阶段才有良好的表现。这样,如何有效地提高中小学生的学习时间分配策略,就成为研究者关注的焦点。

第二,影响学习时间分配决策水平的因素

首先,任务条件。1988年Nelson探讨了主体预见性监测(EOL——任务难度的预见和JOL——学习程度的判断)对学习时间分配决策的影响,发现成人把学习时间更多地分配给判断为困难的项目和判断为学习程度较低的项目。后来的研究者大多采用同样的范式,探讨EOL和JOL与学习时间分配决策之间的关系,主要的研究结果是成人被试把学习时间更多地分配给判断为困难的项目和学习程度较弱的项目。但在时间压力较大等情况下,成人被试的学习时间的分配进行了调整,此时他们将学习时间分配给判断为容易的项目或判断为中等难度的项目。说明任务条件等影响成人被试的学习时间分配决策。

但相关的研究在中小学生的实验中还很少见。更多的是推测,认为低龄儿童所以没有区别地将学习时间平均分配给容易的和困难的项目,是儿童的元记忆水平较低造成的。例如,元记忆知识缺损,产生性缺损,利用性缺损等。

其次,特殊领域的知识。2002年,Metcalfe利用6年级儿童做被试,比较了专家和新手(西班牙和英语学习)在学习时间分配决策上的差异,发现新手把时间平均地分配给容易的和困难的项目,而专家则把时间更多地分配给困难的项目。由此Metcalfe认为,6年级新手把学习时间平均分配给容易的和困难的项目,并不是因为其元记忆水平较低造成的,而是由于缺乏相应的特殊领域的知识,特殊领域的知识直接制约着被试的最近学习区,最近学习区则决定了儿童学习时间分配的决策。于是,Metcalfe提出了学习时间分配的最近学习区假设

[①] 刘希平,方格.学习时间分配发展的决策研究.心理与行为研究,2004,2(2):443~446.

(region of proximal learning)，用最近学习区来解释儿童的学习时间分配的决策。

再次，动机。1972 年 Le Ny 在他的自我调整学习的系统模型（system modal of self-regulated study）中，曾经假设"学习一个特别的项目的过程有赖于通过指导语诱导的动机状态，而这些（动机状态）决定了所要达到的学习标准"。事实上，有几个关于成人的研究证明了"标准影响分配假设"。这些研究发现，自控步调的学习时间受提供给被试的指导语影响。启发研究者思考，也许当给年幼儿童更高的学习标准后，儿童能够表现出更加有效的自我调整技巧。

为了进一步探讨上述问题，Schneider 等调查了动机和指导语对儿童学习时间分配决策的影响。在实验中，他们考察了强调速度和强调准确性对儿童学习时间分配的影响，以及学习的外部动机对儿童学习时间分配的影响。强调准确性的时候，告诉儿童，他们可以花费任意长的时间来学习，直到能够完全记住所学的项目；强调速度时，要求儿童尽快学会有关的项目。然后在两种情况下将被试各分成两组：对其中一组声称：每答对一个项目就奖励 5 分代币券。结果儿童对学习的要求和成年人一样敏感。但外界刺激的激励并没有增加儿童的学习时间。

第三．学习时间分配的机制探讨

1998 年，Dunlosky 和 Hertzog 在总结了前人有关自我调整的学习时间分配的系统模型的基础上，提出"差异减小模型"，以揭示学习时间分配的元认知控制的机制。

自我调整学习的系统模型（system modal of self-regulated study）认为，人们在选择学习项目和分配学习时间时，是将自己希望达到的学习目标与当前已经学习的程度进行对照，然后尽量缩小两者之间的差距。这个希望达到的目标叫做学习标准（norm of study）。当主体学习的时候，他会监测这个项目学习得怎么样了，从而确定当前的学习程度。然后将监测的结果与希望达到的标准进行对照，如果监测的结果认为学习程度已经满足或超过了学习标准，就会停止学习；如果监测的结果认为，学习程度还没有达到希望掌握的程度，就会继续学习。

Dunlosky 和 Hertzog 认为，记忆主体在选择进一步学习的项目和对时间进行分配的时候，首先对自己的学习程度进行主观判断，然后与希望达到的标准进行对照，把离标准最远的项目作为进一步学习的首选目标，越困难的项目觉察到的学习程度与学习标准之间的差别越大，因此被优先选择再学习的机会就越多，从而可以最大限度地缩小两者的差异，因此该理论被称之为差异减小模型。这一理论有效地解释了大量研究结果，即成人和年长儿童总是将学习时间更多地分配给困难的项目，是因为他们试图最大限度地缩小学习程度与学习标准之间的差异。

有很多实验证明了差异减小模型。主体将学习时间更多地分配给困难的项目，这样的结果不仅出现在正常的大学生中，也出现在其他的人群中，例如，儿童和老年人。有一些研究没有测量被试的记忆监测，但是测量了学习时间在客观难度不同的项目上的分配，结果是相似的，即人们都分配更多的时间给困难的项目。

后来，Thiede 和 Dunlosky 对差异减小模型进行了修正。他们提出了"自我调整学习的层次模型（简称层次模型）"。明确将自我调控的学习分解为两个步骤：第一，选择学习项目；第二，分配学习时间。他们分析说，当人们确定相对较低的学习标准时，他们会选择容易的项目进行学习，或将学习时间更多地分配给判断为容易的项目，因此学习程度的判断与学习时间分配之间存在正相关，即判断为学习程度越高的项目，分配的学习时间越长。当然，这个预期建立在这样一个假设之上，人们计划用最少的时间来实现目标。

比方，两个人参加考试，一个人想掌握所有内容，试图拿到全班第一；另一个人的目标较低，希望及格就好。前者会花费较长的时间在困难的项目上；而后者则只希望自己掌握一部分内容就可以了，考虑到总是希望以最小的努力换取最大的利益，所以学习者此时宁愿花费时间在容易的项目上，因为要学会一个容易的项目，所花费的时间一定比花在困难的项目上所需要的时间少。此时，他可以获得所设定的较低的目标，而付出了最小的努力。因此，如果一个人只有较低的行为目标，从层次模型出发，他会将学习时间更多地分配给容易的项目。

Thiede 和 Dunlosky 1999 年设计实验，成功地证明了自己的理论模型。在实验 1 中，他们提供 30 个词对构成的词表让被试学习，但给被试提出了不同的学习要求：一种情形要求被试努力记住其中的 24 对词对，此为高目标组；另一种情形是要求被试记住其中的 6 个词对，此为低目标组。然后考察被试对项目的选择和时间分配的规律。发现，高目标组的被试的确选择了更加困难的项目进行学习；而低目标组的被试则选择更加容易的项目进行学习。在实验 2 中，他们给被试限定了不同的学习时间，考察被试对项目的选择和学习时间的分配。结果发现，在所限定的学习时间较短的情形下，被试选择的学习项目更多的是那些容易的项目，而在限定的时间较长的时候，被试则选择困难的项目进行再学习。显然，在学习时间较短的情景下，被试给自己确定了较低的学习目标，而较低的学习目标导致被试学习容易的内容，以最小的付出来换取最大的利益。

2000 年，Son 和 Metcalfe 研究了人们的记忆监测如何影响后继的学习时间分配决策。特别探查了在不同的时间压力、不同的材料长度下，被试学习时间分配的表现。发现：（a）当被试没有足够的时间学习的时候，他们分配更多的时间给容易的项目，特别是当预期有测验时更是如此。（b）当材料变短，人们分配更多的时间给困难的项目。（c）在高度的时间压力下，人们宁愿学习比较容易的项目；在中等时间压力下，被试没有揭示出对难易项目的时间分配的倾向。

2002 年，Metcalfe 提出了"最近学习区"这一新的假设，他认为人们宁愿把时间分配给困难的项目这种假设是不成熟的。也许先前的实验结果是因为所使用的材料和特定的实验条件造成的。例如，所有的目标都是逐字回忆，尽管在许多情形之下，逐字回忆是必需的，像学习词汇和短语时，就需要逐字回忆；但仍然有大量的情境，逐字回忆并不是学习目标，甚至有时候根本就是不可能的，如理解大段课文中的事实，逐字回忆就几乎是不可能的。所以短的词与长的、更加复杂的材料（只需抓住要点）比，可能会产生完全不同的学习策略。另外，在过去的研究中，常常提供给被试足够的时间来学习，一个一个地学习，直到他们能够记住所有的项目。然而在现实世界中，许多情景下都存在着时间压力，强迫人们去选择学习哪些项目，去认识哪些项目还没有学会，从而决定哪些项目需要继续学习。在这种情形之下，被试的策略也许会发生改变。

于是，Metcalfe提出了"最近学习区假设"，认为记忆主体对自己的学习内容进行三种程度的监测判断：第一，哪些内容是已经学会的；第二，哪些内容是学到一定程度，但还没有彻底学会的；第三，哪些内容是根本就没有学习的。那些学到一定程度但还没有彻底学会的内容所构成的区域被称之为最近学习区。在再学习的过程中，主体即不是倾向于把学习时间分配给那些已经学会的内容，也不是倾向于把学习时间更多地分配给一点都没有学习的项目，而是分配给处于最近学习区内的内容。Metcalfe在2002年利用"西班牙语—英语"对译词对做材料，扩展了2000年的研究，比较系统地证明了人们是根据最近学习区来分配学习时间的（在心理科学进展中有详细介绍）。[①]

元记忆的研究，从心理学的基础理论的角度提供了学习策略研究的最新的文献。探讨促进儿童元记忆水平的提高方法是目前教育教学中有待解决的问题。

（二）元认知对策略学习所起的作用

元认知对策略学习所起的作用，大致表现在以下几个方面：（1）促进学生认识到自己的认知过程、知识水平和学习能力。（2）促进学生对学习情境变化的敏感。例如，升学时注意到课程内容、教学方式、测验方式等的改变。（3）诱导学生考虑在特定的学习情境下，哪些学习方法与自己的学习能力、学习特点等最相适应，从而能够选择最佳的学习方法。（4）使得学生能够客观地评价自己的学习成绩，并相应地调整自己的学习方法。

[①] 刘希平,方格,杨小冬.国外有关学习时间分配决策能力的研究概述.心理科学进展,2004,12(4),524～535.

(三) 元认知的训练方法

1. 言语化训练法

言语化（verbalization）是指伴随思维过程的言语活动，它可能是思考者的自发言语（出声思维），也可能是有实验者引发出来的言语活动。例如，要求被试陈述自己解决问题的步骤的理由、叙述自己解答问题的思维过程、评价自己思维过程的优缺点、发现并诉说解题过程中可能不同的解决问题的思维方向（或思路）等等。

已有大量研究证明，言语化能调动元认知监控的作用，因而能提高学习和思维的效率（Ahlum-Heath, M. E. & Divesta, F. J., 1986）。

2. 他人提问训练法

虽然言语化活动被证明是有效的元认知监控手段，但人不一定会自然地使用这种言语化手段，因此，需要外部的提示或督促。运用外部提示来训练元认知监控技能的实验，一般采取两种方式，一种是训练者（教师或实验者）在被试解决问题的过程中提供一些指向元认知监控的问题，另一种是学生相互提问。

有一个实验（King, A., 1991）让学生解决几个类似于电子游戏的问题。将这些学生随机分成三组，第一组是有指导的相互提问组，将学生每两人分成一组，给每个学生一个提问单（见表6-4），上面列有解决问题的三个阶段的一系列问题，要求学生在尝试解决问题的同时相互提问并作回答。第二组为单纯提问组，还是两人一组，并要求他们在学习解决问题时相互提问，但不给予如何提问的指导。第三组是对比组，既不要求相互提问，也不给任何指导。训练每周2次，每次45分钟，共持续3周。

三周训练之后进行测验，结果表明，第一组的学生在解决老问题和新问题的测验成绩上都高于第二组和第三组，证明训练学生两人一组就一些认知策略知识相互提问，有助于提高元认知能力和解决问题的能力。

表 6-4　供元认知训练用的问题单

不同阶段提出的问题

计划

(1) 这个问题是什么？现在我们打算干什么？
(2) 关于这个问题我们目前知道了什么？已经给了我们哪些信息？这些信息对我们有什么用？
(3) 我们的计划是什么？
(4) 还有其他办法吗？如果……，将会……？
(5) 下一步我们做什么？

监控

(1) 我们遵照了我们的计划或策略吗？我们需要一个新的计划吗？我们需要一个新的不同的策略吗？
(2) 我们的目标变了吗？现在的目标是什么？
(3) 我们步入了解题的正确途径了吗？我们正逐步接近目标吗？

评价

(1) 哪些措施起了作用？
(2) 哪些措施没起作用？
(3) 下一次我们应该有什么不同措施？

3．自我提问训练法

他人提问虽有助于引发元认知自我监控，但自我监控毕竟应该是一种自我调节性的行为，应该具有自觉性。所以，许多研究者愿意采用"自我提问单"的方式来训练被试的元认知技能。

表 6-5 是波利亚（Polya，1945）建议的学习自我提问的启发式问题。波利亚最初提出启发式这一术语时，是为了解决数学问题的，现已证明，启发式的自我提问适用于解决各学科的问题，并且有助于培养学生的元认知能力。

表 6-5　自我提问的启发式问题

解题阶段	启 发 式 问 题
理解问题	* 未知条件是什么？ * 已知条件是什么？ * 已知数据是什么？ * 已知条件能决定未知量吗？多余还是不足？ * 能画一个草图或使用其他记号简化问题吗？
拟定计划	* 过去见过这个问题吗？或者见过这个题目吗？ * 它以稍许变化的方式出现吗？ * 你能发现一个用得上的定律吗？ * 你能想出一个更加容易解决的相关问题吗？ * 你使用所有的已知条件和数据了吗？
执行计划	* 你能清楚地认识到这一步是对的吗？
回顾	* 你能检验结果的正确性吗？ * 你能检验推理过程吗？ * 你能运用这个方法于其他问题吗？

有一个实验（Delclos, V.R., 1991），以小学 5 年级和 6 年级学生为对象，用一种计算机游戏"洛克的靴子"为实验任务。这个实验中向学生呈现一系列涉及到逻辑推理的问题。将学生分为三组。第一组和第二组在解决问题前，用两节课时间（每节 1 小时）进行问题解决的一般策略的教学，所教的策略包括：仔细地阅读问题，辨析问题，思考一个与当前问题类似的熟悉问题。教这些策略时所使用的例子包括"洛克的靴子"问题和其他领域内的问题。教学时每个学生手上有一份提纲，上面印有应该掌握的策略（见表 6-6）及所教的实例。让被试阅读所发的提纲，自己举出更多的例子，回答实验者所提出的问

题。最后,所有参加训练的学生接受一个有 12 个项目的关于所教策略使用的测验,全都达到了及格水平。第三组作为对比组未接受这个训练。

表 6-6　问题解决元认知策略训练的要点

解决一个问题之前
　　(1) 你必须知道要解决的问题
　　(2) 你必须知道解决问题的适当背景。
　　(3) 你必须有正确的态度。
　　(4) 你必须仔细地阅读问题,认真加以思考。
当着手解决问题的时候:
　　(1) 问自己:"是什么导致了这个问题的产生?"
　　(2) 寻找能帮助你解决这个问题的线索。
　　(3) 你可能需要重新定义(或辨析)这个问题。
　　(4) 你可能要把这个问题分解成为几个小部分来解决。
　　(5) 思考类似的一些问题,你过去是怎么解决它们的?
　　(6) 寻找不同的解决办法。
　　(7) 运用自己已掌握的"排除故障"的工具。
解决问题之后:
　　(1) 检查自己的答案是否正确。
　　(2) 如果你的解是不正确的,运用"排除故障的工具"发现自己的错误。

　　第二阶段是实际练习阶段。三个组都参加这一阶段的练习,每人单独练习 8 个题目。每一个题要求学生在计算机上"建造"一个简单的"机器",并学会使用一种有关的基本知识单元。每个学生自己在计算机上练习,直到解完 8 个题为止。

　　对于第一组的学生,每个人给一个回答问题的练习单,这些问题都是用来监控解决问题的认知加工过程的(见表 6-7),要求学生在练习单上写上他们的回答。第二组和第三组没有接受这种训练。

表 6-7　认知过程监控组解题过程中要回答的问题

每一个游戏问题开始之前：
（1）你将要玩的游戏叫什么名称？
（2）你能确定你这一次一定能赢吗？
（3）你仔细看了问题，思考如何解决它了吗？
（4）你有了建造这一个机器的适当背景吗？如果没有，在什么地方去找？

建造了机器，但在开动它之前：
（1）你寻找了有助于你解决这一问题的线索了吗？看是否运用了如下线索？
　　　a.游戏的名称，b.目标的点数，c.其他具体线索。
（2）你重新定义或辨析了问题吗？如何重新定义的？
（3）你把这个问题分解成几个小部分吗？你分成了哪些部分？
（4）你寻找了能帮助你解决问题的一个熟悉问题了吗？如果是的，那么找到了哪一个熟悉问题？

开动了机器之后：
（1）你的机器得了多少点数（打了多少分）？
　　　如果你的机器少于 24 点，请回答下面问题：
（2）你寻找了你的机器出故障的原因了吗？哪一种原因导致了故障？
　　　a.运用了错误的游戏，b.运用了错误的目标，c.其他。
（3）你运用了你所具有的"排除故障工具"去发现问题原因吗？如果是，那么你运用了哪一种？
　　　a.游戏的名称，b.目标的点数，c.其他。

在这期间，实验者并不提供反馈，但记录下每一个学生的每一个题的失败次数。所有三组学生都解决了 8 个问题之后，实验者帮助所有学生复习了问题的答案。

到了实验的第三阶段，学习结果的测验阶段，让所有学生在计算机上独立地解决 16 个问题。学生自己掌握时间，但在前 14 个问题每个题不得超过 30 分钟，第 15、16 题，每个题不得超过 45 分钟。实验者记录下每个学生的每个题用了多少时间才解出来,或在放弃不解时已用了多长时间,并记录每个人正确地解决了多少个问题。

整个实验过程总共所花时间不超过 15 小时,每周 5 次,每次 1 小时,总共时间不超过 3 周。

实验结果统计时,把第三阶段的 16 个题按困难程度分为三个等级。在最简单的问题上,三个组之间没有显著差异,说明第二阶段的实际练习是有一定效果的,能使学生掌握基本的知识和技能。但是,在中等难度的题目上,第一组和第二组都显著超过了第三组,第一组和第二组之间差异不显著,这说明一般策略训练是有效果的,能使学生变得更加善于运用第二阶段实际练习中所掌握的基本知识单元,使这些知识单元由描述性知识变成条件性知识,甚至程序性知识。然而,最令人感兴趣的是,在最难的一些题目上,第一组成绩显著优于第二组,说明元认知训练(使用策略性知识的监控训练)是有效的,特别是对于复杂的困难问题,显得特别有效。它能使人更加意识到解决问题是自己的认知加工策略,更有意识地调节自己的认知加工过程,更自觉地使用所学到的有效知识工具和策略方法。

由上述元认知训练的方式及研究,我们可以发现,元认知训练的主要内容是教会学生如何根据自己的特点、材料的特点、学习任务与要求,灵活地制定相应的计划,采取适当的有效策略,并在学习活动中积极地进行监控、反馈、调节,及时地修正策略和过程,以便尽快和有效地达到目标。这实质上也就是设法让学生学会如何学习。

三、认知策略

(一)认知策略的分类

1. 一般性认知策略和特殊性认知策略

根据认知策略适用的范围来分,可将认知策略分成两种:一般性认知策略和特殊性认知策略。

(1)一般性认知策略

一般性认知策略是适用于多种材料、多种学习类型的认知策略。如阅读策略、记忆策略和解决问题策略等。在认知策略研究的初期，策略的研究以现代认知理论所揭示的一般认知原理为依据，主要集中在构造整体性策略体系。在 60 年代后期和 70 年代初，纽厄尔（A.Newell）和西蒙（H.A.Simon）等通过人工智能的研究发现，一般解决问题的方法在解决问题中非常有效。例如被称为"一般问题解决者"（general problem solver）的计算机程序能应用"爬山法"、"手段—目的分析法"等一般解决问题的方法解决代数和几何题，甚至能弈棋。由此而导致认知心理学家强调一般思维策略的训练。在这一期间产生了一大批一般性的策略体系。如 SQ3R、PQ4R 等阅读策略。这些策略以学生群体为对象，具有广泛的适用性，可以用到多种学科的学习之中。

（2）特殊性认知策略

特殊性认知策略是只适用于某种学习材料或某种学习类型或某个学习环节的认知策略。如后面要讲的"按一定的顺序写，抓住事物的特点写"的写作策略，就属于特殊性认知策略。大约从 80 年代中后期开始，认知策略的研究进入到分化研究的阶段，研究者更多地把目光投向学生的个体差异、学科之间的差异、认知策略的评价与选择。通过专家与新手解决问题的差异的比较研究，发现专门领域的知识和策略比一般解决问题的策略更有效。研究认为，策略训练不能离开专门领域的知识和特殊策略的学习。

2. 复述策略、精加工策略和组织策略

根据信息加工的观点认知策略可以分为复述（rehearsal）策略、精加工（elaboration）策略和组织（organization）策略。

（1）复述策略

复述指对学习材料的维持性言语重复或在选择基础上的保留重复。例如，按一定顺序重复项目的名称，或重复出某部分重点内容以加强信息加工。复述是保持信息的主要途径之一。复述策略指对具体复述方法的选择、运用和调控。如复述时是重点复述还是全面复述的选择、确定全面复述后对复述策略的调整等都属于复述策略。

复述策略的运用是随年龄增大而增强的。研究表明，5岁以下的儿童缺乏足够的、合适的复述策略；6至10岁的儿童在一定的指导下可以使用复述策略，但不能自发地产生有效的复述策略；11岁以上的儿童可以自发使用复述策略，并不断纠正自己的复述行为。

复述策略的发展还与复述策略的训练有关。实验表明，对一组学习有中等程度障碍的青年学生教给正常大学生使用的复述策略，结果该组青年学生的成绩提高两倍多。

（2）精加工策略

什么是精加工？美国威斯康星大学的莱文（Levin, J.R., 1976）在一篇总结近三十年来关于精加工研究的文章中，将其描述为：学习中的精加工是使人们更好地记住正在学习的东西而做的充实意义的添加、构建或者生成。精加工对陈述性知识的获得有重要作用。如教师对学生讲：试验结果表明，"维生素C可以促进白血球的生长"。这对学生是新信息，这一信息进入到学生的工作记忆中，转换成命题的形式。这一命题中的话题有"维生素C"和"白血球"，它激活了学生在长时记忆中贮存的有关命题："维生素C对医治感冒是有效的"，"白血球可以消灭病毒"。被激活的旧命题也进入到工作记忆中，与新命题联系在一起，新命题纳入到命题网络中，这时学生会推论出一新的命题："维生素C能医治感冒的原因是促进白血球的生长"。这个命题既不是外部提供的新知识，也不是长时记忆中原有的知识，而是通过思维产生的，这就是通过精加工而生成的知识。又如，在记忆术中运用联想、谐音等诸种方法来记忆历史事件、外文单词等无意义材料时，人为赋予意义也是精加工的运用。由此可知，精加工是对所学信息附加内容的过程，它可以是逻辑上的推理，也可以是对信息的扩展与延伸，增加已知的例证，补充某些细节或人为增加意义。总之，只要是增加了与新信息相关联的其他内容，都属于对信息的精加工范畴。精加工策略指对具体加工方法的选择、运用和调控。

温斯坦（Wainstein, C.E., 1978年）等人的研究表明，优生比差生不仅更善于选择良好的精加工方法，而且能经常地运用精加工。他从1982年开始研究精加工策略的训练是否能导致学生成绩的改善。训练对象为9年级学生，训练内容为五种加工方法：用句子和意象进行精加工，产生类比，抽取内涵，构成关系，解释意义。指导语是教学生如何把这些方法用于各种学习任务，所用材料是从正规学校9年级的科学、历史、外语和职业教育等课程中选出来的。训练组学生参加5次各1小时的训练，结果表明，训练组的学习成绩优于控制组。

精加工策略是高效率地获得知识的基本条件之一，它不仅能促使新旧知识的联系，增进对新知识的理解，而且促使精加工后的新命题进入到命题网络，在以后需要唤起的时候容易检索，即使直接检索它出现困难时，也能通过命题网络间接地把它推导出来。

(3) 组织策略

所谓组织就是提取信息中的重要项目后再进行整理归类，并对各类及各类所属项目之间的关系进行编码。组织是将信息由繁到简、由无序至有序处理、加工的一个重要手段，是对信息深加工的一种重要形式。它能有效地加强与提高对材料的记忆、理解与表述。组织策略是对具体组织方法的选择、运用和调控。

斯普林 (Spiring, C., 1983) 发现，成功的大学生比不成功的大学生更善于运用组织策略。桑狄克和史塔斯 (Thorndyke, P.W., & Stasz, C., 1980) 在其地图学习的研究中也发现，好的学习者更有可能使用组织策略。

概括策略是组织策略中的一种重要形式，一直受到人们的重视。

概括指在一组信息中以上位概念代替下位概念或抽出要义把材料组织起来。如何概括？布朗和戴 (Brown, A.L., & Day, J.D., 1983) 曾将概括方法从易到难归纳为五种基本方式：略去枝节、删掉多余、代以上位、择取要义、自述要义。略去枝节是概括时舍去不重要的材料。删除多余是去掉冗余信息。代以上位的情况有二：一是以一个类的标记去总括属概念，如以船代替"木船"、"战舰"、"潜水艇"；二是用一个更一般的行动代替特殊行动。择取要义指找出一个主题句。自述要义指对无现成主题句的段落，在阅读之后构思出一个命题或中心思想。择取要义和自述要义是更高级的概括，涉及对句子进行有序加工，比前三种基本方式更困难。

概括策略指对具体概括方法的选择、运用和调整。据了解,就是我国重点学校的高中生以择取要义、自述要义方式进行组织的也为数不多,尤其是以后种方式组织的就更少。

布朗和戴(1983)对 5、7、10 年级学生、四年制大学的 1 年级学生进行了对比研究,发现各组均使用了略去枝节和删掉多余这两个概括策略,使用的合格率在90%以上。而对于更复杂的概括策略,则出现了年龄差异,见表 6-8。

表 6-8 使用概括策略的年龄相关差异*

	代以上位	摘取要义	自述要义
5 年级生	0.26	0.28	0.14
7 年级生	0.31	0.33	0.23
10 年级生	0.54	0.52	0.38
四年制大学生	0.55	0.53	0.46

*表中数据是恰当运用概括策略的时间比率。

根据已有的研究,儿童能自发地使用组织策略一般要到 10 岁或 11 岁。但经过教学训练,可以提高儿童在不同水平上使用组织策略。

(二)认知策略的学习过程

如第四章第一节所述,认知策略的学习同样经历三个阶段。(1)习得阶段,这时认知策略的学习处于陈述性知识阶段,认知策略通常被归纳为一些对学习方法选择、运用和调整的规则和步骤。(2)巩固与转化阶段,这时认知策略由陈述性知识转化为程序性知识,认知策略(对学习方法选择、运用和调控的规则或步骤)开始支配、调节学生的学习行为。在该阶段,教师要提供应用策略的示范并指导学生通过变式练习应用策略。这时教师要注意尽可能使学生从一开始就体验到策略的有效性,这样会进一步激发学生进行策略学习的动机。(3)提取与应用阶段,这时认知策略已成为对内调控的规则,它被用来在变化的情境中解决新问题。在该阶段,学生要学会在各种不同条件下应用认知策略（即在不同条件下选择、运用和调整学习方法）。这样认知策略才能有效地向新情境迁移。

认知策略是学生在长期的学习过程中形成的。如果教师在教学中有意识地进行认知策略的训练，则能进一步提高学生学习的效益。在认知策略教学中，应当遵循学习方法教学和元认知教学相结合的原则，使学生建立良好的认知策略。因此，要做到：（1）教给学生大量可供选择的学习方法。（2）教给学生元认知方面的知识。（3）提高学生在学习过程中的监控性、迁移性和反馈性。

（三）影响认知策略学习的条件

1. 内部条件

（1）原有知识背景

研究表明，策略的应用离不开被加工的信息本身，学生在某一领域的知识越丰富，就越能应用适当的加工策略。一个以小学一年级学生为被试的实验，要求学生利用生成表象策略记忆配对词组。这些配对词组被分为两组，A组由被试所熟悉的动物组成，B组则由被试不熟悉的动物组成：

A组例子		B组例子	
大象—强壮	松鼠—灵巧	猞猁—敏捷	伯劳—凶猛
狗熊—愚蠢	乌龟—长寿	树懒—迟缓	考拉—可爱

研究发现，当被试记忆熟悉动物的配对词组时，能较好地利用生成表象策略，记忆成绩也较好。而当他们记忆陌生动物的配对词组时，策略应用明显存在困难，记忆效果也较差。由此可见，学生的原有知识背景是策略学习与应用的一个重要条件。

（2）元认知水平

元认知水平的高低制约着学生对策略的学习和应用。元认知水平高的学生通常会主动、有意识地寻求对策略的学习，并且他们能够有效地觉察学习过程中出现的问题，不断地调整自己的学习。在运用策略的时候，元认知水平高的学生善于选择适合任务的策略，并随着策略的运用，不断进行反馈调节，甚至可以在必要的认知策略成分未曾教过的条件下，填补策略的空白。元认知水平低下的学生一般不会主动地进行策略学习，只能做到老师怎么教就怎么学。而且即使掌握了一定的策略，也很难自觉地使用它，就是使用起来也是生搬硬套，缺乏灵活性。一般而言，元认知水平的高低受年龄发展的限制。但是在教学生认知策略的同时，有意识地培养其元认知能力也是非常必要的。

（3）动机

动机的种类、强弱不同，对策略学习的作用也就不一样。比如，具有内在动机的学生在学习时积极主动，通常能尽力独立完成学习任务而不依赖于他人帮助，常倾向于尝试新任务和新方法，并且倾向于选择和使用有意义的和起组织作用的策略。而具有外在动机的学生一般要在老师的要求和督促下进行学习，比较依赖老师的教。教师提倡使用什么方法，就倾向于采取什么方法，缺乏独立性和钻研精神，对策略学习喜欢死记硬背，常常不能将所学的策略迁移。另外，动机强的学生倾向于经常使用他们习得的策略，动机弱的学生对策略的使用不敏感。

（4）归因模式

研究者普遍认为，归因是否适当是影响策略学习的一个重要因素。格纳（Garner，1990）曾分析了阻碍学生策略学习的原因，认为归因不当会妨碍学生对策略的学习。他指出，大多数学生一般倾向于把自己的学习活动结果归因于能力、努力、任务的难度、运气等，而很少把策略包括在归因的维度之内。如果学生认为学习能否成功主要取决于能力高低（而且还认为自己缺乏胜任能力），那么，为什么还要去认知策略呢？如果学生认为自己成功的原因在于运气，那还运用什么策略呢？所以，教学要改变学生的低水平的认知策略，就要同时改变他们这种不良的归因倾向，要使他们体会到运用了好的认知策略，学习效率就能提高。

（5）自我效能感

自我效能感是学生策略学习的重要内部制约因素。一些研究指出，学生的自我效能感与其认知策略有显著正相关。自我效能感高的学生对自己的学习能力充满信心，积极主动地投入学习活动，并常常倾向于选择富有挑战性的任务，敢于面对困难，而且他们常常乐于尝试新的策略和方法，认知策略不断得到充实与丰富，水平不断提高。而自我效能感低的学生则由于对自己能力的消极观念抑制了学习的主动性和努力程度，在学习过程中常常处于被动应付状态，并倾向于选择简单容易的任务，在困难面前畏首畏尾，缩手缩脚，甚至回避，不敢也不愿尝试新的策略与技能，所以其习得的策略少、水平也低。

2．外部条件

（1）训练方法

训练方法是影响策略学习的重要外部因素。学生的策略学习能力具有极大的潜在可能性，而要使学生的这种潜在可能性转化为现实性，其关键就在于教师的教，教不得法，则有可能阻碍、延误学生的学。那么，究竟采用什么样的训练方法最适合学生的策略学习呢？如何才能促使学生掌握更多的认知策略，并能有效地运用？到目前为止，关于这个问题仍然没有一个统一的看法，大家各执己见。在此，我们仅提出两条基本公认的原则：

①结合学科的教学进行策略训练。不要把策略作为孤立的课程来教，而应该作为学生面临的实际学习任务的一部分来教，注重和学科教学的密切配合，因为策略的应用往往离不开具体的学科内容。

②练习的一致与变化。教师提供给学生的练习情境既需要与原学习情境相似又要有所变化。通过相似情境的练习，使学生进一步熟悉、巩固所学策略；而又只有经过在变化了的情境中的练习，学生才能认识到所学策略的适用条件，进而调控学习活动。

（2）外显的操作步骤

认知策略是个体对自己学习的调控活动，是一种内在过程，很难从外部直接观察到，但是它仍然可以在个体的学习行为中得到反映。反过来，如果我们把认知策略转化为一套外显的操作步骤来控制学习者的学习行为，那么我们就有可能培养学生的良好学习行为或习惯，改变其不良的学习行为或习惯，进而培养他们的认知策略。

例如，许多中小学生，甚至大学生都存在各种阅读困难，这往往是由于学生的不良阅读策略或阅读习惯造成的。为了解决这类问题，国内外许多研究者开发了各种各样的技术来帮助提高学生的阅读能力，其中一项得到广泛应用的技术为 PQ4R 阅读策略。根据该策略的要求，学生在阅读中应采用如下步骤：

①预习（Preview）：涉猎全章以确定其探讨的一些总课题。研究作为单元来阅读的各分段。把下述四个步骤应用在各分段上。

②提问（Question）：提出有关分段的问题。往往只须把各分段的标题改为一些适当的问句。例如一个分段的标题是"思维的信息加工理论"，就可以改成这样一些问句："何谓思维的信息加工理论？"、"这一理论效果何在？"等。

③阅读（Reading）：仔细阅读本分段的课文，试着回答自己关于分段所拟定的问题。

④思考（Reflect）：在阅读中思考课文，力图予以理解，想出一些例子，把教材和原有的知识联系起来。

⑤复述（Repeat）：在学完一个分段后，试着来回忆其中所包含的知识，力图回答自己对本分段所提出的问题。如果不能充分回忆，就重读记忆困难的部分。

⑥复习（Review）：学完全章后，默默回忆其中的要点，再次试着去回答自己所提出过的各个问题。

PQ4R 策略的名称就是其六个操作步骤的英文名称缩写。如果学生掌握了这套操作步骤，能根据具体情况调整自己的阅读行为，提高了阅读效果，则可以认为，他们已掌握了这种阅读策略。了解了上述影响策略学习的内、外部条件，教师在策略教学时就可以据此进行教学设计，创设有利于学习的内、外部条件，排除不利因素，使策略教学收到最佳效果。

（四）认知策略的培养与训练

1. 复述策略的培养与训练

教学是发展复述策略的有效途径，教师可通过以下措施来发展学生的复述策略：（1）经常要求学生复述，培养复述习惯。（2）要求学生掌握多种复述方法。如要求学生复述课文的全文或重点段；要求学生用自己的话复述课文主要内容和题目;要求复述思路或思考过程等。(3)对学生的复述要给予引导,不能把复述搞成简单的死记硬背,而应通过复述更好地了解材料之间的意义、连接、关系或使之变得明显,易于从记忆中恢复。(4)对复述的要求应逐步提高,不能只停留在原内容的重复水平上,应逐步过渡到有选择性的重点复述。(5)要引导学生根据教材或教师的要求对自己的复述过程进行清晰的认知和调控。

2. 精加工策略的培养与训练

(1)课堂教学速度要适当

人的工作记忆容量有限,如果课堂教学速度过快,学生还来不及精加工又进入到新的内容,那么其结果是可想而知的。因此,课堂教学速度要适当,不能像放连珠炮似地给学生连续轰炸,要给学生留有思考的余地与时间。

(2)课堂教学中随时注意新旧知识的联系

最常用的方式是教学新课前,复习与新知识紧密联系的旧知识,使学生能顺利地将新旧知识联系在一起,将新知识纳入旧知识网络。这里特别需指出的是,为新课作准备的旧知识复习,不能是笼统的复习,而应是有针对性的复习。如何进行有针对性的复习呢?①从旧知识中选择恰当的新知识的自然生长点。②采用类比教学方式,以学生熟悉的事例、深入浅出的比喻,把新知识与旧知识巧妙地联系起来。③设计"先行组织者",引导学生把新知识与旧知识相联系。

(3)在知识的教学中贯穿方法的教学

如结合教学内容,不断地向学生介绍一些精加工的实例,让学生掌握精加工的方法,通过模仿逐步学会精加工,从被动地接受知识转变为主动地加工新知识。

记笔记和做笔记(note taking & note making)是心理学研究较多的一种精加工技术。威特罗克称之为生成技术。研究表明,记笔记有助于指引个人的注意,有助于发现知识的内在联系,有助于建立新知识与旧知识之间的联系。

心理学家认为,记笔记有两步,第一步是记下听讲中的信息(这一步是 note taking）；第二步是使记下的信息对自己有意义，即理解它们（这一步是 note making）。如果笔记仅停留在第一步，对学习将无大的帮助。重要的是进入第二步——对笔记加工。

有人建议采用如下方法做听课笔记：
①留下笔记本每页右边的 1/4 或 1/3；
②记下听课的内容；
③在整理笔记时，在笔记的留出部分加边注、评语等。

其中③非常重要，这些边注、评述或其他标志不仅可以促进学生的理解，而且可以为他们今后的回忆提供线索。

研究表明：有些学生自己做笔记并复习自己的笔记；有些学生自己做笔记，但未复习笔记内容；有些学生自己不记笔记，借用他人的笔记。前一做法的学习成绩较后两种做法要好。研究还表明，借用笔记复习的人也能从中得益。复习笔记内容是一种再加工过程，能促进学习。

为了培养学生做笔记的良好学习习惯，教师讲课时应注意如下几点：
①讲课速度不宜过快；
②重复比较复杂的材料；
③把重点写在黑板上；
④为学生提供一套完整和便于复习的笔记；
⑤为学生记笔记提供结构上的帮助，如列出大、小标题，标明知识的层次。

另外，像写概要、用自己的话写出注释、创造类比、自问自答等技术都属于精加工。应让学生多掌握一些精加工方法。

（4）教学生选择、运用和调整精加工方法

要训练学生对自己的精加工方法经常反思、评价和调整，并形成习惯。

3．组织策略的培养与训练

（1）教给学生组织材料的步骤

组织材料的步骤通常分为三步：①提取材料中的要目；②对提取

的要目进行分类；③按类与类及所属项目间的关系进行重新梳理、构建，得出一个简明有序的结构。

例如，可以把消费商品的概念关系画成图 3-8，见第三章第二节。

(2) 培养学生的概括策略是提高组织水平的关键

组织材料最重要的步骤是提取要目，而提取要目的实质就是概括。学生概括策略的培养不是一蹴而就的，往往要经过一个循序渐进的过程。布朗提出的概括的五种基本方法（详见本节第三个问题），正好为概括策略的培养提供了从易至难的五教学层次与步骤。不同的学生可从不同的步骤开始，至于从哪一步骤开始，取决于学生所达到的概括层次。

也有的心理学家建议采用如下步骤训练学生列结构提纲：①给学生提供较完整的结构提纲，其中留出一些下位的细目空位，要求学生通过阅读或听讲填补这些空位；②提纲中只有一些大标题，所有小标题要求由学生完成；③提纲中只有小标题，要求学生写出大标题。

(3) 让学生多练习组织并对组织的过程、结果进行总结、评价和调整

凡是需要归纳、小结和系统化的材料应让学生自己组织。刚开始时可在教师的指导下进行，然后逐步让学生独立操作。对学生归纳的结果和过程，教师要引导他们进行总结、评价和调整，并逐步过渡到学生自己进行。最终使学生学会能根据材料的特点，选择和运用适宜的组织方法，并对运用过程进行调整。

第七章 问题解决与创造思维

问题解决是信息加工过程中较为复杂的过程。学生的认知学习，在很大程度上是为有效地解决问题奠定基础；而创造性地解决问题是我们追求的最终目标。因此，对问题解决中相关的规律进行探讨就成为教育心理学中认知学习部分的重要内容之一；本章还特别对创造思维及其培养进行了介绍。

第一节 问题解决

一、问题与问题解决的性质

（一）什么是问题

什么是问题？加涅（Gagne，R.M.）认为问题"必须是个体首次遇到的，且无现成的可回忆的经验加以解决的那种情境"。这个定义强调的是问题的个体性、首次性及非提取性，比较好地限定了问题的情景，对我们研究问题解决提供了基础。即问题是这样一种情境，个体想做某件事，但不能马上知道这件事所需采取的一系列行动。如我国传统的韩信分油游戏，"3斤葫芦7斤罐10斤油篓分一半"就是用盛3斤、7斤和10斤的三个容器分出两个5斤来。如果首次遇到此情境，这就是一个问题。也可以把问题定义为，给定信息和目标之间有某些障碍需要被克服的刺激情境。

一般情况下，人们在遇到某个事件的时候，总是倾向于分析其中已知的是什么，未知的是什么。这实际上是人们在自发地对所碰到的情景进行表征。研究者认为，对问题的定义与对问题的表征是无法分离开来的。认知心理学认为，人们可以把问题表征为三种状态，即初始状态、目标状态，以及中间状态。当初始状态和目标状态是已知的，但是如何从初始状态达到目标状态的路径是未知的时候，就存在了一个问题（problem）。

根据对问题进行表征的三种状态，可以对问题的类型作一个简略的划分：

表 7-1 问题的类型

状态	1	2	3	4	5	6
初始状态	已知	已知	已知	已知	未知	未知
中间状态	已知	未知	已知	未知	已知	未知
目标状态	已知	已知	未知	未知	已知	已知
问题的属性	不属于问题	典型的问题	定义不良的问题			
知识的含量	知识含量丰富/知识含量贫乏					

（二）什么是问题解决

问题解决一般是指形成一个新的答案，是指在问题情境中超越过去所学规则的简单运用而产生的一个解决方案。问题解决需要把掌握的简单规则重新组合。当常规的或自动化的反应不适应当前的情景时，问题解决就发生了。这就是说，它需要应用已习得的概念、规则，进行一定的组合，从而达到一定的目的。

按照信息加工观点，问题解决就是设法从问题的初始状态一步步转变为目标状态。将一种问题状态转化为另一种状态的操作称为算子，问题解决的过程就是利用算子从初始状态转变到目标状态的过程。

二、问题解决的理论

许多问题要借助于人的思维活动才能解决,而解决问题的过程又体现着一个人思维活动的历程。

(一)信息加工的模式

信息加工理论从信息加工转换的角度来分析问题解决的过程,将问题解决看成是信息加工系统(即大脑或计算机)对信息的加工,把最初的信息经过加工转换成最终的信息状态的过程。他们认为,在解决问题的过程中主体会遇到各种问题情境,这些问题情境的综合就构成了问题状态,问题状态可以分为初始状态、目标状态以及从初始状态到目标状态的一系列中间状态。纽厄尔和西蒙(A. Newell & H. A. Simon,1972)提出了"问题空间"这个术语代表问题表征的三种状态,并认为问题解决的心理过程就是对问题空间进行搜索。按照纽厄尔和西蒙的设想,问题解决的目的就是设法从问题的初始状态一步步转变为目标状态。将一种问题状态转化为另一种状态的操作称为算子,问题解决的过程就是利用算子从初始状态转变到目标状态的过程。信息加工心理学家在研究问题解决的心理过程时,经常根据搜索的方式,将其分为两类,即算法法及启发法。所谓算法法是指尽可能穷尽所有的可能途径来达到问题解决的方法;而启发法则是希望通过采取当前最满意的行动来达到问题解决的方法。算法法的寻找过程是繁杂的,但是这种方法最终一定解决问题;启发法是比较聪明而且常用的方法,但是有时无法解决问题。

(二)现代认知理论的模式

现代认知理论从认知的角度来解释人类解决问题的过程。它们既不利用动物也不借助于计算机,而是研究人类解决某类问题的实际过程。对问题解决技能的培养和教学具有更好的指导意义。其中有代表性的有:奥苏伯尔和鲁宾逊的模式,格拉斯的模式,基克等人的模式。

1. 奥苏伯尔和鲁宾逊的模式

奥苏伯尔和鲁宾逊（Robinson, F.G.）以几何问题的解决为原型，于 1969 年提出了一个解决问题的模式（见图 7-1），认为问题解决一般要经历四个阶段：

第一，呈现问题情境；

第二，明确问题的目标和已知条件，将问题情境与已有的知识基础或认知结构联系起来；

第三，填补空隙，这是解决问题的核心，即根据已知条件和目标，根据有关背景命题、某些原理或策略来填补问题空间；

第四，解答后进行检验。

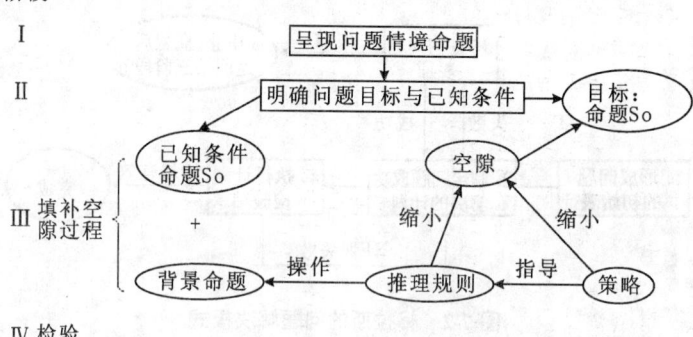

图 7-1　奥苏伯尔和鲁宾逊的问题解决模式①

奥苏伯尔曾考察过这一解决问题模式在学校其他学科方面的适用性。他发现，有些学科并没有出现与数学及自然科学相同的解决问题过程，它们的内容并未按顺序组织起来，也缺乏有组织的原理。然而，这个解决问题模式对于非自然科学方面的教师分析高层次的任务是有益的。

这一模式的特点是不仅描述了解题的一般阶段，而且指出了原有认知结构中各种成分在解决问题过程中的不同作用，为培养解决问题

---

① 邵瑞珍主编. 教育心理学. 第二版. 上海：上海教育出版社, 1997.124.

的能力指明了方向。从这一点来看,该模式对问题解决能力的实质性分析超出了早期的认知观,与信息加工观相接近。

2. 格拉斯的模式

格拉斯(Class, 1985)把问题解决的过程划分为既相互区别又相互联系的四个阶段:

第一,形成问题的初始表征,即对问题进行理解;

第二,制定计划,寻找出解决问题的方法;

第三,重构问题表征,即对问题的进一步理解或对以前的理解的修正;

第四,执行计划和检验结果。

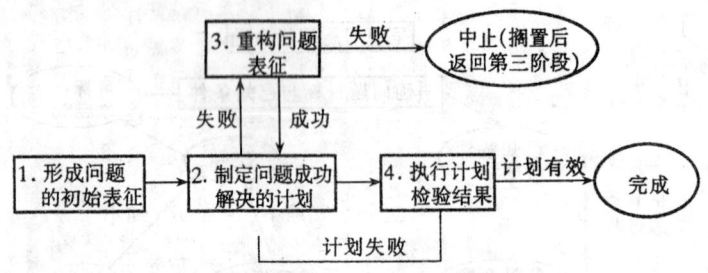

图 7-2　格拉斯的问题解决模式

这一模式将问题解决的四个阶段有机地联系在一起,同时提出问题解决的过程不是线性的而是迂回曲折的,会遇到挫折、失败或停顿等。

3. 基克等人的模式

基克等人(Gick, M.E., 1986; Derry, 1992; Derry & Muphy, 1986; Gallini, 1992; Slavin, R.E., 1994)根据对解决问题策略的研究,认为一般性的解决问题的策略包括四个阶段,并在此基础上提出了一种有助于一般性问题解决策略教学的模式。

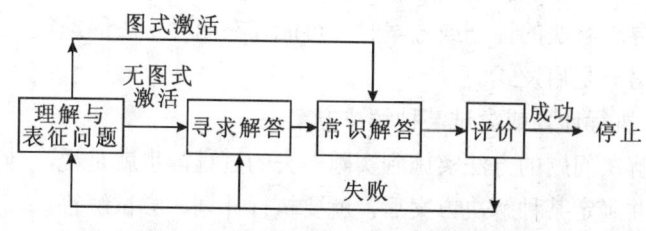

图 7-3 基克解决问题过程的模式

(三) 斯腾伯格的问题解决循环论（problem solving cycle）

斯腾伯格（Sternberg, R.J. 2002）认为问题解决由 7 个步骤组成。当人们运用这些步骤解决问题时，他们几乎从来都不会严格按照这里所呈现的顺序加以运用。与此相反，他们进行几个步骤，然后转回来再重复其中的几个步骤，甚至一个问题的解决往往导致新的问题的产生。即解决问题的步骤不是一个线性的发展过程，而是循环过程。

步骤 1　确认问题的存在
步骤 2　定义该问题
步骤 3　表征和组织关于问题的信息
步骤 4　设计或选择一个问题解决的策略
步骤 5　分配问题解决的资源：时间、努力、金钱、空间、设备和材料
步骤 6　监控问题解决
步骤 7　评估问题解决的方案

(四) 小结

总结前人的研究，可以得到，问题解决的步骤大体涉及如下几个阶段：

1. 理解和表征问题

了解所要解决的问题是什么，从各种信息中忽略问题的无关信息，识别出问题的相关信息，在此基础上，理解问题并形成问题的表征。

2. 寻求解决的计划或方案

在寻求解决的计划或方案时，可能存在两种一般的途径：一是算法式，另一是启发式。

3. 执行计划或尝试某种解决方案

把解决问题的方法实施到实际中去的过程。也就是说，当表征某个问题并确定某种解决方案后，就要执行计划、尝试解答。

4. 对结果进行检验

当选择并完成某个解决方案之后，还应该对结果进行检验。

三、问题解决的影响因素

（一）问题情境

有一个问题，已知圆的半径 r，求圆的外切正方形的面积。给出的图形如图 7-4 所示。在这种情况下，被试的思维可能会遇到阻碍，但如果给被试的问题如图 7-5 所示，问题可能会变得简单。因为图 7-4 中的半径 r 初看上去似乎与圆的外切正方形的边长没有直接关系；而图 7-5 中的半径 r 一眼就能看出它是圆的外切正方形的边长的一半，这样求正方形的面积就变得简单了。

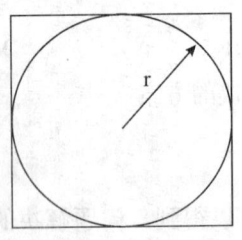

图 7-4　求圆的外切正方形的面积图示之一

第七章 问题解决与创造思维 249

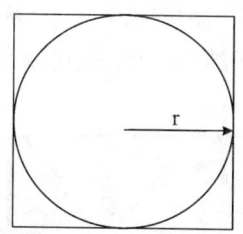

图 7-5 求圆的外切正方形的面积图示之二

（二）功能固着

问题解决者常常受物体常见作用的影响，而对其他的作用视而不见，此乃功能固着。这对问题的解决有很大的干扰。

董克尔曾经做过这样的实验，后经美国几位心理学家重复得到了同样的结果：

问题：应用桌上的物品，把三支蜡烛竖直地安置在软木屏上，当蜡烛燃烧时，蜡油不能滴落在地上。桌上有三个用纸板做成的盒子、几根火柴和几枚图钉。但在安排这些物体时做了不同的布置，对 A 组参加实验的人来讲，三个盒子分别装有蜡烛、火柴和图钉；对 B 组，盒子都是空的，放在其他三种物体之间，并不是作为容器用的。结果，在限定的 20 分钟之内，A 组仅有 40% 被试能解决问题，而 B 组则有 86% 能解决（方法是用图钉将盒子钉在木屏上，把蜡烛垂直放在盒子上），如图 7-6 所示。

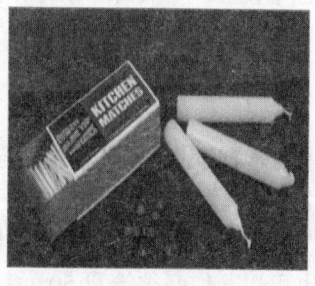
（A）

（B）

图 7-6 功能固着对问题解决的影响

梅厄的双绳问题似乎更加著名：要求被试想办法把两根能抓住一根就抓不到另一根的绳子结在一起，他可以利用室内的物品。如图 7-7 所示。

图 7-7　解梅厄双绳问题

正确的办法是将老虎钳系在一根绳上，让它做钟摆运动，以便当被试握住另一根绳时可以把它抓住。如果在解决这一问题之前，让被试连接一个简单的电路，而这一活动需要他使用老虎钳。那么，在上述问题的解决过程中，被试使用老虎钳做摆锤的可能性便较小，尽管它显然是用于这种目的的最好物体。

这些结果都显著地证明了，功能固着对于有效地解决某些问题是一个很大的障碍。

（三）多余信息

多余信息会给被试的思路带来消极影响。有一个买马卖马的问题，可以探讨多余信息对问题解决的影响。题目是这样的：有一个人到街上去，花了 30 元钱买了一匹马，转手卖了 40 元。卖完就后悔了，想把它再买回来，但对方说，买回来也可以，你必须给我 50 元钱，于是，想买回马的这个人找人借了 10 元钱，把这匹马又买了回来，反手卖了 60 元。问在整个买马卖马的过程中，他到底赚没赚钱？赚或赔了多少钱？如果你觉得为难，肯定是受了借钱的影响，当然买卖中相差 10 元，也会给你一些干扰。

（四）顿悟

顿悟是指突然的领悟或理解。有这样一个问题，甲、乙两个瓶子，其容量都超过了 12 毫升。甲装着从太平洋里舀来的水，乙则装着从大西洋里舀来的水，各为 10 毫升。现在，从甲瓶子里往乙瓶子里倒 2 毫升，然后将乙瓶子里的水摇匀，再倒给甲瓶子 2 毫升。问此时哪只瓶子里的外来水多（所谓外来水是指甲瓶子里的大西洋水，乙瓶里的太平洋水）？如果你仅凭思考不去计算，可能会认为是乙瓶子里的外来水多；如果你仔细计算，可能会得出两瓶里的外来水一样多的结论。如表 7-2 所示。但如果抛开过程，只想结果，正确答案一目了然，两个瓶子里的水开始各是 10ml，结果还是各自有 10 ml，那么甲瓶子里有多少外来水，乙瓶子里也应该有多少外来水才是。想通了，你会有豁然开朗的感觉。

表 7-2 外来水的计算

	原有	甲给乙	乙给甲	外来水
甲	10ml	8ml	10ml	2×10/12=10/6
乙	10ml	12ml	10ml	10×2/12=10/6

（五）迁移

迁移是指对一个问题的解决影响到对另外问题的解决。

用 4 条线段将图 7-8 中的 9 个点连在一起，要求一笔画完。

● ● ●

● ● ●

● ● ●

图 7-8 九点问题图

如果你觉得很为难,请将图 7-9 中的 4 个点用一个三角形连在一起。

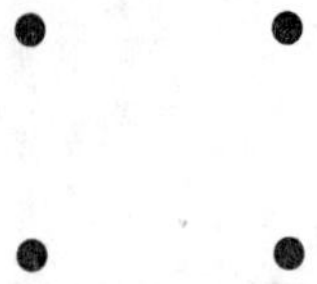

· ·

· ·

图 7-9　四点问题图

如果一味从四个点内部寻求答案,无论如何都没有结果。但如果突破四个点的局限,问题就很容易解决。见图 7-10。

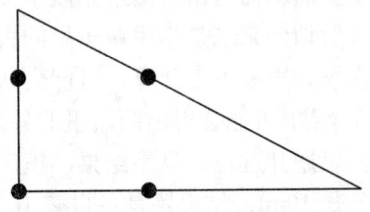

图 7-10　四点图解决方案示意

现在再来看九个点的题目,就会觉得容易得多。答案见图 7-11。

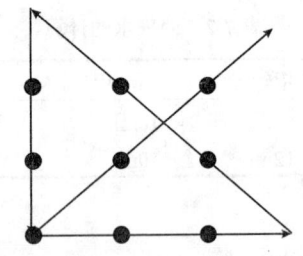

图 7-11　九点图解决方案示意

（六）定势

定势又称心向,是指心理活动的一种准备状态。它影响对问题的解决。

希尔加德（Hilgard, E.R.）1962 年曾提出一个有趣的问题,要学生们思考:

两只小船相向而行。一只从东城开向西城,每小时 60 英里;另一只从西城开向东城,每小时 40 英里。天空中有一只鸟,与两只小船同时起程,鸟的飞行速度是每小时 80 英里,它的起飞地点是东城,当它与西城始发的船相遇时,它便往回飞,与东城的船相遇后,再返身回飞,一直到两船和鸟于东西城之间某处相遇为止。两城水路相隔 100 英里。问题是,鸟在此期间共飞行了多远的路程?如图 7-12 所示。

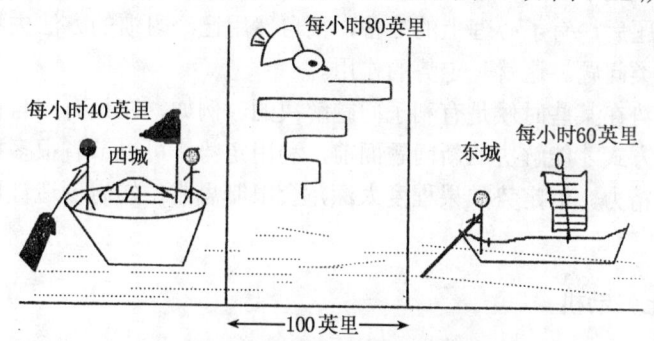

图 7-12 考察定势作用的问题图示

笔者曾就此问题考察大学生,有 2/3 以上的学生,开动脑筋,列方程式,而很少有人直接报告结果。说明学生受了图中所示鸟往返飞行的一种状态的影响,而将简单的问题复杂化了。

更加典型地揭示定势作用的是心理学家陆钦斯的实验,要求用给定的容器量出一定的液体。如表 7-3 所示。

表 7-3 陆钦斯(Luchins,1942)的量水实验

题序	容器			要测量的液体的量
	A	B	C	
1	21	127	3	100
2	14	163	25	99
3	18	43	10	5
4	9	42	6	21
5	20	59	4	31
6	23	49	3	20
7	15	39	3	18
8	28	59	3	25
9	14	36	8	6

前面 5 个题只能用 B-A-2C 来解决；后面四个题除了可以用上述方法以外，还可以用更简单的方法解决。如，第 6 小题，可以用 A-C。实验中，将被试分为实验组和控制组。实验组被试从第 1 题开始做起；控制组被试从第 6 题开始做起。考察所有被试在 6~9 题中的解题方法。结果发现，用简单方法解决 6~9 题的，实验组被试仅有 17%，而控制组被试则 100%用简单方法解决问题。这是因为实验组被试做完前面几个题后，有了心理上的准备，很自然用已经习惯的方法去解决简单的同类问题。这就是定势的作用。

定势在某些时候是有利于问题解决的。例如，在只有用自己已经习惯的方式才能解决的新问题面前，利用定势，可以节省很多探索的时间和精力。但定势如果程度太深，会限制思路，妨碍创造性地解决问题。

（七）动机

动机影响问题解决，在心理学上早有研究。第四章图 4-2 是动机对问题解决影响的研究结果。

由图 4-2 可见，动机水平适中时作业效率（即作业的相对成绩）是最高的。但这种"水平适中"又随作业难度而改变，当作业高度复杂时，最佳的动机水平应适中偏低些；当作业比较简单时，最佳动机水平应适中偏高些。

（八）专家与新手的差异

近三十年来，认知心理学家逐渐将研究重心转移到人如何解决知识含量高的那些问题。通过对各个不同的专门知识领域中专家与新手的对比研究，他们发现，在解决专门领域中的复杂问题方面有专长的专家，对于本专业领域有更好的观念性理解，且掌握了本专业领域中更多的自动化技能，两者间的互动不仅建立起更为深入的问题表征，而且也使他们熟知在各种条件下采用何种基本技能。这样，专家在解决本专业形形色色的问题时，总能显示出善于决断的决策特征。

格拉泽和齐（R. Glaser & M. T. H. Chi，1988）对有关的研究作

了系统的概括，他们认为，专家与新手解决问题的能力差异表现在六个方面。

1. 有意义的知觉模式的差异

测量知觉模式的典型方法是：给被试呈现某个方面的信息，然后请他复现这些信息。例如，有人以国际象棋专家和新手为被试，给他们呈现一典型的对奕棋盘，看5秒。然后要求他们在空棋盘上复现看到的棋子位置。结果表明，国际象棋大师看一眼能复现20多个棋子及其位置，新手只能复现4~5个棋子及其位置。这说明专家能知觉较大的有意义的刺激模式，新手不具备这样的能力。类似的实验在许多领域进行了重复。齐还以优秀的儿童棋手与成人新手、儿童新手进行对比实验，结果表明，优秀儿童棋手比成人或儿童新手有更大的棋子的知觉模式。这一研究表明，年龄不是决定棋子的知觉模式的关键因素，关键因素是专门知识的水平。

2. 短时记忆和长时记忆的差异

切斯和埃利克森（C. Chase & Ericsson）发现一位跑步运动员记忆数字的能力很强。通过仔细研究发现，该运动员记住了大量的跑步比赛成绩的数字记录。他利用已知的大量有意义的数字模式帮助记忆。他的短时记忆可以达到记住80个数字的水平，大大超过常人只能记住约7个数字的水平。这是由于他的原有知识和利用原有知识将新信息组成较大组块的记忆策略。

同样，专家在他熟悉的领域有较优越的长时记忆能力。现代认知心理学的研究表明，人的长时记忆能力决定于他的知识的加工深度。知识加工程度越深，记忆效果越好。而加工深度又决定于他采用的策略。策略的适当性又与个人在专门领域的知识基础密切相关。

3. 技能执行速度的差异

某一领域的专家在基本技能方面的掌握已达到高度熟练的程度，有的已达到自动化。在解决复杂问题中，由于这些基本技能自动执行，便减轻了他们的短时记忆负担，他们可以把精力集中于运用策略，完成需要高水平思维方面的任务。

此外，专家有时解决问题速度快的另一个原因是，他们不必一步一步地进行推理。格拉泽提出了机遇推理（opportunistic reasoning）概念。这种推理是专家在收集信息到一定程度之后，偶然抓住的。如电子工程专家在检测机器故障时，不必预先计划每一步，在检测过程中，他们可能偶然出现某种想法，而这种想法与已经收集的信息相一致，由此而导致问题迅速解决。

4．用于表征问题的时间差异

在解决常规问题时，专家比新手快得多。但在解决困难的新问题时，专家用于表征问题的时间比新手要长一些。原因是他们有更多可供利用的知识，他们需要思考与当前问题最有关的是什么知识。例如，有人曾给前苏联问题专家与新手这样一个问题："为苏联企业提出一项政策以增加企业的产量"。对专家的解题过程的原始记录分析表明，他们解题时间的25%用于表征问题，例如，他们利用自己有关苏联政策的知识，对解答的结果可能是什么加上了一些限制条件。而新手仅用解题时间的 1%表征问题。许多数学教师发现，代数学得好的学生在解题前常常给问题创造有意义的表征，而代数学得差的学生通常不思考问题的意义就开始把数字代入公式。

5．表征的深度差异

当遇到一个新问题时，专家能很快抓住问题的实质，根据问题的内在结构表征问题，如齐等研究具有博士学位的物理学专家和刚学过一门物理学课程的大学生之间在物理问题表征上的差异。研究者给出20个描述物理学问题的名称。当请新手和专家将问题分类时，新手的典型名称是"斜面上的木块"，专家使用的典型名称是"牛顿第二定律"。在研究计算机编程序专家和新手表征问题时，也发现了同样的差异。编程序专家按用于解决问题的算法将问题分类，而新手则根据该程序能做什么，如产生一系列英文字母表上的字母来将问题分类。因此，根据问题得以解决的原理对问题进行表征被认为是问题的深层表征。

6．自我监控技能的差异

研究表明，专家倾向于更频繁地检查自己对问题的解答，而且这种检查的效果比新手更好。如上述代数问题解决例子中，以有意义的方式表征问题的学生，在解题过程中，会反复思考这样解答是否有意义，而只顾代入数字的学生不可能有效地检查自己的解题结果。

综上所述，专家和新手解决问题能力的差异可以归结为他们在掌握的结构化、组成图式的知识、熟练的技能和灵活的解题策略上的差异。也就是说，可以归结为解题者在掌握的陈述性知识，作为程序性知识的智慧技能和作为特殊程序性知识的认知策略上的差异。

新手是经过怎样的途径向专家水平发展的呢？至今这个问题的答案还不是很明确。经过二十多年的研究，按照认知心理学对知识的观点，似乎可以把专长的发展看成为知识的转化过程，即个体在学习一个原理时，最初只停留在陈述性水平上；经过一定的练习之后，陈述性知识就向程序性知识转变（获得某种技能或能力）；随着个体获得与积累个别的程序性知识，又会发生对个别程序性知识记忆调配的转变，也就是获得某种策略性知识，专长的形成之路大体上遵循了这样的一条路径，并且这是一个螺旋上升的过程。样例学习、迁移的基本原则、练习的幂定律等都是对专长的形成和发展有很大作用的。

1990年安德森（Anderson，J.R.）在再版《认知心理学及其含义》（Cognitive Psychology and Its Implication）中特别增设了一章就是"专长的发展"（Development of Expertise）。安德森认为专长的发展之路包含有：（1）知识的程序化：由陈述性知识向程序性知识转化。（2）学会使用知识：由战术性学习向策略性学习转变。（3）对问题的表征：深层与抽象。（4）对问题的记忆：多而大的记忆组块。

第二节 创造思维

创造力是问题解决能力的最高表现，培养学生的创造力或创造精神是教育所追求的重要目标之一。创造力的核心就是创造思维。

一、什么是创造思维

创造思维是指思维活动的产品具有新颖性和社会价值的产生。任何文艺创作、科学发现等创造活动中的思维都属于创造思维。

在人类的创造性活动中，一般有两种情况：

一是"真创造"，它是一种产生了独创性成品的活动，这种独创性成品是人类历史发展过程中首创的；二是"类创造"，它也带来了某种独创性的成品，但这种成品在人类历史上并非首创，只是就个人而言，其成品具有独创性。比如：高斯在少年初期就独立地发现了计算 $1+2+\cdots+100$ 的简单方法，表现出了一种新颖独特的创造性的思维能力，但这种能力只能称之为类创造，这与其成年后提出"高斯定理"的思维能力虽然没有本质区别，但毕竟用首尾相加的办法计算连续正整数之和，在高斯之前就有人提出过。因此提出"高斯定理"才是真正的创造活动。

从实践上看，类创造往往表现在青少年阶段。在"类创造"中培养出来的能力和良好的个性品质，可为以后在工作和事业中的"真创造"的顺利进行打下良好的基础。

二、发散思维与创造思维

（一）什么是发散思维

发散思维又叫求异思维、辐射思维、开放思维等等，是一种不依常规、寻求变异、从多方面探索答案的思维形式。如为一个圆添画儿使之成为某种事物，可以有多种添法。

发散思维具有流畅性、变通性、独特性三种特性。流畅性是指发散的数量，是发散思维的基础；变通性是指发散的灵活性，是发散思维的关键；独特性是指发散的新奇成分，是发散的目的和本质。

在发散思维的三个指标中，流畅性是对思维速度的评价。如"文思如涌"、"一气呵成"，都充分反映了思维的高速度特征。杜甫在《酒中八仙歌》里写的"李白斗酒诗百篇"，生动地表现了李白发散性思维的流畅性。

有人将流畅性进行了更为详尽的划分，即字词流畅性、观念流畅性、联想流畅性和表达流畅性等四种，可以给我们对流畅性的思考多一分启发。

而在解决具体问题时，变通性则指善于从不同角度思考问题，对一个问题能尽量提出不同类型的多种设想、多种答案，以扩大选择余地；能灵活地变换影响事物质和量的某种因素，从而产生新的思路；思维在一个地方受到阻碍时，能马上转向另一个方面；能用心寻找最优答案，保证问题的最佳解决。

在解决问题中，创造性地解决问题时表现出来的独辟蹊径，则是独特性的体现。

在这三个特性中，变通性是关键因素。这是因为：第一，变通是高流畅的条件。在发散思维中，如果只沿一个方向或在一个类别里发散，数量总是有限的。只有沿多个方向或在多种类别里发散，才能获得大量设想，成为高流畅发散思维。第二，变通也是高度独特性的条件。一般来说，思维在发散之初，从记忆中提取的往往是常识范围内的知识经验，所以开始总是沿常规方向发散。通过不断换向，反复变通，才可能找到新的发散方向，产生出新颖独特的答案。

（二）发散思维在创造思维活动中的作用

发散思维既是创造思维的重要组成部分，又是创造思维的具体表现。为了寻求创造性的答案，需要自由发散、即将脑子中的知识、经验和潜知（表面上与问题毫不相关的经验）与目前的问题产生广泛的有意义的联系。发散的结果并不是都有意义、有价值，往往相当多的是无效的或错误的。假设根据概率统计，100个发散结果可能有1个有意义的话，那么发散得越多，有价值的答案出现的可能性就越大。电学专家法拉弟写道："世人何尝知道，在那些通过科学研究工作者头脑的思想和理论当中，有多少被他自己严格的批判、非难的考察而默默地、隐蔽地扼杀了，就是最有成就的科学家，他们得以实现的建议、希望、愿望以及初步结论，也只不到1/10。"可见，若没有大量的发散，提出尽可能多的答案来，也就不可能产生创造性设想。因此，只有大量发散，才有可能产生创造性设想。

三、聚合思维与创造思维

（一）什么是聚合思维

聚合思维也叫集中思维、收敛思维、求同思维等，它是依据已有信息，对面临的问题找到一个正确答案的思维形式。

我们通常进行的图画排列测验，在测验时向被试者提供一些打乱了逻辑次序的图片，要求被试者按最佳的最合乎逻辑的顺序排列，这测量的就是聚合思维的情况。再如，假设王强比陈明年轻，王强的年龄又比张勇大，问陈明与张勇，谁的年龄大？这种演绎推理的测验，也是测验聚合思维能力的。

（二）聚合思维在创造思维活动中的作用

吉尔福特认为，发散思维和聚合思维是两种创造性思维过程，它们能从已知的信息和回忆的信息中生成新的信息。其中发散思维是创造性思维的主要成分。但是，因为聚合思维与发散思维密切联系，注定它在创造性活动中必不可少。第一，聚合思维是发散思维的基础。在很多情况下，问题的情境并不是十分清楚的，好似一堆乱麻，为使问题明确起来，首先需要进行聚合思维，综合已有的各种信息。也可以说这一步的聚合是创造思维的最低序列。第二，只有大量发散才能聚合导出正确答案。研究表明，绝大多数创造性发现，都需要发散和集中两种思维，即一个问题的解决，往往是一个人的思维的一方面沿着不同的方向大量发散，另一方面又必须应用一个人的知识对其发散结果进行严格的逻辑论证，以最严密的可能性集中到最适宜的解决上，即通过聚合思维最后导出正确的结论，这时的聚合思维又成了发散思维的归宿。因此，只有发散量大，聚合性好，创造水平才会高。

进行创造思维的基本方法是将发散思维和聚合思维有机地结合起来。发散思维的作用主要在于产生大量的创造性设想，使人们摆脱习惯性思维的束缚。航海家哥伦布发现美洲大陆后，在一次宴会上，有人贬低他的功绩，说没有什么了不起。哥伦布没有争辩，只是提出了一个奇怪的问题：谁能把煮熟的鸡蛋立在餐桌上？在座的一些人不以为然，纷纷尝试，结果都失败了。此时，哥伦布随手拿起一个鸡蛋，将蛋的一头往桌上一敲，蛋壳破了，蛋也在餐桌上稳稳地竖立住了，哥伦布在这里运用了发散思维，表明一个人如果只习惯于单一的思维方式，不会发散，不善创新，就容易陷入绝境。当然这并不否认聚合思维在创造思维中的重要作用：聚合思维是发散思维的出发点，是某种思维任务或课题要求，如果脱离任务和要求，思维就会成为不着边际的胡思乱想，发散思维便失去了应有的方向；当发散思维指向于解决某一问题时，人们必须把其结果与原有的思维任务相对照，并从各种不同的解决方案中做出最优选择，这一过程绝不能离开聚合思维而进行。创造性思维是循着发散—聚合—再发散—再聚合这种形式循环往复、层层深入，最终使新的思想脱颖而出的。

四、直觉思维与创造思维

（一）什么是直觉思维

直觉思维也称直觉、顿悟，笼统地讲，也可以称为灵感，它是指不经过一步步思考而突如其来的领悟或理解。下述现象便是直觉思维的表现：

奥地利作曲家约翰·施特劳斯一次在一个优美的环境中休息，突然灵感涌现，当时没有纸，于是他脱下衬衣，在衣袖上谱成一曲，这就是举世闻名的圆舞曲《蓝色的多瑙河》。

我国著名数学家侯振挺有这样一段生动的描述："我一头扎进了对'巴尔姆断言'的证明。一次又一次似乎到了解决的边缘，但是一次又一次都没有达到最终的目的。我早起晚睡，夜以继日，利用了全部可以利用的时间，吃饭、睡觉、走路时头脑中也总是萦绕着'巴尔姆断言'。难啊，确实真难！……我把已经得到的进展整理成一篇文章。当时我正在外地实习。就托一位同学带回学校去请教老师。我送那位同学上火车站。就在火车将要开动之前,在我那始终考虑着这个证明的头脑里闪过了一星火花,似乎在那挡路的大山里发现了一条幽径。于是,我把那文章留下,立刻在车站旁的石条上坐下来,拿出笔推导起来。果然一星火花照亮了前进的道路,曲折的幽径越走越宽。十几分钟以后,这最后一座大山终于抛到我的后面去了,'巴尔姆断言'完全得到了证明。啊,好容易,只十几分钟就完成了。"

对直觉思维的本质,应从以下几个方面加以认识:

首先,直觉是一种普通的心理现象,是人类的一种基本的思维方式。它不但在科学创造活动中明显地表现出来,而且在日常生活中也到处可见。例如,人们对一个陌生人的评价,参观者对一幅名画的欣赏,作者写作时的遣词造句,学生对许多解题方法的选择,医生对患者疾病的诊断,指挥员对战场形势的判断,有经验的管理者对商业行情的估计,公安人员对罪犯的识别,老专家对问题的初步看法,……都有直觉思维的积极活动,并体现出直觉思维的重要功能。

其次,直觉思维与人们的知识经验有着十分密切的联系。由于直觉思维是在知识经验的基础上形成和进行的,因此,知识经验的质量如何对直觉思维水平的高低有直接影响。一般地说,知识经验越丰富,直觉思维的水平越高。没有知识经验作基础的直觉只能是胡乱猜测、主观臆断。可见,直觉思维同逻辑思维一样,也是个体在后天的知识经验的基础上逐渐形成和发展起来的。俗话说"熟读唐诗三百首,不会写诗也会吟",道理便在此。

第三,创造性地解决问题过程中,在直觉思维之前,往往经历长期的思维活动。爱因斯坦在直觉推出相对论之前,经历了长达7年的准备和酝酿。侯振挺在直觉推出"巴尔姆断言"之前,经历了数月的思考。文学、音乐中的创作灵感似乎是妙手偶得,事实上他们在获得灵感之前,都已进行了大量的直接或间接相关的思维准备活动。

第四,直觉思维与逻辑思维存在着互补关系。这种互补关系表现为:人们往往通过直觉思维使一些问题获得解决,对这些问题,如果采用逻辑思维则非常麻烦。但直觉的判断不一定是正确的,直觉正确与否,不取决于直觉本身,而需要依靠逻辑思维来加以整理并以实践来检验。

逻辑思维同直觉思维的发生和形成并不矛盾,在一定程度上,直觉思维就是逻辑思维的凝结或简缩。

第五,直觉思维是人脑的一种高级机能。脑科学的最新研究成果已初步表明,大脑左半球是处理言语,进行聚合思维、逻辑思维的中枢,具有连续性、有序性、分析性等机能;而大脑右半球则在具体形象思维能力、对空间的认识能力、整体综合能力、发散思维能力、直觉思维能力等方面起重要作用,具有不连续性、弥漫性、整体性等机能。可见,直觉主要是右脑的功能。左脑是以连续性方式思维,一次分析一个特征;而右脑则是以并行性方式同时进行整体分析。这可能就是为什么直觉无需推理就能直接对事物及其关系作出迅速的识别和理解的原因所在。

(二)直觉思维在创造思维活动中的作用

直觉是创造思维活跃的一种表现,因而在创造发明过程中占有一定的地位,它不仅是创造发明的先导,也常常是百思不解之后突然诞生的硕果。阿基米德解决"王冠之谜"不是在苦思苦想之时,而是在浴盆里看见水溢出的刹那间。爱因斯坦说:"真正可贵的因素是直觉。"直觉产生的结果,是使用逻辑思维所得不到的预见、捷径,或是解决问题的最佳方案的雏形。列夫·托尔斯泰创作《安娜·卡列尼娜》这部长篇小说的内容和情节,在他动笔的前一年就想好了,但由于找不到一个好的开头,一直没有动笔。1873年一个春天的夜晚,他不停地在书房里徘徊着,正在苦苦地思索这部小说如何开头。他偶尔走进大儿子的屋子里,看到普希金的《列尔金小说集》,他拿出来,随便翻到后面一章的第一页:"在节日的前夕客人们都到了。"他兴奋地喊起来:"真好!就应当这样开头。别的人开头定要描写客人如何,屋子如何,可是他马上跳到动作上去了。"托尔斯泰立即走进书房,坐下来写了《安娜·卡列尼娜》的头一句:"奥布浪斯基家里一切都乱了"。但是,勿庸讳言,靠直觉或灵感所得到的结论往往还不很完善,还需要借助逻辑思维,因为创造活动不仅要发现问题,提出假设,而且要抓住关键,进行论证与验证，没有周密的逻辑思维就难以成功。对直觉思维在创造活动中的作用应有恰当的认识。

五、个性与创造思维

（一）创造思维强者最重要的个性特征

综合种种研究资料，可以归纳出创造思维能力强者具有以下最重要的个性特征：

1. 坚韧性

坚韧性是指在行动中坚韧不拔，百折不挠，不怕任何艰难险阻，努力达到既定目标。

2. 探索性

具有高度创造性的人都不满足于已有的认识和现成的结论，他们对蕴藏着无穷无尽奥秘的客观世界具有强烈的求知欲和大胆的探索精神。一般认为是毫不足奇的现象，他们却产生了疑问；对公认的解决问题的方法，他们不满足。他们总喜欢寻根究底，探索各种问题。他们不受传统文化的约束，能别出心裁，标新立异。他们常常能抓住一般人容易忽视的线索，而作出重大的发现。

3. 独立性

独立性的实质在于能独立思考，善于独立地提出问题和解决问题。从自己在一定情况下应如何行事的信念、知识和观念出发，规定自己的行为。

一个有创造性的人，相对地不受习俗的限制和约束，他所抱的态度是："走自己的路，让别人去说罢！"他是一个有节制的不顺从者。可是他的不随俗性和不顺从性，一般限制在他创造活动的范围内。在此之外，又常常是个随俗的顺从者。他的独立性体现了顺从与不顺从的辩证统一。

4. 自信性

自信性就是不迷信权威，按自己的意志积极行动的倾向。

进行创造性活动有无自信心非常重要。培根说，灰心生失望，失望生动摇，动摇生失败。一生有1300多项发明的爱迪生，当记者问他获得成功的秘诀时，他说："很简单，就是不管怎样，我决不允许自己有一点灰心丧气。"英国物理学家托马斯·杨对牛顿的态度就是自信性的表现。他大胆否定牛顿关于光的物质微粒说，而提出光的波动说，并强调指出："尽管我仰慕牛顿的大名，但我并不因此认为他是百无一失的。我……遗憾地看到他也会弄错，而他的权威也许有时甚至阻碍了科学的进步。"

5．自制性

这是人控制自己的情绪，约束自己的行为的个性特点。自制性强的人能克制住自己的懒惰、不良情绪和冲动性行为，不论成功还是失败都能激励自己前进。

6．无私性

无私性在创造思维活动中的表现主要是献身精神。这种献身精神是创造个性的显著特点，也是创造力得以开发的必要条件。无私才能冲破束缚，开拓创新。怕担风险，患得患失，任何才干都不能上升到创造水平。

（二）妨碍创造思维发挥的个性因素

1．从众性

从众性是指受他人的压力或影响使自己的认知和行为与众人趋于一致的一种心理现象。具体表现是盲目地服从权威和盲目地服从多数人的意见，人云亦云，随大流。

2．保守性

保守，就是守旧，是对新奇的反抗。保守者往往表现为刻板、狭隘、固执和偏见。这种人不灵活，缺乏应变能力，心胸狭窄，常为一些细小事情患得患失，耿耿于怀，不能自拔，缺乏上进心，往往不易处理好人际关系，为集体合作带来了困难，影响创造能力发挥和创造活动的顺利进行。

3. 胆怯、懒惰和嫉妒心

胆怯会熄灭人的创造动机，丧失创造热情和意志，阻碍创造想象的发挥。懒惰使人意志消沉，不思进取，不可能作出创造伟绩。具有嫉妒心的人，对超过自己的人挖苦讽刺，散布流言蜚语，使被嫉妒者不敢冒尖，影响创造力的发挥。嫉妒心往往破坏集体的心理协调，造成人际关系紧张，影响集体合作，降低集体的创造效率，削弱集体的创造力量，阻碍集体创造活动的顺利进行。

第三节 创造思维的培养

创造思维的培养主要是通过掌握有助于创造思维的方法实现的。以下几种方法有助于创造思维。

一、类比思维法

（一）什么是类比思维法

科学发现往往把两种似乎没有联系的事物联系起来，从而取得新的突破。这种把看上去似乎毫无关系的两类事物纳入同一范畴、进行对照，寻找其间所遵循的共同规律，从而创造性地解决问题的方法叫类比思维法。

18世纪中叶，奥地利首都维也纳有一位医生，名叫奥恩布鲁格。有一次他给一个病人看病，检查不出什么严重疾病。病人很快就死了。经过解剖尸体，才发现胸腔积脓。医生就想：要是以后再碰上这样的病人，怎么办？忽然他想起他父亲在经营酒业时，常用手指关节敲叩木制酒桶，听了几下叩声，就能估量出木桶中有多少藏酒。他想人的胸膛不是很像酒桶吗？是不是可以用手指敲叩病人胸部的声音作出诊断呢？于是，他反复观察病例和进行病理解剖，探索胸部疾病和叩击音响之间的关系,终于写出了《用叩击人体胸部发现胸腔内部疾病的新方法》的论文,为胸部疾病创造了一种重要的诊断方法。

奥恩布鲁格医生使用的方法就是类比思维法。类比思维中所涉及的两个事物往往具有某种程度的相似,或者说有某些属性相同,在已知其中一事物有某种属性时,可以推出另一事物也具有相同的属性,进而将两事物联系在一起进行思考,从而产生创造性的设想。如把三角形和圆联系起来,就产生了三角理论;把时间空间与运动速度联系起来,就产生了相对论;把光的波动性和粒子性联系起来,就产生了量子力学;而将苹果落地看成两个星体之间的相互吸引,则发现了万有引力定律……

(二)进行类比思维要注意的问题

1. 尽可能看到事物的共同之处

类比思维的进行,首先要求能看出两类事物之间的类比关系,意味着能将乍看上去似乎毫不相关的两类事物纳入同一个深层次的上位范畴,从而将已经把握的关系,转用于尚处生疏的事物上去。使问题得到创造性解决。这就要求我们尽可能寻找事物的相同点,不能断然认为事物之间毫无共同之处。关键是看放在怎样的上位范畴中。例如:搬动衣箱与射击靶子乍看上去毫不相关,但都有动作和对象,申斥和处罚之间的关系与上锁和安全之间的关系则都反映了执行动作与所要达到的目的之间的关系。

2. 比的属性应是两类事物的本质属性,而不是非本质属性

比如,海豚具有流线型的体形和特殊构造的皮肤(具有双层结构,柔软的皮可以相互滑动并吸引移动时产生的旋涡从而减少阻力),于是人们就设想使潜艇具有流线型的体形并穿上用橡胶仿制的"海豚皮",以减少前进的阻力,从而提高航速。这个类比中所依据的属性(体形和皮肤)是本质的,所以结论(在水中前进速度快)就比较可靠。

如果根据非本质的属性进行类比,那就会犯"机械类比"的思维错误。"机械类比"就是把偶然的属性或把仅表面上有些相似、实质上完全不同的两种对象进行类比,从而推出一些荒谬或毫不相干的结论

来。

二、广开思路法

（一）广开思路有助于产生创造性的结果

一个人的思路越开阔，越容易产生创造性思维。广开思路法就是主体的思路不受限制，沿多个角度寻找问题答案的思维方法。

有一个研究，是让中学生给一个故事情节定标题，所定标题数目不限。中学生分为两组：对其中一组，要求定的标题数量越多越好；另一组则要求定的标题要保证质量，然后请专家评定两组中学生所给标题的质量。结果发现，就绝对的数量而言，要求数量组高质量的标题要远远多于要求质量组，表明广开思路有助于创造性思维。

（二）广开思路法的具体应用

1．原型辐射

原型辐射是指以某一事物为核心，从各个不同的角度和侧面去进行思考，以获得对此事物较为全面的认识。比如：列举出某一物体尽可能多的用途；以某个形状为出发点添画，所成物体越多越好；写出带有某个偏旁的字；列举出能分出大小的事物；给故事续编结尾；给一篇文章定标题；解题时一题多解……

2．重新界定

重新界定关键是将信息或物品的原意给予重新的限定，以适合另一种目的。如将建筑用的砖用来做自卫的武器，把写字的纸当做奖品发给优秀生，用玩儿的飞碟做搬运积木的容器，用取暖的布当做屏障来变魔术，用写板报的黑板做担架来抬突然晕倒的老师去医院等等，都是重新界定的结果。

3．PMI 测试

PMI 测试是德·波诺在其关于思维技巧的《足智多谋》一书中介

绍的一种训练人广开思路的手段。在这里"P"（Plus）代表正面的或者优点。"M"（Minus）代表反面的或者缺点。"I"（Interesting）代表令人关注的方面或者兴趣点。即要求被试从正面、反面和兴趣点逐项思考问题。看从不同的角度去观察时，会看到什么问题，这一点在应用 PMI 时是至关重要的。从不同的角度看同一个问题，得到的结论往往是相反的。

三、组合思维法

（一）什么是组合思维法

1877 年，有一天，爱迪生将一张上面画着锡纸圆筒、螺旋杆、带有尖针和薄膜的圆头的图纸交给一个工人去制造。这个工人虽然根据要求把爱迪生需要的东西制造了出来，但他不懂得这是个什么东西。当爱迪生把这台"会说话的机器"带到《科学美国人》杂志编辑部去表演时，各报记者都来观看，盛况空前。当爱迪生把尖针放在锡纸圆筒上，转动圆筒，发出记录在锡纸上的说话声音时，大家无不热烈欢呼。这就是爱迪生发明留声机的故事。这也是爱迪生进行组合思维的结果，几件平凡的东西组合在一起产生了意想不到的效果。美国阿波罗登月计划总指挥韦伯说："阿波罗计划中没有一项新发明的技术，都是现成的，关键在于综合。"这里的综合，实质上就是组合。组合思维法就是对现有的实物加以组织，以形成形态、功能更优的事物的创造思维的方法。

（二）怎样进行组合思维

怎样进行组合才能比较合理，才能使组合处于最佳状态呢？这就需要注意下列几点：

1. 进行组合思考的时候应从多方面、从多个事物中去寻找组合物比如围巾，如要加以改进，一般只是从它的大小、长短、花色、材料方面去进行考虑，即离不开一般的常规思维，所以改进不大。而国外，有人打开思路，大胆设想，将音乐和围巾组合起来，组成音乐围巾，人们一边围着温暖的围巾，一边听音乐，别有情趣，这种围巾十分畅销。

2．进行组合思考的时候要把握住组合的方向

思维是有方向性的，组合思维也是这样。那么，组合的方向是什么呢？就是事物之间的组合点。组合点就是组合的方向，只有把握住组合点，才能进行有效的组合。人们把洗衣机和甩干桶组合在一起，组成双缸或套缸洗衣机，它们的组合点就是洗衣。人们把收音机和录音机组合在一起，组成收录机，它们的组合点就是声音，离开声音，它们无法组合。反之，人们不会把收录机和洗衣机组合在一起，因为它们两者没有共同的组合点。

这也告诉我们：组合并不是一种杂乱无章的凑合，而是一种有机的综合。比如"摩擦"与"焊接"似乎风马牛不相及，扯不到一起，但是人们却把它们组合在一起，成为摩擦焊接法。为什么？因为它们有"生热"这个组合点，摩擦能生热，焊接需要热，所以两者能组合在一起。

3．进行组合思考的时候要注意实用性

市场上有一种母子式自行车雨披，巧妙地将大人、小孩的两件雨披组合在一起了。但是我们从未见过大小两把伞组合在一起的伞出现。为什么？因为不实用，大小雨披的组合前提是使用者运动速度相同；而大小雨伞的使用者运动速度可能不同，使用起来不方便，还不如每人打一把伞好，虽然国外有人申请了大小伞的专利，但并没有生产。

再以铅笔来说，自威廉的橡皮头铅笔问世以来，人们就在铅笔上大做文章。1936年维斯涅尔申请了铅笔一端装有圆形橡皮的专利；1946年美国的彼切尔逊发明了在铅笔尾部可将橡皮抽出的铅笔；德国的普林茨又发明了带切削刀的铅笔；美国罗斯发明了带纸的铅笔；德国素锡发明了带灯泡的铅笔……但时至今日，只有传统的橡皮头铅笔大为畅销，而其他的只能消声匿迹。为什么？它们不是结构复杂、制

作困难,就是价格昂贵,没有实用价值。

四、灵感思维法

(一)什么是灵感思维法

灵感思维法是指经百思不得其解的问题,由于某些因素的诱发而使问题以不同寻常的方法突然获得解决的一种创造思维的方法。

英国有位牧师,在他家的花园里种了许多花。可是,这些花都保不住。因为孩子们上学都要穿过这块地,采折刚刚开出的花。牧师苦思苦索地想了不少时候,总是想不出一个好办法。后来,有一次他经过卖花的一家小店门口,突然想起了一个办法。这个办法确实很灵,使他保住了他的花。一天早晨,牧师站在花园中间,孩子们正向学校走去。有一个男孩子走近他,问道:"我能折枝花吗?""你想要哪一枝?"牧师问道。小男孩选了一枝很低的郁金香。然后牧师说:"这花归你了。如果你把花留在这儿,它还能开好几天。要是你现在折了它,那就只能玩一会儿,你看怎么好呢?"小男孩想了一下说:"那我就把它留在这儿,等我放学回来再看看它。"那天,有20几个孩子等着牧师给他们送花,并且都同意把他们的花留在花园,直到它们枯萎。

经过苦思冥想,不能解决的问题,一下子想出一个解决的办法,牧师使用的是灵感思维。"山穷水尽疑无路,柳暗花明又一村",这两句话正是灵感思维的写照。

(二)如何抓住灵感

1. 坚持不懈的努力

坚持不懈的努力,是获得灵感的首要条件。对问题和有关材料进行长时间的顽强的思考,是所有曾经获得灵感的人所共同经历过的体验。

创造大师爱迪生就是在坚持不懈的努力下,获得了许多创造机遇,取得了丰硕的创造成果。一天,他同时在研究电话传导和白炽灯,但都一无所获。他的桌子上有一块用来进行电话传导试验的柏油和炭黑的混合物。他漫不经心地把这种混合物放在手指间慢慢搓成一根细丝,于是,一个伟大的想法闪现在脑际,一种由这些碳元素组成的灯丝解决了电灯结构中的问题。一次小小的运气使他发明了电灯。这与他坚持不懈的努力是密切相关的。据说在他为制造灯丝所考虑的各式各样的材料中,仅竹子纤维一项,他就进行了6 000多次试验。

2. 留心观察

因为灵感是转瞬即逝的,因此如果不留心观察就很难有幸抓住机遇。

五年级的小学生方黎留心观察学校小操场,发现冬天上体育课时,全班同学排队投篮,多数时间是站在寒风中等候,冷不可耐。方黎想,操场不大,篮球架不能多装,要是一个篮球架多装几个圈就可以让更多的同学同时投篮,使大家得到更多的锻炼。同时,篮球筐的高度是固定的,高年级的同学和低年级的同学,甚至幼儿园的小朋友同投一篮,显然不合适,能否使篮球架灵活升降呢?基于细心观察,方黎发明了"多用升降篮球架",此项发明曾多次获奖。

正如发明家弗莱明所言,"我的唯一功劳是没有忽视观察。"

3. 勤于笔记

灵感往往是不期而遇的,来得快去得也迅速,因此要勤于笔记。

爱迪生习惯于记下想到的几乎每一个意念,而不管这个思想在当时似乎是怎样微不足道。

奥斯本在他的书《创造性想象》中谈到,"我就有一个记笔记的习惯,……甚至在听讲道时,我也偷偷地在卡片上记一些东西。当夜幕降临时,坐在阳台上,我也时常拿出卡片随便记些东西。在打高尔夫球时,卡片不在身上,但是,一旦有了发现或某种能够引起构思的事情时,我就把它记在记分牌上。……"

4. 重在实施

灵感是一种非逻辑的顿悟,它的闪现,仅仅提供一种思路,系统化的东西尚需在有条件的时候加以整理、实验、操作……否则创造性的成果也难以得到。

勒维曾因确定化学物质在人的神经系统中所发挥的作用而获得了诺贝尔奖。一次，他对一只活青蛙的心脏进行检查，结果使他感到困惑不解。对此他很焦虑，觉也睡不好。一天夜里，他躺在床上翻来复去难以入眠，隐约感到了一个线索，于是，便匆忙记了下来，然后安静地睡去了。醒来后，他又感到十分烦恼，因为他无法辩认出他所记下的东西，更无法回想起解决的方法。第二天晚上又是一个不眠之夜，直到凌晨三点，闪光再次穿过他的头脑。为了不再重蹈覆辙，他立刻去实验室进行他的实验。

的确，灵感是可遇不可求的，我们要创造条件抓住灵感。

五、逆向思维法

（一）什么是逆向思维法

顾名思义，逆向思维法是指从事物的反面去思考问题的思维方法。这种方法常常使问题获得创造性的解决。

印度有一家电影院，常有戴帽子的妇女去看电影。帽子挡住了后面观众的视线。大家请电影院经理发个场内禁止戴帽子的通告。经理摇摇头说："这不太妥当，只有允许她们戴帽子才行。"大家听了，不知何意，感到很是失望。第二天，影片放映之前，经理在银幕上映出了一则通告："本院为了照顾衰老有病的女客，可允许她们照常戴帽子，在放映电影时不必摘下。"通告一出，所有女客都摘下了帽子。

（二）怎样进行逆向思维

不论在日常工作、学习中，还是在科学研究领域里，或者在经济改革方面，人们大量地使用逆向思维。可以说它是解决难题的一把钥匙。那么，怎样才能正确地有效地进行逆向思维呢？

1. 要勇于解放思想，敢于冲破旧框框的束缚

思想守旧者所以提不出什么真知灼见，对人类没有什么建树，原因很多，其中之一就是思想被一些旧条条旧框框束缚而不敢冲破。进

行逆向思维，必须敢于异想天开，把头脑中的旧框框除掉。因为逆向思维不会从天而降，而是解放思想的产物。

1954年，美国结构化学家鲍林由于取得了测定蛋白质二级结构的重大突破获得了诺贝尔奖。在鲍林以前，即在30年代就有许多著名科学家（如阿斯伯利和贝尔纳等）致力于蛋白质分子空间结构的研究了，但由于都跳不出蛋白质以螺旋形式存在，每一螺旋圈中的氨基酸为整数的框子，而没有取得较大的进展。鲍林自己也被这一传统观念所束缚，在经历了11年的时间之后，他才开始认识到再不能走这条死胡同了，必须闯字当头，于是他提出了每一螺旋圈的氨基酸有小数点的模式，从而取得了重大突破。如果鲍林没有敢于创新的精神，没有突破传统的勇气，就决不可能建立新模型。

2．在思维过程中，要有意识地把思维的着重点放在反面

1972年12月23日，尼加拉瓜共和国首都马那瓜发生了大地震，一座现代化城市顷刻间变成了一片瓦砾，死亡万余人。令人惊奇的是，在震中区512个街区被震毁的房屋废墟中，唯独18层的美洲银行大厦竟安然屹立，而就在大厦前面的街道地面，却呈现上下达1/2英寸的错动，如此奇迹，轰动了全球。人们怀着敬意探询奇迹的创造者，揣着好奇心探究奇迹的奥秘。

那么奇迹创造者究竟是谁呢？他就是著名工程结构专家美籍华人林同炎。他设计的美洲银行大厦，设计时不是把思维的重点放在正面，因为放在正面不能彻底解决防震问题，而是把思维着重点放在反面。他采用框筒结构，这种结构和一般结构不同，具有刚柔相济的特点；在一般受荷情况下，建筑物有足够的刚度来承受外力；而当受到突如其来的强烈的外力作用时，可由房屋内部结构中某些次要构件的开裂，使房屋总刚度骤然减弱，从而大大增加对地震的承受能力。这种以建筑物次要构件开裂的损失来避免建筑物倒坍的设计思想，突破了一般常规的思维框架，突破了以刚对刚的正面思维模式，从而创造了世界上少有的奇迹。

汤川秀树是第一个获得诺贝尔奖金的东方学者，他是以发现π介子，即汤川核力理论而名震全球的。要想把中子和质子保持在原子核

那样小的体积内,就必须有一种力,物理学家把这种力称为核力。这是一种非常强的吸引力,而且作用范围只有10^{-13}厘米,一超过这个距离,核力便隐退了,它不像电磁力那样,可以传递到几千公里,甚至更远的地方去。核力只作用于中子、质子之间,这一点也不像电磁力,因为电磁力只对带有电荷的粒子起作用,而中子是不带电的。总之,核力是一种非常奇怪的力。世界上一些著名的物理学家都想解开核力之谜,但没有一个成功。这是因为大家都企图把核力的起因归结为一些已知粒子。汤川想,既然大家没有成功,说明此路不通,为什么不能设想一下,有一种目前未知的新粒子引起了核力呢?汤川把思维着重点放在和一般人不同的角度,放在一般人的反面。经过几个月的反复研究,几经挫折,汤川得到了一个新的结论:自然界中应该有一种比电子重200倍的粒子,它可以带电,也可以不带电,正是这种粒子形成了核力。由于这种粒子的质量介于电子和质子之间,通常称为"介子"。当一个质子或中子受到碰撞时,就会放出π介子,所以汤川预言:宇宙辐射线中应该可以发现π介子。几年以后,在实验中果然发现了汤川预言的那种新粒子——π介子。

3. 进行反面求索的训练

顾名思义,反面求索是指从事物的相反方向引出问题,进行探索性思考。比如:如果人类能长生不老,会怎么样呢?如果没有细菌又会如何?如果地球静止不动呢?如果所有的老师都不教书了呢?

英国科学家法拉弟正是从电产生磁的现象得到启发,提出"磁能否产生电"的问题,进而通过实验发现了电磁感应现象的。

上述列举的,只是创造思维的几种常见的方法,越是创造性思维,越需要不拘一格,只要能得到创造的结果、产品、设想,达到创造的目的,利用怎样的方法是无足轻重的。

第八章　学习迁移

会弹钢琴的人练习打字，就会学得快一些；英语说得流畅的人，学习法语就容易些。学习和生活中这样的事情时有发生。这在心理学中被称之为迁移。迁移的发生是有条件的。心理学家围绕制约迁移的因素进行了大量的研究，试图揭示迁移的规律，为学生在学习中"举一反三"、"触类旁通"寻找行之有效的方法。本章围绕相关的内容，重点介绍了有关迁移的理论。

第一节　学习迁移的概述

一、什么是学习迁移

个体现有的学习不能脱离以往的经验，同样，当前的学习又不可避免地会对未来的学习产生某些影响。所谓学习迁移是指一种学习对另一种学习的影响。

学习中的迁移现象早为人们所熟知，我国古人就知道学习可以"举一反三"、"触类旁通"。从心理学上说"举一反三"、"触类旁通"就是先前的学习对以后学习的促进作用，也就是学习迁移现象。例如，我们在日常生活中观察和体会到，学会了一种外语，有助于掌握另一种外语；学习了普通心理学，有助于学习教育心理学和儿童心理学等；学会了骑自行车，有助于学习驾驶摩托车；学会了走路的儿童，他会把保持平衡及移动身体的技能迁移到与走密切相关的跑中去。这些都是我们常见的学习迁移现象。知识、技能、策略、情感和态度都可以迁移。

二、学习迁移的种类

（一）正迁移和负迁移

从学习迁移的效果划分，可以将迁移分为正迁移、负迁移和零迁移。一种学习对另一种学习产生积极影响叫正迁移。如前述学会了骑自行车有利于骑两轮摩托车。一种学习对另一种学习产生消极影响叫负迁移。如学会汉语拼音后，对学习26个英语字母有干扰作用，这是负迁移。一种学习对另一种学习既不产生积极影响也不产生消极影响叫零迁移。这里大家需注意正、负迁移可以同时存在，如汉字既对掌握日语有碍也对掌握日语有利。

（二）顺向迁移和逆向迁移

从学习迁移的顺序划分，可以将迁移分为顺向迁移和逆向迁移。先前学习对后继学习的影响叫顺向迁移；后继学习对先前学习的影响叫逆向迁移。如先学汉语拼音对后学英语26个字母有影响，这是顺向迁移；后学英语26个字母对先学的汉语拼音也有影响，这是逆向迁移。见图8-1。

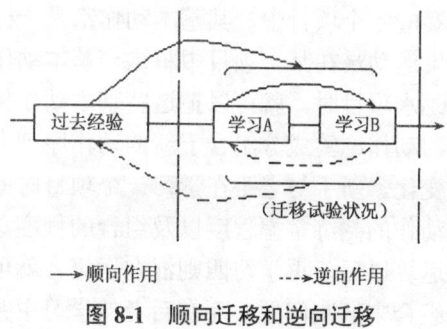

图 8-1　顺向迁移和逆向迁移

（三）垂直迁移和水平迁移

从学习迁移的水平划分，可将迁移分为垂直迁移和水平迁移。加涅非常强调这一迁移的划分。

垂直迁移也叫纵向迁移，主要是指处于不同层次（概括性和抽象性的差异度）的各种学习间的相互影响。如角和直角的抽象性和概括性就不同。前者高，在形成的认知结构中处于上位，叫上位概念；后者低，在认知结构中处于下位，叫下位概念。这两个概念在认知结构中形成两个层次。垂直迁移是指上位的较高层次的经验与下位的较低层次的经验之间的相互影响。这类迁移又可分为自上而下的迁移和自下而上的迁移。前者如角概念的掌握，有助于钝角、直角、锐角等概念的学习；后者如掌握了加法的"结合律"、"交换律"，有助于学习乘法的"结合律"、"交换律"。

水平迁移也叫横向迁移，是指处于同一层次（抽象性和概括性无差异）的学习之间的相互影响。如学习锐角、直角、钝角、平角、周角等概念时的相互影响就是水平迁移。

（四）特殊迁移和非特殊迁移

从学习迁移的内容划分，可将迁移分为特殊迁移和非特殊迁移。

特殊迁移也叫特殊成分的迁移，是指学习之间发生迁移时，学习者原有经验的组成要素没有发生变化，即抽象的结构没有变化，只是将一种学习中习得经验的组成要素重新组合并移用于另一种学习之中。如在跳水比赛的各个项目中，其基本动作都是一样的：弹跳、空翻、入水等。如果运动员在某一项目中将这一基本动作熟练掌握，那么他在学习新的跳水项目时，就可以把这些基本动作加以不同组合，在这里仅是把旧的动作经验成分组合于新的动作序列中，而原有经验成分并没有发生变化。新手与老手在学习一个项目时的差别，就在于他们对各个基本动作的熟练掌握程度以及组合的程度。再如，小学生在学完加减乘除运算以后，再学习四则混合运算，就可以把已有的加减乘除经验重新组合来解决问题，而在后者的学习中并没有增加新的智慧技能。

非特殊迁移也叫非特殊成分的迁移或普遍迁移,是指在一种学习中所习得的原理和态度对另一种学习的影响。如掌握了有理数的计算,直接影响到其他各种运算的学习;学生掌握了一元一次方程的解法,对于学习一元一次不等式、二元一次方程等代数方程,以至于三角函数方程的解法都会产生影响。

美国心理学家布鲁纳（Bruner, J. S.）是这一分类的倡导者。他认为后一类迁移是教育过程的核心。布鲁纳强调掌握学科的基本结构和领会基本的原理和观念,认为这是通向适当的"训练迁移"的大道。

（五）远迁移和近迁移

从学习迁移的距离划分,可以将迁移分为远迁移和近迁移。前者指已习得的知识在新的不相似的情境中的运用,如学生在数学中学习到的逻辑推理规则运用于物理或化学问题的解决;后者指已习得知识在与原先学习情境相似的情境中的应用。如学习写"记我熟悉的人"这类题材的作文时,先写《记我的妈妈》,掌握了有关规则,可以迁移到《记我的老师》的写作。

以上从不同角度划分迁移的种类,可以帮助大家正确理解迁移的含义,拓宽对迁移的认识,促进对不同类型迁移规律的研究。

三、学习迁移的测量

根据学习迁移的定义,只有当学习者的操作发生了某些变化,且这种变化并非由练习而产生时,才能确定迁移是否出现及其数量的大小,这就需要进行适当的实验设计与测量。

桑代克早期进行了一些著名的、有关迁移的实验研究,其研究程序往往是如此安排的:被试预测 A,然后训练 B,最后再测 A。如果后测 A 发生了显著变化,则可将后测 A 的变化归因于训练 B 对 A 所产生的影响。这种设计的缺点是预测时可能产生学习,而这种学习的结果可能带到后测 A 中去。

为了更好地对学习迁移进行研究，在测量迁移时要注意区分经过练习产生的作业变化与由于迁移而产生的作业变化。由于迁移产生的方向既可以是顺向的，也可以是逆向的，在设计迁移实验时也要注意考虑到迁移产生的方向。一般来说，不管关注的是顺向迁移还是逆向迁移，迁移实验的设计与测量都要包括如下四个步骤（见表8-1）：（1）建立等组（或班）。一般设实验组和控制组，通过预测使两组在智力和知识基础方面尽可能相等。（2）进行教学处理。在测量顺向迁移时，让实验组学生先学习A，让控制组学生休息或从事其他无关活动，然后让实验组和控制组都学习B；在测量逆向迁移时，让两组被试先学习A，然后让实验组学习B，让控制组休息或从事其他无关活动。（3）测量与比较两种学习结果。在测量顺向迁移时，两组均测量B；在测量逆向迁移时，两组均测量A。然后将测得的结果加以比较，并作出统计检验。（4）得出结论，说明迁移是否产生及其迁移量的大小。

表 8-1　迁移实验设计的基本类型

迁移方向	分组	先学	后学	测量
顺向迁移	实验组	A	B	B
	控制组	—	B	B
逆向迁移	实验组	A	B	A
	控制组	A	—	A

若经统计检验，确实产生迁移，就可对迁移的量进行衡量，迁移量计算方法有多种，其中默多克（Murdock, D.D.）的计算方法是较为常用的一种，在他看来，迁移效果可用介乎-100%～+100%这一范围的数字来表示，其计算公式如下：

$$迁移率（\%）= \frac{实验组成绩 - 控制组成绩}{实验组成绩 + 控制组成绩} \times 100$$

衡量成绩可以用完成学习所需时间多少，或以被试达到某一成绩标准所需的学习次数以及学习中的错误次数为指标。倘若两个组的成绩以

错误次数来表示,则上述公式应改为:

$$迁移率(\%) = \frac{控制组错误次数 - 实验组错误次数}{控制组错误次数 + 实验组错误次数} \times 100$$

另外,也可以用下列公式计算迁移量:

$$迁移率(\%) = \frac{实验组成绩 - 控制组成绩}{实验组成绩} \times 100$$

$$迁移率(\%) = \frac{控制组错误次数 - 实验组错误次数}{控制组错误次数} \times 100$$

上述实验设计是较为经典的简单迁移实验,进行这样的实验通常只能简单地证实迁移是否存在。事实上,我们通过对日常生活的观察也能证实这一点。因此我们的实验设计应该进一步以探索促进迁移的方法为目的,这样的实验设计如表 8-2 所示。在这种实验设计中,控制组只是在实验开始和结束时进行测验,在实验中没有任何特殊的活动和训练。实验组则分为两组,其中一组进行某种必要的练习;另一组所用的时间与第一组相同,但把其中一半的时间用于指导,另一半用于练习。当然,这种指导也可能贯穿于整个练习中。采用这种实验设计的目的在于更为有效地探索如何提高积极迁移的水平。

表 8-2 考察训练方法对迁移影响的实验设计

控制组	前测	——	后测
实验组 I	前测	一般训练	后测
实验组 II	前测	特殊的训练方法	后测

例如,武卓所做的一项实验就采用了这种实验设计方法来说明教师对学习方法的指导,会对学生产生迁移有重大影响。他以大学生为被试,先用一些记忆材料(诗歌、散文、事实、日期、词汇)对被试进行前测。根据前测成绩将被试分为三个等组。第一组为控制组,不

作任何记忆练习；第二组为单纯练习组（练习组）；第三组为指导练习组（指导组）。第二、三组都要用相同的记忆材料（诗歌和无意义音节），进行记忆练习，两组练习的总时间都是 3 小时。第 2 组只做到单纯练习，不给予方法指导；第三组用一半时间作方法上的指导，如只是让被试要相信自己的记忆力，注意把握事实和观点、进行积极的自我背诵、将材料分组、利用韵律感；另一半时间让被试练习。然后再对几个组进行后测，看前后测之间的练习有多大的迁移效果。研究结果表明，在后测中，练习组与控制组成绩大约相等，指导组比其他两组成绩都好。换言之，无指导的练习只产生很少的迁移，有指导的练习会产生大量的迁移。采用这种设计的实验者所获的结果表明，如果想通过练习获得积极迁移，那么这种练习必须是有指导的，且迁移的效果受指导的方式所影响。

第二节　传统的学习迁移理论

迁移究竟是怎样发生的呢？心理学家围绕一般的学习过程进行了大量的实验研究，提出了各种迁移理论。对理解学习迁移有一定启发。

一、形式训练说

形式训练说是影响教学工作最早的迁移理论。它以官能心理学为依据，主张分别训练心的各种官能，如观察能力、记忆能力、想象能力、推理能力等，以达到普遍迁移的目的。这种理论认为，迁移要经过一个"形式训练"的过程才能产生，所谓形式训练就是认为学习内容不太重要，重要的是学习材料的难度，主张学习那些难记的古典语言、数学和自然科学中的难题。这样，经过一个"痛苦"的过程，就能收到最大的迁移效果。认为在这样的训练中"学生学会观察、分析、比较、分类，学会想象、记忆、推理、判断，甚至创造……有了这样的造诣，足以使学生日后的学习和工作受益无穷"。相反，如果只记住一些具体事实,实用价值便十分有限。18世纪兴起的形式训练说在欧洲和北美盛行了约二百年,直到现在仍有一定的影响。

德国兴起的官能心理学,是形式训练说的心理基础,它为形式训练说提供了理论依据。官能心理学认为,人的心由"注意"、"记忆"、"思维"、"推理"、"意志"等官能组成,它们是彼此分割的心理实体,分别从事不同的活动,如记忆官能进行记忆和回忆,思维官能从事思维活动。各种官能可以像肌肉一样通过练习增强力量(能力)。由于心是由各种官能组成的整体,因此,一种官能的改进,也就无形中加强了其他所有的官能。从形式训练说的观点来看,迁移就是通过训练各种官能,以提高观察能力、记忆能力、想象能力、推理能力等而实现的。形式训练说把训练和改进心的各种官能,作为教学的最重要的目标。

心的各种官能,能不能通过训练而使之提高,并自动迁移到一切活动中去呢?教学的主要目标是不是训练和改进心的各种官能呢?形式训练说的回答当然是十分肯定的,遗憾的是它拿不出什么经得住科学检验的证据。

二、相同要素说

19世纪末到20世纪初,心理学家用实验来检验形式训练说的可靠性。1890年美国著名心理学家詹姆士(James,W.)首先通过记忆实验来探讨迁移问题。詹姆士和他的四个学生记忆某一作家著作中的一些段落,然后又用一个多月的时间记另一作家著作中的一些段落,目的在于了解记忆后一作家的材料能否帮助他们记忆前一作家的材料。因此,他们用第二次记忆前一个作家材料的办法,来检验所花的时间是否比练习记忆之前(即第一次记忆)要少一些。结果发现有三个学生在进行记忆练习之后的成绩要好一些,但詹姆士和另一个学生没有得到改善。詹姆士的结论是:记忆能力不受训练的影响,记忆的改善不在于记忆能力的改善,而在于记忆方法的改善。

美国心理学家桑代克(Thorndike,E.L.)设计了更为严密的实验来检验形式训练说。在一系列实验的基础上,桑代克否定了形式训练说,提出了相同要素说。用桑代克的话来说:只有当两种心理机能具有共同成分作为因素时,一种心理机能的改进才能引起另一种心理机能的改进。桑代克认为,所谓心理机能的共同成分就是共同的刺激和反应的联结,包括经验上的基本事实(如长度、颜色和数量)、工作方法、一般原理和态度四种因素,其生理基础则是共同的脑神经联结。相同要素说后来被武德沃斯(Woodworth, R.S.)修改为共同成分说,指的是只有当学习情境和迁移测验情境存在共同成分时,一种学习经验才能影响(迁移)另一种学习。例如,在活动A:12345和活动B:45678之间,有共同成分4、5,所以两种活动之间才会有迁移出现。

  桑代克首先在知觉方面进行了一系列实验。例如,1901年他训练大学生判断各种大小和形状的面积。被试先估计了127个长方形、三角形、圆和不规则图形的面积。这样预测了他们判断面积的一般能力。然后用10～100平方厘米的90个平行四边形对每一被试进行充分训练。最后被试受到两种测验:一种测验要求他们判断13个与训练图形相似的长方形的面积;另一种测验要求他们判断27个三角形、圆和不规则图形的面积。这27个图形是预测中用过的。桑代克的研究表明:(1)通过平行四边形的训练,被试对长方形面积的判断成绩提高了;(2)但他们对三角形、圆和不规则图形的判断成绩没有提高。此外,桑代克还进行过长度、重量、记忆和注意方面的类似实验,其结果是,通过训练长度、重量方面的成绩明显提高,这些训练可以迁移到类似的活动中去,不过迁移成绩仅及训练成绩的1/3左右。而在注意、记忆方面的训练未能迁移到相似活动中去。这就是说记忆、注意等不易经过训练而得到改善。于是桑代克又设想是否让学生选学某些特殊学科,经过长期训练以提高一般智力。为此,他在1924年和1927年两次对13 000多名儿童进行分别选修科目的研究,科目包括几何、拉丁语、公民课、戏剧、化学、簿记和法语,学习时间为一年。实验者测量了学生学习这些科目前后的智商变化。结果并未发现某些学科对改善学生智力特别有效,即特殊训练对于提高一般记忆能力、观察能力收效甚微。

这些迁移实验给我们的启示是：要提高教学效果，重要的是使学生很好地掌握知识、技能和学习方法，而不是一味追求观察能力、记忆能力、思维能力的提高，因为实验证明一般智力经过训练，其迁移效果甚微。桑代克在迁移方面的研究，揭示了形式训练说存在的问题，这是他的功绩。但他认为只有当两种情境之间有相同要素或共同成分时，才能产生迁移，否则不可能产生迁移。这样，迁移的范围就大大缩小，从而使人对迁移产生一种狭隘的理解和悲观的态度。

三、概括化理论

桑代克的迁移理论所涉及的迁移范围较小，他只关注先期和后期学习中是否具有相同因素。贾德（Judd, C. H.）的概括化理论则不同，认为先前学习的A之所以能迁移到后继的学习B中，是因为在学习A时掌握了一般原理，这一般原理的部分或全部将适用于A、B中。这一理论强调掌握一般原理的重要性，并认为两种学习中存在相同因素只是产生迁移的必要前提，即要产生迁移必须有相同因素，但有了相同因素若学习者未能发现它也是枉然。所以说产生迁移的关键是学习者能从两种学习（活动）中概括出它们的共同原理。

贾德在1908年所做的"水下击靶"实验，是概括化理论的经典实验。他以五年级和六年级学生作被试，分成两组。实验者要求他们练习用镖枪投中水下的靶子。给一组学生充分讲解水的折射原理；给另一组学生不说明水的折射原理，他们只能从练习中获得一些具体经验。在开始的一系列投掷练习时，靶子置于水下12英寸处。教过和未教过折射原理的学生，其成绩相同，也就是说，在开始测验中，理论对于练习似乎没有起作用，因为所有的学生必须先学会运用镖枪，理论的说明不能代替练习。随后改变条件，把水下12英寸处的靶子移到水下4英寸处，这时没有学习折射原理的学生，表现出极大的混乱，他们投掷水下12英寸处靶子时的练习，未能帮助他们改进投掷水下4英寸处靶子的练习，错误持续发生。而学过折射原理的学生，迅速适应了水下4英寸的条件。贾德在解释实验结果时认为：理论曾把有关的全部经验——水外的、深水的和浅水的经验——组成了整个的思想体系。……学生在理论知识的背景上,理解了实际情况以后,就能利用概括了的经验,去迅速地解决需要按实际情况作分析和调整的新问题。

后来,1941年赫德里克森(Hedlickson, G.)和施罗德(Schloedel, W. H.),1967年奥弗林(Oveling, R. L. R.)和特拉韦斯都做过类似的实验,进一步证实了贾德的概括化理论,同时指出,概括不是一个自动过程,它与教学方法密切有关,同样的教材,由于教学方法的不同,教学效果和迁移效应大为悬殊。这与教学实践经验是一致的。

四、关系转换说

关系转换说是格式塔心理学家提出的迁移观点,他们认为顿悟"关系"是学习迁移的一个决定因素。也就是说,迁移不是由两个学习情境具有共同成分、原理而自动产生的某种东西,而是学习者突然发现两个学习之间存在的关系的结果。学习者所迁移的是顿悟——两个情境突然被联系起来的意识。可见,关系转换说更强调个体的作用。

支持关系转换说的经典实验是苛勒在1919年所做的"小鸡(或幼儿)觅食"实验。他让小鸡在深、浅不同的两种灰色的纸下面寻找食物。通过条件反射学习,小鸡学会了只有从深灰色纸下才能获得食物。然后,变换实验情境,保留原来的深灰色纸,用黑色纸取代浅灰色纸。现在的问题是:如果小鸡仍然到深灰色纸下面寻找食物,那就证明迁移是由于相同要素的作用;如果小鸡是到两张纸中颜色更深的那张,即黑色纸下面寻找食物,那就证明迁移是对关系作出反应。实验证明:小鸡对新刺激(黑色纸)的反应为70%,对原来的阳性刺激(深灰色纸)的反应是30%;而儿童在做同样的实验时始终对黑色纸的刺激做出反应。

五、学习定势说

定势是指心理的准备状态。一个学生的学习迁移,往往受他的学习意图或学习心向的影响，这就是学习定势的作用，先行学习为后继学习准备了迁移的条件，或使后继学习处于准备状态中，这就有利于迁移。学习定势说讲的是学习方法的迁移问题。学习定势说认为，在先行学习中形成或改进学习的一般方法，学会"如何学习"有利于学习迁移。

1949年，哈洛（Harlow）著名的"猴子辨别学习的实验"是学习定势说的证据。哈洛在实验中，给猴子呈现由两个刺激物组成的配对刺激：一个是圆柱体，另一个是圆锥体，圆柱体下面放有食物，圆锥体下面不放任何东西。实验开始后，猴子偶然拿起一个刺激物进行观察，遇到食物随即摄取。如此训练6次，每次两个物体摆放的位置是随机的，猴子必须学会忽略位置线索。以后，再给猴子呈现另外两个刺激物，仍然在其中一个刺激物下面放有食物，另一个刺激物下面不放任何东西，猴子经过上述同样的6次辨别学习试验。然后再换上另外两个配对刺激进行上述实验。如此进行下去，虽然不断地变换刺激物，但猴子选择放有食物刺激的正确反应的百分比在快速上升。这说明，猴子在前几次辨别学习中学会了选择的方法，或者说形成了辨别学习的定势，并将学会的方法或形成的定势运用到以后的学习中，使学习效果得到提高。

六、分析概括说

这是前苏联心理学家С.Д.鲁宾斯坦提出的一种学习迁移理论。他认为学习迁移在于通过综合的分析揭示出两个课题之间本质上相同或类似的条件，从而产生对解决方法的概括。这种综合的分析及其导致的概括是学习迁移的真正本质。

鲁宾斯坦主要依据"梯形实验"来支持他的分析概括说。这个实验让被试证明的基本课题是梯形的两个对角线之间的三角形ABO和OCD面积相等。为了研究学习迁移，在被试证明基本课题的过程中，让他们证明一个辅助课题：长方形ABCD的两个对角线AC和BD相等（见图8-2）。辅助课题是在被试证明基本课题过程中的不同阶段分别提出来的,对第 1 组被试,在他们证明基本课题的早期阶段提出;对第 2 组被试,则在晚期阶段提出。

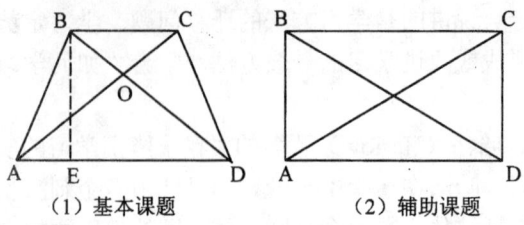

图 8-2　梯形实验

第 1 组被试是把辅助课题作为独立的、与基本课题无关的课题来解决的。在解决辅助课题以后,他们就回过头来解决基本课题。这时大部分被试一开始就把解决基本课题的活动与辅助课题的解法联系起来,利用三角形 ABD 和 ACD 的共同底边 AD。这个共同底边 AD 是解决两个课题的共同环节,将其分解出来也就是进行了概括。

第 2 组被试是在证明基本课题的晚期阶段接触到辅助课题。由于他们对基本课题经过充分的分析,所以一接触辅助课题就能把它的条件同基本课题的要求联系起来,立刻从解决的环节中分出一个环节作为解决辅助课题的本质环节:AD 是三角形 ABD 和 ACD 的共同底边。概括是在解决辅助课题的过程中立刻完成的。

可见,概括不论是由分析两个课题的条件或关系中逐渐完成的,还是在解决辅助课题中立刻完成的,都决定于对基本课题分析的程度。分析概括说强调:学习迁移的原因不在外部事实而在内部条件;学习迁移不是由于个体学到的某种现存的东西,而是由于他通过对课题条件的分析和概括而得到的某种东西;学习能否迁移以及迁移的情况,主要决定于对所解决的课题的分析程度。

七、奥斯古德三维迁移模式

奥斯古德(Osgood, C.E.) 1949 年总结了配对联想学习中大量实验材料,更深入、更细致地分析了刺激和学习材料的相似程度和反应的相似程度与迁移的关系，提出了学习迁移的三维模式。

对偶联想学习的一般形式是给学生一系列成对的材料，这些成对的材料可以是词汇，如"书—汽车"，也可以是无意义音节，如"BSD-AVX"，还可以是无意义音节与词汇，如"KSU-悲哀"等等。一般的把这成对项目的第一项叫做刺激项目，第二项中称为反应项目。如在上述例子中，书、BSD、KSU 是刺激项目，汽车、AVX、"悲哀"是反映项目，要求被试当刺激项目呈现时，说出和写出反应项目。在这种对偶联想式学习的迁移实验中，一般改变前后两次学习的材料，以观察和测量迁移的效果。如果先学习的材料以 A-B 形式出现，而后学习的材料以 A-C 的形式出现，这样的学习称为"刺激相同—反应不同"的学习。如果先前学习的材料是 A-B 形式，而后学习的材料是 C-B 的形式，这样的学习就称为"刺激不同—反应相同"的学习。这样我们就可以推断出各种类型的学习，如"刺激相同—反应相同"的学习，刺激相同而反应由相似、不同至对抗等多种形式的学习；以及刺激由相同、相似到无关，而反应相同的各种形式的学习等等。

奥斯古德三维迁移模式描述了正负迁移的变化如何随学习课题和迁移课题之间的刺激和反应的变化而变化，见图 8-3。当两种学习之间的刺激和反应的相似程度确定以后，据此图可以对它们之间迁移的正负和大小作出预测，该模式又称为"三维迁移曲面"或"迁移倒摄曲面"。

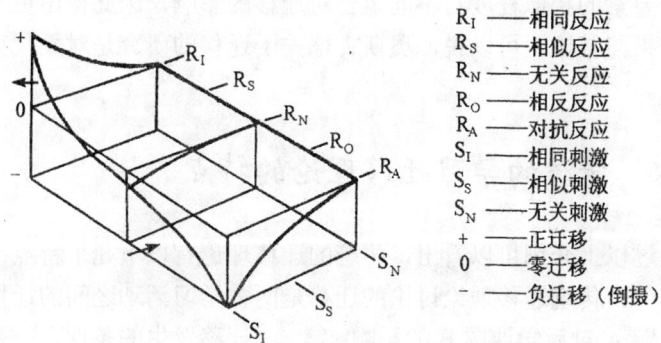

图 8-3 奥斯古德迁移的三维曲面模型

图中粗黑实线所画的曲面即为三维迁移曲面。正负迁移在 Z 轴上通过零点的水平面来分界。在该平面之上为正迁移，在该平面之下为负迁移。与该平面相交时表示迁移为零，从左到右表示新旧课题之间反应相似性的变化，从相同的反应到对抗的反应。从前到后表示新旧课题之间刺激相似性变化，即从相同刺激到无关刺激。由此可见，迁移的性质和数量是刺激条件和反应两者相似性变化的函数。

根据该曲面，我们可以预期：若先后两个材料刺激相同（S_I），反应相同（R_I），则会出现最大的正迁移。若先后两个刺激相同（R_S），反应由相似到不同（R_N），到对抗（R_A），则迁移由正到负，以致最大的负迁移。若先后两个刺激由不同到相同，而反应不同或对抗，负迁移由最小到最大。若先后两个材料刺激不同，反应由相同到不同，以及对抗，迁移效果都是零。

奥斯古德的三维迁移模式不仅能够解释和描述对偶联想学习的迁移情况，而且还可用于解释类似的技能学习迁移。例如驾驶员学习驾驶轿车，然后学习驾驶卡车，这两种学习属于刺激相似、反应也相似的学习，所以会出现正迁移。再如驾驶员在国内习惯了靠右行驶，而到了国外却要学会靠左行驶，这时驾驶员的动作就会受到极大的干扰。这些都可以从三维迁移模式中得到解释。

实际上奥斯古德所考察的共同元素与桑代克是一致的，都是联结学习的"刺激—反应"的共同成分，但是，它全面、精确地研究了这些共同要素的相似程度与不同组合对迁移的影响，因此得出更为确定性的结果与结论。可以说，奥斯古德关于迁移的研究是对桑代克理论的深化。

八、传统的学习迁移理论的特点

通过以上介绍可以看出，传统的迁移理论有以下几个特点：

第一，传统迁移理论讨论的迁移是两种学习活动之间的迁移，即先学课题 A 对后学课题 B 的影响；第二，迁移发生的条件之一是两种学习活动有相同要素（后七种学说都含有相同要素）；第三，迁移发生的条件之二是学习者能概括两种学习活动的共性,如共同原理(概括化理论)、共同关系(关系转换说)、共同的学习方法(学习定势说)、共同的解决问题的方法(分析概括说)等等。

第三节 现代的学习迁移理论

一、认知结构迁移理论

现代认知心理学把迁移的研究深入到了教材的知识结构和学生的认知结构。奥苏伯尔系统地研究了学生的认知结构对学习和迁移的影响,下面着重讨论认知结构与迁移的关系。

(一)认知结构与迁移

奥苏伯尔认为,一切新的有意义学习都是在原有学习基础上产生的,不受学习者原有认知结构影响的学习是不存在的。即一切有意义的学习必然包括迁移。因此,在有意义学习中,学生的认知结构始终是一个最关键的因素。奥苏伯尔指出,即使单独一次练习(如读一遍课文),其效果也能反映出学生原有认知结构的影响;而通过一次练习所获得的新信息,反过来又修改原有的认知结构,这种改变了的认知结构又会影响下一次练习。

如先学习课题 A 后学习课题 B。从认知结构的观点考虑迁移时,顺向迁移仍然指先前的学习对后继学习的影响。不过,先前的学习指的是什么?它又如何影响后继的学习?奥苏伯尔对此作了与传统观点根本不同的新解释:

(1)先前学习不仅是指学习课题 A,还包括了过去的经验累积。在学习课题 A 时所得到的最新经验,并不是直接同课题 B 发生相互作用,而是由最新经验影响原有的认知结构的有关特征,从而间接影响新的学习。

（2）在有意学习与迁移中，所说的过去经验的特征：不是指前后两个课题在刺激和反应方面的相似程度，而是指学生在一定知识领域内的认知结构的组织特征，如清晰性、稳定性、概括性等。

（3）在学校学习中迁移所指的范围比在实验室条件下严格意义的迁移更广，而且迁移效果主要不仅是指运用一般原理于特殊事例的能力（派生类属的学习能力），还指提高了相关类属、总括学习和并列结合学习的能力。因此，凡是已形成的认知结构影响新的学习的地方，都存在着迁移。

（二）影响学习迁移的认知结构变量

认知结构就是学生头脑里的知识结构。每个学生的认知结构各有特点，认知结构在内容和组织方面的特点就称为认知结构变量。奥苏伯尔提出了影响学习迁移的三个主要的认知结构变量。

1. 可利用性变量

可利用性变量是指认知结构中可利用来起固定作用的适当观念。这是影响学习迁移的一个重要的认知变量，其中具有较高抽象概括水平的观念对于新知识的学习能提供最佳的固定点。如果原有的认知结构里没有适当的起固定作用的观念（或只有一些不完全适合的观念）可用来同化新知识，这样，新知识便不能有效地固定在认知结构中，从而导致新知识的不稳定和意义含糊，并迅速遗忘。根据上述情况，在学习新知识时，可事先介绍一些与新知识有关的从总体上组织起来的引导性材料（如时代背景、个人生平、学派论战及评价、理论发展等）作为新知识的固定点，它们是联系新旧知识的"认知桥梁"，奥苏伯尔把它们叫做"组织者"，由于它呈现在正式学习材料之前，故又称"先行组织者"（advance organizer）。随后的研究，发展了"组织者"概念，认为"组织者"的呈现时间既可在新学习材料之前，也可在新学习材料之后。实验证明前者效果好于后者。"组织者"的抽象概括水平，既可高于新学习材料，也可低于新学习材料，如具体形象的事例、实验等，作为新知识的支柱和基石。组织者可分为说明性组织者和比较性组织者两种。

说明性组织者是指以概括性的语言对要学习的新知识进行介绍的组织者。它可以是一个概念、一条定律或一段概括性的说明文字。说明性组织者能为新的学习提供最佳固定点和理解的框架，使学习者懂得如何进行学习。说明性组织者适用于学习者原有认知结构中缺乏适当的上位观念可以用来同化新知识时，教师可以设计和呈现说明性组织者，目的在于给学生提供一个适当的上位观念，用来同化（消化、理解、吸收）即将学习的新知识。说明性组织者的教学实例如下，在生物课上学习脊椎动物时，教师说："在接下来的两周里，我们将讨论脊椎动物。所有的脊椎动物都有一个重要的共同点即它们都有一个背骨（脊椎）。我们将说到五种类型的脊椎动物，它们是哺乳动物类、鸟类、爬行类、两栖类和鱼类。而且我们将分析这些动物之间彼此有何不同。例如，它们是热血的还是冷血的，它们是否长有头发、鳞或羽毛以及它们是卵生的还是胎生的。"

比较性组织者是指对新旧知识进行类比的组织者。这种组织者适用于学生原有认知结构中已具有了同化新知识的某些观念，但原有观念不清晰或不巩固，学生难以应用，或者它们对新旧知识的关系辨别不清时。这时教师可以设计和呈现比较性组织者，目的是使学生的原有知识与新知识建立外在联系，以利于学习新知识。比较性组织者的教学实例如下，在生理学课上教师说："人类的循环系统类似于包裹的传送系统。红血球的工作像卡车，将必要的物质从中心分配站传送到全身各部位。动脉和静脉就像道路，连接着可以抵达各个传送点的路线。心脏就像仓库或中心站，卡车从这里装载物质并出发，空车返回后仍旧在这里重新装载物质。"

有关组织者的实证研究发现：阅读有关冶金术的文章前提供说明性组织者（冶金的基本概念）的一组比控制组（冶金历史介绍）在随后的记忆保持测验中有较好的成绩（Ausubel, 1960）；阅读有关佛教的文章前提供比较性的组织者（佛教与基督教的关系）的一组比控制组在随后的测验中有较好的记忆保持（Ausubel 等，1963）；先行组织者对于不熟悉的课文（学习者缺乏有关的背影知识）比较有效（West 等，1976；Mayer, 1979）；具体模型组织者比控制组在创造性问题解决上的成绩要好（Mayer, 1986; 1979）。

2. 可辨别性变量

可辨别性变量是指新知识与同化它的原有观念系统的可分辨程度。可分辨程度越高，越有利于新知识的学习与记忆。可分辨程度低时分两种情况：第一，原先掌握的知识牢固。这将导致新知识会很快遗忘。因为人们在认识或理解事物时有简化的趋势，当新知识与原有知识相似而不相同时，往往原有的知识先入为主，新的意义被原有的稳定的意义所代替。或者学习者意识到新旧知识之间有些不同，但不能具体地说出什么地方不同，在这种情况下，新的意义也会很快地向认知结构中类似的知识还原，即迅速遗忘。第二，原先掌握的知识不牢固。新旧知识便会产生相互干扰。如小学生在学习汉语拼音的同时学习英文字母，而汉语拼音又未牢固掌握，这时前者与后者会相互干扰。

通过大量研究，发现如下方法有助于提高新旧知识之间的可辨别性。

（1）当原有的知识不稳定和不清晰时，采用一个比较性"组织者"比过度学习新知识效果更好。因为比较性"组织者"揭示了新旧知识的异同，也增强了原有的起固定作用的观念的稳定性与清晰性。如在概念学习中，呈现一系列相似、相反或相关的概念进行比较，以便区分概念的本质特征和非本质特征，有利于概念的掌握。

（2）当原有的知识本身已很稳定和清晰时，提高可辨别性的有效方法就是过度学习新知识。

（3）形成一种比较新旧知识的心向，而不实际呈现比较性组织者时，也可以促进学习的深入和知识的巩固。

3. 稳定性（包括清晰性）变量

稳定性变量指原有的起固定作用的观念的稳定性和清晰性。它是影响学习与保持的一个重要的认知变量，如果起固定作用的观念不稳定、模糊不清，它不仅不能为新知识的学习提供固定点，而且也影响新旧知识的可辨别程度。为此，利用及时纠正、反馈和过度学习的方法，可以增强原有的起固定作用的观念的稳定性和清晰性。奥苏伯尔等人在1961年和1962年做过这方面的实验研究，他们发现学生原有知识的掌握程度同以后学习有关的知识成正相关。例如，数学知识掌握较好的学生同掌握较差的学生相比，前者学习物理的成绩就较好。如，学习基本概念和原理时，如果提供的例证太少，学生就不能充分理解和掌握概念和原理。这样，迁移的效果也就很差了。

（三）认知结构迁移理论对我们的启示

学生的认知结构是影响学习迁移的最重要因素。学生的认知结构中概括水平较高的观念越多、越清晰、越稳定，越有利于新知识的学习。而学生的认知结构来自教材的知识结构，这就要求教材要以概括水平较高的基本概念、原理为核心，基本内容之间要形成清晰的、有层次的联系，教材的呈现次序要遵循渐进分化和综合贯通两个原则（详见第十章）。教师在教学中要将教材的设计思想充分展现给学生。既要注意将新知识与学生已有的旧知识联系起来，使学生能用已有的旧知识同化新知识；又要注意引导学生分辨新、旧知识之间的区别。将知识纵向联系横向贯通，塑造学生的良好认知结构。

二、产生式迁移理论

（一）主要观点

迁移的产生式理论是由辛格莱和安德森（Singley, M.K. & Anderson, J.R.）提出的，这种理论认为学习和问题解决的迁移之所以产生，主要是由于先前学习和源问题解决中个体所产生的产生式规则与目标问题解决所需要的产生式规则有一定的重叠。

安德森认为，这一迁移理论是桑代克共同元素说的现代化。在桑代克时代，心理学没有找到适当的形式来表征人的技能，以致错误地用外部的刺激和反应（即S—R）来表征人的技能，所以不能反映技能学习的本质。信息加工心理学家用产生式和产生系统表征人的技能，这样就抓住了迁移的心理实质。所以，导致先后两项技能学习时产生迁移的原因，不应用它们共有 S—R 联结的数量来解释，而应该用它们之间共有产生式数量来解释。

在他们看来，一个产生式就是一个条件和行动的规则（简称 C-A 规则），在这里，C 代表行为产生的条件，它不是外部刺激，而是学习者工作记忆中的认知内容，而 A 则代表行动或动作，不仅是外部的反应，同时也包括学习者头脑内的心理运算。每一个产生式都包含了一个用于识辨情景特征模式的条件表征和一个当条件被激活时用来构建信息模式的活动表征，活动的产生需要对条件的激活。产生式的形成首先必须使规则以陈述性知识的形式编入学习者原有的命题知识网络，并经一系列练习才能转化而成，也就是说产生式的形成必须经由一个陈述性的阶段。

（二）迁移的种类

根据产生式的形成过程，产生式迁移理论将迁移划分为四种：

（1）程序性知识—程序性知识迁移：当训练阶段所获取的产生式能直接用于完成迁移任务时，程序性知识—程序性知识迁移就产生了。其先决条件是在现阶段要接受大量的练习，已形成适当的产生式。

（2）陈述性知识—程序性知识迁移：训练阶段获得的陈述性知识结构有助于迁移阶段产生式的获取，这就是陈述性知识—程序性知识的迁移。任何技能的学习总是从陈述阶段开始，然后进入程序阶段，所以每一技能的学习都反映陈述性知识向程序性知识的迁移。因此，这种类型的迁移是非常普遍的。

（3）陈述性知识—陈述性知识迁移：它指已有的陈述性知识结构促进或阻碍了新的陈述性知识结构的获取。这一课题在心理学界一直都受到广泛的研究，如早期的语言与联想学习的迁移研究以及后来奥苏贝尔的认知结构迁移研究。

（4）程序性知识—陈述性知识迁移：它指获得的认知技能促进了陈述性知识的获取。最有代表性的是读、写、算等这些基本技能，没有他们做基础，我们就不可能吸取大量社会和自然科学知识。此外，掌握一些更复杂的技能，如复述课文、提出假设，都会有助于大量陈述性知识的获得。

(三) 对迁移的实验研究及结论

在上述对迁移的分类基础上,安德森等研究者重点研究了新手对技能的表征情况,通过追踪个体多次尝试的过程去研究被试的迁移表现,并应用计算机模拟来进行精细水平的分析,在大量研究的基础上,安德森等人对迁移问题得出了如下两个重要的观点:

第一,迁移量的多寡(大量、中等、少量或是负迁移),取决于实验情景及两种材料之间的相关。从一种技能到另一种技能的迁移量主要依赖于两任务的共有成分量。这种共有成分的量是以产生式系统来考察。具体说,就是用相同或相似的产生式法则来描述两任务共有的知识和经验。如果两个情景有共同的产生式,或两情景有产生式的交叉、重叠,就可以产生迁移。

安德森和辛格莱(1989)对不同计算机文本编辑程序的学习进行了研究。实验中的被试为打字熟练的秘书人员,他们能理解文本编辑的含义。被试分三组:A 组在学习编辑程序(被称为 EMACS 编辑器)之前,先根据已经作好标记的文本练习打字。B 组先练习一种编辑程序,后练习 EMACS 编辑器。C 组为控制组,从第一天起至最后一天(即第 6 天)一直学习 EMACS 编辑器。学习成绩以每次尝试按键数量为指标,因为被试按键越多,说明他们出现错误需要重新按键数越多(因被试打字熟练,其错误不可能是打字造成的)。错误的下降说明掌握文本编辑技能水平提高。图 8-4 为实验结果。控制组每天练习 3 小时 EMACS 编辑器,前 4 天成绩显著进步,至第 5 和第 6 天维持在相对稳定水平。A 组先练习打字,共 4 天,每天 3 小时,第 5 和第 6 天练习 EMACS 编辑器的成绩同控制组第 1 和第 2 天的成绩相似,打字对编辑学习未产生迁移。B 组前 4 天练习一种文本编辑程序,每天练习 3 小时,在第 5 和第 6 天练习 EMACS 编辑器时,成绩明显好于 A 组。这说明第一种文本的练习对第二种文本学习产生了显著的迁移。

安德森认为,在打字和文本编辑之间没有共同的产生式,而在两种文本编辑之间有许多共同的产生式,这是导致两组迁移效果不同的最重要原因。

为了进一步证实重叠的产生式导致迁移这一思想,安德森又仔细比较了两种行编辑器和一种全屏编辑器之间的学习迁移情形。被试先学习 A 种行编辑器,再学习 B 种行编辑器,结果节省时间 95%。先学习行编辑器,再学习全屏编辑器,结果节省时间 60%。

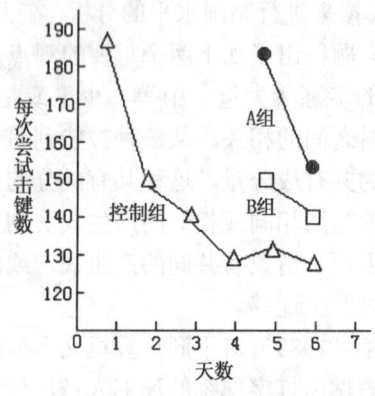

图 8-4　三组被试学习 EMACS 编辑器的成绩

最后,研究者为三种编辑器创造一种产生式规则模型,然后计算它们之间共有的产生式数量。研究者应用这一数量对迁移的程度作出预测,然后用预测数量与实际观测到的迁移数量进行比较,结果表明,预测的迁移量和实际测量到的迁移量有很高的一致性。

第二,知识编辑对产生式的获得与迁移有直接影响。安德森等通过分析一名叫 BR 的被试在学用 LISP 语言定义一个新函数时的学习过程及其所遇到的困难,然后通过计算机辅助教学机模拟它解决问题的过程,发现知识编辑是将陈述性知识转化为程序性知识的一个重要学习阶段。在知识编辑之前,知识处于陈述性阶段,被试用弱方法解决问题。一旦知识经过编辑后,许多小的产生式被一个或几个高级的产生式替代。这时被试用强方法解决问题。用强方法解决问题既快又精确。这种在知识编辑前后解决问题的特点在人的学习中普遍存在。安德森等人进一步认为,这也正是新手与专家解决问题的差异所在,新手是以陈述性知识去解决问题的。

（四）对我们的启示

因两项任务共有的产生式数量决定迁移水平，要实现"为迁移而教"的目的，在教材的选编、教法的选择和练习的设计等方面都应考虑这一原理。从教材的选编来看，必须考虑循序渐进的原则。教材知识一般可以分成若干单元。先后两个单元应有适当重叠，使先前的学习作为后继学习的准备，后继学习是先前学习的自然延伸。从教学方法看，技能之间产生迁移的本身是共同的产生式而不是它们的表面相似。共同的产生式也就是共同的规则。规则又必须以概念和原理为基础。所以不论何种具体技能的教学，都必须注重概念和原理的教学。如小学生学习读、写、算基本技能，必须注重读、写、算基本概念、原理和规则的教学。这样学生容易从一种技能的学习向另一种技能的学习迁移。从练习的设计来看，有研究表明，先前学习的内容，必须有充分的练习，才易于迁移，否则先后两项任务因有共同成分而会导致混淆。也就是说，学生可能没有掌握他们的共同的产生式规则，只注意了表面上的相似而未发现实质上的差异。如果有充分练习，许多基本技能可以成为自动技能而不必有意识地注意，这样就可能有力地促进新任务的学习。

三、认知策略迁移理论

（一）对策略作用的自我评价是影响策略迁移的重要因素

20世纪70年代，心理学家贝尔蒙特（Belmont, J. M.）等人对100项涉及多种多样策略和不同被试的实验研究进行了系统分析，发现没有一项策略训练在迁移上获得成功。研究者指出，这100项研究没有一项要求被试对他们的策略运用成功与否进行反思。1982年，贝尔蒙特等又对7项策略研究进行了评述，这7项研究都要求被试对策略的运用成功与否进行反思，结果有6项获得了迁移。这一发现，启发了许多心理学家对策略的迁移进行了大量的研究，从而证实学习者的自我评价是影响迁移的一个重要因素。

（二）关于策略作用的自我评价实验研究

1985年加泰勒（Ghatala, E. S.）等人研究了自我评价对迁移的影响。他们选取小学二年级学生为被试，教被试精加工策略。给被试呈现配对名词，要求被试尽可能记住并准备回忆学过的词。在正式实验前，研究者对被试进行三种不同的自我评价训练。其中的1/3被试为策略—用途组，接受策略有效性评价训练。方法是反思自己使用或未使用某一策略是怎样影响回忆效果的。要求被试徒手和用圆规各画一个圆，继而问：用哪种方法画的圆更好？下次叫你画圆你会用哪一种方法？另1/3的被试为策略—情感组，要求他们评价使用某一种策略是否感到"开心"。同样要求他们在两种情况下画圆，然后问：哪一种方法更"开心"？最后1/3被试为控制组，不接受任何评价训练。正式实验分三个阶段进行：

第一阶段，研究者不教任何记忆策略，让被试自行记忆配对名词并进行回忆测验。其目的是确定被试的基线水平。

第二阶段，将被试分成两个等组，其中一组学习精加工策略；另一组采用"数各个名词中字母数"的策略记忆。显然，前一种策略的记忆效果好，后一种策略的记忆效果差。

第三阶段，所有被试接受相同的指导语：可以选择自己所希望的任何方法来记忆所呈现的材料。学完以后要求回忆学过的材料。

为了测量被试在第三阶段是否继续使用先前习得的策略，研究者问被试在学习每一配对名词时用了什么策略和为什么选择该策略，以确定他们是否意识到策略的用途。而且，把第一阶段和第二阶段两次学习的配对词再呈现给被试，问他们什么时候记得多和为什么记得多。这样进一步确定被试对策略作用的意识程度。

表8-3列出了采用不同学习策略的被试平均回忆配对词的百分数。

表 8-3　不同训练组的平均回忆配对词的百分数

	训练条件		
	策略—用途组	策略—情感组	控制组
第一阶段			
精加工策略	39.5	37.1	31.9
数字母策略	36.2	36.2	29.0
第二阶段			
精加工策略	98.6	96.7	97.1
数字母策略	19.0	19.0	9.5
第三阶段			
精加工策略	92.4	89.0	79.5
数字母策略	42.9	29.5	29.0

由表 8-3 可得出以下结论：

第一，在实验第二阶段，学习了精加工策略的被试，回忆成绩普遍高于采用数字母策略的被试。到实验的第三阶段，虽然未要求应用精加工策略，但在第二阶段接受精加工策略训练的被试继续应用这一策略，其回忆成绩仍然很高。而接受"数字母数"策略训练的被试，在第三阶段放弃了原策略，而又没有学习精加工策略，所以记忆成绩普遍低。

第二，三种不同策略评价方式（策略—用途评价、策略—情感评价、无评价）对直接回忆或近迁移成绩未产生明显影响（见表中三组的横向比较）。

为了考察被试对"策略进行评价"是否产生长远影响，在第三阶段实验后，又对被试进行追踪研究。被试对他们为什么选择某一策略的回答表明，受到策略—用途评价训练的被试更倾向于解释选择策略的原因是为了提高记忆效率。见表 8-4。

表 8-4　在实验第三阶段后被试说出选择不同策略理由的人数百分比

训练条件	理由		
	记忆	开心	容易
1. 精加工策略			
策略—用途组	100.0	0.0	0.0
策略—情感组	0.0	90.5	9.5
控制组	0.0	71.4	28.6
2. 数字母组			
策略—用途组	76.2	0.0	23.8
策略—情感组	4.8	52.4	42.8
控制组	4.8	28.6	66.7

另外，在实验结束后第一周和第九周分别用新的配对词对被试进行了两次延后测验。结果表明，策略—用途组的成绩明显优于策略—情感组。在第一周测验时，前者有 90%的被试在新的学习材料中运用精加工策略，后者仅有 57%的被试；在第二次延后测验中，前者的人数为 100%，后者只有 50%。这一结果表明，经过策略的有效性自我评价训练的被试能长期运用训练过的策略，并能迁移到类似的情境中，而在其他训练条件下，策略训练仅有短期的效果。

（三）认知策略迁移理论对我们的启示

学习迁移除了指概念、原理的迁移以外，学习方法或学习策略（一种认知策略）的迁移是迁移的重要方面。特别是在今天这个"知识爆炸"的时代，让学生"学会迁移学习策略"就显得尤其重要。如何才能让学生"学会迁移学习策略"呢？首先得让学生对使用的学习策略有明确的认知。其次学生要对认知策略的作用进行自我评价并形成习惯。

第九章 品德心理

品德是学生学习的重要内容之一。经典的品德发展的理论，一是皮亚杰利用对偶故事法对儿童品德的发展进行的研究；二是柯尔伯格继承并发展皮亚杰的研究，编制了两难故事，对儿童的品德形成的特点分阶段进行了讨论。本章除介绍品德的基本内容以及上述经典理论外，还就影响品德形成的因素和品德不良的转化进行了讨论。

第一节 品德的概述

一、什么是品德

品德是道德品质的简称，它是一种个体心理现象。品德是指个体依据一定的道德行为准则行动时所表现出来的某种稳定的心理特征，它是个性中具有道德评价意义的核心部分。上述定义说明品德具有如下两个基本特征：一是品德必须以某种社会道德意识或道德观念为基础，并与道德行为有密切的联系。离开了道德行为就无所谓品德。二是品德具有稳定性特征。个人的品德不是表现在一时一事上，而是体现于一贯的行为中，甚至一生中。黑格尔曾指出："一个人做了这样或那样一件合乎伦理的事，还不能说他是有德的，只有这种行为方式成为他性格中的固定要求时,才可以说他是有德的。"① 一个人的品德发展是否成熟,就是要看他是否在任何道德情境中都能从维护基本的道德关系出发,即依照处理人与人之间关系的基本道德原则做出合理的行为。

个体的品德是在社会道德舆论的熏陶下,在家庭、学校的道德教育的影响下,以及个体在社会生活实践中对道德准则、行为规范不断内化和反复实践的过程中而逐渐形成的,它是社会现实在人脑中的反映。要了解一个人何以具有这样或那样的道德品质,只有从他赖以生存的社会物质生活条件中去寻找原因。品德的形成、发展除受社会制约之外,也依赖于人的心理活动的规律。要说明人在什么样的情况下能形成怎样的品德,就必须揭示某些心理方面的因素。

道德是一种社会现象,随着社会的发展而发展,随着社会环境的改变而改变。它是由舆论力量与内心驱使来支持的行为规范,是一种分辨是非、善恶的尺度。

品德与道德既有联系又有区别。从联系说,离开道德就谈不上有个人的品德,个人品德的内容是道德在个体身上的具体表现。个人品德的发生、发展与道德一样都受社会发展规律的制约。但是,两者又有区别。道德的产生、发展和变化服从于整个社会发展的规律,它不以个别人的存在、个别人品德的好坏为转移;而品德的发生、发展则有赖某一个体的存在。道德是伦理学与社会学研究的对象,品德则是心理学与教育学研究的对象。

二、品德的结构

(一)我国传统的观点

在我国许多学者认为,品德由道德认识、道德情感、道德意志和道德行为组成,四者紧密相连,彼此依存。这一方面反映了我国学者

---

① 黑格尔著. 范扬等译. 哲学原理. 北京: 商务印书馆, 1961.107.

对"知"、"情"、"意"、"行"的见解，另一方面也体现了我国学者对中国古代心理学思想的继承。

1. 道德认识

道德认识是指个体对道德知识和行为规范的了解、领会及掌握。个体按社会道德规范行动，就必须熟悉这些道德规范，掌握一定的道德知识，并对什么是正确的或错误的行为做出道德判断和推理。道德认识是品德的基础。

2. 道德情感

道德情感是在道德认识基础上产生的，是人的道德需要是否得到满足而产生的内心体验。一般说来，他人或自己的行为符合自己所认同的并要求得到维护的道德观念时，就会引起积极的情感体验，否则就会产生消极的情感体验。道德情感是品德的动力。

3. 道德意志

道德意志是一个人自觉地确定道德目的和动机，并支配、调节行动，克服困难，以实现一定道德目的和动机的心理过程。它一方面对符合道德规范的目的、动机，自觉地、果断地付诸行动并坚持做到底；另一方面，对不符合道德规范的目的、动机，自觉地、果断地抑制。

4. 道德行为

道德行为是在一定道德意识支配下所采取的各种行动。它是实现道德目的、动机的手段，也是品德的外部标志。看一个学生的品德，主要不是看他认识到什么、说得多么好听，而是看他是否言行一致。道德行为是通过练习或实践，掌握道德行为方式与技能，进而养成习惯而形成的。

这种观点强调品德的结构主要是心理结构，即品德活动的结构，这是可取的。但是，单纯地从知、情、意、行四种心理过程去把握品德是不够全面的。

（二）林崇德的品德系统结构观点

林崇德（1988）认为，品德结构是个多侧面、多形态、多水平、多联系、多序列的动态开放性的整体与系统。它主要包括三个子系统：

(1) 品德的深层结构与表层结构的关系系统,即道德动机系统和道德行为方式系统。所谓动机系统就是与道德有关的需要的具体表现,其核心因素是道德信念和道德理想。

(2) 品德的心理过程和行为活动的关系系统,即道德认识、道德情感、道德意志和道德行为的品德心理特征系统。

(3) 品德的心理活动和外部活动的关系及其组织形式系统,即品德的定向、操作和反馈系统。所谓品德的定向系统是社会道德规范内化为有个性的意识倾向,用以指导和调节自己的行为。而操作系统包括同化(把当前道德环境的内容纳入品德的定向系统,进行信息加工,转化为具体的道德动机或修改原品德的定向系统)、外化(即通过明确道德问题、确认道德途径、作出道德决策、实施道德计划的过程逐渐转向外观行为)、具体化三个过程。此外,还有一个品德的反馈调节系统,它包括自我反馈和他人反馈、预期反馈和倒摄反馈,都通过自我意识来达到调节行为的作用,并加强或削弱行为动机。

这个品德结构是一个完整的系统,颇有创意。但几种系统之间的关系并不十分清晰,它没有绘出示意图,说明其中的相互关系尚未理清楚或难于表达。

(三) 章志光的品德形成三维结构

章志光(1990)依据自己的实验研究,提出一个"品德形成三维结构"的设想。章志光认为,品德结构可以从生成结构、执行结构和定型结构三个断面或维度去进行探讨,这些结构和宏观的社会环境及微观的群体环境(包括人际关系、教育方式等)发生关联或相互制约,就构成了一个包括品德机制在内的大的社会动力系统。

所谓"生成结构"是指个体从非道德状态过渡到开始出现道德行为或初步形成品德时的心理结构,是个人所获得的某些道德规范认知,作为需要与行为之间的定向与调节的成分同行为方式的内在启动部分,建立正或负的联系的过程。

儿童有了这个中介的生成结构,其由外部诱因激活的个体需要及行为意向都将受到已形成的规范认知(道德观念)的定向调节。其所产生的行为已不同于先前的原始行为。这种行为是一种社会化行为，是由他律逐渐向自律过渡的行为，其心理结构及活动过程的表现就是道德性。道德性是不断向前发展的。这里不仅有规范认知在内容上的扩大与加深，而且也随着整个心理水平的提高，出现更为复杂的层次结构。探讨这个结构的逐级发展及其规律是品德发展心理学的主要任务之一。

所谓"执行结构"是指个人在品德生成结构基础上发展起来的更有意识地对待道德情境、经历内部冲突、主动定向、考虑决策和调节行为等环节的一种复杂的心理过程及其结构。

首先，这里存在着一个与一般意识密切关联的、由规范行为经验、是非感等的积累与整合逐渐概括化而形成的"道德认知—感情系统区"，它包括有不同层次、因人而异的道德观念（概念、知识、原则）、道德体验（义务感、责任感、荣辱感等）以及由此而产生的实现道德信念、道德理想及价值观的需要、动机等等。它是道德知识的"信息库"，是对当前道德情境进行区分与筛选的"过滤器"，是判断事件的性质、确定个人的责任与态度及行动方向的"定向器"，也是克服利己性需要的动机干扰、抉择行为方式并进行制动的"调节器"。这是一个参与道德执行过程而有决定意义的意识系统或道德动机系统，也是个人在品德上表现出高度自觉性与自律性的关键机制。

其次，人在遇到道德情境（如某些诱惑需抗拒，他人有困难需相助）时，从接受信息到产生道德行为，要经过一个连续而有阶段的心理过程。这个过程的一般模式是：（1）对道德情境或事件的注意与知觉→（2）移情→（3）道德判断，包括辨认事件的是非、善恶及卷入的必要性和紧迫性→（4）责任意识与明确态度，其中往往会出现动机冲突、代价与报偿的权衡→（5）行为方式的抉择→（6）意动。每个阶段都存在是与否两种可能。如果一个阶段为正，就将转入下一阶段，否则过程就将中断，因而也就不会产生外现的介入行为。这个过程有时是瞬间就能完成的，但在复杂条件下则将拖长时间或出现往返现象。道德行为的做出及其实效性不仅有赖于过程本身的顺利进行，而且也取决于参与这个过程过滤、定向及调节作用的"道德认知—感情系统区"的质量与功能水平。

最后还涉及一个反馈回路的过程。这就是个人做出的道德行为一方面会引起他人或社会的反响,从而获得褒贬与评价(外部强化);同时也会通过自我评价、自我强化与归因分析取得因果关系的新认识、新体验,从而巩固、扩展或改变着原有"道德认知—感情系统区"的内容及形式结构,甚至导致整个过程趋向自动化。

执行结构的模式设想见图9-1。

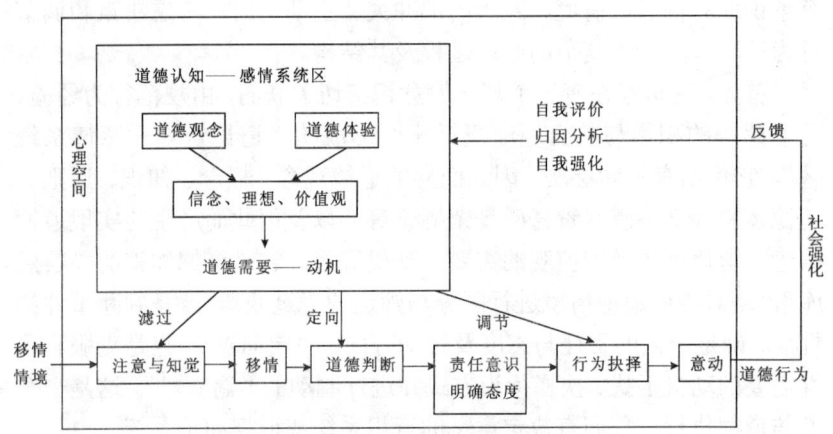

图 9-1　执行结构的模式图

所谓"定型结构"是指个体具有某种品德的心理结构。它不一定比"执行结构"更复杂。它是在执行结构基础上形成的,可能具有高激活性、阶段简缩性和具有自动化功能的结构。它的全部奥秘也许在于一个人一旦形成了某种占优势的道德观念(或信念)动机,且和实现它的一些习得的行为方式经过反复实践、强化构成稳固的联系系统。只要这种潜伏的道德观念动机为一定情境所唤醒,其指令就会迅速通过已拓通的联系网络(无需重复或减少原初在执行过程中必经的分析加工步骤)去驱动特定的行为方式装置,做出合规范的、可预料的行为反应。

上述三种结果是品德形成过程中相继出现的不同形式,但又是彼此包括、相互渗透的统一体。如果前一种结构的形成为后一种结构的出现作好铺垫，那么后一种结构的形成则是前一结构因素、序列的发展和功能的跃进。

以上所述的这些结构都是作为个体内部的动力系统而存在的。任何人的道德行为的发生都有自己心理的直接动因。个人有关道德的心理活动，无论是在内容上还是在结构上都充满着矛盾。但是造成这种矛盾和推动矛盾解决的真正动力则来自于社会生活的广大的动力场。

从整个人的动力系统来理解品德形成，也可以说品德是宏观社会的规范要求（包括经济、政治、教育与意识形态等方面的要求）通过群体内的人际关系和处于一定角色地位的个体相互作用并在后者身上形成的道德需要、动机和特定行为方式的统一体。社会动力系统尤其是外围系统是由许多学科（如社会学、伦理学等）来研究的。品德心理学作为上述学科之一，着重研究个体在社会制约下，在群体互动中产生的内部心理结构及其动力状态，而这种研究必然要涉及或必须顾及整个大的社会动力系统的实况。

这种构想是否合理有待于长期、多方位的实验研究加以检验，或者通过修正使之得到补充发展，或者予以推翻。不管结局如何，争论和后续的实证研究都将促使我们深化对品德结构的认识。

第二节　品德发展和形成的理论

儿童品德的发展究竟有没有阶段，这是一个有争议的理论问题。在西方有人认为没有固定的阶段，认为儿童品德的形成和表现主要依赖于情境，提出品德可能是行为情境相似性的函数。如哈桑和梅伊等人（Hartshorne, H. & May, M. A. et al, 1928, 1929, 1930）在包括课堂作业、家庭值日、团体游戏和体育比赛等不同的情境中研究了 1.1 万名儿童的道德行为。在不让他们知道自己正被观察的条件下，给他们撒谎、欺骗或偷窃的机会。研究结果发现，在学龄儿童中找不出在所有情境中保持一致的诸如诚实这样的品质。几乎所有的儿童都会根据不同的情境或多或少地有所欺骗。比如，研究想要预测一个在数学测验中作弊的儿童是否在拼音测验时也会作弊，是不可能的。诚实、自制、和善、忠诚、公正、勇敢等道德品质不是儿童要么具有，要么不具有的"一袋美德"。这些美德是儿童发现自己所处特殊情境的函数。在特殊情境中，个体的行为是否诚实，依赖于不诚实所获得的奖励、不诚实被发现的概率、社会的标准等等因素。以上说明品德是受情境相似性制约的。有人认为儿童品德的发展是分阶段的，如皮亚杰（Piaget, J.）、柯尔伯格（Kohlberg, L.）等。

一、皮亚杰的品德发展阶段理论

（一）划分阶段的标准与对偶故事法

皮亚杰认为一个人道德上的成熟，主要表现在尊重准则和社会公正感两个方面，即一个有道德的人应该是能按社会规定的准则公平地、公道地对待别人的人。这就是皮亚杰划分阶段的标准。皮亚杰始终把注意力放在研究这两方面的道德品质的发展变化上。

对偶故事法是皮亚杰研究道德判断的主要方法，即向儿童提出各种成对的故事。在每对故事中都有因某种故意的或无意的行为造成的不良结果，然后问儿童引起这两种不良结果的哪一种行为是"更坏的"。如一个故事讲玛丽想让妈妈高兴，便剪了一块布给妈妈做补丁，不小心把自己的衣服剪了个大窟窿；另一个故事讲马格利特趁妈妈不在时，拿妈妈的剪子玩，把自己的衣服剪了个小窟窿。要求儿童判断这两个小朋友的行为哪种更坏。他们发现不同年龄的儿童判断的标准是不同的，年龄小的儿童往往根据结果来判断行为的好与坏，很少考虑到行为的动机和目的。因而他们大多认为"剪了个大窟窿"的儿童的行为更坏；而年龄大的儿童则一般根据行为的动机和目的来判断，他们大多认为马格利特的行为更坏，因为他"趁妈妈不在拿剪子玩"。从这些实证性研究中，皮亚杰揭示了儿童道德判断的发展进程。

（二）皮亚杰的四阶段说

皮亚杰根据对儿童游戏的观察和儿童对"对偶故事"的判断，将儿童的品德的发展划分为自我中心、权威、可逆和公证四个阶段。皮亚杰认为这四个阶段是一个连续的统一体，儿童道德判断的发展遵循以下规律：（1）从把规则单纯当作外在的东西去遵守，到真正理解规则的意义；（2）在对周围人的关系上从单方面的尊重到相互尊重和多方面的尊重；（3）从被动地、受约束地遵守准则到自觉主动地遵守共同约定的准则；（4）从他律（根据别人的价值标准做出道德判断）到自律（根据自己的价值标准做出道德判断）。

1. 自我中心阶段（2~5岁）

自我中心阶段是从儿童能够接受外界的准则开始的。这一阶段的儿童在打弹子游戏中总是自己玩自己的，按照自己的想象去执行规则。这是因为儿童还不能把自己同外在环境区分开来，而是把外在环境看作是他自身的延伸，规则对他来说，还不具有约束力。

2. 权威阶段（6~8岁）

这一阶段的儿童绝对地尊敬和顺从外在权威。儿童尊重道德的权威，认为服从有权威地位的人就是好的；不符从、不听话就是坏的。他们把现存的一切规则都看成是固定不变的。

3. 可逆性阶段（8~10岁）

这一阶段的儿童已不把准则看成是不可改变的，而把它看作是同伴间共同约定的。儿童一般都形成了这样的观念：如果所有的人都同意的话，规则是可以改变的。儿童已经意识到同伴间的社会关系，且应相互尊重。准则对他们来说已具有一种保证他们相互行动、互惠的可逆特征。同伴间的可逆关系的出现，标志着品德由他律开始进入自律阶段。

4. 公正阶段（11~12岁）

这一阶段儿童的公正观念是从可逆的道德认识脱胎而来的。他们开始倾向于主持公正、平等。公正的奖惩不能是千篇一律，应根据个人的具体情况进行。

二、柯尔伯格的三水平六阶段学说

柯尔伯格（1927～1987）出生于美国纽约，1958年获博士学位，1962～1968年任教于芝加哥大学，1968年以后在哈佛大学工作，代表性著作有《阶段与继续：对社会化的认知发展》（1969）、《儿童对道德准则的定向的发展》（1973）等等。

柯尔伯格在50年代对皮亚杰的理论进行了系统验证，提出了自己的品德发展阶段理论。柯尔伯格在划分儿童道德判断发展的具体分期和达到终点年龄上与皮亚杰存在着较大分歧。皮亚杰认为儿童能够进行自律判断，儿童对道德概念的掌握已达到了成熟水平（12岁左右）。但柯尔伯格认为儿童只有能用道德原则进行判断的水平才算是成熟，而只有15、16岁以后的儿童才能达到。柯尔伯格的主要观点是：（1）儿童的品德发展水平与其思维发展水平直接相联系，由于儿童思维发展存在着阶段性，因而其品德发展也具有阶段性。（2）提出品德发展具有固定顺序的六个阶段，并认为在所有文化条件下，儿童都是按同样的顺序通过其阶段而发展的；儿童逐渐地由一个阶段进入另一个阶段，不能逾越，后继阶段高于前面的阶段；由低级阶段进入高一级阶段，并不表现出文化价值知识方面的增长，而只是包含了道德判断早期形式的重组和转换。（3）品德发展不是通过直接的生物成熟，也不是通过直接的学习经验，而是通过机体与环境相互作用的心理结构的重新组织这个发展过程而出现的。（4）个体可能停留在这个固定顺序的某个阶段，但是能够促使他向上进步。因此，柯尔伯格提出教育的基本目的是促进这些阶段的发展。

柯尔伯格的研究对象的年龄为7、10、13、16岁，他们来自芝加哥的中产阶级和较下层阶级的家庭。后来他又在样本中把年龄作了扩展，还增加了美国其他城市和乡村的儿童。他的研究方法是"道德两难故事法"：编制一些在道德上难以判断是非的故事，让儿童听后以回答问题的方式，对故事中人物的行为进行议论，根据儿童回答内容来判断他们品德发展的水平。与对偶故事相比，两难故事是一种开放型的投射测量手段。道德两难故事中最有名的是"海因茨偷药"[①]：欧洲有个妇人患了特殊的癌症，生命垂危，医生认为只有一种药能救她，就是本城一个药剂师最近发明的镭制剂，制造这种药要花很多钱，药剂师索价高过成本10倍，他花了200元制镭制剂，而这点药他竟索价2 000元。病妇的丈夫海因茨到处向熟人借钱，一共才借得1 000元，只够药费的一半，海因茨不得已，只好告诉药剂师，他的妻子快要死了，请求药剂师便宜一点卖给他，或者允许他赊债。但药剂师说："不成！我发明了这种药，就是用来赚钱的。"海因茨走投无路，竟撬开此人药店的门，为妻子偷了药。主试讲完故事后，给被试提出一系列问题。如"海因茨该不该偷药？为什么该？为什么不该？"、"法官该不该判他的罪？为什么该？为什么不该？"等等。柯尔伯格关心的不是对两难问题回答"是"或"否"，而是儿童回答问题时是如何推理的。

柯尔伯格在皮亚杰的儿童品德发展"四阶段学说"的基础上，利用"道德两难故事法"进行了广泛的调查研究，根据儿童的各种回答，对儿童的品德发展水平进行了划分，提出了品德发展的"三水平六阶段学说"。

（一）前世俗水平

这个水平的主要特点是被试着眼于人物行为的具体结果及其与自身利害的关系。它包括第一和第二两个阶段。

第一阶段：服从与惩罚的定向

处于此阶段的儿童害怕受惩罚，对成人或准则采取服从的态度，以免受到惩罚，认为避免受惩罚的行为都是好的，遭到批评指责的事都是坏的。如对海因茨的偷药行为，有的赞同有的反对。赞同者认为：海因茨不去偷药，会挨小舅子的揍；海因茨可以偷，因为他事先提出了请求，又不偷大的东西。他不该受到惩罚。反对者认为：海因茨偷药，如被抓住就会坐牢，会吃苦头的，所以不能去偷；偷东西不好，会受到惩罚。可见他们的道德判断都是根据是否受到惩罚为准则的，

[①] 威廉·C. 格莱因. 计文莹等译. 儿童心理发展的理论. 长沙：湖南教育出版社，1983.159.

尚未具有真正的准则概念。

第二阶段：朴素的利己主义的定向

处于这一阶段的儿童，在进行道德评价时，开始从不同角度将行为与需要联系起来，但具有较强的自我中心，即认为符合自己需要的行为就是正确的、好的，否则就是不好的。比如，赞同海因茨偷药的儿童提出的理由是：他的妻子过去替他做饭、洗衣服，现在她需要这种药，应该帮助她，海因茨需要他的妻子共同生活和帮助；反对者认为：他的妻子在他出狱前可能会死的，因而对他没有好处。还有的提出：药剂师是对的，他发明药，就是为了赚钱，而赚钱是对的。

（二）世俗水平

这个水平的主要特点是个体着眼于社会的希望和要求，认为道德的价值在于为他人和社会尽义务，以维护社会的传统秩序，包括第三、四两个阶段

第三阶段：社会习俗的定向

处于这一阶段的个体认为，一个人的行为正确与否，要看其是否受到别人赞扬，是否对别人有帮助。因此，在进行道德评价时，总是考虑到他人和社会对于一个"好孩子"的期望和要求，并尽量按这种要求去展开思路。他们在讨论海因茨的行为时，有人认为海因茨不对：因为好孩子是不偷东西的，偷东西就不是好孩子；有人认为海因茨应该去偷：因为他是为了寻找他妻子所需要的东西，因而不是自私的。他们之所以把事情看得这样简单，是因为他们觉得遵守"诚实"或"互助"的习俗是社会舆论认可的，是会受到人们赞许的。

第四阶段：秩序和法规定向

处于这一阶段的个体，更加深刻地认识到维护普遍的社会秩序的重要性，开始强调每个社会成员都应当遵守全社会共同约定的某些行为准则，即强调对法律和权威的服从。在讨论海因茨的问题时，很多被试认为，不管在什么情况下都应遵守法律，海因茨行为之所以是错误的，是因为如果大家都根据自己的需要去偷，社会就会不成样子；有人认为海因茨应得到同情，但不能宽恕其盗窃行为，否则社会就会

发生混乱。他们的道德判断，没有超过常规的准则和社会的某种期望，遵从着世俗的秩序和法规。

（三）后世俗水平

这个水平的主要特点是个体不仅自觉地遵守某些行为准则，还认识到法律的人为性，并在考虑全人类的正义和个人的尊严的基础上形成某些超越法律的普遍原则。能够根据自己选择的道德标准判断是非。包括第五、六两个阶段。

第五阶段：社会契约的定向

进入这个阶段的个体，认识到法律或习俗的道德准则仅仅是一种社会契约，它是由大家商定的，也是可以改变的。个体一般不违反大多数人的意愿和幸福，但不同意用单一的法规去衡量人的行为，道德判断灵活了。他们在讨论海因茨的行为时，有人说：海因茨偷药是触犯法律的，但他是为了挽救病人的生命。而法律允许药剂师不顾人的死活去赚钱，对吗？坏的法律用什么办法去纠正呢？他们认为海因茨偷药的行为似乎可以得到辩护，或得到从轻处理；有人说：在我心目中，他（指海因茨）有权利这样做，但从法律观点看，他却是错误的。他们从法律上和道义上比较辩证地看待各种行为的是非善恶。

第六阶段：良心或普遍的道德原则的定向

处于道德推理最高阶段的人，基于他自己的良心所选择的普遍的道德原则来判断是非对错，这些原则是在所有情境中都应用的抽象的道德准则或普遍的公正原则。他们在判断道德行为时，不仅考虑到适合法律的道德原则，同时考虑到不成文的带有普遍意义的道德原则；既认识到维护社会秩序的重要性，又看到了法律的局限性。他们在谈论海因茨的行为时，赞同者认为：海因茨眼看他妻子死亡的话，他就不能实现他意识中的某种准则了，比如："人的生命胜于金钱"；有的说，海因茨的行为是对允许药剂师牟取暴利的法律的一种反抗。反对者则认为：海因茨偷窃就不能实现他的道德准则了。这种道德认识已远远超过具体的道德准则，考虑较多的是道德本质。柯尔伯格认为，16岁以后有一部分人向普遍的道德原则的定向阶段发展，但达到的人数不会是很多的。

柯尔伯格发现儿童的道德判断力按上述阶段发展并有快有慢,其原因有二:一是与人的认知能力特别是逻辑思维的发展有关系。二是与不同的社会环境的刺激以及个体与社会环境交互作用的情况有关。

柯尔伯格按 7、10、13、16 岁四个年龄,比较了上述六个阶段的出现率,得到了如图 9-2 所示的结果:

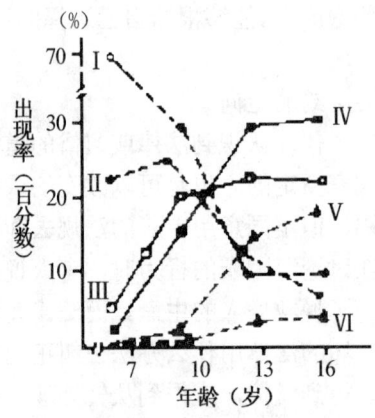

图 9-2　道德判断各类型的出现率

图 9-2 说明,道德判断发展的阶段性,不同年龄有不同的特点:Ⅰ、Ⅱ两个阶段随年龄的增长而减少,Ⅲ、Ⅳ两个阶段在 13 岁以前是增加状态,Ⅴ、Ⅵ两个阶段随年龄增长而增加。从这一结果可以看出,儿童在某一年龄或某一年龄阶段内的品德特点,不能单独以上述六个阶段中的某一个阶段来解释,而应该以复杂的阶段模式来解释。

柯尔伯格的品德发展阶段理论的主要贡献是:比皮亚杰的品德发展理论更详细更完善,特别是揭示了青年期的品德发展水平;对品德发展的探讨,不局限于符合社会规范、法律准则的道德行为,还从道德认识的实质出发,提出了后世俗水平,有利于全面、完整地探讨个体的道德观念;强调道德思维推理能力的决定作用,这对品德教育有重要意义。该理论的不足之处是:对个体社会化进程中不同文化对其品德发展上的作用大小问题,没有做出较为清楚、明确的阐述;对儿童的品德教育，只强调道德判断能力的训练，忽视道德行为的培养。

三、斯陶布的社会行为理论

美国心理学家斯陶布（Staub, E.）曾提出一个社会行为理论来解释亲社会行为是怎么产生的。该理论把价值取向和其他因素结合起来，试图形成道德行为的综合理论。

早在 60 年代，一个少妇在纽约居民区的某一街中心被害，当时至少有 38 个旁观者目睹这场袭击，但在半个多小时内，没有一个人出来援助，甚至没有一个人打电话报告警察。这种惊人的不加干预似乎不符合社会所提倡的人道主义和助人准则，从而引起了社会有关方面的注意。

心理学家斯陶布曾假设影响个人亲社会行为发生的关键因素有两个，一个是对困难者设身处地设想的能力，即移情能力，另一个是有效地帮助别人的知识或技能。据此设想通过训练儿童的移情能力和帮助人的技能去提高儿童亲社会行为的发生率。于是斯陶布设计了五种情境：（1）一个儿童在隔壁房间里从椅子上跌下来；（2）一个儿童想搬一张对他来说太重的椅子；（3）一个儿童因为积木被别的小朋友拿走而很苦恼；（4）一个儿童正站在自行车飞奔而来的马路中间；（5）一个儿童跌倒而且受伤了。采取表演游戏法（或称角色扮演法）和"诱导"法，用以增进儿童帮助其他处于困难中的同伴的意愿。实验研究共有四组：一组是角色扮演法，另一组是"诱导"法，第三组是同时应用两种方法，最后一组是控制组（他们做着各种和帮助行为无关的游戏）。

在角色扮演法中，要求每个儿童表演一种情境，其中一个儿童扮演需要帮助者，另一个儿童扮演帮助者。实验者先描述一个需要帮助的情境，需要帮助者则表现出处于困境的状况，而要求扮演"帮助者"的儿童即时做出所有他能想到的各种帮助行为。接着，实验者又描述一些其他需要帮助的情境，也要求如实地表演出来。最后，两个儿童交换扮演的角色。儿童自动想出的或实验者提示的各种可能的帮助方法包括：直接干涉、对受害者做口头上的安慰以及喊别人来给予帮助。

诱导组和角色扮演组活动内容一样，只是仅仅要求儿童口头上讲出如何给予帮助。而后实验者则指出其他合适的帮助办法，并指出每种方法会对有困难的儿童产生怎样的积极效果，如使他们提高积极的情绪或减少痛苦等。

在角色扮演和诱导并用的一组中，儿童受到两种方法的训练，在实际做出各种帮助的活动之后，实验者仍然指出对有困难的儿童产生的积极效果。

为了了解各种实验方法的直接效果，每个参加实验的儿童都被领到一间有各种玩具的房间里玩耍。实验者和儿童被试作简短的交流后，就告之被试要先到隔壁房间里去看一下单独在那里玩耍的女孩子，然后要去办其他事情，需要离开一会儿。实验者离开后不到两分钟，被试听到隔壁房间里发出一声很强的乒乓声，接着大约有70秒钟的痛哭声和抽泣声。实际上隔壁房间并没有人，痛苦的声音是由预制的录音带发出的，但却使被试认为隔壁房间有一个孩子需要帮助，而这里又没有其他人可以去帮忙，在这种情况下应该怎么办呢？

斯陶布把儿童的反应分成三种：假如他们跑到隔壁房间去帮助，属于主动帮助；假如他们跑去报告实验者，隔壁房间里出了事情，属于自愿的报告（间接的帮助）；假如没有做任何努力以提供直接或间接的帮助，属于没有帮助。

斯陶布的实验结果表明，角色扮演组的效果最好，而且其效果至少可以保持一个星期。这说明角色扮演法既能激发儿童的移情，又能培养其助人技能，成为儿童教育中的有效方法。而诱导法的效果并不显著，它使儿童有点"对立"，表明强使儿童变好的压力明显地对儿童的自由产生一些威胁，因此儿童以抗拒来反应它。

斯陶布在进行过许多教育性实验后，提出了有新意的社会行为理论，这个理论的要点如下：

（1）人的亲社会价值取向越强，在特定情况中助人目的被激活的可能性就越大，做出的助人行为就越多。

人的行为多数是有目的的，目的是个人追求的最终状态。目的不同，行为方式也就不同。当目的处于潜在状态时，是依其对个人的价值或重要性按层次排列的，因此也意味着它与各种动机或信念相关联。目的在内外条件的作用下，可被激活，激活的目的若是多个就可能发生冲突，并伴随着解决冲突的动机。

可以把价值取向看作是道德领域中的个人的目的，亲社会的价值取向则是利他和不伤害别人的个人目的。斯陶布的研究发现，人的亲社会价值取向越强，在特定情况中助人目的被激活的可能性就越大，做出的助人行为就越多。但是，个人特征和环境也会影响目的的选择，比如，研究表明，一个正在赶赴会场准备作报告的被试，当他快要迟到时，不大可能帮助正倒在路上需要救助的人，因为迟到加强了他对演讲的注意，该目的正处于高度活跃的状态，他掩盖了情境引起的另一目的。由此可以看出，目的激活的程度与目的的重要性有关。

（2）亲社会行为存在着三种影响目的选择的动机源：一是作为利他的无私行为的动机源，其目的在于帮助他人，是以他人为中心的；二是以规则为中心的道德取向的动机源，目的在于坚持行为的规则或原则；三是移情，移情在某种程度上是从自我到他人的延伸。前两者统称为社会价值取向。具有利他取向的人其目的更易于被特定情境所激活，因而更有可能产生助人行为。具有道德取向者，一般会在合乎规范或原则的情况下做出帮助，若认为对方罪有应得则不会去帮助，但这种人至少不会去伤害他人。

（3）移情的敏感性通常能助长助人行为。它取决于三个条件：第一，原始移情，即由他人的不安所引起的情绪反应；第二，对他人的积极评价，即认为对方是值得同情和帮助的人；第三，自我概念，即对自己是什么样的人有确切的认识，才有可能对与自己相似的人做出反应。自我概念影响移情。缺乏精确的自我概念就难以助人的方式扩展自我的界限。

（4）动机、目的转化为行为，还受其他因素的影响，其中起主要作用的是能力。如果一个人感到没有达成目的的可能性，不仅不会采取行动，甚至连目的也不可能激活。有三种能力是非常重要的：第一，对能成功地达到目的的一般估计能力；第二，在特定条件下，制定行动计划、指导行动的能力,以及在紧急情况下迅速决策的能力;第三,以某种方式行动的特殊技能,比如游泳是抢救落水者的特殊技能。此外,如果机会可能错过或者别人的需要不明显时,迅速决策的能力和知觉他人需要的能力也是重要的。但是,这些都是服务于动机的,没有动机源,只有它们是不能产生利他行为的。

斯陶布的社会行为理论对助人行为的内部机制(如价值取向、目的冲突、移情、能力)作了较全面的揭示,提供了一个分析和预测亲社会行为的方法和思路。但其中有许多相互制约的具体问题仍有待开展研究。

第三节 品德的形成和品德不良的转化

一、品德形成的心理过程

这里根据我国传统的品德结构观点,说明品德的形成过程。

(一)道德认识的形成

道德认识的形成主要包括道德观念的形成、道德信念的确立和道德评价能力的发展三个方面。其中,以道德观念的形成为先决条件,以道德评价能力的发展为主要标志。而道德信念的确立则是道德认识形成的关键。

1. 道德观念的形成

道德观念是对社会道德现象的一般特征和本质特征的反映,是对具体的道德现象的抽象概括,即对道德知识、道德规范和道德原则的认识。道德观念的形成,表明学生已不是直观地去认识道德现象,而是能概括地反映道德现象,认识道德现象的一般特征和本质特征。学生形成了道德观念,就可以它为依据去评价别人的是非、善恶,指导自己的行动。

学生形成道德观念是一个复杂的过程,它要经历从具体到抽象、从个别到一般的认识过程,要经历感性认识到理性认识两个阶段。研究表明,儿童最初形成的道德观念依赖于感性经验,并同具体的、个别的事物联系在一起。他们在日常生活中,接触到许多具体的道德现象,从父母、老师那里获得有关的道德评价。他们从外部表现、个别特点、直接效果等方面认识社会道德现象及道德规范的一般特征,不能全面正确地概括出道德现象和道德行为的本质,具有很大的局限性。例如"好坏"概念,在他们看来,"好"就是那些受到老师、家长表扬和许可的事,而"坏"就是那些受到老师、家长惩罚和斥责的事。随着学生年龄的增长,他们的道德表象逐渐丰富和完善起来。在丰富的道德表象的基础上,学生通过分析、综合、比较、抽象、概括的思维活动,逐渐达到对社会道德现象及道德规范的本质特征的理解,从而形成一些抽象的道德观念。这时,他们开始能够以比较抽象的道德规范来评价道德行为的是非、善恶、美丑,并能在类似的道德情境中发生迁移。一些更抽象更概括的道德观念,直到青年后期才逐步形成。

学生形成道德观念,认识社会道德现象的本质特征,有赖于道德知识的学习和概括能力的发展,有赖于对道德行为准则的社会意义和个人意义的理解。在品德教育中,为了适应学生在认识过程中使具体与抽象必须相结合的规律,教师不但要进行伦理性的谈话,而且要结合事例,形象地进行榜样教育。为了帮助学生理解有关的道德知识,形成道德观念,教师要采取多种途径,提供必要的具体事例,发展学生的分析判断能力。为了使学生正确形成道德观念,教师在品德教育中,要运用变式规律,剔除同类道德现象的非本质特征,突出其本质特征,分清道德观念的界限,从而帮助学生形成道德观念。

学生理解了道德观念,有时并不按要求去做,在心理上产生了"意义障碍",从而表现出"忽视"、"对立",严重时甚至拒绝教育者的一切要求。所谓意义障碍,是指学生头脑中存在着某些心理因素,阻碍了他们对道德要求和意义的真正理解,不能把道德要求转化为自己的道德需要。意义障碍产生的主要原因有:道德要求不符合学生原有的需要;要求过于频繁,又不严格检查;学生对道德要求的实质产生误解；采用强制的方式提出要求，伤害了学生的自尊心；学生感到教师处理问题不公正等等。为了使学生接受教育，必须注意和防止意义障碍的产生，从而帮助学生提高道德认识。

2. 道德信念的确立

道德观念是个人认为自己一定要遵循的，在人的意识中根深蒂固的道德观念。道德信念是在道德观念的基础上确立起来的，它既是对道德规范的深刻理解和牢固掌握，又能激发道德情感，增强道德意志，推动道德行为的发生，并表现出坚定性和一贯性。所以，道德信念是道德目的和动机的高级形式，是道德品质形成中的关键因素，帮助学生确立道德信念，是品德教育中的一个重要方面。

研究表明，学生道德信念的确立要经历长期的发展过程。学龄初期儿童还没有形成道德信念。到11岁左右，道德信念开始萌发，但它是不自觉、不坚定的。从初中开始，比较自觉的、稳定的道德信念才逐步形成并发展起来。确立道德信念的有利条件是：

（1）学生确立道德信念不仅有赖于道德认识的深刻程度，更主要的是通过自己和集体的道德实践，获得道德行为的经验和富有情感色彩的体验。因为只有当道德观念在道德实践中被证实，道德规范获得了可信性的条件下，道德观念才能转化为道德信念。也就是说，要使个人的道德观念变为行动的指南，一个主要的条件是通过本人或所在群体的实践证实，并体验到道德要求的正确性。道德观念与道德实践的不一致，个人经历与集体经历不一致，都会妨碍道德信念的确立和形成。为此，在道德教育中，教育者要多为学生创造身体力行的条件，让他们在实践中体验到道德要求的正确性，在实践中丰富并加强自己的道德要求。

（2）教育者言行一致，在学生道德信念形成中起着重要作用。教师心灵中的道德信念比教师的口头说服和某些特定情境之下的行为，对学生会产生更大的影响。苏霍姆林斯基认为"只能用信念来培养信念"，就是这个意思。心理学研究表明，教育者的言行是否一致对于儿童能否遵守规则具有明显的影响。米斯切尔（W. Mischel, 1966）等曾进行过如下实验：把被试分成两组，玩有规则的滚木球游戏，投中者得分，满 20 分可得奖。实验第一阶段，两组儿童各和一位成人玩。第一组中的成人扮演言行一致的角色，他给儿童讲解规则，要求儿童按规则记分，并严格按规则给自己记分；第二组中的成人扮演言行不一致的角色，他给儿童讲解规则，要求儿童按规则记分，但自己并不严格按规则记分，把不守规则投中的球都记作满分。这时两组儿童得分均低，差别不大，这表明第二组被试并没有立刻照成人的榜样行事。在第二阶段，研究者有意让两组儿童分别单独地（不与成人在一起）在一间有单向观察孔的房内玩同样的游戏，并自报成绩。结果发现，第一组得分仍然很少（只占总次数的 1%左右），表明他们还是严守规则的，而第二组得分高（占总次数的 50%以上），表明他们一旦离开成人，就会仿效成人榜样行动，把不守规则投中的球都算满分。这个实验充分说明了身教重于言教。因此，作为一个教育者一定要言行一致，才有助于学生确立道德信念。

3. 道德评价能力的发展

道德评价是运用已掌握的道德标准对别人和自己的行为进行道德分析判断的过程。一个人经常运用道德评价，不但可以巩固和加深道德认识，而且会增强自己的道德体验与支配行为的力量。

心理学研究表明，学生道德评价能力是逐步发展起来的，其发展的一般顺序是：(1) 从"他律"到"自律"。(2) 从"效果"到"动机"。即从重视行为效果的评价转向重视行为动机的评价。(3) 从"别人"到"自己"。小学生，由于自我意识发展水平较低，往往只会评价他人，而不会评价自己。少年期学生，由于自我意识地急剧发展，他们的自我评价能力也发展起来。(4) 从"片面"到"全面"。小学生和初中生进行道德评价时，经常带有很大的片面性，容易以偏概全，喜欢作绝对地肯定或绝对地否定。青年期学生道德评价才带有全面、客观、深刻的性质。

道德评价活动与一定的道德观念是分不开的，两者之间有密切的关系。培养学生的道德评价能力必须与道德观念教育相结合，同时还要在教会学生如何应用已有的道德观念去分析判断一个人的行为方面开展积极工作。而在这一过程中，评价的榜样是很重要的。因为评价榜样可以帮助学生认识到究竟应该如何运用道德观念去判断一个人的是非、善恶。

为了促进新生道德评价能力的发展，教育者要经常进行道德评价的示范或提供评价的榜样。如分析教材中的模范人物、先进事迹，介绍报刊中对人们某些行为的评论等。道德评价能力的提高，离不开道德评价的实际活动。因此，教育者还要善于利用各种教学、教育环节，如小组道德讨论、命题作文、班会、电影座谈、评选三好生、期末总结等，有意识、有步骤地引导学生进行道德评价活动，让他们在实际评价活动中培养道德评价能力。

小组道德讨论法是美国柯尔伯格的合作者布莱特（M. Blatt）于1973年设计并实施的品德教育模式。他们认为，儿童通过对假设性两难道德问题的讨论，能够理解和同化高于自己一个阶段的同伴的道德判断，拒斥低于自己品德阶段的同伴的判断。后来柯尔伯格又与劳顿（E. Renton）合作在20所学校中再次证实了"布莱特效应"。小组道德讨论涉及三个要素。第一是课程要素。道德讨论的内容必须由一些能引起学生认知冲突的道德两难故事组成。第二是班组要素。道德讨论的班组必须由处于不同阶段的学生混合而成，使学生有机会接触到高于他们判断水平的道德判断，触动其原有的道德经验结构，产生满足感，以达到改变自己原有的道德经验结构的目的。第三是教师行为要素。教师应具备儿童品德发展的理论知识，并根据儿童品德发展的阶段特点，启发学生在小组讨论中积极思考，主动交流或辩论，做出判断，寻找自己认为是正确的答案。教师还要鼓励学生讨论他人的观点或意见，协调与他人的分歧。

（二）道德情感的发展

道德情感是促进学生道德认识发展的催化剂，是促使学生道德观念转化为道德信念的必要条件，也是促使学生道德认识转化为道德意志与道德行为的动力因素。当道德认识和道德情感成为经常推动个人产生道德行为的内部动力时，它们就成了道德动机。

道德情感从内容上看，极其多样，有义务感、责任感、荣誉感、友谊感、自尊心、集体主义情感、爱国主义情感、国际主义情感等。这些情感往往是相互联系的，有时综合地表现在一个人身上。

道德情感的发展一般经历着三种水平：直觉的道德情感、想象的道德情感和伦理的道德情感。直觉的道德情感是由于对某些具体的道德情境直接感知而迅速发生的态度体验，是一种简单的初级的道德情感。由于其产生非常迅速，因而对这个过程的道德准则的意识往往不明显。但是直觉的道德情感的产生要以获得人与人之间正确处理彼此道德关系的经验，以及社会舆论对人们行为评价的经验为基础。因此，学校、教师经常组织健康的舆论，帮助学生获得一定的道德经验，并且正确理解这种经验，无疑对直觉的道德情感的培养是十分必要的。

想象的道德情感是通过对某种道德形象的想象而发生的态度体验，是比较复杂、高级的道德情感。它持续时间比较长，外部表现不一定明显，而内部作用却比较深刻。一种道德形象之所以能引起人们的情感体验，是因为这种形象是作为社会道德标准的化身而存在的，能给人以强烈的感染。想象的道德情感是在直觉的道德情感的基础上形成的，因此，人与人之间正确处理彼此道德关系的经验，以及社会舆论对人们行为评价的经验也是直觉的道德情感的基础。

伦理的道德情感是以清楚地意识到道德观念、道德理论为中介的更高、更复杂的态度体验。它具有较大的自觉性和概括性，在人的道德情感中起主导作用。例如，爱国主义情感是对爱祖国山河、仇恨祖国的敌人和高度的工作责任感等较具体情感的概括。伦理的道德情感是在直觉的道德情感和想象的道德情感的基础上形成的。在道德教育中，在对学生动之以情的同时还要晓之以理，做到寓情于理，情理结合。这样，有助于伦理的道德情感的形成。

培养道德情感要注意：（1）重视学生的情感性学习与教育活动中的情感因素。情感生活是精神生活的核心，应该让学生从小在健康的生活中陶冶其情感。在教育中无论从内容到气氛都要注意情感方面的心理效果，争取在情景交融的道德情境中培养学生的道德情感。（2）重视通过美育和美感教育培养学生的道德情感。别林斯基认为，美和道德是亲姐妹。美感和道德情感是密切联系的。美育是德育的深化，它以一种独特的手段触及人的情感深处，起到潜移默化的教育作用。在美的陶冶下，会使人感到不良的、丑恶的东西是不能容忍的，从而把恶与丑排挤出去。正如苏霍姆林斯基说的，别忘了在教室里养几盆鲜花，有了美丽的鲜花，学生就会主动地扫去墙角的蜘蛛网。（3）重视教师情感对学生情感的影响。在品德教育中，教师应当是一个播种、诱发和培养学生情感的园艺家，而不是一个冷漠无情的教书匠。教师热爱学生的情感是巨大的教育力量。学生在教育者的亲近感、信任感和期望感等情感的教化下，往往会受到感染、感动和感化。

（三）道德意志与道德行为的形成和训炼

1. 道德意志的形成

如前所述，道德意志是一个人自觉地确定道德目的和动机，并支配、调节行动，克服困难，以实现一定道德目的和动机的心理过程。道德意志的形成主要表现在两个方面：第一，道德动机经常战胜不道德动机；第二，排除内外干扰，实现其道德行为。学生在形成道德意志过程中，其特点是从抗诱惑能力较弱逐渐发展到抗诱惑能力较强。

2. 道德行为的形成

道德行为是在一定道德意识支配下所采取的各种行动。它是实现道德目的、动机的手段，也是品德的外部标志。道德行为的形成包括：第一，道德行为方式与技能的掌握；第二，形成道德行为习惯。

学生有了正确的道德认识和动机，如果不善于分析具体情况，采取合理的行为方式或方法，也可能产生不良的行为效果。如有的学生为了制止别人在课堂上吵闹而大声喝骂，为了让别人遵守纪律而动手打人。他们本来想维持课堂纪律，却没意识到自己的行为本身就触犯了纪律。有的学生为了帮助同学，常常把自己的作业本借给其他同学照抄。他们没有意识到，这样的行为不但不能帮助同学，反而助长了同学的懒惰习性。

道德行为习惯是使学生把不经常的道德行为转化为品德的重要因素，它不仅能使某些行为方式得到巩固，而且会在新的情境中发生迁移。

3. 道德意志与道德行为的训练

一个人的道德认识和道德情感能否顺利引起道德行为,能否抵御外界诱惑,使正确的道德动机战胜错误的道德动机,在很大程度上取决于道德意志。个人的品德好坏不是看他说得多么动听而是看他做得怎样,即道德行为是品德的外部标志。道德意志与道德行为是紧密联系、很难分开的,如许多学生作错事脸就红,可就是管不住自己,这就是道德意志与道德行为的问题。因此我们把它们二者放在一起,谈谈道德意志和道德行为的训练。道德行为训练的关键是使学生养成良好的行为习惯。

(1) 正确使用奖励与惩罚

奖励是指施于行为之后以增加该行为再次出现可能性的事物,它包括外部奖励和内部奖励。当学生缺乏遵照社会道德规范行动的自觉性时,教师通过物质的或精神的外在手段(如奖品、荣誉)以促使他们形成良好的道德品质,这些外在手段就属于外部奖励,也就是强化。如果学生在遵照社会道德规范行动后体验到满足感,就会进一步激励自己继续发生这类道德行为,这属于内部奖励。外部奖励和内部奖励都能够满足学生的某种需要,因而在以后类似的情境或刺激下,道德意志和道德行为出现的概率就会升高。

奖励的运用,首先要正确选择道德行为,对于年龄较小的学生受奖励的应该是乐于助人、拾金不昧、尊老爱幼等具体的道德行为,而不是一般的概括性行为。其次,要正确选择奖励,应以虽多次奖励但不至于引起迅速的满足为原则。而且不必时时运用物质奖励。在不少场合,向学生微笑,表示亲昵或口头赞扬,同样能产生良好的强化作用。第三,在教师期望已久的良好行为出现后,就要立即给予奖励,不要延搁太长的时间。最后,随着学生的年龄的增长,应引导学生更多地利用内部奖励,让学生对自己的道德行为本身获得满足,感到愉快,以增强其道德意志与道德行为。

惩罚是指施于行为之后以减少或消除该行为再次出现的可能性的事物。关于惩罚的教育效果,心理学家们有过许多争论。著名心理学家桑代克认为，奖励能加强行为，惩罚则减弱行为，两者的作用似乎是对应的。后来他又认为，奖励比惩罚更为有效。而斯金纳则反对在教育中运用惩罚，主张强化期待的行为，对不符合要求的行为不予理睬，以消退不良行为。班杜拉更进一步反对惩罚，认为教师经常采用体罚或变相体罚，是为学生的侵犯行为提供了示范，使学生从教师处学到了侵犯行为。尽管惩罚不一定能保证学生发生良好的道德行为，但它毕竟能够抑制不良行为，所以在品德培养中，适当运用惩罚还是必要的。正如奥苏伯尔所指出的：承认错误与接受惩罚是学习道德责任心和发展健全良心的主要部分。很少有孩子这么脆弱，以致他们不能顺利地接受应得的责备和惩罚。

一般说来，教师可以运用两类惩罚。第一类惩罚是在违反课堂纪律的行为发生后施加某种痛苦或厌恶的刺激，以减少受罚行为再次发生的可能性。如批评、警告、记过等。第二类惩罚是在不良行为发生后，取消学生喜爱的某种刺激，以减少受罚行为再次发生的可能性。例如，扣除行为得分，暂时收回某种奖励或暂时取消参加某种娱乐活动的权利等等。不过，主张运用惩罚，并不等于提倡体罚与变相体罚。因为体罚或变相体罚容易严重伤害学生的自尊心，引起过度焦虑，也容易导致意外伤害学生身体的事故，从而使学生对教师产生敌意。同时体罚或变相体罚也确实为学生树立了模仿的榜样，使常受体罚的学生更容易表现出攻击性。为了正确使用惩罚，这里介绍正确运用惩罚的六条原则。

第一，避免不适当的惩罚。对违反课堂纪律的行为施以体罚或罚款是不适当的。

第二，惩罚应与学生的不良行为相对应。批评学生在课堂里随便讲话，不应同时又指责其过去曾在上课时吃东西。

第三，惩罚应尽可能及时。若惩罚延后，不良行为不容易消除。

第四，在施行延迟惩罚时，应力求使受罚者想到原先的过失情境。

第五，力戒惩罚后又立即出现奖励。

第六，向学生指出合适的行为以代替被惩罚的行为。

（2）榜样示范

用班杜拉的观察学习模式研究儿童观察成人帮助别人的行为后,评定儿童帮助、捐赠等利他行为的程度。在大多数情况下,儿童的行为是与榜样相似的,当榜样举止慷慨时,儿童也以相仿的方式做出反应。布赖恩(M.M.Bryan,1972)等人的研究发现,如果儿童看到榜样把自己参加比赛得到的奖品捐献给慈善团体的话,他们也会这样做;如果榜样不这样做,儿童就会留下自己的奖品。研究还发现,如果只是口头说教"你应该给……","给别人东西是好的"和"给人希望让人快乐"等等这类言词劝告,对儿童外显的亲社会行为没有什么影响。当榜样劝诫他人从善,而自己行为贪婪时,儿童的行为则受其具体行动的影响,而不是受其口头表白的影响。

这类实验告诉我们,在道德意志与道德行为的训练中,给学生提供模仿的榜样是至关重要的,因为榜样示范给学生提供了观察学习、受到替代性强化的机会,使学生在较短时间内习得大量的社会性行为模式。所以,观察学习、替代性强化是塑造道德意志与道德行为的一种经济、实用和有效的方法。

(3)给予实践的机会

品德培养的一个突出特点是,通过实践形成道德行为习惯。一种实践是模仿榜样后的实践。比如,沃尔特斯(G. Walters, 1963)的实验研究表明,行为中抗诱惑的能力,与榜样的影响有一定的关系,实验分为三阶段进行。开始,一批5岁男孩被带进一间放有许多惹人喜爱的有趣玩具和大字典的房间(有单向观察口的实验室)参观,并向他们发出"这里的书可以翻阅,玩具却不许玩"的指令。而后把被试分为三组:第一组为榜样——奖励组,让被试看一部电影短片,影片中映出的是一个男孩在房内违反禁令玩玩具,当成人进来时却亲热地夸奖他,并跟他一起玩;第二组为榜样——指责组,也看同类的影片,影片不同的地方是当成人进房看到男孩违反禁令时,就严厉地训斥他,吓得男孩立即放下玩具,显得很害怕的样子;第三组是控制组,不看任何电影。最后,分别让每个被试在最初参观的房间内单独呆15分钟,通过单向观察口观察记录他们的活动。结果发现:第一组儿童很快就屈从于诱惑,不管禁令去动那些玩具,克制行动的潜伏期平均只有80

秒左右；第二组儿童有较长时间的克制表现，平均潜伏期为 400 秒左右，其中有的在 15 分钟内始终不去碰玩具；控制组的儿童平均潜伏期为 290 秒左右。

抗诱惑力是道德意志和道德行为的基础，它的强弱直接影响到道德意志与道德行为习惯的形成和表现。

道德意志与道德行为习惯的训练除模仿榜样后的实践以外，更主要的是个体在社会生活中积极主动的、创造性的亲自实践。比如，通过向学生提供扮演不同角色的机会，可以促进其道德行为习惯的形成。一个被指定负责训练其他儿童亲社会行为的儿童，他自己的行为深受这类活动的影响，对他来说，似乎坚持利他才能维持自尊，从而使利他行为成为一种个体的需求，促进了他的"负责者"的道德行为习惯的形成。在现实的教育工作中也不乏这类实例，比如，一个行为表现差而又擅长文体活动的学生，老师让他负责班上的文体工作。工作的实践会使他很快与"负责的品质"认同，从而在行为表现上逐渐变得像个"负责人"的样子，久而久之"负责任"会成为他个性特征中的一部分，表现在道德行为上即为工作认真、责任心强。当然，道德行为习惯的培养，远不止上述两种实践方式。更为广泛、多样的是要求每个学生在工作、生活、学习中严格按照社会道德准则、行为规范一点一滴做起，持之以恒，不断自我完善。

二、品德不良的转化

（一）品德不良的原因

品德不良指个体具有不符合社会道德要求的品德。它是在环境、教育影响下，经过青少年长期的错误认识、体验、实践而形成的。品德不良可能是道德认识方面的，也可能是道德意志或道德行为习惯方面的，或者二者兼有。

造成品德不良主要有主、客观两方面原因。

1. 学生品德不良的客观原因

(1) 家庭方面

不良的家庭环境和家庭教育对学生品德不良的影响有：

①父母的溺爱、迁就。这很容易养成子女任性、优越感、自我中心、自私、专横、懒散、依赖等消极的性格特点，以致逐渐发展成为不良的品德。

②父母对子女要求过高，管教过严，又缺乏正确的教育方法和措施。这会使子女感到在家庭中没有温暖，因而就容易转向外界寻求感情寄托。这时，他们极易受社会不良影响的诱惑而走上品德不良的邪路。

③家长在教育方式、方法上的不一致，或单凭个人情绪来处理和教育子女的行为问题。这会使子女养成乖巧的行为反应，或会造成他们对教育要求无所适从。

④家长缺乏表率作用，无视或忽视自己的一言一行所产生的不良后果。这使孩子在不知不觉中受到了不良影响。

⑤家庭成员本身的恶习或家庭结构的剧变，如父母离异、有偷拿或赌博等行为，会使儿童受到腐蚀，或使儿童心灵受到创伤而引起性格变异，导致品德不良。

(2) 社会方面

广义的社会环境，指整个社会关系和社会风尚。狭义的社会环境，则指学校和家庭以外的学生的朋友、邻居、社区，以及影响个体的各种社会活动，等等。从总体看，社会主义的社会环境是有利于学生品德健康成长的。但是，对于那些形形色色的腐朽思想和不正之风对学生可能产生的侵蚀和影响也不能低估。处于成长发展中的青少年、儿童缺乏较为全面、深刻的分析能力，一些社会允许但不适宜于儿童接触的文艺作品也可能对学生品德的发展产生副作用。对此，教育者应该注意防范和引导。

(3) 学校方面

学校教育工作者在教育观点上的偏颇或方法上的不当，也会在一定程度上间接地造成或助长学生的不良品德。如，有的教师管教不管导，狠抓智育，甚至只抓升学率，忽视了对学生思想品德的教育；有的教师对学生缺乏感情，不了解学生，教育工作不深入；有的教师对学生要求过高或过低，教育方法不适当，使学生产生厌烦反感的情绪，教育效果甚微；有的教师不能正确对待品德不良学生的"反复"过程，没有看到他在反复前的进步，对矫正品德不良问题缺乏信心、恒心和毅力；有的教师对品德不良学生睁一眼闭一眼，发现问题不能及时与家长等有关方面联系，或一推了之，结果把品德不良学生推向更不好的方向。

2. 学生品德不良的主观原因

(1) 缺乏正确的道德观念和道德信念

不良品德的形成与学生道德认识上的错误或无知常有密切的联系。有的学生不理解或不能正确理解有关的道德要求和道德准则，如把违反纪律视为"英雄行为"、把打群架等同于"勇敢"。有的学生虽知道什么能做、什么不能做，但这种认识没有转化为指导行为的信念，一旦在富有诱惑力的不良环境因素影响下，就有可能走上邪路。

(2) 道德意志薄弱

有些品德不良学生在道德认识方面并非无知，他们对是非、善恶的判断是清楚的，甚至也想做好事，但他们的道德意志薄弱，正确的道德认识不能战胜不合理的个人需要，当个人欲求在外界某种诱因的影响下占了优势，就会做出违背社会道德规范和侵犯他人或集体利益的行为。

(3) 受不良行为习惯的支持

如果个体已经形成了某种不良行为习惯，他就会在类似情境中自然而然地采取相应的行动，并因此而产生愉快的情绪体验。如，有些学生无视行为规范、不遵守社会公德的行为往往与已经形成了的不良习惯有关，而且他这样做了还觉得无所谓或挺痛快。不良行为习惯如不予以根除，任其发展，就必然会导致品德不良。

(4) 性格上的某些缺陷

性格是一个人在对己、对人、对事的态度和行为方式上反映出来的稳定的心理特征。学生已经形成的性格特征制约着他们的行为。例如，学生身上的执拗、任性、骄傲、自私等消极的性格特点，很容易使他表现出无视他人和集体的利益,为个人私利而我行我素,甚至做出破坏集体纪律和社会公德的行为。

(5) 某些需要没有得到满足

人有各种需要,其中之一是归属于某个群体、要求参加群体的活动并得到群体的关心和尊重的需要。在学校生活中,学生的归属需要如果由于某种原因而没有得到满足,他就会转向从校外生活中去寻求这种需要的满足。这就有受社会不良影响的可能。

进入少年期后的学生,精力充沛、求知欲旺盛,好胜心强、好奇心更强,他们什么都想学、什么都想试着干。家庭和学校对此应有正确的认识和积极的引导,否则在其他不良因素影响下,他们的时间、精力就可能用到邪路上去,出现不良的行为问题。

(二)品德不良的转化过程与方法

许多调查表明,品德不良的青少年的转化过程大体上要经历醒悟、转变和自新三个阶段。

1. 醒悟阶段

品德不良的青少年的醒悟,即开始认识到自己的错误,从而产生改过自新的意向。

引起醒悟的方法:

(1) 消除疑惧心理和对立情绪。品德不良的青少年,在他们的心灵深处也有被社会"承认"、被集体"接纳"的需求,但由于其品行不端,他们得到的常常是鄙视、厌恶、排斥、冷漠等,因此,他们对待他人,往往抱有一种可能受到谴责、遭到排斥的戒备心理或否定态度。一旦教育者给予真诚的帮助,如,无微不至地关怀和爱护,耐心地说服教育,对其偶尔的好表现,适时地给予恰当的表扬,都有可能逐渐消除他们的疑惧心理和对立情绪。这就为进一步的教育打下了互相信任的基础。

(2) 引发归属的社会性需要。许多品德不良的青少年往往意识不到或很少意识到自己的行为会给家人或受害者带来什么样的后果,教育者若能抓住时机,适时引导,可以引发这些人的归属需要,从而导致他们醒悟。如有些品德不良的青少年触犯法律被判刑，当他被告知其母被气死或受害人因他而丧生时，会引起他们深深的内疚和悔恨，从而产生改过自新、弃恶从善的归属需要。品德不良的青少年有了上述心理状态，就说明他们处于醒悟阶段。醒悟不等于有坚定的改错意向，它仅是转变的开始。

2. 转变阶段

品德不良的青少年对自己的错误有了初步认识之后，产生了改过自新的意向，在行为上就会出现一定的转变。对此，教育者必须清醒地看到这仅仅是开始，品德不良是长期形成的，恶习深者往往上进心弱，抗诱惑力差，还有侥幸心理。这就使他们在整个转变阶段必然要经过不断的矛盾斗争、多次的反复，最终才能转变成为一个新人。反复有两种情况：一是前进中的暂时倒退。教育者应认识到，品德不良的青少年在没有彻底转变前，反复是自然的，但这种反复不论是出现错误的次数，还是严重程度，都与转变前有所不同。另一种反复是由于教育的失败而出现的大倒退，表现在行为上是同转变前相比没有什么区别。

避免反复的方法：

(1) 暂时离开旧环境，避免旧有刺激。避开旧刺激，只是一种权宜之计，不是积极的方法，因为这些人最终仍会遇到旧有刺激的。

(2) 积极引导他们在旧有刺激条件下进行锻炼，接受考验。在考验的同时，教育者应向他们提供正误范例，警钟长鸣，以提高其正确的是非观念，增强其是非感。

3. 自新阶段

品德不良的青少年经过长时间的转变后，如果不再出现反复，或很少出现反复，就逐渐步入自新阶段。进入这一阶段的青少年，完全以崭新的面貌出现在社会生活中，他们在学习、工作和生活中有很强的上进心，非常注意用实际行动来洗刷自己过去的污点，以便重新获得做人的尊严，其表现往往比一般青少年还要积极，所谓"浪子回头金不换"的确是有道理的。

对自新阶段的青少年，教育方法是：

（1）不要岐视和翻旧账，要特别关心他们的成长。

（2）要积极地使他们形成完整的自我观念。一个具有完整的、健康的自我观念的个体，敢于对自己行为负责，能够正视自己的过去，面对现实，并具有向上发展的意向，不为别人的歧视所动摇。

第十章 教师心理

有人对教师的工作做了比喻,认为上课是一种表演,而教师应是演员,是最好的话剧演员;是导演,是课堂表演的导演;是指挥,是几十个队员的合唱团的乐队指挥;是画师,用自己一生的精力设计自己的桃李斗艳的宏伟画卷。

第一节 教师的角色

一、教书的角色

古人云,"师者,传道授业解惑也"。可见,教师教书的角色古来有之。有研究者(张承芬等,1984)认为,教师要扮演好教书的角色,必须很好地完成如下任务:(1)激发学习动机。奥苏伯尔指出,有意义言语学习必须具备3个条件,其中首当其冲的是"学生要有有意义学习的心向",这里的心向就是学生的学习动机。教学的效果在很大程度上取决于学生是否愿意学习,是否具有学习的积极性。因此,激发学生学习动机是教学成功的重要环节。(2)有效组织教学。要达到确定的教学目标,教师要能够有效地组织教学。教师必须善于了解学生的实际情况,确切地掌握每个学生已有的知识水平、学习习惯和方法、能力与兴趣等,以便作出正确的教学预见和安排;在教学中,根据学生的具体情况分别采取适当的教学方式;很好地钻研课程和教材,在仔细研究课程和教材的基础上,独立地组织教学。(3)评定学习。在教学的一定阶段,教师还要做出"学习效果的评定"来考察每个学生的学习程度如何,并通过反馈改进教学。

二、育人的角色

(一)言传育人者

教师不仅向学生传授知识,同时还必须向他们进行思想品德教育,教给他们对事物的正确观念、正确认识、正确态度;教给他们判断是非的标准,想方设法把正确的道德观念转变成学生的道德信念;使学生在学习知识、增长能力的同时,领悟到人生的最高目标,成为有理想、有追求的人,成为幸福的人。

很自然,在这一过程中,教师水平的高低以及教师的语言表达能力等对育人的结果都有影响,这就要求教师自身具有较高的水平。

(二)身教育人者

班杜拉曾经做了大量实验证明,在观察学习中,榜样的身教胜于言教。在学校学习中,学生的榜样除了同伴就是教师,应该说,在某种意义上,教师的榜样作用比同伴的作用要强。特别是中小学,教师的权威作用要强很多,教师理所当然会成为学生崇拜和模仿的对象。因此,教师应当意识到自己的示范作用,努力提高自身的素质,为人师表。

(三)学生的心理保健者

我国教师面对的是计划生育政策下出生并在父母和祖父母的呵护下成长起来的一代独生子女。许多调查发现,独生子女的心理品质存在各种各样的问题。诸如,任性、自我中心等。虽然课堂不是心理治疗的场所,但是职业角色要求教师在这方面应当具有一定的知识和技能,担负一定的责任。作为一名教师,要担当好学生的心理保健者的角色,就应该努力做到:①要注意转变观念。认识到,做现代教师,除去担当学习指导者的角色外,更重要的是注意维护学生的心理健康,使其健康地成长与发展。②要自觉学习、了解一些青少年心理发展及心理卫生、心理咨询方面的知识。通过深入学习,知道青少年学生心理发展的年龄特征,关注每个年龄段的学生容易出现的心理问题,及时预防,提出相应对策以解除学生的心理困惑。③在教育过程中,教师还必须充分了解每个学生的情感、意志、能力、气质、性格等心理特征,尊重他们的人格,有的放矢地实施教育,以保证他们心理的健康发展。

三、管理的角色

(一)学生集体的领导者

教师是班集体的领导者,他的地位、知识经验决定其对班集体的一切应负有全面的责任。不管教师多么宽容,如何承认学生的个性,也不管他与学生的关系如何自由、不分彼此,但他必须意识到,有效地教学与有效地领导、管理是分不开的。

李皮特(Lippitt,R.)等人根据研究概括了四种领导(教师)特征和学生的具体反应。见表10-1。

表10-1 领导(教师)的类型、特征及学生的反应

领导类型	领导的特征	学生对这类领导的典型反应
强硬专断型	(1)对学生时时严加监视。 (2)要求即刻无条件地接受一切命令——严厉的纪律。 (3)他认为表扬可能会宠坏儿童,所以很少给予表扬。 (4)认为没有教师监督,学生就不可能自觉学习。	(1)屈服。但一开始就厌恶和不喜欢这种领导。 (2)推卸责任是常见的事情。 (3)学生易激怒,不愿合作,而且可能会在背后伤人。 (4)教师一离开课堂,学习就明显松驰。

续表

领导类型	领导的特征	学生对这类领导的典型反应
仁慈专断型	（1）不认为自己是一个专断独行的人。 （2）表扬学生并关心学生。 （3）他的专断的症结在于他的自信。他的口头禅是："我喜欢这样做"或"你能给我这样做吗？" （4）以我为班级一切工作的标准。	（1）大部分学生喜欢他，但看穿他的这套方法的学生可能会恨他。 （2）学生在各方面都依赖教师，没有多大的创造性。 （3）屈从，并缺乏个人的发展。 （4）班级工作的量可能是多的，而质也可能是好的。
放任自流型	（1）在和学生打交道中几乎没有什么信心，或认为学生爱怎样就怎样。 （2）很难作出决定。 （3）没有明确的目标。 （4）既不鼓励学生，也不反对学生；既不参加学生的活动，也不提供帮助或方法。	（1）不仅品德差，而且学习也差。 （2）学生中有许多推卸责任、寻找替罪羊、容易激怒的行为。 （3）没有合作。 （4）谁也不知道应该做些什么。
民主型	（1）和集体共同制定计划及作出决定。 （2）在不损害集体的情况下，很乐意给个别学生以帮助、指导和援助。 （3）尽可能鼓励集体的活动。 （4）给予客观的表扬和批评。	（1）学生喜欢学习。喜欢同别人尤其喜欢同教师一道工作。 （2）学生工作的质和量都很高。 （3）学生互相鼓励，而且独自承担某些责任。 （4）不论教师在不在课堂，学生的学习一如既往。

作为学生集体的领导者，教师如何发挥群体的作用呢？
（1）形成合理、明确的班级群体规范，使之成为每个学生的行动准则；（2）合理利用学生非正式群体的积极因素为教育教学服务；（3）在丰富多彩的活动中强化正式群体规范。

（二）纪律的监督和维持者

教师除了完成常规的教学任务以外，还要评定学生的操行等级，按学校规定来决定学生升级或留级,维持课堂秩序,判断学生行为的正确与错误,施行奖励和惩罚,制止、裁决打架和冲突,调节争论,解除混乱,稳定学生情绪,组织、领导和控制学生的活动,教会学生自己控制自己,使学生自觉地服从纪律,有秩序地开展活动。

四、代理的角色

在教育过程中,教师还常常充当了另一个角色,即以家长的代理者形象出现在学生的心目中。年幼儿童在入学前,主要与自己的家长打交道;入学后,他们常常将教师当做家长的化身,把教师看作是具有家长特点的人,希望教师像家长那样对待他们。事实上,大多数教师也愿意并且接受了这一角色,对学生充满了热情、希望和关怀。但是,应该看到,教师对学生产生的心理效应,与孩子从他们家长那里得到的效应并不完全相同。教师在教育过程中既要扮演父母温暖关怀的角色,又要充当严格要求的角色;要引导学生逐步把家长的权威与教师的权威分开,使他们超越个人情感的圈子来认识教师的权威,以加速儿童社会化的发展。

五、研究的角色

(一)知识的学习者

俗话说:活到老、学到老。对于教师,这句话就有了它更加特殊的涵义。

作为教师,一要学习专业知识,精通本专业的基础知识,这是搞好教学工作的基础和前提;二要学习教育理论,掌握教育规律和技巧,这是教育活动成败的关键;三要学习相关知识,具有广博的相关学科知识和广泛的兴趣爱好,这是增强教学效果、适应科学发展的需要。

(二) 教学的研究者

传统的教师只是教书匠，而现在的教师则同时要成为教与学的研究者。在教学中，教师总是不断地做出各种决策：我该如何导入这堂课？如何把这些深奥的道理讲得明白易懂？怎样引导学生学会学习？……教与学的基本原理是对一般情况的概括，而没有哪一种理论能告诉我们在某一特定条件下该怎样做，教学的决策要考虑到这些特定的背景条件。教师必须对自己的教学进行研究，成为一个科学研究者，从而能够以一定的理论为基础，灵活地解决教学中的各种实际问题。因此，教师在承担教书、育人、管理、代理角色的同时，还要加强自身的学习，并努力钻研，以使自己的教育教学适应特殊、复杂的教育教学环境，这样就又兼而具有了研究的角色。

第二节 教师的人际关系

教师工作在学校中，这就决定了他的人际交往的范围在学生、同事、领导之间。

一、教师与学生的关系

师生的交往中，存在着相互影响。即一方面教师影响学生，另一方面学生影响教师。

（一）教师对学生的影响

教师对学生的影响是多方面的，有许多都是无形中的影响。我们常常看到某些幼儿园儿童或小学低年级孩子在玩"学校"的游戏时，用他们老师的口气或语言来对待他的小朋友或他的洋娃娃；也看到有的班级的班风与班主任老师的作风酷似；写作文全班一种风格等等。有人曾对哈佛大学二、三年级的学生调查并发现，他们能模糊地记得大约75%的前任教师，其中有8.5%被认为有强大的影响。

许多研究表明虽然教师的影响很大，但这种影响更多的时候以细微、学生并没意识到的方式发生作用。

1. 皮格马利翁效应

如果教师对某个学生态度好、印象深、比较信任，那么这个学生成功的可能性就大；而如果教师不喜欢某个学生，甚至对他抱有成见，那么这个学生就很可能会在成长过程中遇到障碍。问题是，教师对学生的影响究竟有多大？

罗森塔尔与雅克布森（Rosenthal,R.和 Jacobson,L.）1968年经实验证实了教师对学生的期望水平直接制约学生的发展水平。如果教师根据对某一学生的了解而形成一定的期望，就会使该学生的学习成绩和行为表现发生符合这一期望的变化，罗森塔尔把这一现象称为皮格马利翁效应（pygmalion effect）[①]。

实验在美国某地一所小学进行，以1～6年级学生（其中多数出身于中产阶级和下层阶级，包括领受生活补助费者和美籍墨西哥人）为测验对象，测验后随机选出各班的20%学生，告诉教师，这些人经鉴定在心理上是"正要开放的花朵"，他们在学习上具有"突飞猛进"的潜力。当然，并不让师生知道这一名单是随机指定的。在以后的一年半内，对儿童各方面资料的收集表明，这20%学生作为实验组，其IQ的增加比控制组大，其中一、二年级的差别特别显著。见图10-1。

之所以出现这种情况，是因为教师对心理学家认定的有潜力的学生抱有一种特别的期望，而在自己的工作中，教师自觉不自觉地把自己的期望通过各种方式传达给学生，并且作一些特殊的指导，而由于这种特别的期望和对待，学生也以积极的行为方式对教师做出反应，这就加强了教师对学生的期望，从而导致了更多的期望行为，因而学生的成绩就朝着教师期望的方向提高，而控制组学生则没有产生这种提高。这对实验组学生当然有利，但这种"利"是以牺牲控制组学生

[①] 皮格马利翁是古希腊神话中的一个主人公的名字，相传他是塞浦路斯国王，善雕刻。他对自己用象牙雕刻的少女像产生了爱恋之情，由于他的真诚渴求，竟使这个少女的塑像变成了活人。

为代价的。

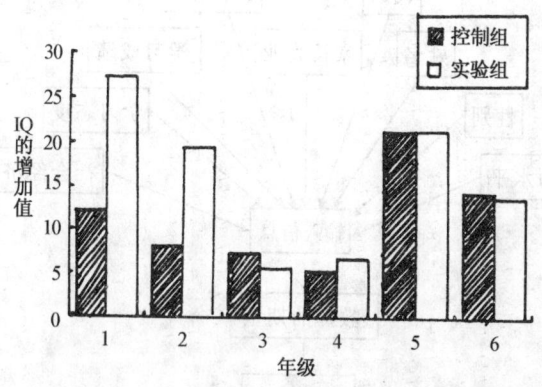

图 10-1　智商测验得分的增加（Rosenthal 和 Jacobson，1968）

这个实验引起很大争论，重复实验的结果也不很理想。但是大家认为这种现象还是存在的。因为教师一旦认为某些学生有培养前途，就会给以良好的激励，这也同时激励起学生对教师的信赖，两者相互影响，产生上述的皮格马利翁效应。

布鲁菲（Brophy）和古得（Good）1974 年对这种现象进行了详细分析，他们认为这种效应包括以下过程：

（1）教师对不同的学生有不同的态度和期望。（2）由于态度和期望不同，分别采取不同的教育方法。（3）学生对教师不同的态度，产生不同的态度和反应。（4）学生的反应加强和印证了教师的期望。（5）学生的学习成绩沿着教师的期望而提高或降低。（6）结果在学年考试中表现出来，期望最后得以实现。

布劳恩（Braun，1975）进一步分析了效应产生的原因：

学生的身体特征（如漂亮与否）、学习成绩、性别、家长职业和社会经济地位等因素作为对教师的输入信息，使教师对学生形成了主观印象。教师因此对学生进行优差分组、批评与表扬、启发与暗示、强化与反馈，并且对好生与差生接触量不同，这些都作为教师的输出信息（对学生即输入信息）影响学生，使学生产生对自己的期望，并在行动中表现出来（即学生的输出信息）。见图 10-2。

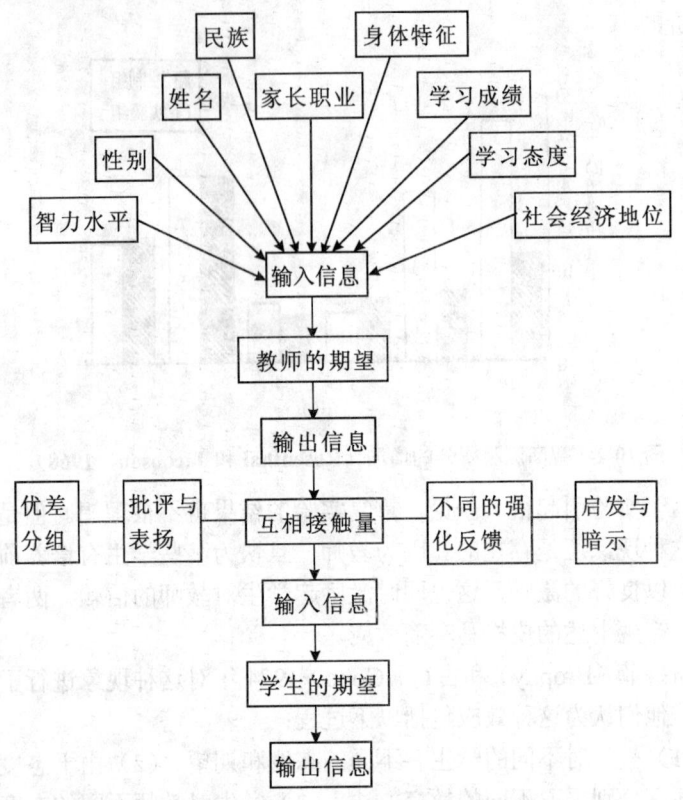

图 10-2　教师期望结果的模式

这种微妙的效应是由于教师的宠爱产生积极的效果,而忽视或轻视则产生消极的效果,前者使学生积极向上,后者使学生随波逐流。

除了期望以外,教师的其他态度和行为也对学生发生影响。有人(Dock,1975)提出,我们不必去检验皮格马利翁效应,重要的任务是要去揭示使教师期望效应大或小的师生之间相互作用的动力,比如这个动力包括:班级的规模——小班就更容易导致亲密的师生关系;个别指导可以提高期望的功效,因为它是一种更亲近的、一对一的关系。

2. 教师的教学效能感

另外,教师的教学效能感也在一定程度上决定着教师对学生的影响。人对自己进行某一活动能力的主观判断就是效能感,效能感的高低往往会影响一个人的认知和行为。教师在进行教学活动时也有一定水平的效能感。所谓教师的教学效能感,是指教师对自己影响学生学习行为和学习成绩能力的主观判断。这种判断,会影响教师对学生的期待、对学生的指导行为,从而影响教师的工作效率。根据班杜拉的自我效能感理论,可以把教师的教学效能感分为一般教育效能感和个人教学效能感两个方面。一般教育效能感指教师对教育在学生发展中作用等问题的一般看法和判断,即教师是否相信教育能够克服社会、家庭及学生本身素质对学生的消极影响,有效地促进学生的发展。教师的个人教学效能感指教师对自己是否能够有效指导学生,是否相信自己有能力教好学生的一种判断。教师的教学效能感是解释教师动机的关键因素,它影响着教师对教育工作的积极性,影响教师对教学工作的努力程度,以及在碰到困难时克服困难的坚持程度等。

教师的教学效能感影响着教师的行为,而教师行为必然会对学生造成影响;同时教学效能感也会受各种因素的影响。根据辛涛等人的研究[①],教师的教学效能感作用的一般机制的模式如图10-3所示:

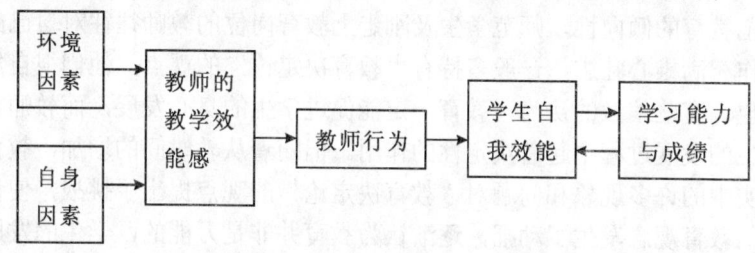

图10-3 教师教学效能感作用模式图

由图 10-3 可知,环境因素和教师自身因素制约教师的教学效能感。教师的教学效能感首先影响教师行为,教师的行为对学生的自我效能有影响,学生的自我效能影响相应的学习能力与学习成绩,反过来,学生的学习能力和学习成绩对学生自身的自我效能又产生影响。学生自我效能和学习能力与成绩是相互影响、相互作用的。

---

① 辛涛.论教师的教学效能感.应用心理学,1996(2).

教学效能感在教学活动中有重要作用。有人考察了教学效能感对管理、控制和学生学习动机定向之间的关系,结果发现,教师的个人教学效能感越强,教师对学生控制定向越人道,学生的自主性就越强,教学效果就越好。而那些教学效能感低的教师,认为学生必须受到控制且不信任学生,在激励学生时,他们更相信外部奖励的重要性。已有的证据和教育实践经验表明,一般教师和优秀教师在教学活动中发挥着不同的作用,而教学效能感是这种作用机制中的重要因素。

对影响教师的教学效能感的因素,辛涛等人[1]的研究表明,工作发展的条件、学校的客观条件、学校的风气以及师生关系对教师的个人教学效能感具有明显的影响。而教师的价值观、自我概念等对效能感也产生显著的影响。俞国良等人[2]采用教师教学效能量表对382名中学教师及相应的在校大学生进行的测查发现,随着教学时间的增加,教师的一般教育效能感有降低的趋势;而个人教学效能感则随教龄的增加表现出一种上升的倾向;在校大学生和已从事教育工作的教师,在教学效能感的两个维度上存在着显著差异,性别和学历因素对教师教学效能感存在影响。研究者认为,就一般教育效能感而言,是由于师范教育的倾向性,师范学生及刚走上教育岗位的教师往往对自己的工作充满雄心壮志,一般多持有"教育决定论"的观点,他们很自然但也许有些偏激的认为,教育一定能促进学生的身心发展,而教师在学生的发展过程中起着决定性的作用。但随着从教时间的增加,教育现实中的许多现象和问题对"教育决定论"的观点提出了挑战,使他们的教育观念发生了动摇,逐渐认为教育并非是万能的,学生的发展受多种因素的影响和制约,是一个复杂的过程。正是基于这种原因,教师的一般教育效能感出现了随教龄增加而下降的趋势。

而教师个人教学效能感的上升趋势,则是其教学经验不断累积和深化的结果,也可视为教师个体文化发展的产物,这是学校教育活动中与教师职业有机联系在一起的文化现象。师范生和刚参加工作的教

---

[1] 辛涛.论教师的教学效能感.应用心理学,1996(2).
[2] 俞国良,辛涛,申继亮. 教师教学效能感:结构与影响因素的研究.心理学报,1995(2).

师,他们的教学经验少,在教学中遇到问题时,有的问题感到自己难以解决,常常因此而手足无措,但随着教学年限的增长,教师的教学经验逐步丰富起来了,他们慢慢的学会恰当地处理教学中出现的各种问题,原先令其苦恼的问题现在都迎刃而解了,不断成功的教学经验使教师教学的自信心不断地增强,其个人教学效能感也就表现出上升的趋势。

国外心理学家对30名师范大学学生教学效能感的分析表明,在其他外部条件相同的情况下,女性比男性更相信自己能影响学生的改变。

(二)学生对教师的影响

如同教师对学生有重要影响,学生对教师的行为也有重要地影响。

那些学得慢的学生、多动的学生以及不顺从的学生,对一般教师是一种挑战,对某些优秀教师讲,处理好这类学生的问题是一种满足,如果说学生对教师有影响的话,这种影响也是受教师对它的理解和接受的方式而折射了的。如有一项研究以219名初二男女生为被试,让他们描述自己的人格特征(自我报告),而教师则受到这些报告的影响,来考虑选择他的教育教学方法,对不同学生用不同方法。实际上,在日常教育工作中,在学生作业中看到的反映他本人特点的一些情况,也会作为教师选择方法的依据。

肯托和格尔芬特(Cantor 和 Gelfand)的研究,提供了学生影响教师反应的证明。该研究训练7~10岁学生对他们的教师应答或不应答。当这些学生与某些教师在一起时,他们寻找帮助和赞同,受称赞时微笑,对教师的评论热情地反应;而与另外一些教师在一起时则不征求意见和争取赞同,只是极简短地回答问题,而且避免直视教师、对他微笑或与他谈话。后一种行为类型是那种典型的极端怕羞、与社会脱离的。实验者总结指出:(1)学生是有能力控制教师的社会行为的。研究揭示出儿童能控制成人对自己的言语和非言语的帮助的比率、对儿童的其他形式的积极的注意。(2)教师认为那些对他们积极作应答的儿童更聪明、更吸引人;而那些不作应答的儿童则比较愚蠢、不吸引人。实验者指出：教那些习惯性地不作应答、不善社交的学生对教师的指导做出反应，这种改变是可能的。增加一些反应，可能会改变教师对他们的看法。

二、教师与教师的关系

教师与教师的关系主要包括不同年级教师之间的关系，各个学科教师之间的关系，同一年级教师之间的关系，同一学科教师之间的关系，班主任教师和任课教师之间的关系，等等。由于教师之间年龄、经历、所任学科以及兴趣、能力、人格方面的差异，难免存在矛盾和冲突。但是，在教育学生方面，大家的目标是一致的，需要相互支持、共同努力，这就创造了教师集体团结共事的基础，决定了教师与教师的关系具有合作的特点，以便给予学生强有力的教育影响。

要建立教师之间的良好的人际关系，每一位教师都必须注意以下几点：

（1）互通信息，增强交往。（2）互勉共进，团结协作。（3）互相尊重，心理相容。

三、教师与学校管理者的关系

要教育好学生，就学校内部而言，还必须有其他方面力量的支持和配合方能奏效。教师与学校管理者的关系，包括教师与学校领导者之间的关系，教师与学校职员之间的关系，教师与团、队负责人的关系，等等。虽然教师的工作性质与这些人的工作性质有所不同，在与学生的关系上有一定的差异，但在对学校管理上，大家的目标是一致的，这就需要相互支持、密切配合。教师只有处理好与他们的关系，充分发挥学校内部各种教育力量的作用，才能搞好教育工作。

要处理好与学校管理者的关系，每一位教师应做到：

（1）协调关系，友好合作。（2）充分理解，争取支持。（3）顾全大局，尊重服从。

四、教师与学生家长的关系

学生所受的教育,一般地说,主要包括学校教育、家庭教育和社会教育。由于学生,特别是中小学生,绝大部分时间是在家庭中度过的,家长对自己子女的身心特点比较了解,家庭伦理关系又赋予家长教育子女的责任,所以家长对子女的教育具有一定的针对性和权威性。教师应与学生家长紧密配合,建立良好的人际关系,共同努力追求良好的教育效果。

与学生家长建立良好的人际关系,教师应达到以下几个角色要求:(1)作为一位倾听者。(2)作为一位沟通者。(3)作为一位协商者。

综上所述,教师要扮演好自己的角色就要在教育、教学工作中妥善处理各方面的关系,以期事半功倍。

第三节 教师的基本素质

一、教师的智力

教师的智力是指教师的一般能力。一般能力包括:观察力、记忆力、思维能力、想象能力和注意力。教师的智力水平高低直接影响对学生的启发和诱导,从而影响教学工作的质量。首先,教师的智力水平影响其对教学内容的认识。教师的智力水平较高有利于其对教学内容的把握。对教学内容内化得好,为进一步对学生的外化创造了有利条件。其次,教师的智力水平影响其对学生特点的认识。有些教师,其智力水平较低,对学生的思考和问题不是很敏感,不能理解学生的问题所在,特别是在学生对自己的问题表述不是十分清楚的时候,常常有教师没有办法推断究竟学生的问题在哪儿。这会造成教师忽视对学生思路的理解，对学生细腻情感地无动于衷。第三，教师的智力水平影响其对教学策略的认识和对教学的监控和反思。教师对教学策略的认识和使用、对教学过程的监控和反思反映了作为教师的悟性。

因此，教师的智力应该至少不低于平均水平。

但已有的相关研究结果表明，如果从学生在学习成绩上的进步，从校长和监督人员的评定来看，教学的有效性同教师的智力水平仅有微小的相关。其原因，一是由于教师主要来自智力分布上端25%的这部分人中间，因而智力与教学成效应有的相关大为减小；二是智力在对教学成效的影响中，多半只是作为一个有限的因素而起作用的。最低限度的智力水平显然是有效教学必不可少的，笨人当不好教师，这是不言而喻的。但是，超过了某一临界点以后，教师的智力水平就与学生学习的结果没有显著的关系了。

二、教师的专业知识

教师的专业知识有两层含义：第一，所教的学科知识；第二，与教育教学密切相关的心理学、教育学的知识。前者是教师教学的基础，后者是教师教育教学的辅助。

做一名优秀的教师，必须清晰把握自己所教授的学科领域内的知识，深入理解其精髓，把握各部分之间的内在联系、本学科知识与相关学科的关系等等。要能够把学科知识与实际生活相联系，特别是跟学生的实际生活相联系，能够深入浅出地讲解相关内容。

与此同时，要对自己所任教的年龄阶段的学生心理发展的特点有所了解，对他们的认知水平、社会化程度以及典型的年龄特征比较熟悉，在教育教学中能够结合学生的年龄特点做到因材施教。对相关的教育学的知识要有足够的认识，主动运用相关的规律进行教学。

三、教师的教学能力

（一）言语表达能力

教师的言语表达能力强弱直接影响教学活动的效果。所罗门（Solomon, D.）等人1964年的研究表明，学生的知识学习同教师表达的清晰度有明显的相关。希勒（Hiller, J.H.）等人1971年的研究也表明，教师讲解的含糊不清与学生的学习成绩负相关。

教师良好的言语表达能力，能诱发学生的求知欲，激起学生的学习兴趣，引起学生的注意，调动学生的良好情绪状态，陶冶学生的情操，同时也直接影响着学生言语的发展。

在教育过程中，教师的言语从内容上看，一要有新的思想内容和观念，给人以新鲜感；二要言之有情，即在言语中要反映真挚的情感，以此打动学生的心灵，激发他们的情感；三要言之有物，即在言语中反映出切合事物本质的特点，只有抓住事物的本质特点，措词方能恰如其分。

从形式上来看，教师的言语表达能力表现为：第一，准确精炼。能确切地使用概念，科学地做出判断，合乎逻辑地做出推理，表述简洁清楚，干净利落，既不拖泥带水，也不节外生枝。第二，通俗明白。说话要明白，深入浅出，善于把复杂的东西讲得简单，把抽象的东西讲得具体。第三，生动形象。言语要有趣味性，能引人入胜，并符合形象思维的规律和形式，用学生熟悉的形象去加深他们对于概念、公式、法则、定理的理解。第四，严密含蓄。言语要具有逻辑性，结构严密，思路清晰，善于不直接讲出所要表达的意思，使学生思而得之，具有启发性。第五，速度和语音要有变化。言语的速度和语音要根据教材内容和学生的知识水平，做到有快有慢，有轻有重。教材内容重要的，学生难理解的内容，要讲得慢一些，语音要重一些；而不大重要的、学生也容易理解的内容可适当地讲快一些，语音轻一些。但太快、太慢、太重、太轻或千篇一律的语速、语音都不好。语速过快，会使学生思想跟不上，忙于应付，同时也和语音过重一样，容易使学生过分紧张，产生头脑发胀和疲劳等不良状态；语速过缓会使学生听了上句等下句，容易分散注意力；语音过轻，容易成为学生的一种单调刺激而导致疲劳，使学生昏昏欲睡，打不起精神。总之教师运用语言要注意逻辑停顿、抑扬顿挫，快慢适中、轻重得当，有起有落、有缓有急，有时可慷慨激扬，有时可娓娓而谈，有时又可引而不发，言有尽而意无穷，创造出一种发人思考的情境。

（二）独创能力

对于教师来说，独立创造能力显得尤为重要，因为从某种意义上来说，教师的劳动乃是一种创造性的劳动。首先，教育改革需要教师具有独立创造的能力。科学的发展，人类的进步，要求教育不断地进行改革，教师只有在教育思想、教育形式、教育方法上不断探索，不断创新，方能跟上教育的发展。其次，教育情境需要教师具有独立创造的能力。对于教师来说，完全相同的教育情境是没有的，在任何情境下普遍适用的最佳的教育模式也是不存在的。在教育过程中，教师不可能完全照搬别人的经验，也不可能全部套用自己以往的经验。新的学生、新的环境、新的课程……都需要教师不断寻求新的方法和途径。第三，教育对象需要教师具有独立创造的能力。教育的对象是一个个富有个性的学生，没有一条教育原理和方法对任何学生都适用，这就要求教师根据不同的对象采用不同的方式，因材施教，创造性地教育每一个学生。

综上所述，教师的独立创造能力主要表现在三个方面：第一，根据不同的教育对象，采用不同的教育方法，因材施教，因时、因地制宜；第二，有分析地对待自己和他人的教育经验，既不盲从迷信，也不固执己见；第三，不断吸取新的知识，总结经验，有所创新，对工作精益求精，向着更完善的目标前进。

（三）教学监控能力

1. 什么是教学监控能力

教学监控能力是指教师为了保证教学的成功、达到预期的教学目标,而在教学的全过程中,将教学活动本身作为意识的对象,不断地对其进行积极主动的计划、检查、评价、反馈、控制和调节的能力。这种能力被林崇德称之为教师"才华的顶点"。它主要可分为三大方面:一是教师对自己教学活动的事先计划和安排;二是教师对自己实际教学活动进行有意识地检查、评价和反馈;三是教师对自己的教学活动进行调节、校正和有意识地自我控制。

2. 教学监控能力的构成要素

可以从不同方面分析教学监控能力的构成要素。①

(1) 根据教学监控的对象来划分教学监控能力

根据教学监控的对象,可以把教学监控能力分为自我指向型和任务指向型两类。所谓自我指向型的教学监控能力主要是指教师对自己的教学观念、教学兴趣、动机水平、情绪状态等心理操作因素进行调控的能力;而任务指向型的教学监控能力主要是指对教学目标、教学任务、教学材料、教学方法等任务操作因素进行调控的能力。这两类教学监控能力之间是相互联系、相互影响的。如,自我指向的教学监控能力不仅直接影响教师教学的积极性水平、努力程度以及对教学效果的情绪反应,而且也间接地影响着教师教学计划的制定、教学材料的使用、教学方法的选取以及教学效果的评价和补救等。相反,任务指向型的教学监控能力不仅直接作用于教师教学的具体过程,而且它对教师的教学观念、教学积极性等也存在间接的影响,进而影响到教师的自我指向型教学监控能力。

(2) 根据教学监控作用的范围来划分教学监控能力

根据教学监控作用的范围,可以把教学监控能力分为一般型和特殊型两类。一般型的教学监控能力是指教师对自己作为教学者这种特定角色的一般性的知觉、体验和调控能力,它是建立在教师所具备的有关教学的必要知识、技能和方法的基础上的,是一种超越具体教学活动、具有广泛概括性的整体性的知觉、体验和调节能力;而特殊型

---

① 申继亮,辛涛.论教师教学监控能力.北京师范大学学报,1995(1).

的教学监控能力是指教师对自己教学过程中的各个具体环节进行反馈和调控的能力。它决定教师在具体教学活动中的自我调节和控制行为。

(3) 根据教学监控的过程来划分教学监控能力

根据教学监控的过程，可以把教师的教学监控能力分为三个有机联系的部分：自我检查、自我校正和自我强化。所谓自我检查是指教师对自己教学活动进行有意识、自觉的检查、审视和评价的过程，它是教师对自己教学活动的一种敏感反应，是教师对自己的教学活动进行有意识监控的开始阶段；自我校正是指教师在自我检查的基础上对自己教学活动中存在的问题所进行的主动改进、纠正和调节的过程，它是教师教学监控能力的外在体现；自我强化是自我校正过程的延续，在这个过程中，教师主动地寻找自我强化的方式和手段，以期巩固自己已经有所表现的良好的教学行为，防止原有问题的重新出现，这是教师教学监控过程一个环节的结束。值得注意的是，教师的教学监控过程是一个螺旋式发展的过程，在这种发展中，教师的教学监控能力得到不断提高，教学效果会越来越好。

(4) 根据教学过程不同阶段的表现形式来划分教学监控能力

根据教学监控在教学过程不同阶段的表现形式，可以把教学监控能力分为如下四个方面：①课前的计划与准备性。即在课堂教学之前，明确所教课程的内容、学生的兴趣和需要、学生的发展水平、教学目标、教学任务以及教学方法与教学手段，并预测教学中可能出现的问题和可能的教学效果，这是教师进行教学监控的前提。②课堂的评价与反馈性。指教师对于课堂的状况、学生反应的敏感性与批判性，或者说是教师对课堂教学过程中的问题性的敏感程度，以及对所发现问题的解释与分析。可以说评价和反馈性是教师教学监控能力的基础，教师的教学监控过程都是从他对教学活动的反思、评价与反馈开始的。③课堂的控制与调节性。如果说评价与反馈性是教师教学监控能力的基础的话，那么课堂的控制与调节性则是教学监控能力的目的。教学监控能力的根本作用就在于使教师能够有意识地、自觉地对自己的教学活动进行调节和修正，使之达到最佳效果，最大限度地促进学生能力的发展。④课后的反省性。在一堂课或一个阶段的课完成以后，教学监控能力高的教师会对自己已经完成的课进行回顾和评价；教学监控能力差的教师一般就不认真考虑这些问题。

四、教师的个性特点

（一）正确的动机

献身于培养人的教育工作，忠诚于人民的教育事业，乃是教师从事教育活动的最高尚的动机。教师付出的劳动是大量的，工作条件是艰苦的，生活条件是清贫的。正是在对教育事业的无私奉献精神的推动下，教师才会把自己的全部精力都投入到教育事业中去，认真负责地做好各项教育工作。

（二）浓厚的兴趣

对教育工作的浓厚兴趣是教师创造性地完成教育工作的重要动力。首先，教师的兴趣要广泛。科学的发展、人类的进步，给教育带来了许多新的东西，这就要求教师关心并了解这些新知识。其次，教师要有中心兴趣。教师的中心兴趣是指对学生身心发展、对所授学科的研究兴趣。这种兴趣不仅促使教师接近和了解学生，也促使他们积极地钻研教材，研究教育方法，进行创造性的工作。将中心兴趣与多方面兴趣结合起来是教师创造性地完成教育工作的重要心理条件。

（三）热烈的情感

教师的情感不仅能推动教师积极地工作，而且能直接感染学生，影响教育过程。因此，热烈的情感是教师的人格特点之一。教师的热烈情感主要表现在：

（1）对教育事业的热爱。（2）对学生的热爱。（3）对所教学科的热爱。（4）高尚的情操。

（四）坚强的意志

教师坚强的意志是顺利而有效地进行教育工作的保证，也是学生学习的榜样。教师的意志主要有下面几种表现：

（1）目的明确。（2）坚韧不拔。（3）沉着自制。（4）坚决果断。

（五）良好的性格

在教师的人格特点中，性格是最核心的因素，影响其他各个方面。因此，良好的性格乃是教师最重要的人格特点。教师的良好性格主要包括：

（1）公正无私。（2）谦虚诚实。（3）活泼开朗。（4）独立自主。

五、教师的心理健康

教师的心理健康，是身体健康的重要保证。心理健康与生理健康关系极为密切。一方面，一个人的生理健康水平会影响心理健康水平。人的躯体性疾病、生理缺陷会给人的心理特点和心理状态带来负面影响，使人产生焦虑、忧愁、烦恼、抑郁等不良情绪，影响人的情感、意志、性格，乃至人际关系的和谐。另一方面，心理健康水平也影响身体健康水平。例如，乐观、愉快、自信、平和的心态有助于提高人的免疫能力，使人有效地抵抗疾病的侵袭，从而促进身体健康；而心理上的不健康，如长期的过度焦虑、忧虑、烦恼、抑郁、愤怒，会导致生理上的异常或病变，引发心身疾病。心身疾病是心理因素在疾病起因中占较大成分的疾病，或者说是主要由心理－社会因素引起、与情绪有关而呈现身体症状的躯体疾病。

教师的心理健康直接制约其工作效率。教师的心理健康水平较高会使其智力、情感、意志等机能都得到正常发挥，从而有助于提高工作的效率。心理健康的人能客观地评价、自如地应对客观环境，其心理倾向和行为与社会现实的要求之间的关系协调。个体与环境能取得积极的平衡，就能以正确的态度和方法来对待矛盾和处理问题，也能以平和的心态对待生活中的挫折,一般不会因偶尔的失败而丧失信心;相反,心理不健康的教师容易患得患失,不能经受挫折,不能面对失败,不能有效地管理自己的情绪和冲动。这样在面对压力的时候,就可能出现过度紧张、焦虑、甚至抑郁等,导致工作效率下降。

最重要的是,教师的心理健康是保证学生心理健康的前提。教师是学生心目中的重要人物,是学生认同的楷模,在师生日常接触中,最能发挥潜移默化的作用。学生在自身发展的过程中,总是要承受来自环境和成长带来的压力与矛盾。这些困惑、不解、矛盾、压力,难免会使学生产生一定的心理冲突,有时甚至会因无法排解一些积郁在心的困惑而加剧心理冲突,出现某些心理障碍。这时,教师应随时随地帮助学生排忧解难、消除疑惑,最终达到维护学生的心理健康和促进学生健康人格形成的目标。因此,教师的心理健康是学生人格和心理健康发展的需要。

六、教师的教育机智

所谓教育机智,是指教师对学生活动的敏感性以及能根据新的、意外的情况快速地做出反应,果断地采取恰当教育教学措施的一种独特的心理品质。它是观察的敏锐性、思维的灵活性以及意志的果断性的独特结合。教师的教育机智并非天生的,而是教师在学习教育理论、总结教育经验、努力参加教育实践的过程中逐步形成和发展起来的。

在教育过程中,一方面教育的对象是活生生的、有自我意识的学生。尤其是青少年学生,他们正处在身心快速发展的时期,另一方面,教育情境又是错综复杂、瞬息万变的,这就注定了随时可能出现一些意想不到的情况,这就要求教师具有教育机智,迅速做出反应,果断采取措施,妥善处理问题。

教育机智在教育过程中具有如此重要的作用,所以如果教师缺乏这种心理品质就无法胜任教育工作,至少是不能成为一个优秀的教师。

教师的教育机智主要表现在以下四个方面:

(1)循循善诱与因势利导。(2)灵活果断与随机应变。(3)方式多样与对症下药。(4) 实事求是与掌握分寸。

要使教育工作达到预期的效果，教师在教育学生时，应掌握分寸，把握好一个"度"。因此，教师的教育机智还表现为讲究教育工作的科学性，在教育学生和处理问题时实事求是，说话有度，分析中肯，判断得当，结论合理，要求恰当，方式适宜，以最小的代价取得最佳的教育效果。

一般地说，教育机智是与教师的智力、教育能力密切联系的，同时还与教师的教育技巧有着不可分割的关系，是教师所独有的心理品质。

七、教师的威信

教师威信是教师具有的一种使学生感到尊敬和信服的精神感召力量。它是教师的人格、能力、学识及教育艺术在学生心理上引起的信服而又崇拜的态度，它是教师在学生心目中的威望和信誉，是一种可以使教师对学生施加的影响产生积极效果的感召力和震撼力。教师威信实质上反映了一种良好的师生关系，是教师成功地扮演教育者角色、顺利完成教育使命的重要条件。

教师威信一旦形成，就会对学生的心理和行为产生重要的影响作用。在认识上，学生确信教师的指导和影响的正确性，学生对教师的教导和要求以及讲授的知识，较容易转化为自己的需要，从而引发起积极的自觉行动；在感情上，学生乐于接受教师的影响，教师的精神感召力能唤起学生相应的情感体验，教师的表扬能引起学生愉快自豪的情绪，批评能唤起学生悔悟、自责和内疚的心情；在行为上，威信高的教师会在学生心目中树立起理想的形象，被学生视为楷模，他们会在自己的学习、生活当中处处以教师为榜样来约束自己的一言一行。

什么样的教师容易在学生中建立威望呢？

有一项研究（岸田之美，1996），将学生心目中的教师形象，从学习指导技术、态度、性格、身体、容貌和情感等诸方面着手，提出75条标准，让初中男学生评定，然后进行因素分析，并抽出了情感性态度、学习指导能力、指导中的宽和严、指导中精确程度等四个因素。

结果表明:学生们所期待和喜欢的老师,都是开朗、爽快和善于进行指导的教师。此外,学生们对于教师的信赖感与教师的热情、亲切、认真、高尚、一丝不苟、公正、浅显易懂的讲解、在教材上所下的功夫、严格遵守时间等有关。而考试出难题、家庭作业布置过多、评分严格、能说会道、善于进行礼貌教育、体格健壮、有男子汉气派、说话声音洪亮等,在获得学生的依赖感方面,并没有太大的作用。

要获得学生充分的尊重,建议教师在教育教学过程中,努力做到:第一,敬业爱岗。第二,良好的心理品质。第三,有较强的业务能力。第四,得体的仪表。第五,良好的"第一印象"。第六,做学生的朋友与知己。

第四节 教师的专业成长

一、教师的专业成长阶段

(一)传统的教师专业成长阶段观

从职业的角度来看,教师的成长可归结为从新手到专家的过程。国外持行为习得观点的学者通常把由实习教师发展到专家教师划分为三个阶段:(1)新手阶段,在这个阶段教师常会出现教学失误;(2)中间阶段,教师获得了更多的教学经验并能够自觉地调节自己的教学活动;(3)最后阶段,对于努力提高教学技能的一部分人来说,他们发展到了高水平阶段。

(二)德耶弗斯的五水平观

随着现代认知心理学的深入发展,在研究问题解决方面出现了一种新方法即专家与新手比较研究。认知心理学家发现,与新手相比,专家具有七个方面的明显特点,即特别善于解决本领域的问题;以较大的意义单元加工信息；记忆容量大；解决问题的速度快；用更多的时间表征问题；在更深的水平上表征问题；具有更好的自我监控能力。受这一研究思潮的影响，国外一些学者开始对教师进行了专家与新手的比较研究，其中较有影响的是德耶弗斯（Dreyfus）的研究。

德耶弗斯认为，如果从专家教师形成的过程来看，可将教师的发展划分五个水平[①]。

1. 新手水平（Novice Level）

刚从大学毕业从事教师职业或师范院校的处于实习阶段的学生均处于这一水平，被称之为新手、生手或无经验的教师。他们刚从学生时代走出或仍然处于学生时代，虽然已经熟悉学校的环境，但现在却要重新认识学校环境和课堂环境、要仔细地对教学情境进行分析，在懂得一些教育学、心理学基本原理的基础上，亲自从事教学实践以了解教学的真实情景并获得教学经验。在这个水平中，新手教师通常对学校与社会关系的看法较为开放、也较为理想化，对学生往往采取理想主义的态度。但这种开放化、理想化随着实际教学机会的增加会逐渐消失。在现实的冲击面前，他们会渐渐意识到实际的教学与理想中的大相径庭，学生并不具有他们想象中的对学习的热情渴望，资历颇深的同事也并不能经常在一起讨论教学、交流经验。教学并不像想象中的那么得心应手。他们往往感到力不从心，因而不免产生失落感。他们尚需要适应，并且需要积累丰富的经验。

2. 优秀新手水平（Advanced Beginner Level）

随着教学经验的进一步积累及对教学活动的逐渐适应，新手不断地成熟发展成为优秀新手，进入优秀新手水平。许多具有两年和三年教龄的教师大约处于这一水平。这时的教师可以从教学活动中积累经验，意识到教学情境的相似性，能把过去所学的知识，与现在所遇到的情境与问题相联系、使现在的教学超越过去的教学。但在这一水平中，他们往往对教学还缺乏信心，当学生对教师的权威提出挑战时，

---

① 宋广文,苗洪霞.教师的发展——一种关于专家教师形成的认知心理学分析.外国教育资料，2000（5）.

他们便束手无策,不知道该如何重新树立自己的威信。处理得不好,今后的教学可能就会一蹋糊涂,但如果处理得当,将会获益非浅。经验在这时会影响教师的行为,但优秀新手的经验往往不足。

新手和优秀新手的工作都十分认真,但他们的教学却不是很成功,因为他们常常只恪守原则,犯教条主义的错误,缺乏对不同教学情境的分析,缺乏处理问题的灵活性,不能及时总结经验以便更好地进行教学。

3．胜任水平（Competent Level）

在拥有了更多的教学经验,并且尝到了成功的喜悦后,大多数优秀新手可以成为胜任教师,但并不是所有的教师都能达到这个水平,有些教师明显地处在不能胜任的水平。大多数工作了三四年的教师都能达到胜任水平。教学技能虽然可以通过培训得到提高,但有些教师还是由于不能够与他人友好相处,不能成功地对人进行指导而达不到胜任水平。

处于胜任水平的教师与新手、优秀新手有两个明显的区别：一是他们能有意识地选择教学内容,确定教学重点、难点并制定教学计划,并且已经知道将会采用何种教学方法进行教学。二是在讲课时,他们能很好地把握重点与非重点、难点与非难点,让学生能轻易地掌握重点和难点。并且他们能够对课堂环境和学生的听课情况进行分析,较好地把握课堂教学。因为能对课堂进行更有效的控制,他们往往会注意到所需的教学信息并进行相应的分析。这样,他们对教学便更有责任感,并以更强烈的感情对待教学,以期教学的更大成功。

4．熟练水平（Proficient Level）

大约到了第五年,有一定数量的教师便进入了熟练水平阶段,成为熟练教师。在这个水平上,直觉的作用变得越来越突出。打个比方来说,就好像是学跳舞的人不再总是想着通过数舞步来配合舞曲,而是根据节奏来调整舞步,这就是直觉在起作用。在熟练水平,教师对教学情境已产生了直觉感受,并且通过对教学情境的分析积累了丰富的经验,他们能够在更高的水平上发现教学情境的相似性,并对此加以有效地分析,能够对新的教学情境进行预测,同时,预测的清晰性、准确性不断提高。

5. 专家水平（Expert Level）

有一定数量的教师可以发展到熟练水平，但是达到专家水平的就为数不多了。专家水平的教师凭直觉把握教学，他们对于教学是轻车熟路，讲课就像说话、走路似的那么习以为常。专家教师往往见闻广博，能够成功地鼓舞别人，指导别人，充满生机和活力，教学技能十分娴熟；在教学过程中表现得十分自如，可以让学生在不知不觉、潜移默化之中学到很多东西。对于专家教师，时间和经验往往都很重要。有研究表明，教师至少在积累了十年的教学经验，在教室里讲述 10 000 小时的课，在此之前至少当过 15 000 小时的学生之后才有可能发展到专家水平阶段，每位专家水平的教师都有长时间的教学实践和十分丰富的教学经验。

二、专家教师与新手教师的区别

在对教学情境的分析、教学的灵活性、解决问题的方式和特点及创造性教学风格上，专家教师与新手教师都有着明显的区别。

（一）对教学情境的分析

教学时，专家教师对教学情境能进行准确的分析，而新手教师却往往做不到。新手教师经常由于教学经验不足而让学生对自己的教学提出书面的或口头的意见建议，然后再据此调整自己的教学。他们很难根据学生在教学中发出的暗示信息随时调整教学。而经验丰富的专家教师对学生发出的这些暗示十分敏感，能随时根据这些暗示信息调整教学，以便更有利于学生的学习。

专家教师比新手更经常地调整自己的教学、利用学生方面的信息和社会信息来安排教学。他们能够很快地了解到所教学生的学习情况、能力状况及家庭状况，并根据这些信息，给予学生不同的期望，还根据学生的学习情况决定在哪些地方讲得浅显些，哪些地方讲得深些。专家教师还根据学校、社会的要求及学生自身的状况，对学生提出不同的要求、发展学生各方面的能力，以便使学生更好地适应社会，适应生活。

（二）教学的灵活性

专家教师在教学中比新手教师更具灵活性。格拉泽（Glaser）认为，专家教师在教学中都具有灵活性，他们能很快地占有并利用新信息，对新信息做出及时的反馈。伯克和利文斯顿（Bork 和 Livingston, C.）用即席执行者来描述专家教师教学的灵活性。他们发现，专家教师上课前都在审慎思考的基础上写过教案，但在上课时，他们能根据学生的听课反应及时而灵活地调整教学。

专家教师能够很好地组织纷繁复杂的教学内容，运用适当的教学方法及教学手段，能在不同的教学情境中，面对不同的学生，及时灵活地调整教学。他们更能调动学生的积极主动性，让每一个学生都能积极地参与教学，并且根据学生的反馈，灵活而及时地调整教学，让课堂气氛活跃起来，让学生在不知不觉之中学习。

（三）解决问题的方式和特点

首先，专家教师用与新手教师不同的方式解决问题。专家教师似乎比新手教师能够在更深的层次上理解问题。新手教师对问题的理解是浅层次的。他们倾向于只是通过举出几个例子来帮助解决问题，却找不到问题的根源所在。专家教师则不同，他们往往看得更深远，能够根据对问题的深入理解提出几种不同的解决问题的方法，并选择最佳的方法来解决问题。

其次，专家教师和新手教师解决问题的特点也有所不同。专家教师尽管解决问题时刚开始比较缓慢，并不是一下子就能提出解决问题的方法，但他们却可以为问题的解决提供更丰富的背景资料和学生的情况。彼得森等（Peterson et al, 1987）发现，具有丰富教学经验的教师经常会给问题以详尽的答案，并且能分析原因。奈尔森（Nelson, 1988）则发现，专家教师对他们提出的解决问题的方法有更多时间和更深入的思考，对他们掌握的各种各样的教学方式运用灵活，对教学原则理解得更为透彻,可以从学生的角度出发,提出问题的解决办法,解决问题更为有效。专家教师一般会用比新手教师多三四倍的时间来分析问题、解决问题。这是因为专家教师经验丰厚,脑子里储存的相关资料丰富,对问题的分析需要更长的时间。

(四)独特的教学风格

教学风格是指教师在长期教学艺术实践中逐步形成的,富有成效的一贯的教学观点、教学技巧和教学作风的独特结合和表现,是教学艺术个性化的标志。只有在教学过程中善于总结经验的教师,才会形成独具特色的教学风格。新手教师刚刚从学生时代走过,教学时往往不能对教学情境、教学内容进行有效的把握,因而也就难以形成自己的教学风格。他们往往会墨守成规,遵从别人的教学模式来进行教学。

三、让新手教师迅速成长为专家教师

缩小专家教师与新手教师差异的一个最直接的办法,就是将专家所具有的知识教给新手。心理学家在这方面做的工作还比较少,从已有的为数不多的研究中可以得出结论:这种方法是可行的。

(一)教学常规和教学策略的训练

有人在1979年进行了一项实验,将他们称之为"有效策略"的训练程序教给教师。其中的关键程序有:(1)每天做一回顾;(2)有意义地呈现新材料;(3)有效地指导课堂作业;(4)布置家庭作业;(5)每周、每月都进行回顾。用现代认知心理学的术语来说,上述程序中有的属于自动化的教学技能,有的属于教学策略。

研究者首先让受训组的教师听了90分钟关于教学策略研究的介绍,然后让他们阅读有45页内容的教学手册并要求在教学中运用其中的观点。两周后,又拿出90分钟时间,解答教师关于教学策略的疑难问题,帮助解决策略运用过程中遇到的困难。在随后的两个半月内,实验者对训练组与控制组教师的教学进行了6次观察,以确定受训教师是否运用了教给他们的教学策略和教学常规。为确定受训组教师的教学是否有成效,实验者在训练前后还对两组教师的学生进行了标准化数学成绩测验。结果发现,在使用训练程序的频率上,受训组教师要比控制组教师高,特别是在回顾、检查作业、练习心算、布置作业上。但也有一些行为,受训组并不比控制组高。这些行为有：总结前一天的所学、至少留出五分钟时间来消化吸收、通过演示来呈现内容。值得注意的是,训练后使用频率未增加的行为属于策略性的,而那些使用频率增加的则更像教学常规。研究还发现,受训教师的学生在后测上的成绩比前测增加了31%,而控制组教师的学生只增加了19%。此外,一些训练程序如检查作业、回顾、练习心算、布置作业等还与学生的成绩显著相关。研究者认为,训练程序显著影响了学生的学习。

上述实验表明,将教学常规教给教师后可促进教学；但教学策略的传授,似乎没有得到相同的结果。是教学策略对教学效果没有影响吗？尼利(A. M. Neely)1986年对新手教师备课时的认知控制(教学策略的主要成分)进行了训练,发现了训练的积极效应。

尼利的实验以76名主修早期幼儿教育的大学生为被试。所有的被试首先被随机分为8组,并安置到小学里见习,然后再将其随机分为实验组和控制组,对实验组实施认知控制训练。训练由关于认知控制的课堂报告和在小学实习两部分组成,训练的组织程序为定向、模仿、复述。

研究者然后对被试教学计划的充分性进行了评价,即对学习目标、教学程序、教学内容、学习评价以及教学方法变式的评价；结果发现,在教案的充分性上,实验组与控制组存在显著差别。在实施计划的充分性上,两组被试也存在差别。这说明,受过认知控制训练的教师在教学上优于未受训练的教师。

上述实验表明,专家教师的教学常规和教学策略是可以教给新教师的,新教师掌握这些知识后,可以在一定程度上促进其教学。但同时我们也应看到,受训教师的教学能力仅仅有了一定程度的提高,离专家教师还有一定的距离,而且也没有一个研究宣称将其被试训练成为专家教师。这说明,仅靠短期训练来缩小专家与新手的差别是不够的。

（二）培养教师的教学监控能力

1. 影响教学监控能力的因素

影响教学监控能力的因素可以分为教师自身因素和环境因素。

（1）教师自身因素

影响教学监控能力的教师自身因素主要包括动机、知识、观念、情绪情感等因素。

动机因素是一切行为的发动性因素，这对教学监控活动也不例外。教师要对自己的教学活动进行监控，他首先要有干好教育工作的动机，才会对自己的教学活动进行主动的评价、反馈和调控。

教师所具有的有关教学活动的各种因素及其相互关系的知识和个人的教学实践是影响教学监控能力的最主要的个人因素。教师所具有的知识包括：学科知识，即教师对所教科目的理解和掌握，教师要养成良好的教学监控能力，就必须熟练掌握所教科目的基本知识，这是一个大前提；教育学知识，即教师对教育学、心理学，对学生特征和学习背景的综合理解，这是教师形成良好的教学监控能力的操作基础，教学监控能力的实现是以这些教育实践知识为背景的。另外，在对教学监控能力产生影响的知识因素中，还包括教师对自身特点的理解，如对自己兴趣、爱好、教学能力、认知风格等的认知。

教师的教育观念也是影响教学监控能力的重要因素。人们对事物所持的不同观念会影响他们处理问题的方式、方法，教师亦是如此。拥有不同的教育观念的教师所采取的教学行为方式是不同的。如果一个教师认定班内有差生是必然的，差生怎么学也赶不上好学生，那他就不可能有意识地去调整教学方法和进度，花大力气使那些差生赶上其他同学；如果一个教师认为课堂上教师应处于绝对的支配地位，那他就不会调动学生的积极性，使他们充分表达自己的观点，由此可见，教育观念对教学监控能力存在重大影响。

在影响教学监控能力的教师的教育观念中，有一个因素值得注意，这就是教师的教学效能感。教学效能感是指教师对自己完成教学任务的能力的自我评价和判断，它直接影响教师对其教学活动的自我监视和调控。一般来说，教学效能感水平高的教师由于对自己的教学能力充满信心，因此常能确立既适合于自己能力水平，又富有挑战性的教学目标，并坚信自己是教学成败的直接决定者，因而精神饱满、积极主动地进行教学活动，在教学中遇到问题和困难时敢于正视它们，并通过自己的努力去克服它们，采取各种方法保证教学的成功。而教学效能感低的教师则不然，他们由于对自己的教学能力缺乏信心，进而对教学活动和教学效果产生一种不可控感，因此在确定教学目标时容易选取简单的任务，给自己提出非常低的要求；在实际教学过程中，他们往往采取消极、被动、应付的方式，过多地注意自己教学上的无能，觉得自己无力改变现状，不愿也不去努力，一遇到问题或困难就回避，表现出教学监控意识和能力的缺乏。可见，教学效能感是影响教学监控能力的一个重要的内部因素。

此外，教师个人的情绪情感对教学监控能力也有影响。研究表明，焦虑对个人的行为控制有阻碍作用，教师的情绪反应对他的教学行为也有明显影响。情绪低落时，教师对课堂中各种现象反应的敏感性会大大降低，教学监控能力也就下降了。

（2）环境因素

影响教学监控能力的环境因素主要包括教学中的人际相互作用因素、社会文化与价值观、学校的风气、教师的待遇、学校的规章制度等。其中最重要的环境因素是教学活动中的人际相互作用因素，如师生之间的相互作用、同事之间的合作与互助、领导的支持等。有人说，师生相互作用是课堂教学的主旋律。确实，教师教的目的在学生学，在课堂上，只有学生积极参与，才能达到教学目的，如果一堂课学生缺乏参与，那这堂课就谈不上是堂成功的课。因此学生的反应成为教师评价的主要指标之一，是教师体现其教学监控能力的重要方面。通过观察与评价学生的反应，教师可以看出自己教学的成败，了解哪些地方需要进行补救，进而采取相应措施，这些都是教学监控能力的具体体现。同时，教师之间的互助互学、领导对教师的支持与鼓励等，对教学监控能力的形成与发展都有显著影响。

另外，社会文化与价值观、学校的风气、教师的待遇、学校的规章制度等，都从宏观的角度，以潜移默化的方式影响着教师的教学行为，它们同样也影响着教学监控能力的内容、表现与发展。

2．教学监控能力的发展特点

每个教师的教学监控能力是不同的，教学监控能力的发展也表现出不同的水平，其总体的发展趋势表现在以下四个方面。

（1）由他控到自控

所谓他控是指教学活动由外界所左右；而自控是指教学活动由自己主动地调节管理。在教学监控能力获得发展之前，教师的教学活动通常是受制于外界环境的，在大多数情况下，他们只能依据书本上怎么写、专家怎么说、领导怎么要求、同事怎么做，被动地甚至是机械地进行教学，一旦脱离开书本，没有其他人的指导就束手无策了。随着各方面知识的不断丰富，教学监控经验的日益增多，教学监控能力便由低级到高级发展起来了。这时书本和专家的指导和监督由主导作用变为辅助作用，教学监控能力逐渐发挥起主要作用。

（2）从不自觉经自觉达到自动化

在教学监控能力开始形成时，教师的监控行为往往表现出很大的不随意性。随着教学经验的积累和有意识的培养，教师们可以开始有意地在教学过程中进行监控活动了，能够注意到自己的教学活动的进程，能根据学生的反应调整自己的教学，这时我们可以说教师的教学监控能力已经初步形成，但还不够完善。随着教师自身的努力和外界专家的指导，教师的教学监控能力最终会达到自动化的程度。这时，在教学过程中，教师几乎不需要再作意志的努力，就能随机应变地进行自我反馈和调控；同时，整个教学监控过程极为简捷，少有多余的步骤和环节，教师能对自己的教学状况和学生的反应迅速地做出评价和反馈，并能迅速和有效地采取措施进行干预。总之，教学监控能力的发展经历了"不自觉—自觉—自动化"的变化过程。

（3）敏感性逐渐增强

教学监控的敏感性是指教师根据教学情况和学生反应对自己的教学活动做出最佳调节和修正的灵敏程度。它一般包括对教学情境中各种线索变化的敏感性和对在不同情况下最适合的教学策略的激活与选择的敏感性两个方面。前者直接决定教师进行教学监控的信息反馈水平,后者则与教学监控能力中的调节水平密切相关。一般来说,教学监控能力差的教师在很大程度上是因为上述一个或两个方面的敏感性差所致。教师在教学中不仅要具有所学学科的知识、教学策略、教学方法方面的知识,而且还要有为何、何时、何地使用何种教学方法、策略的知识,这些与教学监控中的敏感性是密切相联的。因此,敏感性是衡量教师的教学监控能力高低的一个重要标志,敏感性不断提高是教学监控能力发展的一个明显特征。

(4)迁移性逐渐提高

教学监控能力的迁移性是指教学监控的过程和方式可以从一种具体的教学情境迁移到与其相同或类似的其他教学情境中去。教学监控能力高的教师的一个明显特点就是善于将以往的教学监控经验有效地应用于目前所从事的教学工作中,表现出良好的迁移能力;而教学监控能力差的教师,他们可能并不缺乏教学监控的知识和经验,但在面对新的教学情境时,却不能有效地借鉴和应用这些知识和经验。随着教学监控能力迁移性的提高,他们将以往教学监控的过程和方式恰当地运用到与其相同或类似的环境中的能力也会逐渐增加。所以,迁移性的增强是教师的教学监控能力真正提高的一个重要标志。

3.教学监控能力的培养

(1)角色改变技术

角色改变技术的目的是让教师从一个教学者,转换成一个教学研究者,对教学过程进行科学研究,从而形成正确的教育观念,提高参加教育科研的自觉性和主动性,把自己的教学过程当作自己的研究对象,观察、审视、思考、调整,最终提高自己的教学监控能力。角色改变技术的具体方式和内容包括专家讲座、听观摩课、参加教育科研工作。可以建议教师围绕自己班的教学设计小实验,并最终写出自己的研究报告。

(2)教学反馈技术

其目的在于使教师对自己教学各环节有一个准确而客观的认识。正确地评价自己的教学效果和学生的学习状况,这是教师形成教学监控能力的基础。教学监控过程是从教师对其教学过程的反思与评价开始的,这是通过多种教学反馈技术实现的。具体地说,从反馈来源分,有自我反馈、专家反馈、学生反馈、同行反馈等;从反馈方式来看,有现场言语反馈、摄像反馈和测验反馈等。

(3) 现场指导技术

通过现场指导技术,可以帮助教师针对不同教学情境,选用最佳的教学策略,以达到最佳的教学效果,使教师最终能达到对自己课堂教学的有效调节和校正。[1]

(4) 微型教学

国内外研究表明,微型教学也是训练新教师,提高教师的教学监控能力的一条重要途径。微型教学是以少数学生为对象,在较短时间内(5~20分钟)尝试做小型的课堂教学,可以把这种教学过程摄制成录像,课后再进行分析。微型教学一般采用以下程序:

①明确选择特定的教学行为作为着重分析的问题(如教师讲解和提问的方法等)。

②观看有关的教学录像。专家教师说明这种教学行为具有的特征,让新手教师理解要点。

③新手教师制定微型教学的计划,以一定数量的学生为对象,实际进行微型教学,并录音、录像。

④新手教师和专家教师一起观看录像,专家教师帮助新手教师分析他的教学行为是否恰当,并提出改进方法。

⑤在以上分析和调整的基础上,再以另外的学生为对象进行微型教学,并录音、录像。这时要使用改进的教学方法。

⑥新手教师和专家教师一起分析第二次微型教学。明确新手教师的进步和问题所在。

---

[1] 申继亮,辛涛.关于教师教学监控能力的培养研究.北京师范大学学报,1996(1).

第十一章 教学设计的心理学问题

教学目标的确定、教学内容的分析和组织、教学方法与媒体的选择以及教学效果的评价是教学过程的四个环节。从心理学的角度对教学过程的这四个环节进行研究，是教学心理的主要内容，是教学设计的心理学基础。探讨其中的心理规律，将对有效地针对学生的特点组织教学、很好地实现教学目标起到良好的作用。

第一节 教学设计概述

一、什么是教学设计

"教学设计就是根据教学对象和内容，确定合适的教学起点与终点，将教学诸要素有序、优化地安排，形成教学方案的过程。"[1] 具体地说，教学设计就是指在实施教学之前由教师根据学生的特点、教师的特点、教材内容、教学计划和要求，对教学目标、教学方法、教学媒体、教学评价等进行规划和组织并形成设计方案的过程。

由此可以看出，教学设计的过程实际上就是为教学活动制定蓝图的过程。通过教学设计，教师可以对教学活动的基本过程有个整体的把握，可以根据教学情境的需要和教育对象的特点确定合理的教学目

---

[1] 张大均主编.教育心理学.第二版.北京:人民教育出版社,2003.450.

标,选择适当的教学方法、教学策略,采用有效的教学手段,创设良好的教学环境,实施可行的评价方案,从而保证教学活动的顺利进行。另外,通过教学设计,教师还可以有效地掌握学生学习的初始状态和学习后的状态,从而及时调整教学策略、方法,采取必要的教学措施,为下一阶段的教学奠定良好基础。从这个意义上说,教学设计是教学活动得以顺利进行的基本保证。好的教学设计可以为教学活动提供科学的行动纲领,使教师在教学工作中事半功倍,取得良好的教学效果。忽视教学设计,则不仅难以取得好的教学效果,而且容易使教学走弯路,影响教学任务的完成。

教师对教学进行设计,可以有效地在课前对课程进行规划,防止盲目行动。教学设计是学习理论、教学理论向教学技术转化的桥梁。首先教学设计是根据一定的教学理论,在对有关教育教学、学生学习、知识的本质以及学习规律的认识基础上进行的。这是教学设计的灵魂,也是衡量某种教学效能的尺度。学习理论、教学理论作为改进教学设计的工作原理或原则,只有通过周密而详细的设计,才能转化为方法或技术。其次,学习理论、教学理论对教学的指导作用,必须与学校实际和教学实践结合才能发挥出来,而这两者的结合正是通过教学设计来实现的。因此,为了改进教学,除了认真研究学习理论、教学理论外,同时也必须加强教学设计工作,使学习理论、教学理论转化为教学技术。

二、教学设计的特点

在具体的教学实践中,教学设计者形成的教学设计方案虽各有不同,但教学设计在教学活动中体现出的以下一些基本特征却是共同的、普遍的。

(一)指导性

教学设计是教师为组织和指导教学活动精心设计的施教蓝图,教师有关下一步教学活动的一切设想,如将要达到的目标、所要完成的任务、将采取的各种教学措施等均已反映在了教学设计中。因此，教学设计的方案一旦形成并付诸行动，它就成为指导教师教学的基本依据，教学活动的每个步骤，每个环节都将受到教学设计方案的约束和控制。正因为如此，教师在课前进行教学设计时，一定要认真思考，全面规划，提高设计方案的科学性和可行性。只有这样，才能在课堂教学中更好地发挥教学设计的指导功能，使教学取得良好的效果。

（二）统整性

教学是由多种教学要素组成的一个复杂系统，教学设计则是对这诸多要素的系统安排与组合。以系统科学方法指导教学设计，这是科学的教学设计与实际经验的教学设计的重大区别。建立在经验基础上的教学设计往往只注重教学的某个部分，如教学内容或教学方法，具有很大的局限性。从系统科学方法出发，就是要求对由诸多要素构成的教学活动进行综合的、整体的规划与安排。无论教学设计指向什么样的教学目标，它都必须全面、周密地考虑、分析每一个教学要素，使所有的教学要素在达成一致的教学目标的过程中实现有机的配合，成为一个完整的统一体。

（三）操作性

教学设计为学习理论、教学理论与教学实践的有效结合提供了现实的结合点，它既有一定的理论色彩，但同时又是明确指向教学实践的。在成型的教学设计方案中，各类教学目标被分解成了具体的、操作性的目标，教学设计者对教学内容的分析与组织、教学方法和教学媒体的选择和运用、教学时间的分配、教学环境的调适、教学评价手段的实施都作了具体明确的规定和安排，这一系列的安排都带有极强的可操作性，抽象的理论在这里已变成了具体的操作规范，成为教师组织教学的可行依据。

（四）预演性

教师进行教学设计的过程，实质上就是实际教学活动的每个环节、每个步骤在教师头脑中的预演过程。这一过程犹如文艺演出中的彩排一样，带有较强的预演性和生动的情境性。它能使教师如临真实教学情境，对教学过程的每一细节周密考虑、仔细策划，为教学活动的顺利进行提供可靠保证。

（五）突显性

教师在设计教学方案时，可以有目的、有重点地突出某一种或某几种教学要素，以达到特定的教学目标。如教师可以在教学方案中突出某一教学方法的运用、某一部分教学内容的讲述、某一种新教学环境的设计，从而使教学活动重点突出、特色鲜明，富有层次感。

（六）易控性

这一特点表现在两个方面：一是由于教学设计是对教学活动的预先规划和准备，教师有充足的时间对整个教学过程进行周密计划，反复检查。因此，与在真实的课堂情境中相比，教师在教学设计阶段更容易掌握和控制各种教学要素，能够做到发现错误及时修改，从而使教师在实际教学过程中出现失误的可能性降到最低程度。二是教学设计要确定明确的教学目标，教学目标是课堂教学的出发点和归宿，是课堂教学的灵魂。教学目标对教学活动的诸要素都具有较强的控制作用，它既控制着教学活动的方向，也控制着教学活动的大致进程、内容、程序和活动中主客体之间的动态关系。因此，重视教学目标的设计，是强化教学设计控制功能的一个重要方面。

（七）创造性

创造性是教学设计的一个基本特点，同时也是它的最高表现。教学设计是一项极富创造性的工作。教学设计的过程，实际上也就是教师在深入钻研教材的基础上，根据不同的教学目标，不同学生的特点，创造性地思考，创造性地设计教学实施方案的过程。教学设计虽然使得教学程序化、合理化和精确化，但它并不束缚教学实践的自由，更不会扼杀教师的创造性。为了适应教学活动丰富多彩、灵活多变的固有特点，适应学生学习的多种需求，教学设计十分强调针对具体情况灵活设计。另外，由于教学设计同教师个人的教学经验、风格、智慧紧密结合在一起，每个教师设计的教学方案都会程度不同地带有个人风格与色彩，因而它为教师个人创造才能的发挥提供了广阔天地。

三、不同的教学设计观

教学设计观是在一定的教学理论指导下，支配教学设计的思想和观点。教学设计观直接制约着教学的进程，教学设计观不同，则教学目标、教学方法、教学特点和风格就会不同。

（一）结构—定向设计观

结构—定向设计观是北京师范大学冯忠良教授累积三十多年的理论和实践探索提出的。结构—定向设计观中的"结构"是指教学应从构建一定的心理结构为中心，"定向"是指依据心理结构形成、发展的规律，实现定向培养。① 结构—定向设计观强调首先是根据学习的内容确立形成某种能力的心理结构，然后运用学习规律，如学习动机、知识掌握、迁移规律进行定向培养，加速心理结构的形成。根据结构—定向设计思想，冯忠良领导的研究小组进行了一系列实验研究，总结了一套以构建心理结构为指导思想的教学设计的原则和方法。

（二）知识分类定向设计观

该设计观是根据知识分类学习论与教学的原理来指导中小学各科知识、智慧技能和认知策略的教学设计。② 知识分类学习论是一个研究知识如何转化为智力技能和认知策略以及最终发展人的认知能力的过程和条件的理论。该理论认为知识的学习经历了意义获得、意义巩固和转化以及意义的提取和应用三阶段。该设计观的核心是根据现

---

① 冯忠良.结构—定向教学理论与实践（上）.北京:北京师范大学出版社,1992.
② 皮连生.知识分类学习、教学论及其运用.长沙:湖南教育,1995,(4).

代认知心理学理论,依据知识的类型和知识学习的阶段设计相应的教学。该观点有三个设计步骤:(1)确定教学目标,即教师必须描述学生将形成何种新能力。(2)分析教学任务。它包括作以下一系列的分析:第一,根据上述知识分类的观点,明确教学目标中的知识类型;第二,确定学生的起点能力;第三,分析从起点能力到终点能力之间的从属能力;第四,明确知识学习的阶段,由此决定课的类型。(3)根据知识学习的阶段和课的类型,设计相应的教学方法或技术。该设计观对教学的指导较为直接、具体,被一些中小学甚至大学所接受。

(三)加涅的教学设计观

1.教学目标

加涅把教学目标归纳为五种学习结果。五种学习结果包括认知、情感和动作技能三个领域。学校开设的各门学科的教学目标相互之间有所差异,各有侧重,但都包含在这三个领域和五种学习结果内。加涅认为,他的五种学习结果是跨学科的。他要求学校的每一门学科都要按照五种学习结果制定具体的教学目标。值得注意的是,加涅明确提出,应把认知策略作为教学的一个重要目标。这是对教学目标理论的重大发展。过去我们强调"教是为了不教",即尽快使学生能够自学。加涅把认知策略单独列出作为各门学科的教学目标之一,便使"教是为了不教"的理想落实到具体学科教学目标之中了。

2.教学过程

加涅根据信息加工心理学原理提出了一个得到广泛认可的学习与记忆的信息加工模型。据此他把完整的教学过程划分为九个阶段:引起注意、告知目标、提示回忆原有知识、呈现教材、提供学习指导、引出作业、提供反馈、评估作业和促进保持与迁移。

加涅认为,教只是为了帮助学生的学习。正因为学有许多有顺序的阶段,教才有这些阶段。如果学生在学习过程中自行满足了某些阶段的要求,则教的这个阶段就可以不出现。例如,如果学生已经有了注意,则引起注意这个阶段就可以省去。如果学生在学习新知识时已能自动激活原有知识,则提示学生回忆原有知识这一步也可以省略。

3. 教学方法

教学方法包括教材呈现的方式、师生相互作用的方式、教学媒体的选择与运用等。我们平时说"教学有法，教无定法"。因为加涅在其著作的学习论部分分门别类详细研究了每类学习的过程和有效学习的条件，所以在他的教学论体系中，教师可以很有把握地根据教学目标中所确定的学习结果的类型以及某类学习当时所处的学习阶段，选择最适当的教学方法。这样教就不是"无定法"的了。

4. 教学结果的测量与评价

教学是一种目标导向的活动。加涅要求教师在实施教学活动之前，对预期的学习的结果作出明确的陈述。在这一明确的目标指导之下，教师安排教学顺序，组织师生双方活动，选择适当的教学媒体，最后根据教学目标对学生的学习结果作出测量和评估。如果评估的结果表明教学目标已经达到，则教学进入下一循环。在加涅的教学论中，教学目标的设置和明确陈述是教学设计的最重要一步，如果教学目标设置合理而陈述可以观察和可以测量，那么教学结果的测量和评价问题便自然解决了。

总之，加涅的教学设计观可以概括为一句话：根据不同的学习的结果类型创设不同的学习的内部条件并相应安排学习的外部条件。根据这一观点，教学设计应考虑教学中的两个维度：一个维度是学习结果的类型，另一维度是每类学习的内部和外部条件。

（四）建构主义的教学设计观

1. 注重以学生为中心进行教学

建构主义认为，学生是信息加工的主体、是意义的主动建构者，而不是外部刺激的被动接受者和被灌输的对象。学生被看成是形成有关现实理论的"思想家"。学习是由学习者内部控制的过程。鼓励和接受学习者的自治与主动。将学习者看作是有意志和目的的人，鼓励学习者质讯、培养学习者的好奇心。因此，该理论认为，教学目标具有很大的灵活性，它不应该强加给学习者，而是应同学习者商量决定，或由学习者在学习过程中自由调整。同时，建构主义理论认为，教师不应被看成"知识的授予者"，而应成为学生学习活动的促进者。教师是学生意义建构的帮助者、促进者，而不是知识的传授者与灌输者。教师应善于引起学生观念上的不平衡，高度重视对于学生错误的诊断与纠正，充分注意各个学生在认识上的特殊性，努力培养学生的自觉意识和元认知能力，努力调动学生的学习积极性，并很好地发挥教学活动组织者和"导向"的作用。此外，教育者是解决问题的教练和策略的分析者，应十分注意对于自身科学观和教学观的自觉反省和必要更新。教师的职责在整个教育体制与教育对象之间发挥了一个重要的"中介"作用。

2．注重在实际情境中进行教学

建构主义强调开发围绕现实问题的学习活动，尽量创设能够表征知识的结构、能够促进学生积极主动地建构知识的社会化的、真实的情境，让学生在结构不良领域中进行学习，认为结构良好领域不能提供生动性、丰富性的知识，只能使学生获得低级的单一的知识。建构主义者强调创建与学习有关的真实世界的情境，注重让学生解决现实问题，强调提供复杂的、一体化的、可信度高的学习环境的重要性，这种教学情境应具有多种视角的特性。将学习者嵌入到现实和相关情境（真实世界）中，作为学习整体的一部分为他们提供社会性交流活动。

3．注重协作学习

建构主义认为，学习者以自己的方式建构对于事物的理解，从而不同人看到的是事物的不同方面，不存在唯一的标准的理解。但是，我们可以通过学习者的合作而使理解更加丰富和全面。目前的课堂教学形式不适合学生进行高级学习，而高级知识的教学应该提倡师徒式的传授以及学生之间的相互交流、讨论与学习，教学过程需要围绕亟待解决的重要问题进行，并对学生的问题解决过程给予高度重视，在该过程中，鼓励学习者同其他学生和教师进行对话与协商。因此，建构主义指导下的教学组织形式有小组学习、协作学习等，主要在集体授课形式下的教室中进行，提倡在教室中创建"学习社区"。随着网络环境的优化（互联网、校园网、城区网等），网上建构主义的教学组织形式也得到了较快的应用与发展。

4. 注重提供充分的资源

建构主义强调要设计好教学环境，为学生建构知识的意义提供各种信息条件。

四、教学设计的原则

（一）以学生为主体的原则

以学生为主体，是说教学设计者在教学设计过程中，时刻保持一种理智的头脑，把为学生服务放到首位。作为教师，进行教学设计就是为了在课前对自己的教学进行规划，规划的目的是使学生能够尽快实现目标。因此，教学设计要遵循以学生为主体的原则。一切从学生出发，一切为学生着想，一切以学生为本。

1992年美国心理学会教育心理学专业工作组发表了一份文件"学习者中心的心理学原则：学校重整与改革纲要"（美国心理学会，1992，1997；Alexander & Murphy, 1994）。1997年又加以修改，该纲要体现了教育心理学家们在建构主义理论框架下对学习与动机规律所达成的共识。表 11-1 是美国心理学会提出的 14 条原则。学习者中心的心理学原则通过以下几个方面勾勒出了以主动探寻知识为特征的学习者的形象：（1）重新解释信息或亲身体验；（2）受内在求知欲的驱使（而不是受分数或其他奖赏的驱使）；（3）与他人合作进行社会性的意义建构；（4）能意识到自己使用的学习策略，并能将这些策略应用于新的问题情境中。

表 11-1　学习者中心的心理学原则：认知与元认知因素[①]

[①] 罗伯特·斯莱文著.姚梅林等译.教育心理学.北京:人民邮电出版社,2004.194.

原　则	解　释
（1）学习过程的性质	当学习是一个从信息和经历中主动建构意义的过程时，对于复杂课程的学习是最有效的。
（2）学习过程的目标	成功的学习者在外界的帮助以及教学的指导下，随着时间的推移，能够创造出有意义的、连贯一致的知识表征。
（3）知识的建构	成功的学习者能够以有意义的方式将新信息与已有的知识联系起来。
（4）策略性思维	成功的学习者能够创造和应用一整套思维和推理策略来达到复杂的学习目标。
（5）对思维的思维	用于选择和监控心理加工过程的高级策略促进创造性和批判性思维。
（6）学习情境	学习受到文化、技术和教学实践等环境因素的影响。
（7）动机与情绪影响学习	学什么、学多少，这都受到学习者的动机影响。反过来，学习动机又受个体的情绪状态、信念、兴趣与目标以及思维习惯的影响。
（8）学习的内部动机	学习者的创造性、高级思维以及好奇心等都有助于产生学习动机。如果学习任务具有新异性、难度适中、与学习者的个人兴趣有关，并且能够让学习者自主选择和控制，那么这种学习任务能够激发学习的内部动机。
（9）动机对努力的影响	复杂的知识与技能的获得需要学习者的不断努力与有指导的练习。没有学习动机，也不可能有付出努力的意愿，除非有外部压力。
（10）发展对学习的影响	在个体发展过程中，有各种因素促进或阻碍个体的学习。只有综合考虑到个体在身体、智力、情感和社会等方面的不同发展特征时，学习才是最有效的。
（11）社会对学习的影响	社会交往、人际关系以及与他人的沟通等都影响着学习。
（12）学习中的个别差异	由于先前的经验以及遗传因素的影响，学习者具有不同的学习策略、学习方法以及学习潜能。
（13）学习与多样性	当考虑到学习者在语言、文化以及社会文化背景等方面的差异时，学习才是最有效的。
（14）标准与评估	确立恰当的、具有挑战性的目标、评估学习者以及学习过程，包括诊断性评价和结果性评价等，这些都是完整的学习过程所不可缺少的部分。

（二）以教师为主导的原则

教学活动是教师主持下的活动，教学设计要体现以教师为主导的原则。教师要依据自己的特点，在尊重学生发展的前提下，在自己可以控制的范围内，灵活选择教学方法和策略，以最优的方式实现教学目标。

（三）可操作性原则

教学设计的功能是指导教学活动，使教学活动顺利进行。因此，教学设计中的每一个环节、每一个细小的步骤，都应该是在学校允许的范围内、在技术支持的范围内、在教师把握的范围内、在特别限定的时间内……能够顺利完成的。教学设计的表达应该做到任何人读了教学设计，都能够想象到教学过程中每一个环节是如何进行的；同行们可以按照教学计划自然完成规定的环节。

（四）创新性原则

教学是一门艺术，艺术没有创新就没有生命力。任何一门学科都有自身的特点，任何一位教师都有自己的教学经验和教学风格，任何一个班的学生，都有其特殊性。所以教师在进行教学设计时，需要结合不同的教学内容、不同的课程形式、不同的自身特点，结合学生的能力基础和认知风格设计教学目标，确定教学方法，选择评估手段。因此，教师在进行教学设计时，不要因循守旧，不要墨守成规，需要大胆创新。只要学生能够在教学中获得预期的收获，教学设计就是成功的。

（五）灵活性原则

教学设计是一种预先规划，应该留有余地。因为课堂上实际发生的事情很难在事先全部预料到，在进行教学设计时教师要充分考虑到这种偶发性，在设计中给处理偶发事件留有充分的时间和空间。

五、教学设计的步骤

有人（Ceraulo，Sandra C.）提出了高效教学设计七要素：（1）集中目标（focus goals）;（2）减少干扰（eliminate distractions）;（3）课程难度与学生技能相适应（match student skills and course level）;（4）创建支持环境（create a supportive environment）;（5）通过规则建立秩序（create order through rules）;（6）让学生畅所欲言（let students express themselves）;（7）提供及时持续的反馈（provide timely and consistent feedback）。具体分析可以发现，目标是在教学之前需要仔细设计的；减少干扰、创建支持环境则涉及到教学过程；至于通过规则建立秩序，是指在教学过程中按照一定的规则完成教学过程；让学生畅所欲言，是教学过程中的执行细节，关系到以学生为主体的问题；至于提供及时持续地反馈，则涉及教学评价。

美国新泽西州大学的坎普（Kemp, J. E.）教授通过大量分析后认为，在教学设计过程中有4个关键的因素构成了教学设计的基础：(1)这个教学项目是为谁而开发的？（学习者或被培训者的特点）(2)你想让学习者或被培训者学到什么或能够做什么？（目标）(3)课题内容或技能怎样才能最好地被学习？（教与学的方法和事件）(4)怎样确定学习所达到的程度？（评价程序）。这4个基本因素——学习者、目标、方法和评价——形成了系统教学设计的框架（见图11-1）。

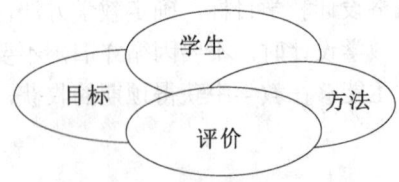

图 11-1　教学设计的基本因素

根据坎普的论述，我们至少可以确定两个教学设计的依据：一是学生学习的特点，包括学生现有学习水平、学习习惯、对学习环境的偏好等；二是包含在学习目标中的学习内容。

关于教学设计的步骤或过程，教学设计专家马杰（Mager, R., 1968）作过简明而生动的描述，即教学设计依次有这样三个问题组成："我要去哪里（制定教学目标）？""我如何去那里（分析和确定教学策略与方法）？""我怎么判断我已经到达了那里（实施教学评价）？"

由此可见，教学设计至少要包括教学目标设计、教学过程设计、教学评价设计等内容。

这里教学目标设计具有举足轻重的地位，心理学家对它的研究也最丰富。

第二节 教学目标设计的心理学问题

一、什么是教学目标

教学目标是指教学活动预期达到的结果，它规定了通过具体教学过程学生要学会什么，是教学活动的出发点和归宿。各门课程因为各自在学生的知识体系中所占的位置不同而有所区别，但宏观上的目标是趋于一致的。

二、如何设计教学目标

（一）宏观把握微观入手

按照系统论的观点，教学目标是一个系统，它由教学目的决定，包括课程目标、单元目标和课时目标三个层次。

教学目的或称教学的总目标是作为统贯教学活动全局的一种指导思想而存在的，它是教学领域里为实现教育目的而提出的一种概括性的总体要求，它所把握的是各科教学的发展趋势和总方向。但是，教学总目标毕竟只是对教学活动的一种原则性规定，对于复杂的教学活动来说，只有一个原则性的规定是不够的。

要使总的要求落实到整个教学活动体系的各个部分中去，就必须对实际的教学活动水平作出具体的规定，以便层层贯彻和检验。

课堂教学中的教学目标主要是指课时目标。根据整体要求，要设计课时目标，必须牢牢把握住教学总目标和学科教学目标，还要以单元目标为依据。

（二）教学目标应有灵活性

由于学习者的学习基础和学习能力存在着差异，因此课堂教学目标必须具有一定的灵活性。教师要认真钻研，在教材中区分出哪些是最低限的大纲材料，哪些是完整的基本材料，哪些是加深的材料。然后制定出灵活而富有弹性的课堂教学目标，这种目标一般可分为三个层次：

（1）符合大纲所提出的最低限度要求，达到合格水平的目标。它是学业不良学习者应完成的目标。

（2）符合大纲所提出的各种基本要求，达到中等以上水平的目标。它是学业中等学习者应完成、并鼓励学业不良学习者完成的目标。

（3）符合或超出大纲所提出的最高要求，达到优秀水平的目标。它是学业优良学习者应完成并鼓励学业中等学习者完成的目标。

（三）教学目标应有层次性

教育是一种循序渐进的活动。学校教育是以学年、学期为单位加以组织与实施的，不能期望学习者一下子就能达到教育的最终目标。因此，教学目标的层次要与学习者接受教育的层次相适应。

此外，教学目标本身也有层次的关系。比如，在布卢姆（Bloom, B. S.）的认知目标中，从知识开始，经过理解、运用、分析、综合到评价，这六个目标就有一个从低级到高级的发展关系。这是在设计教学目标时必须注意的。在设计教学目标的过程中，可以运用布卢姆、克拉斯沃尔（Krathwohl, D.R.）、加涅等人的学习目标分类作为框架，把教学目标分成不同的层次。一般说来，学习目标层次的划分是以学习内容分析的结果为基础的，学习内容分析得愈细致，学习目标层次的确定就愈简单。反过来，通过对学习目标层次的划分，亦可对学习内容分析的结果作进一步的补充。

（四）教学目标应有可操作性

教学目标应是可观察、可测量的。以研究行为目标著名的马杰在 1962 年出版的《准备教学目标》一书中提出，一个教学目标应包括三个基本要素：

（1）可观察的行为。说明学习者通过教学以后将能做什么，以便教师能观察学习者的行为变化，了解目标是否达到。例如，"学生能将文章中陈述事实与发表议论的句子分类"。

（2）行为发生的条件。说明上述行为在什么情况下产生。例如，"提供报上的一篇文章，学生能将文章中陈述事实与发表议论的句子分类"。

（3）可接受的行为标准。指出合格行为的最低标准（或行为改变的程度）。例如，"至少有 80% 的句子分类正确"。

马杰的"行为"、"条件"和"标准"三要素模式至今仍为教育界所接受。用传统的方法表述的教学目标，如"培养学生分析文章的能力"比较笼统含糊，对其中的含义，不同的人可能有不同的理解。这种提法不能为教学及其评价提供具体指导。而使用马杰的三要素模式编写的学习目标就很明确具体、清楚地告诉人们，学生将获得的能力具体是什么，如何观察和测量这种能力。

在教学设计的实践中，有的教育研究者认为有必要在马杰的三要素的基础上，加上对教学对象的描述，这样，一个规范的学习目标就包括四个要素。为了便于记忆，他们把编写学习目标的基本要素简称为 ABCD 模式：A——对象（audience），即应阐明教学对象；B——行为（behaviour），即应说明通过学习以后，学习者应能做什么（行为的变化）；C——条件（condition），即应说明上述行为在什么情况下产生；D——标准（degree），即应规定达到上述行为的最低标准（即达到所要求行为的程度）。运用 ABCD 法表述教学目标时要注意：

（1）教学目标的行为主体须是学习者，而不能是教师。学习目标的表述中应注明教学对象，例如，"小学五年级下学期的学生"、"参加继续教育的教师"等。有的学者还主张在学习目标中说明对象的基本特点。

（2）描述行为的基本方法是使用一个动宾结构的短语，其中行为动词说明学习的类型，宾语则说明学习的内容。例如："操作"、"说出"、"列举"、"比较"等都是行为动词，在它们后面加上动作的对象，就构成了学习目标中关于行为的表述：

（能）操作摄像机

（能）说出人腿骨骼的名称

（能）列举选用教学方法时应考虑的基本因素

（能）比较东西方文化的主要异同处

在这样的动宾结构中，宾语部分与学科内容有关，学科教师都能很好掌握。由于学习目标中的行为应具有可观察的特点，所以描述行为较困难的是行为动词的选用。

（3）条件的表述常与诸如"能不能查阅参考书？""有没有工具？""有没有时间限制？"等问题有关。条件包括下列因素：

A. 环境因素（空间、光线、气温、室内外噪音等）。

B. 人的因素（个人单独完成、小组集体进行、个人在集体的环境中完成、在教师指导下进行等）。

C. 设备因素（工具、设备、图纸、说明书、计算器等）。

D. 信息因素（资料、教科书、笔记、图表、词典等）。

E. 时间因素（速度、时间限制等）。

F. 问题明确性的因素（为引起行为的产生，提供什么刺激、和刺激的数量）。

（4）标准一般从行为的速度、准确性和质量三方面来确定，例如：

在 1 分钟以内准备好必需的消防器材（速度）。

测量血压，误差在＋5mm／Hg 以内（准确性）。

加工件质量要达到国家Ⅱ级标准（质量）。

下面几个学习目标实例中均包含了上述"对象"、"行为"、"条件"和"标准"等四个要素：

"提供 10 个有关海湾战争原因的是非判断题，大学一年级学生应能判断正误，其中 9 道题正确为合格。"

"历史系二年级的学生阅读所布置的 7 篇材料后,能撰文对两种古代文化的差异进行比较,至少列举每种古代文化的 5 种特征。"

"新兵营的战士通过一个月的集训,应能在距离标准圆靶 50 米之处,使用标准步枪在 20 秒以内射击 5 次,至少有 4 次击中靶心。"

(五)从心理与行为结合角度设计教学目标

行为目标虽然避免了用传统方法表述目标的含糊性,但它本身也有缺点:只强调了行为结果,而未注意内在的心理过程,因而可能引导人们只注意学习者外在行为变化而忽视其内在的心理和情感的变化。此外,在具体的教学实践中,根据目前已有的研究成果,还有许多心理过程无法行为化。因此,描述内部心理过程的术语不能完全避免。我们还需运用心理与行为结合的方法表述教学目标。

1978 年格朗伦(Gronlund, N.E.)在《课堂教学目标的表述》中,提出先用描述内部心理过程的术语来表述学习目标,以反映理解、运用、分析、创造、欣赏、尊重等内在的心理变化,然后列举反映这些内在变化的行为样例,从而使这些内在心理变化可以观察和测量。这就是用内部过程与外显行为相结合以描述学习目标的方法。例如:

1. 领会本单元专门术语的涵义。(内部心理过程)
1.1 将专门术语与它们所代表的概念联系起来。(行为样例)
1.2 在造句中使用某些专门术语。(行为样例)
1.3 指出术语之间的异同。(行为样例)

本例中教学目标的表述首先强调的是"领会",而不仅仅是外在的行为变化。"领会"是一个内部心理过程,无法观察和测量,但有 1.1、1.2 和 1.3 表述的代表"领会"的种种表现的行为样例,表明怎样才算领会,目标就具体化了。

格朗伦的方法强调内部过程和外显行为的结合,既避免了用内部心理特征表述目标的抽象性,也防止了行为目标的机械性与局限性。

三、教学目标分类的心理学理论

教学目标分类是运用分类理论，将教学目标层次化、系统化、可操作化。心理学家对教学目标进行了系统的分类，在国际上影响比较大的是布卢姆的教育目标分类学和加涅的学习结果分类。

加涅将教学目标即学习结果分为五类：言语信息、智慧技能、认知策略、动作技能和态度。其中智慧技能又分为：辨别、具体概念、定义性概念、规则和高级规则。这些内容已在学习理论和程序性知识的学习两章中做了详细的介绍，在此，我们重点介绍布卢姆的教育目标分类体系。

1956年，布卢姆等出版了《教育目标分类学，第一分册：认知领域》。他认为教育目标分类必须具有如下特征：（1）用外显的行为来陈述目标；（2）目标是有层次的；（3）教育目标分类是超越学科内容的；（4）教育目标分类是教师教学和科研的工具。

布卢姆把教学目标分为认知领域、情感领域和动作技能领域三个领域，又将各个领域的教学目标分成若干个层次。

（一）认知领域的目标分类

认知领域的目标分类对应的就是传统的知识学习，分为六个层次。

1. 知识（knowledge）

指个人对学习过材料的记忆，记住了常用词、具体事实、方法、基本概念、原理等。这是认知方面最低层次的学习结果。

2. 理解（comprehension）

指个人能够掌握所学材料的意义。对材料的理解有三种形式：一是转换，指用自己的话或用与原先的表达方式不同的方式来表达，如由文字表达转换成数字表达；二是解释，指对所学材料加以说明或概括；三是推断，指估计将来的趋势，如预测从资料中可能获取的结果。这类学习结果所表示的是最低层次的理解。

3. 应用（application）

指能将所学材料应用于新的具体情境，包括概念、规则、方法、规律、原则、法律、理论等的应用。如将原理应用于新情境，应用法律与理论解决实际问题，解决数学问题等。这类学习结果代表了较高水平的理解。

4．分析（analysis）

指能将整体材料分解为构成成分并明确其组织结构，包括鉴别各部分、分析各部分间关系和了解其中的组织原理。如鉴别结论与证据，区别相关材料与无关材料，注意一种观点怎样与另一种观点联系，区分事实与假设，分析文学作品或音乐的结构等。进行分析时既要理解材料的内容，又要理解其结构，是更高水平的学习结果。

5．综合（synthesis）

指能将各部分组成一个新的整体，强调产生新的模式或结构，如发表内容独特的文章或演说，设计一项实验，将各方面知识结合起来形成计划去解决问题，提出对事物进行分类的新规则等。这一学习结果强调的是创造性行为。

6．评价（evaluation）

指依特定的目的对材料（观点、文章、研究报告等）作价值判断。价值判断需在一定标准上进行，标准可以由学习者自己制定或他人指定，标准可以是内在标准（是否正确），也可以是外在标准（是否有效），如评价文章的逻辑一致性，判断论点与论据间的适当性，对音乐或文艺作品进行评价等。评价是认知领域最高层次的学习结果，它包括前几类目标，并需要在明确的标准之上进行价值判断。

认知领域的这六级目标从低到高依次排列，除第一级"知识"外，其余五级都属于智慧技能范畴。认知领域目标分类的意义在于提醒我们，在设计教学目标或进行教学评价时，不能只停留在传授或掌握知识的水平上，应重视培养学生的智慧技能；学生智慧技能的培养，不能只局限于理解水平，更应重视分析、综合、评价等高级能力的培养。

（二）情感领域的目标

情感是个体因需要是否得到满足而对客观事物产生的一种态度体验，如喜欢、厌恶等。个体的情感会影响他做出行为上的选择。情感学习对于形成或改变态度、提高鉴赏能力、更新价值观念、培养高尚情操等密切相关。这是教育的一个重要领域,然而,这个领域的学习目标却不容易编写。

克拉斯沃尔(Krathwohl, D.R.)等制定的情感领域的教育目标分类于 1964 年发表,其分类依据是价值内化的程度。该领域的目标共分五个层次:

1. 接受或注意(receiving or attending)

学习者愿意注意某一事件或活动,如认真听课,注意某种观点,意识到某事的重要性等。

2. 反应(responding)

指学习者主动参与,积极反应,表示出较高的兴趣。例如,完成教师布置的作业,提出意见和建议,参加小组讨论,遵守校纪校规等。学习的结果包括默认、愿意反应和满意的反应。这类目标与教师通常所说的"兴趣"类似,强调对特定活动的选择与满足。

3. 价值判断(valuing)

对所接触物体、现象或行为进行价值判断,包括接受某种价值判断、偏爱某种价值标准或坚信某种价值标准,此类学习结果为通常所说的"态度"。

4. 价值观的组织(organization)

将不同的价值标准组合在一起,克服它们之间的矛盾、冲突,建立内在一致的价值体系,强调将各种价值观加以比较、关联和系统化,如形成一种与自己能力、兴趣和信仰协调的生活方式,确信系统计划对解决问题的重要性。这一学习结果就是通常所说的人生哲学。

5. 形成独特价值观(characterization by a value or value system)

形成个人独特的价值观,其行为是普遍的、一致的和可预测的,如独立工作的自信心,参加团体活动的合作性,解决问题坚持客观、勤奋,保持良好的健康习惯等。

克拉斯沃尔等人关于情感领域的教学目标分类给我们的启示是:(1)情感是一个价值标准不断内化的过程,外在的要求、标准要变成学习者的内在价值,需要经历接受、产生反应和认识到其价值(价值判断）等连续内化的过程；（2）情感并不是秘不可言、秘不可测的，该分类对情感发展的连续描绘，为教师完成情感教学的任务提供了方向与途径；（3）情感教学是各科教学的重要任务之一，每门学科都应重视相应情感的培养。只有当学习者以积极、肯定的情感参与学习时，"我要学"才会代替"要我学"。

（三）动作技能领域

动作技能领域的分类有多种，其中辛普森（Simpson, E.J., 1972）的分类是应用最广的，分成七个层次：

1. 知觉（perception）

通过感官认识动作技能，如观看舞蹈。

2. 心向（set）

形成学习技能的心理准备，包括心理、生理和情绪上的心向，如了解舞蹈动作难度、要领及动作进程等。

3. 有指导的反应（guided response）

在教师指导下进行反应，包括模仿和试误。

4. 机制（mechanism）

经过练习后的动作形成熟练的技能，如能按正确步骤表演某些舞蹈动作，但这一阶段的动作模式并不复杂。

5. 复杂的外显反应（complex overt response）

能迅速、连贯、精确、轻松地完成复杂的动作模式，如完整地表演舞蹈。

6. 适应（adaption）

学习者能修正自己的动作模式以适应新情境的需要，如根据掌握的舞蹈技巧自己编排一套舞蹈。

7. 创新（origination）

创造新的动作模式以适应具体情境，如创作新的舞蹈表演方法。

体育课、艺术课及工具操作技能课，不仅可以借鉴以上分类确定相应的教学标准，自然科学中的实验课，语文、英语的书写技能也可参照该分类制订教学目标。确定的目标要尽量具体、明确，最好用可供观察、测量的外显行为来表示。

第三节 教学过程与评价设计的心理学问题

教学过程设计是教学设计的核心之一，教学目标是否可以顺利贯彻，与教学过程是分不开的。教学过程设计涉及到了解学生的心理发展水平确定教学起点、分析与组织教学内容、教学方法与教学媒体的选择和使用等。

一、了解学生的心理发展水平确定教学起点

全面了解学生的心理发展水平，准确把握教学起点，是教学过程设计的一项重要内容。学生的心理发展水平，主要指学生已有的知识准备、能力水平、身心成熟程度和学习动力状态等。学生已有的知识能力水平和学习准备状况是教师施教的基础，教学只有建立在学生心理发展水平的基础上，教与学之间的沟通才能成为可能。

在教学设计过程中，准确把握学生心理发展水平的基本意义在于：（1）有利于教师确定恰当的教学起点。教学起点总是以学生已有的发展水平为标准的，起点过高或过低都不能激发学生的学习动机，促使学生正常发展。因此，全面了解学生，准确把握学生已有的发展水平，对于教师正确确定教学目标，选用教学内容，设计教学进程，保证教学活动在一个良好的起点上顺利展开，具有十分重要的意义。（2）有助于教师选择恰当的教学方法、教学媒体，调控各种环境因素，为学生提供背景知识，创设良好学习环境，促进起点行为和新的学习之间的内在联系。（3）有助于教师甄别学习者的个别差异，以便因材施教，使全体学生都得到相应程度的发展。

确定学生的心理发展水平可以从以下三方面进行：

（1）认知因素。主要包括学生已有的智力发展水平、学习的技能技巧、知识储备、认知结构和认知风格（不同的学习方式）。

(2) 非认知因素。主要包括学生的学习动机、学习兴趣、态度、需要、意向以及情绪情感状态等。

(3) 社会因素。主要包括学生家庭的文化背景和职业背景，学生间的社会交往、相互关系以及师生间的人际关系等。

在全面了解学生上述各方面情况的基础上，教师和教学设计人员需要对学生已有的知识准备状况和学习动机状态给予特别关注，认真分析，因为这两方面因素是构成学生现实学习水平的主要方面。

学习心理学的研究表明，学生已有的知识准备，特别是在已有知识准备基础上形成的认知结构，是影响学生新的学习或后继学习的重要因素。从广义上看，认知结构是指学习者原有的观念的全部内容和组织。狭义的认知结构指学习者在学习某一学科或某一单元时，适合同化新知识的原有观念内容及其组织。当代认知理论，特别是美国心理学家奥苏伯尔的有意义言语学习理论，都特别强调认知结构在学生学习中的意义。这些理论认为，学生进行的一切新的有意义学习都是在原有学习的基础上进行的，都是新知识同学生原有认知结构中的知识经验发生实质联系的过程。在实际学习过程中，新旧知识能否发生这种实质联系，一方面取决于学生认知结构的基本特征，如原有概念的抽象概括水平、原有概念的稳定性等，另一方面也取决于教师是否在清楚地了解学生认知结构的基础上，准确地设计了教学的起点水平，正确地把握了教材的结构、教材内容的内在联系以及教材内容呈现的序列。因此，教师在新的教学活动开始前，必须认真了解学生已有知识准备状态，了解学生是否已具备了学习新知识的条件。例如，要教学生"两位数进位加法"，就必须明确学生的知识结构中是否已具备了接受同化这一新知识的基础知识和概念，如果他们还不会一位数加法，那么就不能教他们两位数进位加法。

了解、诊断、识别学生已有的知识准备状况、学习动机状态及其他方面情况的方法是多种多样的。根据教学的实际需要和教学内容的具体要求，教师可选择问卷法、谈话法、观察法、课堂提问、作业、测验和考试等各种方法去了解学生。只要每个教师在日常教学中都能有意识地多方面观察学生，了解学生，长此以往，学生的各种情况必然会了然胸中。这样,在充分了解学生学习状况的基础上合理设计教学起点,安排教学进程,教学水平就会得到不断提高,教学质量就能得到有效保障。

二、分析、组织教学内容

教学内容集中体现在教材中,由于教材的编排和编写要受到书面形式等因素的限制,它所呈现的知识内容和知识结构必须经过教师的分析、组织,才能切合教学的实际需要,才能由死材料变为活知识,并最终有效地内化为学生掌握的知识。因此,教师必须重视教学内容的分析和组织,有没有对教学内容进行认真的分析和组织,实际的教学效果是大不一样的。

通过分析教学内容,要做到能从整体上把握课程的基本结构,领会教材的编排思路、意图和特点,理清教材的知识体系。在此基础上,具体分析某单元的教学内容,找出其中的基本概念、基本原理和基本方法,确定教学的重点和难点,把握单元内容在整个教学体系中的地位和作用。

组织呈现教学内容可以采用以下两种方式。

(1)布鲁纳的螺旋式教学内容组织。布鲁纳的螺旋式组织不同于传统的直线式组织和同心圆式组织,而是两者的有机结合。直线式教材组织是指按照一定的逻辑顺序一个接着一个地呈现出来,前后绝少重复。同心圆式组织则是同一内容反复多次呈现,有一定量重复。螺旋式组织既保留了直线式组织的后一内容比前一内容深入、分化的逻辑次序,又体现了同心圆式一波又一波、一圈又一圈扩散的组织方式,使教学内容成为既有深度又有广度的教学内容基本组织方式。

(2)加涅的层级教学内容组织。根据学习繁简水平不同,美国心理学家加涅把智慧技能学习分为五类:辨别学习、具体概念学习、定义概念学习、规则学习和高级规则学习。这六类学习依次按"简单—复杂"这一维度组成一个层级系统,每一高层次的学习必须以低层次的学习为基础。这样,要求我们在组织教学内容时,应该对教材作具体分析，明了个体处于哪一个层次，引导学生向更高一层级迈进，以取得良好的教学效果。

组织教学内容要注意以下问题：（1）教学容量要适当；（2）教学的深度要有利于创造学生的最近发展区；（3）教学内容重点突出，难点有突破措施；（4）教学内容的排列、呈现方式不仅遵循学科结构规律，更要有利于激发学生的动机；（5）教学内容应有层次性，对不同类别的学生要求不同。

三、教学方法与教学媒体的选择和使用

（一）教学方法的选择与使用

1. 选择教学方法的步骤和要求

实践表明，选择恰当的教学方法有利于提高课堂教学质量。中小学教师常用的教学方法主要有讲授法、发现法、讨论法、提问法、比较法、系统整理法、问题解决法、谈话法、阅读指导法、演示法、参观法、练习法等。就这些方法本身来看，它们都有各自的特点、优越性和适用范围，同时也都有各自的局限性。在实际教学中，不存在万能的或唯一好的教学方法，因为在某种教学情景下十分有效的教学方法，在其他教学情景下则可能效果不好。因此，用好教学方法的关键是根据需要合理选择、扬长避短、优化组合，而这一点也正是设计教学方法的根本目的所在。那么，怎样才能达到这一目的呢？这就要求教师在选择教学方法时遵循以下一些步骤和要求：

首先，要明确选择教学方法的标准。一般的选择标准主要有：（1）根据具体的教学目标、教学内容、教学进度和教学时间选择教学方法。比如考虑所选的方法是否适宜于完成教学目标，解决教材内容，是否有时间应用等。就布卢姆的认知领域六级目标来说，知识层次的可优先考虑选用讲授法、阅读指导法；理解层次的可优先考虑选用讨论法、发现法；应用层次的可优先考虑选用练习法、讲评法；分析、综合、评价层次的可优先考虑选用比较法、系统整理法、问题解决法、讨论

法等。当然具体选用哪种方法还要考虑教学时间等因素。(2) 根据学生的学习特点选择教学方法。如有的学生必须在教师讲解后才能清晰地把握知识,也有的学生必须自己操作过才保持良好,有的学生对自己发现的知识领会得深刻,还有的学生对经过讨论的知识记得牢固。(3) 根据教师的特点选择教学方法,作为教师要善于选择教学方法,首先要正确地认识自身的素质、教学风格;其次,要善于扬长避短,根据自己的特点选择恰当的教学方法。比如发挥教师的某些特长(如善于绘画、讲故事),避开教师的某些缺点(如不善于口头表达或书写)。(4) 根据现有的教学条件选择教学方法,如考虑到教学设施、教学媒体的现状等。

其次,尽可能广泛地了解和提出有关的教学方法,以便自己考虑和选择。教师收集了解到的教学方法越多,就愈有利于进行优化选择。

第三,对各种供选择的教学方法进行比较,主要比较各种教学方法的特点、适用范围、优越性和局限性等。

2. 常用教学方法的分析

(1) 讲授法和发现法

①讲授法

讲授法是指通过教师的讲解、演示、放电影等方式将教学内容呈现给学生的方法。它是传统教学的典型手段,是教师在教学过程中最常用的一种教学方法。

一些研究者(Gage 和 Berliner, 1984; Henson, 1988)建议讲授法适于在下列情况下使用:(a) 当目标是呈现信息时;(b) 当信息不容易获得时;(c) 当学习材料需要以特殊方式进行组织时;(d) 当有必要唤起学生对某一学科的兴趣时;(e) 在学生自己阅读前需要先介绍有关的主题时;(f) 当从不同来源的信息必须被加以综合时;(g) 当讨论后需要总结时;(h) 当教材内容过时需要更新时;(i) 当教师需要在讨论前向学生提供多种可供选择的观点或明确要讨论的各种问题时;(j) 当学生自己学习可能会遇到困难需要教师对学习材料提供必要的解释说明时。

②发现法

发现法教学是指给学生提供有关的学习材料，让学生通过探索、操作和思考，自行发现知识、理解概念和原理的教学方法。

相关研究发现，发现法教学具有如下几个特点：

第一，从总体学习成绩上来看，发现学习并不比传统的教学方法（如讲授法）更好或更坏。

第二，从高水平的思维技能上来看，发现学习通常更有助于培养学生解决问题、创造性和独立学习的能力。

第三，从情感领域的学习来看，发现学习比传统教学更有助于培养学生对教师和学校学习的积极态度，或者说，学生更喜欢学校。

影响发现法使用的因素包括以下五方面。

第一，学生的知识基础。当学生具备适当的和相关的背景知识时，他们更可能从发现学习中受益（Bruner, 1966；Frederilcsen, 1984）。

第二，学生的智力水平。有人用小学生进行研究表明，发现学习更适合智力水平较高的儿童。

第三，学习材料的性质。发现学习最适合的教材，必须具备多方面的诱导假说，有明确阐述原理的内容。一般理科教材比较适合。

第四，教师的指导。发现学习离不开教师的指导，尤其是当学习材料比较复杂，内容较深时，就更需要教师的指导。研究表明，没有教师指导的"纯"发现学习通常是无效的。在无指导的发现学习中学生经常产生错误的概念（Brown, A. & Compione, 1994）。

第五，教学时间。发现学习通常比接受学习需要更多的时间。

发现法和讲授法两种教学方法，各有自己的利弊。前者，可以充分调动学生学习的积极性，所获得的知识容易被记忆，学生还可以在探索中学会发现的试探法。但是，如果借助于发现法让学生获得所有的知识，似乎终身难以完成；而后者虽然不如前者对学生积极性的调动那样充分，又有"填鸭"的嫌疑，但依据奥苏伯尔的观点，传统的讲授法之所以带来很多问题，是因为教师过早地使用口语技术，没有把握讲授法的实质和精髓。所以，教师如果充分调动学生学习的积极性、尊重学生已经获得的知识、把教学内容进行富有逻辑的组织，可以在相对较短的时间内，把较多的知识教给学生。

(2) 提问法和讨论法

① 提问法

提问法是指教师在课堂教学中向学生提出问题、引导学生回答问题并对学生的回答作出适当的评价的教学方法。

提问的作用表现在以下几方面：第一，教师对学生的理解进行直接的调查，以随时调整教学进程；第二，给学生表达自己理解的机会；第三，给学生从一味接受信息的教学中暂时放松的机会；第四，给学生与其他学生的思想进行交锋碰撞的机会；第五，满足学生参与教学过程的需要；第六，为短时记忆转化为长时记忆提供加工的机会。

虽然教师在课堂教学中经常运用提问的方法，但不同教师的提问效果却迥然不同。有效的课堂提问具有如下特点：

第一，问题的难度应该有层次。有人（Brophy & Evertson,1976）研究发现当教师在课堂中所提出的全部问题的75%能够被学生正确回答，这时的问题难度是比较适当的。但教学经验说明，课堂提问的难度要有梯度有层次。有些问题是针对学习较差的同学设计的，有些问题是针对学习中等的学生设计的，但也有少量问题是针对学习出色的学生设计的。宏观而言，问题既要调动所有同学的积极性，又要具有一定的挑战性，有机会让学生把已经获得的信息进行融会贯通。

第二，要设计不同目的的问题。教师所设计的问题，应该包含不同的目的。有些问题是为了让学生明确已经获得的知识；有些问题是为了训练学生思路；有些问题则是为了单纯调动学生听讲的积极性；也有些问题是为了从学生处搜集信息。

第三，问题应该涉及不同类型。许多研究者运用布卢姆教育目标分类学中认知领域的六级目标对问题的认知水平进行划分，如认为知识方面的问题是较低认知水平的问题；理解和运用方面的问题是中等认知水平的问题；分析、综合和评价方面的问题是较高认知水平的问题。也有人认为事实性的问题是低水平的，思维性问题是高水平的；或者认为要求辐合思维（只有一个唯一正确答案）的问题是低水平的，而要求发散思维（有许多可能的答案）的问题是高水平的。

不同类型的问题适合不同的课程和不同的教学目标。有研究认为无论问题难度如何，对学生的学习都是有利的。

第四，问题提出的频率要适当。一堂课究竟提出多少个问题合适，多些好还是少些好？这是教师应该关注的问题。尽管提问在某种条件下有利于学生的学习，借助提问的方式让学生获得相关的知识，是很好的教学方法之一，但提问并不一定多多益善。课堂中围绕学生需要掌握的知识，教师可以事先设计系列问题。在关键之处设定疑点，让学生思考。

第五，提问要面向全体学生。利用提问的方法让学生发现知识，这需要所有学生的参与。因此，在设计问题时，要使各个层次的学生都有机会思考。这需要教师敏锐地觉察问题的难易和代表性。同时，教师提问的时候，应该是问题在先，留出一定的思考时间，然后再点名让学生回答。回答之前要求没有被点到的学生要努力找到他人回答中的问题，再讨论。这样，避免了个别学生思考而大部分学生等待的被动局面。教师在提问的过程中还要兼顾所有学生。让大家都有机会在思考基础上回答问题。这样，学生参与的需要才有机会获得满足。不能让学生感觉回答问题是优秀学生的专利。

即使是有意识地让各个层次的学生都有机会参与讨论、回答问题，老师也要注意，在某一时段的提问，要兼顾座位、成绩、性别、人格等特点，让各个层面的学生感受到教师随时可能会问到自己，因此，上课会积极思考。

为了防止学生紧张，教师可以跟学生事先约定，回答问题的时候，可站可坐。这样学生不至于因为担心自己被叫到、起立，紧张得难以思考。

同时，教师还可以穿插不点名提问，让学生集体回答问题。

②讨论法

讨论法是指学生根据教师提出的某个议题，在集体中或学习小组中，相互交流个人的观点、相互启发、相互学习的一种教学方法。

讨论法是一种以学生自己的活动为中心的教学方法。在讨论中，每个学生都有自由表达自己见解的机会，而且要提出事实和论据，有效地说服他人，因此，学生在活动中处于主动的地位，有利于发挥学生学习的主动性和积极性，有利于学生灵活地运用知识解决问题，有利于发挥学生的独立思考和创造精神。

讨论法的使用是有条件的，不能盲目使用。一般来讲，讨论法适于在下列情况下使用：

第一，存在着争论的内容；第二，有多种可能答案的问题；第三，需要从不同角度进行论证的问题；第四，为了培养学生的探究能力和思变能力；第五，为了培养学生的合作能力。

运用讨论法要注意：

第一，讨论的议题要明确。由教师提供一个要讨论的议题，通常是一个要解决的问题。问题本身要明确，是学生感兴趣且有言可发的问题。讨论进行中要始终围绕着这一议题进行，要防止谈论与此议题无关的话题。

第二，讨论前让学生作好充分的准备。讨论的议题确定后，教师要在讨论前向学生提出要讨论的议题，并布置学生阅读有关的教材和必要的参考资料，作好充分的背景知识准备。

第三，充分发挥教师在讨论中的指导作用。教师在讨论中的作用主要是引导学生围绕议题中心进行发言并促进学生之间的相互作用。在讨论中，教师是一个引导者、组织者、调节者和参与者。与讲授法相比，教师在讨论中应扮演一个相对次要的角色，教师不再以权威的身份提供信息，不要对学生的回答作权威的正误判断，也不一定非得将讨论引向一个预先确定的结论。在讨论中，教师经常要做的事情是鼓励、邀请学生大胆发言，参加讨论，将学生的发言要点记录在黑板上（但不评论），要求学生进一步论证或澄清自己的观点，指出学生发言的相同论点以及不同点，总结已经取得的进步。

第四，讨论结束后要适当小结。当学生的讨论结束后，教师做一个小结。对讨论中的疑难问题，教师要阐明自己的看法；要总结讨论中的优缺点。对于某些有争议的问题，学生一时想不通，要允许学生保留自己的看法，不能强求学生接受。

（二）教学媒体的选择与使用

教学媒体是指教学过程中用以承载、传递信息或经验的物质手段和工具，如教具、学具、课本、挂图、录音、录像带、计算机辅助教学软件、多媒体软件包等。任何信息都必须借助一定的形式来表达，通过一定的载体来传播。教学信息必须借助一定的教学媒体（即信息载体）才能转化。在教学过程中，教师使用各种有效的媒体把教学内容信息传输给学生，学生则通过媒体转化教学内容信息。

1. 教学媒体的分类

按照教学媒体发展的历史阶段可将教学媒体分成传统的教学媒体和现代教学媒体两大类。

（1）传统的教学媒体一般有2种。

① 直观教具、学具：主要包括仪器、实物、标本、模型、制作材料等。

② 示意教具、学具：主要包括图片、地图、表格、卡片、物质化的模拟器件、仿真模型等。

（2）现代教学媒体可以分成5种。

随着科学技术的发展，也改变了媒体的形式，通常把现代教学媒体分为：

① 视觉媒体：主要包括幻灯、投影等。

② 听觉媒体：主要包括录音、激光唱盘、广播等。

③ 视听觉媒体：主要包括电视、录像、激光视盘、电影等。

④ 交互媒体：主要包括程序教学系统、教学模拟机等。

⑤ 系统媒体：主要包括语音室、计算机辅助教学系统、多媒体教学系统等。

我国教育心理学家冯忠良教授依据教学媒体所承载的信息的特征，把多种教学媒体分为2类，共5种。

（1）非言语系统媒体

① 实物系统媒体——指实际事物现象，如各种动植物与矿物标本、仪器材料、演示实验中观察到的事物现象等。

② 模像系统媒体——指真实事物现象的模拟制品，如各种图片、图表、模型、教具和学具、影片、幻灯片等。

③ 动作及表情系统媒体——指用来传递动作与情感经验的各种示范动作。依据巴甫洛夫的两种信号系统学说，这类媒体属于"第一信号系统"，主要适用于传递具体事物的感性经验，从中获取信息比较简单。

（2）言语系统媒体

① 口语系统媒体——指以口语作为传递经验的媒体。

② 书面言语系统媒体——指以文字符号作为传递经验的媒体。

2. 多种教学媒体的选择依据

不同教学媒体的教学特性是不同的，不同教学媒体所展现的内容也是不同的，传统的教学媒体也并不意味着就是落后的。因此，教师必须理解和掌握不同媒体的教学特性，才能根据不同的教学要求选择教学媒体。此外，在教学媒体内容的组织上要注意资料的内容、组合序列，使其与教学内容相符，主题突出，结构合理，图像清晰，刺激强度和刺激时间适中，易于观察，便于学生理解和接受。

选择何种教学媒体，与教学目标、教学内容、学生特点、教学媒体特性、经济因素及教师的自身素质有关。在具体的教学活动中，可以根据以下几方面来选择：

（1）依据教学目标选择教学媒体。在选择教学媒体时，应首先考虑媒体的使用是否有利于达成特定的教学目标，是否符合具体教学任务的实际需要，是否切合教学内容的性质和特点。否则，如果脱离开特定的教学目标和教学实际需要，媒体本身运用得再完美也毫无意义。

（2）依据教学对象的特点选用教学媒体。不同年龄阶段的学生对事物的感知方式和接受水平是不完全一样的，因此，选用教学媒体时必须考虑学生的年龄特点和学习的实际需要，以最充分地利用媒体的优势激发学生的学习兴趣，发展他们的学习潜能。

（3）依据媒体的技术特性选择教学媒体。具体有两方面要求：一是要考虑各种媒体的技术特点和功能，如录音、录像、幻灯、电视等媒体的技术特性和具体功能是不尽相同的，究竟选用哪种或哪几种，需结合这些媒体的技术特点加以考虑。二是要考虑所选媒体教师自己能否熟练地操作，以及运用媒体是否有助于发挥自己教学的特长。

(4)依据经济条件选择教学媒体。媒体的选择也要本着经济有效、量力而行的原则行事，在尽可能满足教学需要的同时，也要注意节约，不要造成浪费。

3．教学媒体使用中要注意的问题

（1）教具的使用要注意的问题。教具具有使教学内容直观化的特点。可以在讲学生理解起来有困难的抽象问题时，作为辅助手段参与教学。因此，在使用教具时要注意：第一，在用语言难以表达或学生难以理解的情况下使用教具。第二，在使用教具的过程中注意数量、频次等要与教学内容相适应；教具数量不要过多，太多了，学生看得眼花缭乱，失去了教具应有的意义；教具使用的频率不宜过高，过高就使得学生少了思考的机会。第三，教具的选择要以帮助学生理解和巩固相关内容为前提。尽可能选择其本身带有一定的概括性的教具，以便让学生在感性支持的基础上进行概括。例如，小学低年级学生使用的计算器，其本身就具有一定的概括性。

（2）学具的使用要注意的问题[①]。学具，是给学生借助触、摸觉等操作活动感受事物的机会。但在使用的时候，第一，要注意学具发放的时间。学具事先给学生，可能造成使用学具之前的"蠢蠢欲动"，导致教学活动难以顺利开展。学具在教学过程中给学生，要注意结合讲解的内容，自然而然地把学具发放到每一位学生手中。第二，学具的数量也要少而精。关键是能够揭示所学的内容，加深对内容的理解和巩固。

（3）黑板的使用要注意的问题。黑板是最传统的教学媒体，通常是记录讲解的主要内容的。在使用黑板时要注意，第一，哪些内容板书，哪些内容不用板书，要事先有一个规划；第二，主次内容在黑板上的展示是划分为不同的区域的，主要的内容通常在黑板的左边 3/4 的位置，而一些辅助的内容通常写在黑板的右侧 1/4 的区域。这样，一堂课下来，在黑板上以及学生头脑中保留下来的是条目清晰的左侧的内容。这样的板书与学生笔记的形式非常吻合，有利于巩固知识。

---

① 刘希平. 学具发放应适时.早期教育.1992（10）.

第三，黑板上不用的板书，要随时擦掉，以防学生为了寻找教师的板书而耽误听课。

（4）多媒体的使用应该是现代教学技术的一大进步，使用时要注意。第一，把握多媒体特点，充分利用其优势。多媒体因为其视听效果的优越而成为很好的教学辅助手段。但制作时要注意学生的接受能力。例如，在制作 PPT 文件时，注意每一页上的内容不要很多，重点突出。每一页放映的时间在 2 分钟左右，比较合适。每一页讲解的时间太长，学生会感觉枯燥；每一页讲解的时间太短，学生来不及记录，都会影响教学效果。第二，在多媒体使用中，也要注意心理学的规律。比如，在讲解的过程中，需要教师边讲解边放映 PPT 文件，那么，常常出现这种情况，即当把整页的内容同时展示给学生，教师讲解第一点时，学生还能够跟着教师的讲解，边听边记笔记；但当教师讲到第二点时，学生常常已经开始记录第三点、第四点内容了，这样，教师的讲解与学生的心理活动不同步，效果不好。因此，在放映的时候，教师讲到哪点，就放映到哪点，不给学生集体走神的机会。第三，现代多媒体使用要结合传统媒体效果可能会更好。例如，在课上，也许学生的某些思考比较有特点，教师可以随时把它们记录到黑板上，以利于总结。教学媒体是教学的基本要素之一，教学活动离不开一定的媒体的支持。教学媒体内涵广泛，它既包括传统意义上的语言、文字、粉笔、黑板等传播媒体，也包括幻灯、录音、录像、电影、电视和电脑等各种现代教学媒体。教学媒体特别是现代教学媒体的运用，为教学信息的便捷、高效传递提供了可能，为教学质量的提高奠定了物质基础。研究表明，合理运用各种教学媒体，有利于调动学生多种感官对知识的感知，实现信息传递的多渠道化，从而加强学生对知识的感知度，提高学生对知识的吸收率，促进由知识向能力的转化。

四、确定评价方法

教学评价是根据教学目标，运用评价的方法和手段对教学活动及其预期效果进行价值判断的过程。教学评价的主要目的是获取教学活动的反馈信息,检测学生学到了什么,学到何种程度,以及判断教学是否达到了预定的教学目标。若没有达到,具体的原因在哪里,有没有加以调整的可能和必要等等。由此看来,教学评价在教学过程中具有十分重要的意义。合理设计教学评价,对于促进教学目标的达成和提高教学设计的科学性、有效性,无疑都有着积极的作用。

实践表明,教学评价是一个系统的过程,整个教学过程的各个不同阶段都需要设计和实施教学评价。一般而言,在教学前要有"准备性评价"(readiness evaluation)和"安置性评价"(placement evaluation)。前者在于了解学习者对即将开始的学习是否具备了必要的起点行为和基本技能,如果起点行为和基本技能不足,须先进行必要的补救性教学;后者主要目的是评定学生掌握预定学习内容的程度,以便分别安置或调整教学的程度及深度,更好地因材施教。在教学进行中,要设计实施"形成性评价"(formative evaluation),以此了解学生学习的进展情况和所达到的水平。若学习进展顺利,可以给予必要的鼓励和强化。若学习效果不理想或学习进展困难,则需要寻找原因并给予及时的帮助,必要时还需进一步作"诊断性评价"(diagnostic evaluation),通过这种评价诊断出学生学习困难的原因后,可以对症下药,提供补救的教学措施。在教学告一段落时,可以设计实施"总结性评价"(Summative evaluation),以此来评定学生学习的成绩,判断学习水平的高低及相对地位,并对整个教学效果作出评价。

教学评价采用的具体方式也是多种多样的,如课堂提问、讨论、练习、作业和各种测验等。教师究竟采用什么评价方法,运用何种评价手段,还需要根据评价的目标、性质以及教学的实际情况而定。总之,全面、客观、公正、及时应当是设计教学评价时遵循的一些基本准则。

第十二章 学习的测量与评价

学习的测量和评价是对学习效果的评估。无论学生学习动机多么强烈，概念掌握多么彻底，知识巩固多么牢靠，问题解决多么到位，创造思维多么独特，学习迁移多么顺利，都难以精确说明学习的效果。因此，对学习的测量和评价就成为前一个教学的终结环节，与此同时也为下一个教学过程的展开提供参考。围绕学习的测量与评价，本章主要介绍其功能与过程、不同类型的学习测验、测验的质量分析方法以及不同类型的学习评价。

第一节 学习的测量与评价的概述

一、测验、测量与评价

（一）测验

1. 什么是测验

测验是测量一个行为样本的系统程序。行为，是受测者对测验题目所做的反应；样本是指测验所包含的所有题目总体的一个样组，不是全部题目；而所谓系统程序则是指测验在编制、施测和评分等方面均有确定的法则做依据。因此也可以说测验是根据一定的法则在所有题目的总体中抽出一个样组作为样本，用以测量受测者行为的量表或测量工具。这里有三个要点：第一，测验是由一个行为样本构成；第二，行为样本需要在标准化的条件下获得；第三，有一套从行为样本获得数量化信息或记分的规则。

在讨论行为样本时涉及到如下问题：第一，取样的有效与否，其关键在于样本的代表性，即不是任何部分都可代表全体；第二，构成样本的行为应当是系统的，有理论思考的；第三，不可能包括所有可用来测量或定义某种心理特性的具体行为；第四，心理测验质量的高低很大程度上决定于行为样本的代表性；第五，只有在全部了解行为样本的意义以后，才能正确使用心理测验。

而心理测验是一种方法，是在标准的情况下取出个人行为来进行分析和描述。需要说明的是：第一，虽然心理测验远远达不到十全十美的地步，但它在所有有关个人决策方法中，仍然是最为公平、最为准确，也是最佳的技术。第二，心理测验一直引起争论的主要原因是：心理特性不同于物理特性，它们不是以简单、物理的方式呈现出来，而是表现在个人的行为之中；而行为却极少只反射出一种心理特性，多是由生理、心理和社会因素共同促成的。因此，心理测量不等同于物理测量。

正因为如此，心理测验都需要标准化。所谓标准化是指测验编制、实施、记分以及测验分数解释程序的一致性；其次，是建立有代表性的常模；第三，测验的环境要有统一要求。测验实施环境包括物理环境、测验者的训练，以及测验指示语等。不同环境条件会获得不同的行为表现，因此，测验条件的标准化是十分重要的。相比较而言，纸笔测验的标准化程度较高，言语测验的标准化程度较低，个性化测验的标准化程度最低（如会谈法）。

同时标准化测验的另外一项要求就是测验的记分规则。任何标准化测验都需要有统一的记分规则，即按一定规则，用数量化的方法描述受试者对测验的反应行为。当然，评分记分的原则和手续经过了标准化，同时分数的转换和解释也经过了标准化。一般情况下，用于记分的规则应当有很好的定义，并尽可能全面；这样，不同的测验者应用规则应当得到差不多的分数描述，即客观化的描述。

2. 测验的性质

(1) 心理测验的间接性

我们还无法直接测量人的心理活动,只能通过一个人对测验项目的反应来推论出他的心理特质。

(2) 心理测验的相对性

在对人的行为做比较时,没有绝对的标准,我们有的只是一个连续的行为序列。所谓测验就是看每个人处在这个序列的什么位置上,由此测得一个人智力的高低、兴趣的大小或性格的特性等。

(3) 心理测验的客观性

心理测验的客观性实际上就是测验的标准化问题。标准化程度高,测验就客观。

综上所述,一个测验即是一种测量工具或测量量表。

(二) 测量

简单地说,测量就是依据一定的法则用数字对事物加以确定。测量包括三个主要的元素:第一,事物,即测量对象的属性或特征;第二,数字,即代表某一事物或事物某一属性的量;第三,法则,即测量所依据的规则和方法,如温度计依照热胀冷缩原理,称量重量依据杠杆原理,智力测量依据的则是智力理论。

要很好地实施测量,必须具有两个要素:其一是参照点,其二是单位。

确定事物的量的起点叫做参照点。参照点不同,测量的结果便无法相互比较。参照点有绝对零点,例如测量轻重、长度等都以零点为参照点,这个零点的意义为"无",表示什么都测不到;参照点还有相对零点,例如海拔高度是以东海平面作为测量陆地高度的起点。温度既可以从绝对零度计量,也可以从摄氏零度计量,后者是以水的冰点为测量零点;如用前者表示则为绝对零度,用后者就是相对零点。理想的参照点是绝对零点。但在心理测量中很难找到绝对零点,多采用人为标定的绝对零点。如智力年龄为 0,实际上指的是零岁儿童的一般智力水平,而不能说没有智力。

单位是测量的基本要素,没有单位就无法进行测量。单位必须具备两个条件:一,有确定的意义,即对同一单位,所有的人的理解意义要相同,不能出现不同的理解;二,有相同的价值,即相邻两个单位点之间的差别总是相等的。

(三)评价

评价指的是根据测验分数做出解释,它超出上述那种描述而力图确定行为的价值。也就是说,评价是对测验分数进行估计,并进一步根据这种估计做出判断。评价的结果可以用一个形容词、一个短语或一句评语来表示。所谓优、良、中、差等就是对相关品质的评价。

二、学习测量与评价

(一)学习的测量

学习测验是依据一定法则编制的测量学生学习情况的量表。学习测量是借助于学习测验对学生学习过程中所获得的学科知识、技能和能力的测量。学习的测量是学校教学的重要环节,学习测量的结果是评价学生学业水平的基础,同时也是评价教师教学质量的参考之一。

(二)学习的评价

学习的评价是在学习测量结果的基础上,对学生学习发展状况做出价值判断的过程。从评价标准来看,学习评价一般有相对评价、绝对评价、个人内差异评价;从评价的功能来看,学习评价一般有诊断性评价、形成性评价和终结性评价。但如果从教育的角度而不单纯从学习的角度出发,评价还由于功能的不同,可以分为:发展性评价、水平性评价和选拔性评价。

三、学习测量与评价的基本功能

测量与评价对学习活动的功能主要表现在以下几个方面。

（一）检验并促进学生的学习

测量与评价的主要功能是要对学生的进步和他们的最后成绩和成就进行客观检验。要是检验的任何一个方面不能令人满意，便可制定适当的方法进行补救。所以，一个好的测评程序，不仅可以估计学生的成绩和成就在多大程度上实现了教育目标，而且还可以解释成绩的不良，是由于教材不合适、教师的教法不好、学生的准备和才能不足，还是学生的动机和情绪不适当。

测量与评价在许多方面对学生的学习起促进作用。

首先，测量与评价本身是一种重要的学习经验，它促使学生在测验之前对教材进行复习、巩固、澄清和综合，在测验过程中对材料进行比较与评论。考试的反馈不仅能确证、澄清和校正某些观念，还能明确指出要求进一步思考和研究的领域。有些研究者指出，做多重选择测验（multiple－choice test）后正确答案的反馈，可以显著地提高一周后的重测分数。反馈的校正功能是非常重要的，它常常使学生有把握肯定哪些答案是对的，哪些答案是错的。

第二，考试在学习中具有重大的激起动机的作用。在一定限度内，向往学业上的成功，害怕失败，以及防止内疚和焦虑，都是学校或学业环境中的合理的动机。不少学者的研究表明，没有定期考试而希望学生经常系统、认真地学习或研究，是不切实际的空想。经常进行测验并记录成绩，可以推动课堂学习。

第三，学生根据经常获得的外部评价的经验，学会如何独立地评价自己的学习结果。这种自我评价，有助于学业成绩或学术成就的提高。提高学生实事求是地评价自己的能力以及评价自己成就的能力，乃是教育的长远目标之一。

（二）促进教师的教学

测量和评价为教师提供了他们教学工作的效果与效率的必要反馈，如：呈现教材与组织教材的效能怎样，说明各种观念的清晰度怎样，与一般的学生进行交谈的妥善性怎样，以及某种教学技术或材料的效果怎样。作为对学生进行教育教学指导的教师，学习测量与评价可以帮助他们制定、反思和改善指导计划、指导方法。教师在制订教学（指导）计划时，首先要通过学习测量与评价正确掌握学生的实际状态，以使教学（指导）计划更具有针对性和实用性。在授课过程中，教师依据学习测量与评价中发现的问题，修正和改善教学（指导）计划。同时在单元结束或期末进行学习测量和评价，不仅是掌握前面教学成果所必需的，而且教师可据此考虑如何与下一单元、学期或学年的教学（指导）计划衔接。学习测量与评价指导功能的生动而典型的实例就是高考，它直接指挥普通高级中学的教学活动。需要注意的是，学习测量与评价的指导功能有两面性：良好的学习测量与评价将教学活动导向教学目标的实现；不良的学习测量与评价将教学活动导向背离教学目标的方向。

（三）对课程计划做出判断

测量与评价也是检查课程计划优缺点所必不可少的。测量与评价所提供的数据，对于做出行政上的决定，如教材的年级安排和课程的最佳序列也有帮助。没有可靠而有效的测量学习结果的方法，就不可能进行课程和学习过程的研究，这是毋需赘言的。

四、学习测量与评价的过程

（一）编制测验

编制测验是学习测量和评价的第一步，也是最重要的一步。评价的科学与否、客观与否，与测验本身的质量关系很大。学习测验大多是由教师编制的，因此，对教师就提出了更高的要求。关于编制测验中要注意的问题，在本章第二节中有比较详细的介绍。

（二）进行测量

测量是用编制好的测验对学生的学习状况进行考察。如果测验编制得比较好，那么测量相对容易。

（三）进行评价

首先，按照事先规定好的统计标准对所测量到的学生的反应进行数量统计。即将测量结果用数量化的方式表达出来。

第二，对分数进行解释。即给分数一个具体的含义。这需要结合测量和评价的目的来进行。如果我们只是为了考察学生学习目标落实的程度，80分就可以了。但如果我们是要考察学生在班集体中的位置，就要看80分在班级所有学生得分中所处的百分等级。因此，解释学生学习测验的分数，是理解测验结果的关键步骤。

第三，报告。报告同测量与评价是结合在一起的，它通常被简要地界说为有关学习结果或学业成绩的传达或交流。学习测量的报告，最常见的是成绩报告单。教师在报告学生的学习结果时，应当牢记三条基本原则，那就是：（1）报告结果力求准确；（2）务使结果获得确切解释；（3）从关心、爱护学生的立场出发。

第二节 学习测验的类型

学习测验是学习测量与评价的工具，它一般可分为教师自编测验和标准化测验两类。

一、教师自编测验

（一）什么是教师自编测验

教师自编测验是在教学过程中，担任教学工作的教师根据教学需要而编制的测验。目前学校中使用的学习测验，绝大部分都是教师自编测验（省、市、区教研室编制的测验乃至高考测验都可归于自编测验）。就学校教师自编测验而言，一般是根据教学大纲的要求、教学内容以及所教学生的特点编制的,因此,这类测验针对性比较强。

(二)测验计划

教师自编测验的编制要求保障测验测试的重点。题量的大小、分数分布等符合教学大纲的要求,保证较好地处理知识与能力的关系,适当考虑教师本人的教学特点及本班学生的特点。这些要求一般通过编制测验的计划表来实现。通过编制测验计划表,确定不同水平试题的比例、不同教学内容试题比例及预定完成各测验内容的时间。表 12-1 为某校语文测验计划表样例。

表 12-1 三年级语文测验计划表

水平\题型	选择	填空	词语理解选择	默写	阅读理解	作文	总计
知识		5		10			15
理解	15	5	20		5		45
应用		5					5
分析					10		10
综合						25	25
总计	15	15	20	10	15	25	100
时间(分)	10	20	20	15	20	35	120

测验计划表对试卷的学习行为水平、题型、题量、分数分布、时间及其分配等方面做出了规定,即试卷的结构框架得以确定,它在宏观方面保障和控制了测验试卷的质量。

(三)双向细目表

测验计划对测验试卷的总体结构进行了设计,但按照该计划的题型及测试水平,尚不能确定选择哪些教学内容命题,才能满足大纲要求的教学目标,以使试卷有较良好的内容效度。通过编制双向细目表可以规范测验试卷以满足教学目标。双向细目表是由教学内容和学习行为水平构成的二维表如表 12-2 所示。依据双向细目表就可以使测验试题的编制更好地满足整体评价的目标。

表 12-2　某省高考预选化学命题双向细目表

水平 知识	知识	理解	应用	分析	综合	评价	合计
元素周期律							
周期表		2	1		5	2	10
物质结构							
四大平衡概念		1	4		3		8
电解质溶液	1	1	6				8
氧化还原反应							
热化学分散系		1	3				4
无机物		1	6	8	3		18
有机物	2	1	6	2	3		14
化学实验	3		6	3	5	3	20
化学计算			9	3	6		18
合计	6	7	41	16	25	5	100

（四）教师自编测验的种类

教师自编测验的种类主要有两种：一种为论文式测验，另一种为客观性测验。

1. 论文式测验

论文式测验一般是由教师出一个或几个题目，要求学生以文章记述形式来回答的一种测验形式。论文形式测验的优点在于容易编制，可发挥学生对已学知识的组织能力、逻辑思维能力、思维的批判性及创造性。其不足首先在于测验题量很少，测试内容范围窄，覆盖面小，难以较全面地了解学生学习情况；其次在于判断测验结果和评分上，容易流于主观；另外，论文式测验还在较大程度上受学生写作能力的影响，有研究表明论文式测验中某科的成绩依赖于大约 1 份智力、2 份该学科的实际知识和 7 份写作能力。

因此编制论文式测验要注意选题的代表性和评分的客观性。

2．客观性测验

（1）什么是客观性测验

客观性测验是与主观性测验相对的，意即按预定客观标准记分的测验。如此，评分者虽然各自评阅同一试卷，但评价的结果相同，得分不因人而异。客观测验的题目形式多样，主要为再认式，如选择题、是非题、匹配题，有时也有回忆式的，如填空题、简答题等。

（2）客观性测验的特点

客观性测验有很多优点：

第一，排除了评分的主观性与不定性，教师可采用预先规定的准确而不变的记分标准，评分不仅客观，而且迅速。

第二，测题一般经过仔细选择和分类，从而构成一个有代表性的、包括一定内容和要评价的某些能力的样本，这意味着教师是按照假定学生应该掌握的一些事实、概念、原理及其应用时表现出来的方式，将教学目标准确而具体地规定下来的。这样，可以提高测验的效度。

第三，客观性测题所构成的样本，总是因为题目较多，所以具有广泛性；又因为题目小，比较灵活，因此测验的轻重缓急可以比较方便地进行调整。一般说来，客观测验取样的广泛性与系统性是其他测验方式所不及的，而这一点有助于测验信度的提高。

客观测验也有其缺点或局限。一是试题的编制比较困难。题量较大，导致题目编制的困难；同时，大量的客观试题要求教师能够提供一个以上的答案，特别是选择题中的被选项。因此，就出现了一些暗示性的选项，给学生回答问题提供了线索。例如，有些学生就知道有"一切"、"常常"、"永不"等字的句子，多半是不正确的、错误的，而有"有时"、"某些"、"一般"等字的句子，则往往是正确的。二是试题容易编写成对琐碎知识考察的试卷。最近20年间，这方面虽有相当大的改进，但仍有许多客观测验所测量的，与其说是主要的概念、原理和关系的真正理解以及解释事实和应用知识的能力，毋宁说是对比较琐屑而无联系知识项目的认识。三是难以测量高层次的能力，如学生自动产生适当假设的能力、收集有效的实验数据的能力、构建有说服力的论据的能力、开展创造性工作的能力等等。这些能力得采用其他的测量方法。

3．客观性测验编写规则

（1）编写多项选择题的规则

①题干要提出一个清晰的问题；题干要尽可能多地包括试题的内容，但不能提供答案线索。选项中重复性的短语应当包含在题干中，而不应在每一个选择项中重复陈述；不宜过多使用否定陈述。

②所有的选项在语法上应该与题干一致，并具有差不多的长度，这样就不会对答案提供线索。

③一个试题应当仅包含一个正确的或明确的最佳答案。

④用于测量理解力的试题应有新意，不要照抄书本。

⑤所有备选答案中的错误项应表面上似乎合理，并且要与所测的知识整体和学习经验有关，即与正确答案有一定的相似性；在错误的答案中，应当避免出现范围很广的术语，如"从不"、"总是"、"所有"等；避免使用意义相反或相互释义的备选答案；一些特殊的被选答案不宜过多使用，如"都没有"、"上述答案全不对"等等。

⑥正确答案在选项中的位置随机排列。

⑦避免使用连锁试题，即其答案对后面试题的回答有暗示作用的试题。

⑧当有更合适的其他试题格式时，就不要使用多项选择题。

（2）编写简答和填空题的规则

①试题的语言表达应能使答案既简洁又不引起歧义。

②在采用填空题的地方，不要留下多个空白。

③填空的空白长度应该相等。

④要求答案用数字单位表达时，要指出单位的类型。

⑤不要从学生的课本或教材中照抄句子。
(3) 是非题的编写规则
①避免广泛的一般陈述。
②避免琐碎的陈述。
③避免否定语句，特别是双重否定。
④避免复杂的长句。
⑤避免在单句中包括两个涵义，除非它们有因果关系。
⑥是、非陈述的数目应大致相等。
⑦避免从学生的课文或教材中照抄句子。

二、标准化测验

（一）什么是标准化测验

标准化测验是一种经过标准化过程而编制的测验。所谓标准化过程是指：选取有代表性的材料编制测验题目；规范施测步骤和记分方法；选取有代表性的样本进行测试，建立常模或确定参照标准；建立效度和信度等。即题目编制标准化、测验实施标准化、评分标准化、结果解释标准化。

标准化学习测验与教师自编测验不同，并非使用了客观性试题的测验就是标准化测验；同样，仅对测验试卷进行了效度和信度分析，对题目进行难度和区分度分析，也不能简单地等同于标准化测验。

标准化测验主要具备如下特征：
（1）测验由学科专家和测验专家共同编制，测试过程依照科学的原理设计；（2）题目难度、区分度和测验信度、效度预先进行了分析和控制；（3）规范了评分标准，较大限度地减小评分误差；（4）严格控制施测和评分条件；（5）建立了合理的参照系。由于以上特征，测验的结果很少因施测者的不同而变化。根据测验结果可以客观地了解某个学生在集体中的位置，诊断学生的各种情况。同时，对多名学生实施同一测验的结果可以相互比较。

（二）常模参照测验和标准参照测验

常模参照测验和标准参照测验是根据解释测验结果的方式，即每名学生的测验分数参照哪种标准进行解释来区分的。

1. 常模参照测验

常模参照测验是以常模作为解释学生测验分数的参照标准的测验。学习测验中的常模，指的是一组有代表性的样本学生的测验平均分数和标准差。常模参照测验的目的在于区分学生的个体差异，要求学生之间的差异在测验中能够反映出来。因此，在编制过程中假设：在某个团体中，大多数人完成的作业处于中等水平，处于两个极端水平的人是少数，测验的分数分布为正态分布。所以，编制者选择大量中等难度的项目，然后再增加一些较难和较容易的项目构成一个完整的测验。常模参照测验的分数只具有相对意义，与常模比较结果优与劣的意义只是与相同年级学生的相对比较。它既不能说明学生对该学科的学习是否达到某一水平，也不能说明是否达到教学目标。例如，某生在数学测验中得 65 分，经与百分位数常模对照，发现该生得到的百分等级是 85，85 这个数字表示该生胜于其他 85% 的学生。可见，该生的数学成绩在同时参加考试的学生中处于中等偏上的水平。

2. 标准参照测验

标准参照测验是一种参照某种特定标准解释学生测验分数的测验。标准参照测验的目的在于了解学生的知识、技能达到教学目标的何种程度。其基本理论根据是：学习成绩应以学习的数量和程度表示，而学习的数量和程度只有同预先规定的某种标准相比较才具有确定的意义。例如，数学教师在施测前制定的标准是，10 题中答对 7 题为及格，某生测验后只答对 5 题就是不及格。这种测验的编制要参照教学大纲中预先规定的全部知识和教学目标，并将它们分解为许多相互联系的小单位，利用学习行为术语来陈述教学目标，然后编出一系列对应于各层次教学目标的测验项目。标准参照测验的主要特点有：（1）以教学目标的某一水平作为通过的标准，达到这一水平者通过，否则就不通过；（2）以学生对各项教学目标已完成的数量或百分数判断其优劣。此类测验的优点在于能确知学生实现教学目标的程度。它具有绝对的标准,能诊断出学生可能出现的困难。

3. 两种测验的区别与特点

(1) 测验关注的焦点不同:常模参照测验关注人与人之间的区别;标准参照测验关注目标的实现。

(2) 评分方式不同:常模参照测验是相对评分;标准参照测验是绝对评分。

(3) 得分的趋势不同:常模参照测验的成绩表现为正态分配形式,即两端小中间大的形式,也就是说成绩好的和差的是少数,而中等的是大多数;标准参照测验的成绩有可能表现为负偏态分布形式,即高的和中等的得分占大多数,得分低的只是少数。

(4) 测验中题目的性质不同:两种测验的题目性质有所不同,前者题目比较广泛,测验内容包括面广;后者题目则集中在一定的目标之内,但题量可以多些。

两种测验各有优缺点,根据不同的目的可以采用不同的测验,另外还可以将两种测验结合起来使用。

第三节 测验的质量分析

一个有效的测验,不管它是客观的、标准的测验,还是非正式的、教师自编的测验,都需要有效度、信度、难度和区分度做保证。

一、效度

效度是指该测验测量其所要测量的东西达到了多么好的程度,即测验目标的实现程度。效度实际上反映了测验结果的准确性程度。一个高效度的测量考试焦虑的测验,若用它测量学生的学习兴趣就不会有什么效度。而一个测验要是没有效度,那么即使具有其他任何优点,都不可能真正发挥作用。因此,选用某种测验或自行编制测验,必须首先鉴定它的效度。测验的效度有若干不同的类型。

（一）内容效度（Content Validity）

内容效度指测验项目在多大程度上代表了所要测量的全部内容或行为，或者说测验在测验目标所界定的内容或行为范围内取样的代表性（或适当性）。例如，教师要了解学生对小学五年级数学课程的掌握情况，如果时间允许，他可以对五年级数学课本所涉及的所有知识内容进行全面测查。实际上这是行不通的。教师往往仅从中选择部分内容编成测验试卷进行测查，根据学生的测查结果——成绩，推断其掌握全部知识内容的情况。很显然，选择出来组成试卷的部分内容的代表性，就会直接影响对学生掌握全部知识内容的推论。

确定内容效度是一种推理和判断的过程，一般难以量化。确定内容效度主要依赖于：第一，明确的内容范围；第二，具有代表性的取样。确定内容效度通常是由专家根据测验题目和假设的内容范围进行系统的比较判断。如果专家们认为测验题目恰当地代表了所要测量的内容，那么测验就具有较高的内容效度。这种方法存在的问题主要在于缺乏数量化指标；不同判断者的判断可能不一致；有时内容范围缺乏明确性，使人难以判断。

（二）构想效度（Construct Validity）

构想效度指衡量一个测验测量出理论上的构想或特质的程度。换句话说，构想效度是一个测验的分数可以由一个适合的理论解释其结构的程度。对于理解测验结果的涵义来说，构想效度是最重要的效度指标之一。确定构想效度的步骤：第一，建立理论框架，以便解释被试在测验上的表现。第二，根据理论框架，推导出与理论框架有关的各种测验成绩的假设。第三，以逻辑和实证的方法验证假设，如果通过分析测验结果（逻辑或实证的）与假设比较吻合，则说明测验具有较高的构想效度；否则，可能假设有错误，或者测验本身存在问题，需要进一步分析研究。

例如，一项学生学习能力测验，从理论框架上讲，儿童期学习能力是逐年提高的。如果测验有较好的效度，测验分数就应该反映学习能力随年龄增长而增加的这种变化。如果测验分数没有反映这种变化，这可能表明该测验不是该样本学习能力的有效测量。需要注意的是该命题的逆命题不成立，即测验分数反映了随年龄增长而变化的趋势，并不能确定这个测验就是测量了学生的学习能力，因为身高、体重等的测量也随年龄增长而增加，显然它们不属于学习能力范畴。因此在这个例子中，确定构想效度的指标除发展变化外，还与其他的测验指标相关。

（三）效标关联效度（Criterion－Related Validity）

效标关联效度指的是测验预测个体在某种情况下行为表现的有效性程度，可定义为测验分数和效标之间的相关程度。所谓效标是衡量测验有效性的参照标准，指的是可以直接而且独立测量的感兴趣的行为。

效标效度可分为预测效度和同时效度。

预测效度（Predictive Validity）是指测验分数对于未来的行为或作业测量能够预测到什么程度。例如，用学习能力测验去预测大学生的平均成绩，用一个机械能力测验去预测一个人从事汽车机械工作的成功率等等。这种预测的准确性的指标就是测验的效度。

预测效度的效标资料一般需要在测验实施后经过一段时间才可获得。例如，某学校一年级招收数学特长班，采用某种测验选拔人才。若考察该测验的预测效度，则可在训练一段时间后求出测验分数与训练后成绩的相关程度。相关越高说明预测效度越高。预测效度在人员选拔、分类以及心理辅导中有较为重要的意义。

同时效度（Concurrent Validity）的效标资料可以和测验分数差不多同时获得。在很多情况下，人们不可能或者不宜等一段时间再评定测量的预测效度，于是就用测验分数与当时的行为表现或工作、学习业绩之间的相关作为效度的指标。例如，以小学生的测验成绩与其在校学习成绩之间的相关为效度指标。一般说来，同时效度总是高于预测效度。根据以往的研究，测验的效度水平一般在 0.30～0.60 的范围。

二、信度

（一）什么是信度

测验的信度是指测量的一致性。信度涉及到测验是否可靠的问题。这就是说，一个人在多次进行某一种测验时，如果得到近乎相同的分数，那么，可以认为该测验的信度是高的。用带有弹性的尺子测量人的身高，结果的稳定性程度就比较差。心理和教育测验，类似于用带弹性的尺子测量身高，让人担心测量结果的稳定性。而信度就是要告诉你，这样的尺子弹性大小。所以，信度是一个良好测验的必要条件，但它并不是充分条件。用磅秤测量人的身高，可以得到很高的一致性，但测得的却不是身高。所以信度是一个测验的基本保证。

（二）考察信度的方法

测验的信度指标通常也以相关系数表示，所以称为信度系数（Coefficient of Reliability）。相关系数越大，其信度越高，就越有可靠性。具体来讲，估计信度的方法主要有以下几种：

1. 重测信度（Coefficient of Stability）

重测信度是指用同一套测验，对同样的样本进行先后2次测量，考察测量结果的一致性程度。一般用计算测量与再测量得分之间的相关，即可求得重测信度系数，也称之为稳定性系数。因此，稳定性系数可定义为同一测验施测两次的相关系数。两次测试的时间间隔一般在2周左右，可以根据情况有些调整。根据两次测量间隔时间的长短，可得不同数值的信度系数。

2. 复本信度（Alternate—Form Reliability）

所谓复本信度，是指用平行的2套测验分别测量同一个样本，考察两套测验在同一个样本上的得分一致性。平行测验之间具有同样的内容、同类的题目、同样的难度等，因而是等值的。因此借助于这种方式测得的相关系数也称为等值性系数（Coefficient of Equivalence）。

3．分半信度（Split－Half Consistency）

在有些情况下，没有或无法利用另一等值测验，但需估计两种测分的相关系数时，可将测验按照等值的规则分成两半，求出被试在两半测验上的得分，再求其相关系数。这就是所谓的"分半信度"。当然，它还反映测验题目的内部一致性，因此也常被称为"内部一致性系数"（Coefficient of Internal Consistency）。

4.内部一致性信度（Internal Consistent Reliability）

它反映的是测验中某些项目的分数与测验中另一些项目的相关程度。当各个测题的得分有正相关时，则测验为同质的；而当各个测题得分相关很低时，则测题为异质的。它是测量单一特质的必要但非充分条件，是目前比较流行而且效果较好的信度评定方法。但人们在估计内部一致性时往往采用克伦巴赫的 α 系数（Cronbach' α）来表示内部一致性程度的高低。

（三）影响测验信度的因素

1．测验的长度

测验的长度指的是测验项目的数量。有研究表明，在测验中所采用的项目越多，测验的信度也越高。这是因为测验越长，项目内容取样就越恰当，同时不易受猜测的影响。

2．测验项目的质量

测验项目的代表性及测验项目的内部一致性等方面的质量直接影响测验的可靠性。

3．样本的性质

一般样本异质性往往大于高估信度，因为异质性大，其变异数大，重测时分数的变化对其影响相对较小。另外信度亦受不同样本间的平均能力水平的影响。

三、难度

项目难度是指测验项目的难易程度。难度一般用项目难度系数 P

表示，其计算公式为：

$$P = \frac{R}{N} \qquad (12\text{-}1)$$

其中 P 为项目难度系数，R 为答对或通过该项目的人数，N 为全体受测人数。实际上，这个计算公式计算的是正确回答者的比例。从这个意义上讲，称其为容易度也许更恰当。因为该值越高，该项目就越容易。

当题目本身的评分不是 0，1 记分的时候，也可以用公式 12-2 表示项目的难度：

$$P = \frac{\overline{X}}{L} \qquad (12\text{-}2)$$

其中 $\overline{X}$ 为参加测验的人在该项目上的平均分，L 为该项目的满分。

P 值越大，难度越低；P 值越小，难度越高；P=0.50 为中等难度。但是若是一个二选一的项目（是否或正误判断项目），受测者随机回答也会有 P=0.50 的结果，这很难说明受测者在这一项目上的学习情况。因而，在这类情况下应该对项目的难度进行机遇校正。其公式为：

$$P' = \frac{KP - 1}{K - 1} \qquad (12\text{-}3)$$

式中 P′ 为校正后的难度系数，P 为原来的难度系数，K 为该项目的备选答案数目。例如某项目有 4 个备选答案，求得原难度系数 P=0.70，则这个项目的实际难度系数为：

$$P' = \frac{4 \times 0.70 - 1}{4 - 1} = 0.60$$

计算难度系数后，P 值过高或过低的项目通常不宜使用，应该进行修改或者删除。P 值介于 0.25~0.75（或 0.35~0.65）之间的项目可以考虑保留。项目难度系数区间的确定还应考虑测验的目的和性质。

四、区分度

有效测验的一个显著特征，是最大限度地对所测量的个体其相应的品质或属性进行有效区分。这个特征主要取决于测验项目的区分度。其操作定义为：为高分组通过人数的百分比与低分组通过人数的百分比之差。写成公式为

$$D = P_H - P_L \qquad (12\text{-}4)$$

其中 D 为区分度，P_H 为高分组的通过率，P_L 为低分组的通过率。所谓高分组为测试成绩排列在前 27% 的人，低分组为测试成绩排列在后 27% 的人。

在进行项目区分度分析时，可采用以下步骤：

（1）首先将受测者的测试成绩由高至低排列，并清点测验份数 N。

（2）其次，以 0.27 乘以 N 并取其整数 n。例如 N＝40，则 40×0.27＝10.8，取整数 n 为 10。

（3）从最高分开始向低分依次取出 n 个成绩，作为高分组。再从最低分开始向高分依次取出 n 个成绩，作为低分组。

（4）分别求出高分组和低分组在该项目上的通过人数的百分比或得分率：

高分组 $\qquad P_H = \dfrac{通过人数}{n} \qquad (12\text{-}5)$

或 $\qquad P_H = \dfrac{\overline{X}_H}{L} \qquad (12\text{-}6)$

低分组 $\qquad P_L = \dfrac{通过人数}{n} \qquad (12\text{-}7)$

或 $\qquad P_L = \dfrac{\overline{X}_L}{L} \qquad (12\text{-}8)$

（5）计算区分度。

D 值越大，即高分组通过的人数很多，低分组通过的人数很少，表明该项目的区分度高；D 值越小，即高分组通过的人数与低分组通过的人数差不多，则表明该项目区分度不高。一般 D 值在 0.40 以上的项目较好；D 值在 0.30～0.39 之间的项目还可以，须稍加改进；D 值在 0.20～0.29 之间的项目就有些勉强，须进行较大的修改或删除；而

D 值在 0.19 以下的项目则较差，应该删除。

第四节　学习评价的类型及其发展趋势

学习评价是在对学生学习测量的基础上，对学生学习发展情况做出的价值判断。从不同角度可以对学习评价做出不同的分类。

一、诊断性评价、形成性评价和终结性评价

从评价的功能角度来分，学习评价一般可以分为诊断性评价、形成性评价和终结性评价三种类型。

（一）诊断性评价

诊断性评价又称准备性评价，是在教学活动开始之前或教学活动进行之中对学生的学习准备情况或特殊困难进行的评价，是对教学活动的准备。它主要对教育背景、存在问题及其原因作出诊断，以便"对症下药"，据此进行教育设计。

诊断性评价的实施时间一般在课程、学期、学年开始或教学过程中需要的时候。

诊断性评价的主要内容主要有：教育所面临的问题；学生前一阶段学习中知识储备的数量和质量；学生的性格特征、学习风格、能力倾向及对本学科的态度；学生对学校学习生活的态度、身体状况及家庭教育情况等。

诊断性评价的作用主要表现在三个方面：一是确定学生的学习准备情况，明确学生发展的起点水平，为教学活动提供设计依据；二是识别学生的发展差异，适当安置学生；三是诊断个别学生在发展上的特殊障碍，以作为采取补救措施的依据。

（二）形成性评价

形成性评价又称过程评价，是在教育过程中为调节和完善教学活动、引导教育过程正确、高效地前进而对学生学习结果和教师教育效果所采取的评价。

与诊断性评价不同，形成性评价一般是在教育进行过程中开展，其主要作用是：(1) 引导学习活动的方向。(2) 强化学生的学习。(3) 及时发现问题并提供矫正处方。形成性评价所借助的手段有平常作业、日常观察和形成性测验等。形成性评价是现代教育评价的发展趋势之一，在我国中小学校的学生评价中也越来越受到人们的重视。

（三）终结性评价

终结性评价又称结果评价，是在某一相对完整的教育阶段结束后对整个教育目标实现程度做出的评价。它要以预先设定的教育目标为基准，考查学生发展达到目标的程度。

终结性评价的次数比较少，一般是一个学期一次或一学年两三次，在学期或学年结束时进行。其作用有：(1) 考察学生群体或每个学生整体的发展水平，为各种选拔、评优提供参考依据。(2) 总体把握学生掌握知识、技能的程度和能力发展水平，为教师和学生确定后续教学起点提供依据。

（四）三类学习评价的比较

表 12-3　诊断性评价、形成性评价、终结性评价的特征

（B.S.布卢姆等 1971 年，木尾田等 1973）

	评　价　的　形　式		
	诊　断　性	形　成　性	终　结　性
功能	分班： ——判定有无必需的技能 ——判定预先习得的水平 ——依照各种教学方式有	在学生学习的进展上，有关对教师和学生的反馈在单元结构中，对于错误的治疗指导方针，	单元、学期课程终了时，认定学分、判定成绩

实施时间	关的种种特性进行学生的分类 ——判定在持续性学习上的问题及其原因 为了分班，在单元、学期、学年开始时根据通常教学，明显地、一贯地不能充分学习时，则在教学活动进行中	使之得以明确 教学活动进行中	单元、学期、学年终了时
评价中强调的重点	认知的、情意的及性向身体的、心理的、环境的因素	认知能力	一般侧重认知能力，根据教学科目的不同，也强调性向和情意能力
评价手段的类型	预备测验用的形成性评价和终结性评价 标准学习测验 标准诊断测验 教师自编测验 观察和记录表	特别制作的形成性评价	期末考试或终结性评价
评价目标的取标法	关于个人能力所要求的特定的标本 重点课程目标群的标本 认为与特定教学方式有关的学生方面的变数标本 身体的、情绪的、环境的因素和与此相关的能力的标本	有关单元的组织体系上相互关联的所有课题的特定标本	重点课程目标群的标本
项目	对所要求的技能和能力	不能预先指定	从非常容易的项目

的难度	的诊断上多用些浅显容易的项目，通过率在65%以上		到非常难的项目，平均通过率由35%至70%的范围之内
判分	根据"规范"或"达到标准"	根据"达到标准"	一般根据"规范"，有时也可根据"达到标准"
得分报告法	每个最低技能的个人轮廓	就各个课题通过和失败的个人的模型	总和得分或每个目标的最低得分

二、绝对评价、相对评价与个体内差异评价

根据评价的参照标准可以将评价分为绝对评价、相对评价与个体内差异评价。

（一）绝对评价

绝对评价是以教育目标为基准，对每个评价对象达成目标的程度作出的判断，也可称之为教育目标参照评价。绝对评价的最大特点是有一个共同的客观的标准可以参照，它不受学生所在群体的发展状况的影响。

（二）相对评价

相对评价是在评价对象的群体中，为了对每个个体在群体中所处的相对位置作出区分而进行的评价，也可称之为教育常模参照评价。这种评价有两种作用：（1）有利于在群体内作出横向比较。（2）有利于学生在相互比较中判断自己的位置，激发学生的竞争意识。

（三）个体内差异评价

个体内差异评价是以评价对象自身状况为基准，就自身的发展情

况进行纵向或横向比较而作出价值判断的过程。这种评价方法比较充分地照顾了学生的个别差异，有利于减轻学生的心理负担和压力，增强自信心，强化学习动力。

三、自我评价和他人评价

根据评价的实施者可以将评价分为自我评价和他人评价。

（一）自我评价

自我评价指被评价者自己参照评价指标体系对自己的活动状况或发展状况进行自我鉴定。自我评价实质上就是评价对象自我认识、自我分析、自我提高的过程。开展自我评价时，要特别注意对自我评价者的引导，并把自评和他评结合起来。

（二）他人评价

他人评价是指由其他有关方面的人员对评价对象所实施的评价。在他人评价中，能否在评价主体之间建立和谐的关系，是决定他人评价成效的关键。

四、发展性评价与选拔性评价

发展性评价指的是在发展的整个过程中进行的，旨在促进被评价者不断进步的评价。绝对评价与个体内差异评价都属于发展性评价。

选拔性评价是为了达到某种遴选目的而进行的评价。它属于相对评价。

发展性评价参照绝对标准并且注重纵向比较，而选拔性评价注重横向比较。

发展性评价有以下特征：（1）评价的目的是为了促进目标的实现而不是为了检查。（2）重视被评价者的起点与发展变化的过程。（3）重视发展中的个体差异。（4）对某个领域进行多次评价。（5）不断给予被评价者反馈,并在此基础上改进教与学。

五、当前学习评价中存在的一些突出问题

当前学习评价中存在的一些突出问题是:(1)过分强调评价的甄别与选拔功能,忽视改进与激励的功能。(2)过分关注结果而忽视过程,不利于发挥评价促进发展的功能。(3)评价内容过于注重学业成绩,忽视学生的全面发展,有些评价内容存在偏颇之处。(4)强调统一标准,忽视个体差异。(5)评价方法单一,与新的教学方式和人才标准不适应,不利于培养学生的探究、创新和实践能力。(6)评价忽视学生的参与和主动性的发挥。

六、当前学习评价发展的趋势

欧美国家一般实行教育和课程管理分权,这促进了对课程评价的深入研究和积极实践。因为,课程管理权放到地方和学校,而不集中在中央,国家或地方教育行政机构为了保证教育质量,就必须研究并采取措施对各学校课程目标、课程结构、教材质量等进行督导和评估,这种课程管理体制的需要,促进了课程评价理论的产生和发展,以及在实践中的应用和调整。

(一)价值取向的转变——从目标取向转变为主体取向

课程评价的价值取向是指每一种课程评价模式所依据的特定的价值观,这种价值观支配或决定着评价的具体方法和手段。迄今为止,评价的价值取向大致可分为三种:目标取向的评价、过程取向的评价、主体取向的评价。世界课程评价的价值取向正在向主体取向转变。

目标取向的评价就是把预设的课程教学目标作为评价的唯一标准,追求评价的客观性和科学化。这种评价的基本方法是量化方法。为了使评价结果"客观"而"准确",它往往将预定的课程目标以行为目标的方式来陈述。其评价的目的,是获得被评价的课程计划或教学

结果是否"达标"的数据。

这种评价推动了课程评价的科学化，其长处是简便易行、操作性强，因而长期在实践中居于支配地位。但其缺陷是忽略了人的行为的主体性、创造性和不可预测性，忽略了过程本身的价值，难以对人的高级心理过程做出合适的评价。简言之，其最大的缺陷是把人客体化、机械化了。

过程取向的评价强调把教师与学生从课程开发到实施、教学运行的全部过程的全部情况都纳入评价的范围，强调评价者与具体评价情境的交互作用，主张凡是具有教育价值的结果，不论是否符合预定目标，都应当受到评价的支持与肯定。在方法论上，它既倡导量化方法，又重视质性方法。

这种评价的进步性在于开始承认评价是一种价值判断的过程，把人在课程开发、实施及教学运行过程中的具体表现作为评价的主要内容，对人的主体性、创造性给予了一定程度上的尊重。但是，它对人的主体性的肯定还不够彻底，仍未完全走出目标取向评价的藩篱。

主体取向的评价把课程评价视为评价者与被评价者、教师与学生共同建构意义的过程。评价是一种价值判断的过程，这种价值是多元的。无论是评价者还是被评价者都是评价的主体，教师和学生并不是被动地供外部人员评价的对象，他们在评价中参与了意义的建构。这种评价反对量化评价法，主张质性评价。

这种评价的特点是尊重多元价值、尊重差异。它以人的自由与解放作为评价的根本目的，也就是说评价不是一种外部的督促和控制，而是每一个人对自己行为的反省。评价的过程是评价者和被评价者民主参与、协商和交往的过程。

应该说，主体取向的评价体现了课程评价的时代精神。

（二）评价方法的转变——从量化评价到质性评价

量化评价方法被认为具有客观性、科学性，而长期在世界范围内盛行。无可置疑，量化方法确实具有精确性的特点，可以减少人的主观推论，而且能够用现代科学技术所提供的统计工具加以处理。标准化测验是量化评价所开发的评价工具和手段。但是,这种评价方法把复杂的教育现象、丰富的学生个性简单化了,从而忽略了教育中最有意义、最本质的内容。因而,20 世纪 60 年代后期,人们开始对它展开了反思和批判。70 年代相继出现了诸如"回应性评价、解释性评价、教育鉴赏与教育评论"等质性评价模式,并于 80 年代逐渐影响教育实践。

质性评价的目的是为了更逼真地反映教育现象,它不是对量化评价的简单否定,而是统整了量化方法。档案袋评定法和苏格拉底式研讨评定法是质性评价的两个典范。

档案袋评定法是通过将每个学生学习过程中各个阶段的作品、作业、收集的资料包括多次修改的草稿,即能够反映其学习情况的所有材料汇集于个人档案袋之中,来展示学生学习和进步的状况。由于学生是选择档案袋内容的主要决策者,他就拥有了判断自己学习质量和进步的机会,因此在这种评定中,学生成了评价的主体。

苏格拉底式研讨评定法是把学生在班级参与和课堂讨论中的表现作为学生学业成绩评定的一个部分。它要求学生在班级参与和课堂讨论中学会更有成效地思考,并为自己的见解提出证据。它所关注的是:在问题讨论中学生间的互动情况、学生的批判性思维和公众演说技能方面的进步情况。

(三)评价功能的转变——从侧重甄别到侧重发展

传统的评价是为了筛选出少数学习优秀的学生,使他们能继续接受更好的教育。因此,接受评价的大部分学生都成为学业上的失败者。而新的评价却被作为教学过程中的一环,作为促进学生发展的有效手段。因此,新的评价又被称为发展性课程评价,其目的不是对学生进行优劣排位,而是通过发现学生的差异性和发展可能性,改进教学策略,从而更有效地促进学生的发展。其具体的功能表现为:反馈调节的功能、展示激励的功能、反思总结的功能、记录成长的功能、积极导向的功能。伴随评价功能的这种转变,评价的方式和评价指标趋向多元化和开放性,即在发展性评价模式中,学生能够充分表现个性和不同的问题解决方式,甚至不同的解题答案。

(四)测评题目的转变——从虚假性转向真实性和情境性

传统的评价中出现的测验题目追求难、偏,以考倒学生,缺乏与真实生活的相似性。在这种测验题目中长大的学生往往会解数学测验题,却无法运用学过的数学方法解决生活中的问题。而新的评价模式却注重设计具有真实性、情境性的问题,以培养学生解决真实生活中的真实问题的能力。

上述课程评价的发展趋势与我国素质教育所要求的评价模式是一致的,我们可以根据世界性的趋势和素质教育的要求,进一步探索构建本课程的评价体系的途径。

参考文献

1．沈德立主编．发展与教育心理学．大连：辽宁大学出版社，1999．
2．杨孟萍主编．教育心理学．天津：天津社科院出版社，1995．
3．邵瑞珍主编．教育心理学．第二版．上海：上海教育出版社，1997．
4．邵瑞珍主编．教育心理学．上海：上海教育出版社，1988．
5．皮连生主编．知识分类与目标导向教学．上海：华东师范大学出版社，1998．
6．皮连生主编．学与教的心理学．第二版．上海：华东师范大学出版社，1997．
7．皮连生主编．学与教的心理学．第三版．上海：华东师范大学出版社，2003．
8．吴庆麟主编．认知教学心理学．上海：上海科学技术出版社，2000．
9．吴庆麟．教育心理学．北京：人民教育出版社，1999．
10．吴庆麟主编．教育心理学：献给教师的书．上海：华东师范大学出版社，2003．
11．冯忠良．结构—定向教学理论与实践．北京：北京师范大学出版社，1992．
12．冯忠良．结构化与定向化教学心理学原理．北京：北京师范大学出版社，1998．
13．冯忠良，伍新春，姚梅林，王健敏．教育心理学．北京：人民教育出版社，2000．

14．陈琦，刘儒德主编．当代教育心理学．北京：北京师范大学出版社，1997．

15．伍新春主编．高等教育心理学．北京：高等教育出版社，1998．

16．陈功，陈仙梅主编：教育心理学．杭州：浙江大学出版社，1992．

17．莫雷主编．教育心理学．广州：广东高等教育出版社，2002．

18．莫雷，张卫主编．青少年发展与教育心理学．广州：暨南大学出版社，1997．

19．张春兴．教育心理学．杭州：浙江教育出版社，1998．

20．李伯黍，燕国材主编．教育心理学．上海：华东师范大学出版社，1993．

21．李伯黍，燕国材主编．教育心理学．第二版．上海：华东师范大学出版社，2001．

22．张大均主编．教育心理学．第二版．北京：人民教育出版社，2003．

23．张大均主编．教学心理学．重庆：西南师范大学出版社，1997．

24．张必隐．阅读心理学．北京：北京师范大学出版社，1992．

25．张庆林主编．元认知的发展与主体教育．重庆：西南师范大学出版社，1997．

26．章志光主编．学生品德形成新探．北京：北京师范大学出版社，1993．

27．章志光主编．小学教育心理学．北京：科学出版社，1996．

28．潘菽主编．教育心理学．北京：人民教育出版社，1980．

29．潘菽，荆其诚主编．中国大百科全书·心理学．北京：中国大百科全书出版社，1991．

30．刘范主编．发展心理学(上、下册)．北京：团结出版社，1989年版．

31．查子秀主编．超常儿童心理学．北京：人民教育出版社，

32. 查子秀．超常儿童心理研究．见：王甦，林仲贤，荆其诚主编．中国心理科学．长春：吉林教育出版社，1997，672～703．
33. 高觉敷主编．西方心理学的新发展．北京：人民教育出版社，1987．
34. 高觉敷，叶浩生主编．西方教育心理学发展史．福州：福建教育出版社，1996．
35. 董纯才主编．中国大百科全书·教育学．北京：中国大百科全书出版社，1985．
36. 傅安球，史莉芳．离异家庭子女的心理．杭州：浙江教育出版社，1993．
37. 朱作仁，汪朝编著．教育心理学例评．武汉：湖北教育出版社，1992．
38. 汪文均主编．弱智儿童的诊断与教育．杭州：浙江教育出版社，1990．
39. 茅于燕．智力落后儿童的早期发现和早期干预．北京：科学普及出版社，1990．
40. 谭顶良．学习风格论．南京：江苏教育出版社，1995年版．
41. 车文博主编．心理咨询百科全书．长春：吉林人民出版社，1991．
42. 张宁生，茅于燕．特殊儿童心理与教育．见：王甦，林仲贤，荆其诚主编．中国心理科学．长春：吉林教育出版社，1997，809～850．
43. 汪安圣主编．思维心理学．上海：华东师范大学出版社，1992．
44. 汪文均编．弱智儿童的诊断和教育．杭州：浙江少年儿童出版社，1990．
45. 心理学百科全书编辑委员会．心理学百科全书．杭州：浙江教育出版社，1995．
46. 阴国恩．心理与教育科学研究方法．天津：南开大学出版社，1996．

47. 阴国恩，李洪玉，李幼穗．非智力因素及其培养．杭州：浙江人民出版社，1996．

48. 银春铭主编．弱智儿童的心理与教育．北京：华夏出版社，1993．

49. 钟圣校．认知心理学．台北：心理出版有限公司，1990．

50. 张述祖等．西方心理学家文选．北京：人民教育出版社，1984．

51. 张述祖，沈德立．基础心理学．北京：教育科学出版社，1987．

52. 张述祖，沈德立．基础心理学增编．北京：教育科学出版社，1995．

53. 曾志朗．华语文的心理学研究：本土化的沉思．见高尚仁．杨中芳合编《中国人·中国心—发展与教育篇》．台北：远流出版公司，1990．

54. 中国超常儿童研究协作组编．中国超常儿童研究十年论文选集．北京：团结出版社，1990．

55. 唐卫海．能力是成功的保证．天津：天津百花文艺出版社，2000．

56. 唐卫海，刘希平．打开潜能宝库的金钥匙．天津：南开大学出版社，1998．

57. 刘希平，唐卫海．青少年素质培养手册．天津：天津百花文艺出版社，2003．

58. 刘希平．学会思维．天津：天津百花文艺出版社，2000．

59. 谢斯骏，张厚粲．认知方式．北京：北京师范大学出版社，1988．

60. 斯腾伯格，威廉姆斯著．张厚粲译．教育心理学．北京：中国轻工业出版社，2003．

61. 罗伯特·斯莱文著．姚梅林等译．教育心理学．北京：人民邮电出版社，2004．

62. 罗伯特·加涅著．傅统先，陆有铨译．学习的条件．北京：

人民教育出版社，1985．

63．罗伯特·加涅著．皮连生等译．学习的条件和教学论．上海：华东师范大学出版社，1999年版．

64．罗伯特·加涅等著．皮连生等译．教学设计原理．上海：华东师范大学出版社，1999年版．

65．罗伯特·梅耶著．林青山译．教育心理学：认知取向．台北：远流出版公司．1991．

66．J．皮亚杰．发生认识论原理．北京：商务印书馆，1981．

67．J．皮亚杰．结构主义．北京：商务印书馆．

68．J．皮亚杰，B．英海尔德．儿童心理学．北京：商务印书馆，1980．

69．皮亚杰．高如峰，陈丽霞译．儿童智力的起源．北京：教育科学出版社，1990．

70．B．S．布卢姆等编．罗黎辉等译．教育目标分类学，第一分册：认知领域．上海：华东师范大学出版社，1986．

71．D．R．克拉斯沃尔等编．教育目标分类学，第二分册：情感领域．上海：华东师范大学出版社，1988．

72．A．J．哈罗，E．J．辛普森编．教育目标分类学，第三分册：动作技能领域．上海：华东师范大学出版社，1989．

73．L．W．安德森，L．A．索斯尼克主编．谭晓玉，袁文辉等译．布卢姆教育目标分类学40年的回顾．上海：华东师范大学出版社，1998．

74．查普林·克拉威克著．林方译．心理学体系与理论．北京：商务印书馆，1984．

75．戴安·E．帕普利，萨莉·W．奥尔兹著．华东师范大学外国教育研究所译．儿童世界(上、下)．北京：人民教育出版社，1981，1983．

76．弗拉维尔，P．H．，米勒，S．A．．邓赐平，刘明译．认知发展．上海：华中师范大学出版社，2002．

77．柯克加拉赫著．汤盛钦等译．特殊儿童的心理与教育．天津：

天津教育出版社，1989.

78．利伯特等著．刘范等译．发展心理学．北京：人民教育出版社．1983.

79．罗比·凯斯著．吴庆麟等译．智慧的发展．上海：上海教育出版社，1994.

80．吉田辰雄编著．关益等译．教育评价的理论与实践．北京．春秋出版社．1989.

81．胡森等主编，许建钺等译．简明国际教育百科全书：教育测量与评价．北京：教育科学出版社，1992.

82．余震球选译．维果茨基教育论著选．北京：人民教育出版社，1994.

83．威廉·C．格莱因．计文莹等译．儿童心理发展的理论．长沙：湖南教育出版社，1983.

84．Anita E. Woolfolk. Educational Psychology. 7th ed. Allyn & Bacon. 1998.

85．Paul Eggen，Don Kauchak. Educational Psychology. 2th ed. Macmillan College Publish Compony. 1994.

86．Sterberg，R．J．．Thinking Styles. Cambridge University Press. 1997.

87．Sternberg，R. J．．Thinking Styles: Theory and assessment at the interface between intelligence and personality. In R. J. Sternberg and P．Ruzgis(Edu)，Personality and intelligence. Cambridge University Press. 1994.

88．Sternberg R．J．．Mental self-government: A theory of intelligenctual styles and their development. Human Development. 1988.

89．Jessie Ee，Agnes Chang，Oon-Seng Tan. Thinking about Thinking. McGraw-Hill Education. 2004.

90．Oxford，R. and Crookall D．．Research on Language Learning Strategies: Methords, findings, and Instructional Issues. Modern Language Journal. 1989，73，．404～419.

91. Flavell, J. H.. Cognitive Development. Englewood Cliffs, N. J.. Prentice Hall, Inc., 1985.

92. 唐卫海, 刘希平, 方格. 记忆监测研究综述. 心理科学, 2003, (4).

93. 唐卫海, 刘希平, 方格. 学生提取自信度判断准确性的发展. 心理发展与教育, 2005, (2).

94. 唐卫海等. 集中识字—识字教学的良好方法. 天津师范大学学报（社会科学版）, 1999, (5).

95. 唐卫海, 刘希平. 学习策略的培养. 天津市政法管理干部学院学报, 1999, (3).

96. 唐卫海. 再认中场合作用量的年龄特点和材料特点. 天津师范大学学报（社会科学版）, 1992, (2).

97. 唐卫海, 孙秀宇. 初二平面几何学习策略的元认知训练对学习成绩的影响. 中国心理学会教育心理专业委员会2003年学术年会论文集.

98. 唐卫海, 王宝荣. 七年级班委会轮值体制与班委会固定体制效果的比较. 待发表.

99. 唐卫海, 周蕊. 幼师高二学生化学学习策略的元认知训练对学习的影响. 第五届华人心理学家学术研讨会论文集.

100. 唐卫海, 孙萍. 高三英语学习策略的元认知训练的实验研究. 待发表.

101. 刘希平, 唐卫海. 利用排序教学促进幼儿推理能力发展的实验研究. 天津师范大学学报（社会科学版）, 1994, (3).

102. 刘希平, 唐卫海, 方格. 记忆监测是有赖于状态的还是有赖于特质的. 心理科学, 2003, (1).

103. 刘希平, 唐卫海, 方格. "儿童对主观世界认识的发展"研究的热点. 心理科学, 2005, 28(1): 192~196.

104. 刘希平, 唐卫海, 方格. 任务难度预见的准确性与提取正确率的相关. 心理科学, 2004, (1): 111~113.

105. 刘希平, 唐卫海. 回忆准备就绪的判断的发展. 心理学报,

2002，34(1)：56～60．

106．刘希平，唐卫海．幼儿攻击性行为矫正手段的比较研究．学前教育研究，1994，(10)．

107．刘希平．回溯性监测能力的发展及其与预见性监测能力发展的比较研究．心理学报，2001，33(2)：136～141．

108．刘希平．任务难度预见能力发展的实验研究．心理发展与教育，1998，(4)：16～21．

109．刘希平．在数学教学中发展幼儿的思维能力．早期教育，1991，(10)．

110．刘希平．幼儿对时序认知发展的调查研究．学前教育研究，1992，(2)．

111．刘希平．深入学习"规程"正确认识"个性"等问题．早期教育，1992，(7)．

112．刘希平．学具发放应适时．早期教育，1992，(10)．

113．刘希平．幼儿对几何形体认知能力发展的研究．天津师范大学学报（社会科学版），1996，(2)．

114．刘希平．中学生心理档案的建立与使用．见靳润成．面向21世纪基础教育论坛．天津：天津人民出版社，1999．

115．刘希平，方格．学习时间分配发展的决策研究．心理与行为研究，2004，2(2)：443～446．

116．刘希平，方格，杨小冬．国外有关学习时间分配决策能力的研究概述．心理科学进展，2004，12(4)：524～535．

117．李幼穗，刘希平，闫国利．培养幼儿发散思维的初步尝试．天津师范大学学报（社会科学版），1990，(5)．

118．张厚粲等．关于认知方式的测验研究．心理科学通讯，1988(2)．

119．李寿欣．关于高中生认知方式的测验研究．心理学报，1994(4)．

120．郭成，张大均．元认知训练对不同认知方式小学生应用题解题能力的影响．心理科学，2004，27(2)，274～277．

121．武欣，张厚粲．思维风格测验在大学生中的初步应用．心理科学，1999，22(4)：293～381．

122．祝春兰．思维风格的运用：素质教育的另一种途径．上海教育科研，2001（3）．

123．罗斐，吴国宏．斯腾伯格思维风格理论述评．心理科学，2004，27(3)：718～720．

124．熊宜勤．实施因材施教的理论与实践———学习风格与教学策略的研究．广西高教研究，2000(4)．

125．潭顶良．学习风格与教学策略．教育研究，1995（5）．

126．张必隐．场依存性对于程序教学与常规教学的效果的影响．心理学报，1982，（1）．

127．林钟敏．我国大学生的成就归因与教育问题初探．心理学探新，1990，(1)．

128．孙煜明．学生学习成功与失败结果的原因分析．江苏教育研究，1991，(6)．

129．周少英．听课笔记一则．福建教育，1982，(10)：20．

130．陈琦，张建伟．建构主义学习观要义评析．华东师范大学学报（教育科学版），1998，(1)．

131．张华．教学设计研究：百年回顾与前瞻．教育科学，2000，(4)．

132．Lifang Zhang. Further Cross-Cultural Validation of the Theory of Mental Self-Government. The Journal of Psychology, 1999, 133.

133．Lifang Zhang. Thinking Styles, Abilities, and Acdemic Achievement among Hong Kong University Student. Educational Research Journal, 1998, 1.

134．Oxford, R. and Crookall D.. Research on Language Learning Strategies: Methords, Findings, and Instructional Issues. Modern Language Journal. 1989, 73, 404～419.

135．Belmont J. M., Butterfield E. C. Learning strategies as determinants of memory deficiencies. Cognitive Psychology, 1971, 2:

411~420.

136. Bisanz G. L., Vesonder G. T., Voss J. F. Knowledge of one's own responding and the relation of such knowledge to learning. Journal of Experimental Child Psychology, 1978, 25, 116~128.

137. Bugelski B. R., Rickwood J. Presentation time, total time, and mediation in paired-associate learning: Self-pacing. Journal of Experimental Psychology, 1963, 65: 616~617.

138. Delucchi J. J., Rohwer W. D., Thomas J. W. Study time allocation as a function of grade level and course characteristics. Contemporary Educational Psychology, 1987, 12(4): 365~380.

139. Dufresne A., Kobasigawa A. Developmental difference in children's spontaneous allocation of study time. The Journal of Genetic Psychology, 1988, 149: 87~92.

140. Dufresne A, Kobasigawa A. Children's spontaneous allocation of study time: Differential and sufficient aspects. Journal of Experimental Child Psychology, 1989, 47: 274~296.

141. Dunlosky J., Connor L. T. Age differences in the allocation of study time account for age differences in memory performance. Memory & cognition, 1997, 25: 269~700 Dunlosky J., Hertzog C. Training programs to improve learning in later adulthood: Helping older adults educate themselves. In D. J. Hacker, J. 1998: 249~275.

142. Dunlosky J., Kubat-Silman A. K., Hertzog C. Training monitoring skills improves older adults' self-paced associative learning. Psychology and Aging, 2003, 18: 340~345.

143. Koriat A., Goldsmith M. Memory in naturalistic and laboratory contexts: Distinguishing the accuracy-oriented and quantity-oriented approaches to memory assessment. Journal of Experimental Psychology: General, 1994(123): 297~315.

144. Koriat A., Sheffer L., Ma'ayan H. Comparing Objective and Subjective Learning Curves: Judgments of Learning Exhibit Increased

Underconfidence With Pracyice. Journal of Experimental Psychology: General, 2002, Vol, 131, No. 2, 147~162.

145. Kuhn D. Theory of mind, metacognition, and reasoning: A life-span perspective. In P. Mitchell & K. J. Riggs (Eds.), Children's reasoning and the mind, Hove, England: Psychology Press. 2000: 301~326.

146. Metcalfe J. Is study time allocated selectively to a region of proximal learning? Journal of Experimental Psychology: General. 2002 Sep; Vol 131(3): 349~363.

147. Metcalfe J., Kornell N. The Dynamics of Learning and Allocation of Study Time to a Region of Proximal Learning. Journal of Experimental Psychology: General, 2003, Vol. 132(4): 530~542.

148. Son L K, Metcalfe J. Metacognitive and control strategies in study time allocation. Journal of Experimental Psychology: Learning, Memory, and Cognition. 2000, Vol 26(1): 204~221.

149. Schneider W., Lockl K. The development of metacognitive knowledge in children and adolescents. In T. Perfect & B. L. Schwartz (Hrsg.). Applied Metacognition. Cambridge University Press. 2002, 224~257.

后 记

　　教育心理学是心理学与教育相结合的产物,是一门运用心理学的方法、理论研究学校中学与教,进而为学与教服务的学科。虽然它只有百余年的历史,但近几十年无论在心理发展理论、学习理论、学习心理、教学心理还是在学习的测量与评价方面都取得了长足的进步。跟踪并及时反映这些进步,把新鲜的资料奉献给读者,是教育心理工作者义不容辞的责任。为此我们在"21世纪初天津市普通高校教育教学改革项目:教育学科课程体系改革(A-1)"中立项:"教育心理学教学内容与教学方法改革"。本书就是该项目的成果。

　　这里要特别感谢天津师范大学博士生导师梁宝勇先生,他不仅将本书纳入"应用心理学书系",为我们提供了宝贵的写作机会,而且对全部书稿进行了细心的审阅,一一指出需要修改之处。南开大学出版社有关同志为本书的出版付出了大量的心血。本书在写作过程中参考了国内外同行的大量研究成果,在此一并致谢。由于作者水平有限,错误和疏漏之处在所难免,恳请同行不吝赐教。

作者

2005年5月

南开大学出版社网址：http://www.nkup.com.cn

投稿电话及邮箱： 022-23504636　　QQ：1760493289
　　　　　　　　　　　　　　　　　QQ：2046170045(对外合作)
邮购部：　　　　022-23507092
发行部：　　　　022-23508339　　Fax：022-23508542

南开教育云：http://www.nkcloud.net

App：南开书店 app

　　南开教育云由南开大学出版社、国家数字出版基地、天津市多媒体教育技术研究会共同开发，主要包括数字出版、数字书店、数字图书馆、数字课堂及数字虚拟校园等内容平台。数字书店提供图书、电子音像产品的在线销售；虚拟校园提供 360 校园实景；数字课堂提供网络多媒体课程及课件、远程双向互动教室和网络会议系统。在线购书可免费使用学习平台，视频教室等扩展功能。